博学而笃志，切问而近思。
（《论语·子张》）

博晓古今，可立一家之说；
学贯中西，或成经国之才。

复旦博学·复旦博学·复旦博学·复旦博学·复旦博学·复旦博学

国家级精品课程教材

复旦博学·大学管理类教材丛书

COLLEGE MANAGEMENT SERIES

货币银行学通论
（第四版）

万解秋　主　编
徐　涛　副主编

复旦大学出版社

内容提要

本书是在吸收现代国内外货币银行学说和我国经济体制改革实践基础上编写而成的，也是作者近四十年来从事货币银行学教学的总结。本次第四版改版增加了党的二十大以来国家金融体系改革的新方向和新理论的论述，尤其是关于证券市场的全面注册制改革的内容。

本书从货币和货币制度、金融市场运行机制、金融中介机构体系、中央银行及其调控机制、商业银行、金融深化与金融创新理论、货币供给与货币需求理论、通货膨胀与通货紧缩理论等方面作了详细的分析。

本书的特点是，内容比较系统完整，涵盖了现代货币金融理论与实践的主要领域和前沿；理论与实务并重；注意广度与深度结合。为帮助读者理解与进一步思考所学内容，每章均配有内容提要、基本概念及思考题。本书适合高校财经类专业师生和金融行业从业者使用。

第四版序

货币银行学是经济学理论中最经典的学说,但又是一门十分年轻又不断变革的学科,尤其是进入21世纪以来,它得到了更充分与快速的发展。货币银行学的理论体系在争论中不断发展演变并出现了众多的理论分支和学说流派。

货币金融问题之所以备受经济学的重视,除了货币信用问题与社会经济生活息息相关,银行与社会经济活动密切联系之外,货币信用活动还与企业的市场经营活动、与国民经济的运行有着重要的关联,其变化所及,不仅影响微观经济活动,而且对宏观经济变量产生着重要的影响。因此,人们对货币银行问题的理解,是分析和理解国民经济运行的重要一环。货币银行学自战后中央银行体系日益完善,商业银行不断发展以来,已成为经济学中发展最快,也最为重要的部分。党的二十大以来,针对新的改革开放形势和对我国金融体系改革的新的方向,金融理论和学说也获得了新的论述和发展。

从我国经济发展的历史过程来看,在传统的计划经济体制下,经济生活呈高度的实物化倾向,经济资源高度集中于国家手中,资源分配采用行政计划手段进行,市场机制被排斥在经济过程之外,货币金融工具与金融活动对社会资源的分配已不起任何作用。即使国家银行仍然被保留着,也只是成为财政的一个附属机构,其基本功能也只是作为财政的出纳部门而已。因此,货币金融问题也仅仅被归结为一个信用问题。

而自改革开放以来,尤其是社会主义市场经济体制改革目标确立以后,我国的经济体制有了实质性的改革,计划分配资源的集中控制模式已经逐步被分散决策的市场经济体制所取代。金融体系改革有了实质性的进展,中央银行和商业银行制度形成并朝市场经济体制转化,其他银行与非银行金融机构也在迅速地发展。与金融体系的发展变革相适应,我国金融市场也从无到有,从不成熟到逐渐成熟,成为调节资金分配,影响宏观经济的重要因素。我国的资本市场也不断地发展完善,出现了股份制、市场化和注册制改革的新变化。可以说,货币金融问题已成为影响我国经济运行与发展的重要变量,并日益为人们所重视。学习与理解货币金融理论,已成为经济学中最为重要的部分。从货币银行学学科体系看,过去几十年几乎是空白,仅有的金融理论是财政学中的信用问题介绍。现在,随着改革的深入与经济体制的转变,以及新型市场化体质的成型,货币银行学说的重要性已被人们所认识,并成为财经商业专业的核心课程。

本书是在吸收现代国内外货币金融学说和我国经济体制改革实践基础上编写而成的,也是我们从事货币银行学教学研究的总结。第四版全书共分为十六章,分别阐述了货币制度、利率体系、金融市场、金融体系、中央银行、商业银行、货币理论、货币政策、宏观经济均衡、通货膨胀以及金融改革发展等问题,从货币金融理论和我国经济体制改革转型的政策实践角度作出了系统的分析阐述,对一些学说问题和政策实际问题进行了分析讨论,并提出了我们自己的学说观点。

本书第四版的编写人员与章节为:万解秋,第一、第二、第三、第四、第五、第八、第九、第十、第十一、第十二章;徐涛,第六、第七、第十三、第十四、第十五章;常巍,第十六章。全书由万解秋负责总纂。在本书的写作过程中,我们得到了苏州大学商学院、中国人民银行江苏省分行有关领导专家的帮助,在此一并表示感谢。在第四版的编写过程中,所涉及的体系结构几经调整,涉及的参考文献也有较多变化,其中有一些变化和调整未列出并专门讨论,书中如有谬误纰漏之处,恳请读者给予批评指正,以利于本书未来的改正完善。

编著者

2023 年 7 月

目 录

导论   1

第一章   货币与货币制度   8
本章要点   8
第一节   货币与经济发展   9
第二节   货币的功能   13
第三节   货币制度及其演变   15
第四节   货币的国际化   22
本章小结   25
复习思考题   26

第二章   信用和信用制度   27
本章要点   27
第一节   信用的产生   28
第二节   高利贷   29
第三节   现代信用的基础和作用   32
第四节   信用的形式和工具   38
第五节   国际信用及其工具   42
本章小结   44
复习思考题   44

第三章   利率与利率杠杆   45
本章要点   45
第一节   利息与利息率   46

第二节　利息理论	49
第三节　利率决定理论	52
第四节　利率的种类	55
第五节　利率的作用	57
第六节　利率管制与利率市场化	60
本章小结	64
复习思考题	64

第四章　金融体系和金融制度构成	**65**
本章要点	65
第一节　现代金融体系的形成与发展	66
第二节　现代金融体系的结构特征	68
第三节　我国的金融机构及其发展变革	71
本章小结	81
复习思考题	82

第五章　金融市场与直接融资	**83**
本章要点	83
第一节　金融市场与金融工具	84
第二节　货币市场	89
第三节　资本市场	93
第四节　证券的收益与估价	102
第五节　我国金融市场的发展与建设	107
本章小结	112
复习思考题	112

第六章　金融机构的组织与构成	**113**
本章要点	113
第一节　金融机构的形成与演变	114
第二节　现代经济中的金融机构	115

第三节　金融业的开放与外资金融机构 120
本章小结 121
复习思考题 121

第七章　银行业的组织与经营管理 122

本章要点 122
第一节　商业银行的起源与组织形式 123
第二节　商业银行的性质、职能与变革趋势 126
第三节　商业银行的立法与管理 130
第四节　商业银行的业务构成 134
第五节　商业银行的存款扩张机制 144
第六节　商业银行的经营管理原则与方法 147
第七节　商业银行经营管理的基本内容 154
第八节　我国银行体制的改革与企业化经营 158
本章小结 160
复习思考题 161

第八章　中央银行 163

本章要点 163
第一节　中央银行概述 164
第二节　中央银行的性质、职能与作用 167
第三节　中央银行的主要业务 169
第四节　中央银行与货币扩张机制 174
第五节　我国的中央银行及其改革 175
本章小结 182
复习思考题 182

第九章　货币需求 183

本章要点 183

第一节　货币需求与货币需求量　184
第二节　古典经济学的货币需求理论　186
第三节　凯恩斯经济学的货币需求理论　192
第四节　后凯恩斯主义的货币需求理论　196
第五节　现代货币数量理论　199
第六节　货币流通速度与稳定性问题　203
本章小结　207
复习思考题　207

第十章　货币供给　208

本章要点　208
第一节　货币的供给及其特性　209
第二节　现金货币(通货)的创造　215
第三节　狭义货币(M_1)的供给创造　217
第四节　广义货币(M_2)的供给创造　219
第五节　基础货币与货币供给量　221
第六节　我国的货币供给机制：从基础货币到M_2　226
本章小结　233
复习思考题　233

第十一章　通货膨胀与通货紧缩　234

本章要点　234
第一节　通货膨胀的定义与衡量　235
第二节　通货膨胀的类型与形态　237
第三节　通货膨胀的影响与作用　244
第四节　通货膨胀的国际传递　250
第五节　通货膨胀的治理对策　251
第六节　通货紧缩及其治理　257
本章小结　261

复习思考题 262

第十二章　货币政策与宏观调控　263

本章要点　263

第一节　货币政策的目标　264

第二节　货币政策的中间指标　269

第三节　货币政策的工具　271

第四节　货币政策的传导机制　276

第五节　货币政策的效果　278

第六节　我国的货币政策与宏观金融调控　280

本章小结　285

复习思考题　286

第十三章　货币供求与国民收入决定：IS–LM 模型　287

本章要点　287

第一节　IS–LM 模型：基本结构　288

第二节　IS–LM 曲线与财政政策、货币政策　291

第三节　财政政策与货币政策的有效性问题　294

本章小结　298

复习思考题　299

第十四章　国际金融和货币政策调控　300

本章要点　300

第一节　开放经济下的 IS–LM 模型　301

第二节　开放经济下的财政、货币政策有效性分析　306

第三节　开放经济下的货币政策效果　316

本章小结　320

复习思考题　321

第十五章　金融风险和金融危机　322

本章要点　322
第一节　金融风险　323
第二节　金融危机　330
第三节　金融安全　333
第四节　我国的金融安全问题　338
本章小结　341
复习思考题　342

第十六章　金融深化与经济发展　343

本章要点　343
第一节　经济发展中的金融制度　344
第二节　金融抑制与金融深化　346
第三节　金融改革与金融自由化　351
第四节　金融与绿色发展　355
第五节　市场经济与我国金融业的改革发展　356
本章小结　366
复习思考题　367

导 论

金融是现代经济的核心[1]，我们今天面对着一个全新的经济发展和金融格局。21 世纪的经济发展是一个完全不同于以往的过程：一方面经济发展的进程大大加快，经济的国际化和融合程度在不断提高；另一方面金融危机的爆发增加了各国经济的风险和不稳定性，金融体系和金融市场的波动和冲击影响体现出了新的特征。金融危机已经影响到了我们的经济体系运行和市场的结构，原有的金融体系、金融市场机构和金融工具也在出现新的变化，可以说，金融危机的爆发与深入也在改变着已有的金融活动方式和结构，我们的认识也在发生着变化。党的二十大报告对于我国金融业的发展和金融市场的进一步健全完善提出了新的方向，明确了金融业与我国产业发展相协调，金融业的发展具有为产业发展升级服务的根本方向；金融市场和证券业的发展是为我国产业现代化发展直接服务的，从而推动我国经济和产业的升级与现代化进程。

现代经济体系运行中最重要的一个部分就是金融体系的活动，它在经济资源分配、投资活动和金融资产形成过程中发挥了关键的作用。一国的金融体系及其制度是在一定经济发展水平和条件下形成的，它的形成和运行有着既定的条件，构成了经济体系结构的核心组成部分，它同时对于一国经济的运行产生着主要的影响。金融体系是一国经济体系的内

---

[1] 习近平总书记在 2017 年 4 月 25 日中共中央政治局第四十次集体学习时的讲话。

生的部分。金融体系的运行是一国经济资源得以有效分配和使用的条件与工具，也是一国财富形成以及分配的主要手段。现代经济已经是一个以金融体系为核心的体制，对于金融体系，它有着复杂纷繁的构成，但基本的部分是货币、银行体系和资本市场体系，它们的构成和运行成为金融体系的基本核心。

货币金融活动是伴随着经济活动和市场交易的出现而形成的，在以往漫长的历史过程中，货币金融和金融市场金融工具交易，以及银行体系的形成是一个逐步发展形成的过程。尽管金融活动概念是较为近代的范畴，大体上是日本明治维新以后从西方经济学体系中引进，并在之后转引进中国的经济学体系，但货币和银行等金融机构的出现和经营是早已有之。一般地说，货币的出现是人类社会经济发展过程最初期的现象之一。

一、货币银行和金融体系的形成

从人类经济发展的过程看，最早期的经济活动是一种自给自足的原始自然性经济，没有市场和产品的交易，也就没有货币的存在。早期的实物性经济活动没有货币中介和市场的交易过程，也就没有金融中介活动，这种实物性的经济活动实际上持续了很长的时间，没有货币中介的经济活动是一种原始的效率很低的经济。原始实物型经济的存在有它的合理性，生产能力的低下和剩余产品的稀少使得交易的产品有限，市场的活动范围和频率很小，物物交换的形式已经可以解决剩余产品的交易问题了。经过漫长时间的变迁，人类社会的经济活动效率有了提升，市场交易的规模和频率不断提高，终于产生了货币——市场交易的媒介，货币的形成又带来了借贷和信用等活动，形成了早期的金融活动。

货币流通和信用借贷活动的存在与发展经历了几千年的演变，一直到近代西方资本主义工业生产方式形成以后，产生了银行和金融市场等现代的金融活动机构和工具，形成了现代的金融体系。到现在为止，我们可以把今天的金融体系分为两大部分：一部分是以间接融资活动为核心的银行体系，它是机构型的金融体系；另一部分是金融市场体系，它是一种交易型的金融体系，是各种金融工具通过市场实行直接交易的体系。前者称为间接金融体系，后者称为直接金融体系。随着各国经济的发展和现代化，间接金融和直接金融两者的比重也在发生着消长，金融市场体系的作用和功能在不断地提升和扩张。

二、为什么要研究货币和银行

货币、银行的兴起和发展是市场经济发展的结果。现代金融体系的出现和形成更是市场经济体系发展到较高阶段的产物。在现代经济发展和运行中，货币、银行和金融体系活动所发挥的作用是无可替代的，从市场的有效运行，资源的合理配置，到企业的投资经营，都与其有着直接关系，现代的市场经济也就是一种金融经济。

1. 货币的作用和角色

我们看到，现代经济体系运行过程中离不开货币的作用。货币从它的产生起就担负着一种"一般等价物"的交易媒介作用，在今天的市场交易和商品服务以及债务的支付中，它都担负着支付工具的作用与功能，一般地说，它与经济体系的正常运行，经济的稳定发展与调控以及市场的稳定，都有着直接的关系。我们今天面临的是一种货币经济，从家庭的消费支出、理财活动，到企业的投资经营、市场活动，再到国民经济的投资消费和积累活动、国家财政活动，都与货币息息相关。

从货币在市场经济活动中的作用看，它是货币在微观领域里的作用与功能。经济学已经作出了较为确切的总结，货币在市场流通和交易以及财富积累中担负着价值尺度和流通媒介的基本作用，与此同时，它还具有支付和积累等功能，货币的这些基本功能是在市场商品流通交易过程中体现出来的，货币作为流通媒介发挥了经济体系润滑油的作用。从今天的货币经济体系看，它的作用更为深入广泛，在投资理财、财富转移和积累等方面发挥了重要的作用。从个人的收支经济活动看：个人的收入，包括劳动收入、经营性收入和财产性收入都要用货币形式表示，城市的就业人员，收入的货币化已经达到了较为充分的程度，农村居民的收入货币化程度还低于城市居民，还保留了一部分实物性的收入形态；个人的支出，包括消费支出和经营性的支出，都必须依赖市场交易，通过货币形式进行支付，我国的改革和市场化推进了货币化的深入。

从企业和经营单位的市场流通投资等活动看，货币形态的资本流通周转贯穿于整个经济活动过程，投资建设、采购流通、销售支付、利润分配和积累理财等活动，都是货币化的资本形态变化，货币化的资本运行是市场经济条件下企业经营发展的基本形态。

从国家财政的收支运行看，无论其财政税收、积累支付和公共投资活动，都是以货币化的财政资金形态流通，这些经济活动已经摆脱了实物经济流转的方式，表现为货币化的资金运动。在经济高度市场化的今天，没有货币的流通周转作用，经济的有效运行是难以持续的。

2. 货币与物价、通货膨胀

货币不仅是市场经济体系中的价值尺度和流通媒介，它同时也是国民经济运行和增长变化的主要影响因素，对于经济的波动与发展、物价的稳定与通货膨胀的形成具有重要的作用。

从国民经济总体的运行看，货币流通就是一个货币流通量的问题，它与一定时期的货币政策具有直接的关系。

首先，货币的供应量和流通量与一定时期的货币政策直接相关，它对于一国经济的增长波动和经济的周期性波动产生着重要的影响。从市场经济的角度看，一国国民经济的总产出量，即一国的GDP，它的增长变动具有一定的周期波动性，经济学的研究认为影响这种经济增长率波动的因素包括了投资率的波动、就业水平的变化、进出口水平的变化、国家财政收支水平等因素，但大量研究表明货币供应量的变化对于国民经济的波动影响巨大，尤其是在短期中，货币流通量的变化对于信贷供应量和投资量有直接的影响，对于就业量和进出口量也有着直接的影响。因此，一定时期的货币供应量政策的变化，对于流通中的货币流量会产生影响，并进一步影响到信贷的供应量和投资量，对于市场的就业和市场产出会产生刺激作用。货币政策的影响作用在今天看来有较为激进的和较为稳健的两种倾向：以凯恩斯主义经济学为代表的货币政策主张是一种较为激进的干预主义政策，其要求对于经济增长率的衰退进行货币扩张和干预；而较为稳健的自由主义经济学倾向于实现稳定的货币政策，通过市场自身的调整来恢复经济的增长。从2008年金融危机爆发以来的情况看，以干预主义为特色的新凯恩斯主义经济学观点占据了主导，扩张性的货币政策开始重出江湖，形成了一轮又一轮的货币供应"量化宽松"政策，其经济产出和就业增长效果在各国也不尽相同。但过度的量化宽松又带来了新一轮的通货膨胀。对此，我们将在货币理论部分进一步展开分析。

其次，货币供应量与一国物价以及通货膨胀有着直接的联系。在货币流通量和物价水平的关系被重视前，货币的金本位制度已经实行了很长时间，市场价格水平变动与货币流通量之间的关系并不存在必然的联系。但在今天，货币制度已经进入了一个没有价值保证的纸币流通时代，货币的价值或购买力与货币的流通量有着直接的联系，今天的物价水平，我们通常用 CPI、PPI 来表示，前者是消费者价格指数，后者为生产者批发物价指数，都与货币的流通量有着直接的关系。一个国家的物价总水平的变动，即物价波动，可以是市场或生产部门成本等因素的作用，而一国物价持续的明显的上涨，就是通货膨胀（inflation），它通常是与货币流通量的过度投放有着直接的关联。通货膨胀会严重影响到个人与家庭的生活、财富的保持、企业的市场经营、政府的财政稳定等，它是现代各国都必须面对和解决的问题。

货币流通量和物价及通货膨胀率之间的关系是经济学一直予以关注的问题，有一些不同的理论观点和学派对于货币供应增长与物价水平波动以及经济的增长之间的关系有着不同的解释，存在着货币学派和传统凯恩斯学派间的不同认识。近来又有新的研究实证说明了货币供应量的增长和通货膨胀率之间的正的相关关系。一些出现高通货膨胀率的国家，往往在同一时期都出现了很高的货币供应量增长的现象，即使在2008年的金融危机以后，一系列的国家由于过度的货币扩张与量化宽松，先后导致了通货膨胀现象的出现。

3. 货币与货币政策

货币的流通与经济的运行与发展存在着密不可分的关系，货币的供应量在一定时期也成为主要的经济变量。而在一定时期实施的货币流通量及其利率调节管理的政策就是货币政策，它被认为是现代各国经济管理体系中最重要的宏观经济政策。有关货币的发行、货币的流通、货币的调控、利率等工具的管理，就是一国的货币政策。一国的中央银行通常是实施货币政策管理的机构：美国的中央银行就是联邦储备系统，简称美联储（FED）；欧盟的中央银行是欧洲中央银行，是一个跨国的中央银行；中国的中央银行就是中国人民银行。货币政策的实施和管理一般是通过中央银行进行的。因此，货币的流通管理体现在一国的货币政策上，它又和一国货币管理体制直接相关。货币政策的作用及其效率受到政策管理和货币体制等多方面的影响，货币政策的有效性对于货币物价的稳定，经济发展的有效性具有重要的影响，各国对于货币政策的作用调控也日益重视。

三、为什么要研究金融机构和金融市场

在货币流通与货币政策管理问题出现以后,同样需要研究银行和金融机构的问题,还需要分析研究金融市场的运行问题。

在货币流通和信用体系活动的条件下,金融机构和金融体系的出现是必然的,它们的运行和活动能够使金融活动得以展开。这体现为货币资金的借贷、投资理财、结算支付等活动。

一国的金融体系是指由银行、信托、保险公司、基金、证券公司、财务公司等机构所组成的资金分配运行系统,这些金融机构基本上都是一种金融中介,提供间接的金融交易服务。金融机构的形成与发展已经经历了几百年的时间,尤其是银行业的发展更为悠久。在现代市场经济运行中,金融机构的资金分配作用和金融调控作用是十分重要的,它们可以通过市场吸收社会成员的资金,并将资金按照一定的规则要求分配给需要的企业机构和社会成员,实现对社会资金的分配调节,这是一种重大的资源分配调节机制,缺少金融机构或者金融机构没有效率都可能使一国金融资源得不到有效使用,影响到一国经济的发展。

1. 银行和其他储蓄类金融机构

金融机构也是分成不同种类的,大体上可以分为贷款类金融机构和非贷款类金融机构两大部分。贷款类金融机构主要由商业银行、储蓄银行和信用社等机构构成,它们是储蓄资金的吸收者,又是信贷资金的提供者,是直接面对企业和社会公众的经营性机构,其中银行是最主要的资金供应者。储蓄类金融机构的资金来源具有分散性和公众性,也极易受到公众的提款挤兑,因此储蓄类金融机构都要受到较为严格的金融监管,包括了其资本金、资产和负债业务、风险规模量等方面都会受到来自政府部门的行政监管。

2. 非储蓄类金融机构

非储蓄性的金融机构包括了众多的非银行类金融机构,主要有证券类机构、信托机构、基金和投资类机构、保险公司等,它们向社会成员和企业提供特殊的金融服务,其中证券机构、投资银行、信托投资、基金投资和保险机构的业务发展非常迅速,它们吸收和分配的资金规模不断上升,有可能超过银行,但其业务发展也存在着激烈的竞争。

金融机构的发展是在市场经济的基础之上形成的,金融机构的业务是竞争性的,是商业化的经营,它们通过自身的经营来获得利润,同时也要承担来自市场的竞争风险。在金融机构的发展过程中,面临的最大挑战是市场开放后的竞争,金融业在面对竞争时不得不通过金融创新来实现自身的提升和发展,一系列的金融创新开拓了新的业务,增加了市场服务的范围,提升了金融服务的品质,但同时也带来新的金融风险。

金融机构的经营都是基于市场的商业化活动,是市场条件下的企业性质的经营活动,单个企业的活动都是在市场竞争约束下进行的,投资和信贷活动也一样。但是金融机构的经营还面临着资金来源的社会性和风险的外部性问题,会引发外部的金融市场冲击,导致金融危机的出现。银行等金融机构的资金来源于外部,具有较高的资产负债率,这极易引发资金的流动性风险和清偿危机,导致银行出现挤兑,并引发金融危机。从信用提供的角

度看，银行等金融机构也面临着资金的不确定风险，而其自身的低资本比率导致其具有较低的风险抵御能力，银行等金融机构存在着明显的脆弱性和风险的外部转移特点，市场的波动和金融机构自身经营的不善都有可能引发金融体系的混乱，导致金融危机爆发。因此，对于金融业的市场经营活动，也必须实施全面的严格的金融监管，防止风险的形成、转移和危机的爆发。同样，在市场竞争激烈的条件下，对于金融创新和业务的改造突破，也需要实施严格的监控，防止市场经营活动出现风险过度的状况。

3. 金融市场和直接融资

金融市场是指从事资金直接交易的市场体系，主要由股票市场和债券市场以及金融衍生品市场所构成。金融市场是一种资金直接交易和转移的分配系统，它是在企业市场经营和市场体系发展到一定程度后形成的，作为直接融资体系，它能够使资金转移分配的效率更高，也是对银行和其他金融机构融资业务的发展。金融市场是现代各国经济发展中不可缺少的部分，市场经济体制的发展不能没有金融市场。

股票市场是一种公司发行的股票进行流通转让的市场，它是金融市场的主要部分。股票是由企业发行的代表公司所有权的资本凭证，公司通过发行股票进行融资，而市场投资者通过市场购得股票进行投资，股票也是金融市场中的一种重要的金融商品和投资标的。股票代表了一种资本的所有权，也具有流通转让的权利，同时拥有收益的分享权，股票已经是今天市场经济体系中人们投资的主要对象，也是家庭资产配置的主要对象。股票市场除了资本筹集和投资功能以外，也具有强烈的投机功能，股票市场的价格波动已经是一种重要的经济现象。最有影响的股市波动是1929年美国股市的大崩溃，在短短的一两周时间里，纽约股市指数下跌了85%以上，投资者损失惨重，一直到1933年股市还没有恢复到之前的水平。1987年10月19日，美国纽约股市又经历了一次"黑色星期一"，道琼斯工业指数当天下跌了22%。到2020年中，纽约股市在经济繁荣的支持下达到了历史高点38 000多点，但在随后的市场波动与利率政策冲击下，道琼斯工业指数又一度下降到了25 000点以下，投资者的资产损失巨大。

我国的股票市场起步于20世纪90年代初，但发展扩张迅速：一方面是我国的市场经济体制改革不断深入，企业的公司化和股份化改造快速发展，形成了资本市场和直接融资的需求，大量的国有企业改制形成股份公司，越来越多的民营企业也走上股份公司的道路，还有新的外商投资企业也进入了资本市场；另一方面资本市场的资金和投资者也在迅速增加，形成了市场投资者群体和巨大的资本供给，资本市场的交易就是在这样的条件下形成了。1990年我国在上海和深圳建立了证券交易所，形成了正规的股票交易市场。股票市场的规模从当初的10多家上市公司发展到2021年的3 800多家，包含了主板、中小企业板、创业板和科创板的系列构成。流通的股票市值和交易额已经达到了亚洲前列，在新兴市场股市中发展扩张最快。我国的股票市场在30多年的时间里，也经历了多次的周期性波动和反复振荡，股指从20世纪90年代初的300多点，曾一度上升到2015年的6 124点的历史最高点，在金融市场波动影响下，又一度下跌到2 600多点。股市的大幅度波动对投资者的财富和企业的资本价值都会产生巨大的影响。

股票债券市场的形成和发展可以为企业的资本筹集和融资提供新的渠道,这种市场化的融资也就是一种直接融资方式,企业和投资者之间通过市场的交易达成资本的投入和转移,它可以使企业以更加便捷和优惠的条件筹得发展所需要的资本,直接投资的资本期限更长,更加稳定,能够带来银行融资所不具备的优势,证券市场的发达程度是一个国家经济发展水平和经济效率的标志。

所以,货币、银行和资本市场是现代金融体系的核心,它们的运行及其效率对于我们的国民经济和企业的经营,消费者的活动有着巨大的影响,研究分析货币金融活动能够帮助我们理解这些经济活动的本质和意义,并对于经济活动和经济政策作出合理的解释。因此,货币银行学所作的金融理论实践分析,是经济学分析在金融领域的重要延伸,它事实是货币、银行和资本市场的经济学分析,代表的是金融领域的经济学分析,而对于不同的名称,它应该具有一种概括统领的意义。

第一章
货币与货币制度

本章要点

货币是我们在经济交易和价值支付活动中被普遍接受的支付工具,是商品和服务流通中的一般等价物。

货币的形成和发展与经济的发展有着直接的关系,我们现在的经济也被称作为货币经济,我们的市场交易、商品支付、收入分配、储蓄积累都与货币有关,这标志着经济活动与货币有着密不可分的关系。货币的形成和发展演变经历了漫长的历史过程。

第一节 货币与经济发展

我们今天的社会主义市场经济，是一种货币经济或信用经济，所有社会经济活动和人们的日常生活都与货币有着密切关系，经济活动需要通过货币交易进行，经济活动的货币化与金融化正在迅猛发展，渗透进了国民经济活动的每一方面。从微观经济活动看，家庭的收支消费、企业的活动、银行的信贷经营、银企的融资关系、资本市场的投资交易，都与货币信用关系发展直接相关；而从宏观经济活动方面看，一国的投资积累、货币供应、物价的稳定、国民收入的分配、社会财富的分配、经济的增长与稳定，都体现着一国货币与货币政策的作用。这些货币与金融问题形成了经济运行的核心。我们需要认识货币和金融的运行，而认识货币金融问题首先需要了解货币的起源问题。

一、货币的起源

人类社会具有货币的历史，大致有数千年之久，在此之前的上百万年的漫长历史中，人们一直生活在自给自足、没有货币的社会里。那么，货币是如何产生的，货币是如何代替物物交换成为交易的媒介？人们曾对此进行了探索，并有着各种各样的看法。如有人认为货币是"人们协商的产物"，也有人认为是"智慧者的创造"，还有人认为货币是"国家强权的产物"。但现代经济学通过对市场交易过程的研究发现，解决物物交换困难，推进市场交易发展是货币产生的根本原因。

在人类社会的经济发展过程中，经历了生产力的不断进步和分工交换的产生。早期的社会经济是一种自给自足的自然经济形态，没有剩余产品，也没有交易行为。但随着生产力水平的逐步提高，人们开始有了剩余产品，就会有剩余产品的交换。早期的原始社会经济还没有分工，部落和后来的家庭是基本的生产单位，它们的剩余产品交换，都是偶然性的交换和实物性的交换，交易的规模小、频率低、产品种类少，这时的交换是没有货币中介的物物交换。一般认为人类社会经历了数万年的自然经济发展和物物交换阶段。

随着生产的发展，分工的深化，进入市场交易的商品数量增加，种类增多，市场交易的频率也随之上升，这必然使得物物交换发生困难与障碍。一是交换各方在商品品种、质量、数量和时间地点上往往难以达成一致，交易难以展开。例如：粮食的拥有者需要交换牛羊，而牛羊的拥有者如不需要粮食，他可能需要生产工具，要达成交易，需要市场上有一种被交易者所普遍接受的商品，用来作为交易的媒介物——交易中介商品。在早期的市场交易过程中，那些最容易为交易者接受的商品，如粮食、牛羊等，就可能成为交易的媒介物。二是物物交换没有统一的价值计量单位来衡量各种商品与劳务的价值，这必然使得市场上的商品交易变得越来越困难，每一个交易者关注自己商品的价值，需要有一种交易的商品能够体现出自身的价值来，市场上一般的商品不具备这种功能，交易就会变得困难。三是一一般商品无法贮存价值,变成一般的购买力。显然,物物交换的矛盾与困难推动了作为交易媒介与价值计量标准的货币的出现。

货币作为一般等价物的出现是市场交易发展的产物。在生产发展和市场交易扩张的过程中,物物交换的扩张会推动一般商品等价物的形成,这是一种特殊的商品,它已经开始担当原始的货币职能,作为商品的价值衡量尺度和交易媒介工具服务于市场的流通交易。现代经济学已经发现了这种基本的演化规律,货币是从一般商品中产生出来的,市场的交易和分工的发展是货币形成的基本推动力。从今天的交易成本经济学理论推导出发,也能得出这样的演化过程,商品交易费用的节约,势必推动市场寻找合理的交易中介来减少交易的困难和障碍,引导货币成为市场一般的等价物和交易媒介。

二、货币形态的演变

货币的形态在漫长的历史过程中经历了不断的演变,呈现出了从低级向高级演进的趋势。

1. 实物型货币

最早的货币,也是实物型的货币,与普通商品无异,它只是在某些局部场合不固定地充当交易媒介的角色,如粮食、牛羊、贝壳等商品都先后充当过实物货币。在我国,根据早期的文献记载和考古发现,最早的货币是贝,基本上流通于春秋战国之前,我国的文字里与财货有关的字,都有贝作偏旁,可见贝的价值所在。一些沿海国家,如日本、东南亚国家,也有以贝作为货币的历史。在古代的欧洲、印度、波斯等地,都有着把牛羊、牲畜作为货币的历史,而在一些太平洋岛国,还有把石头作为货币的历史。货币材料的实物形态,是与当时的经济以及市场商品分不开的,这种商品要有较高的价值,而且容易分割和携带,还要便于保存,实物形态的货币都是当地的商品,并容易为市场所接受。而随着市场的扩展和交易的要求提高,实物货币的局限性也就暴露出来了,它一步步地被更有优势的金属货币代替。

2. 金属货币

经济的发展与交换的扩大,担当交易媒介的实物货币因其局限性而逐渐被排斥,而代之以更适合于担当交易媒介、价值衡量、财富贮藏的贵金属货币,因而当金、银、铜等贵金属退出普通商品行列,固定地充当一般等价物时,真正意义上的货币也就产生了。贵金属货币具有价值稳定,成色均匀,易于携带、分割和不易腐烂变质的优良属性。货币的形成,克服了传统实物交易的局限性,促进了经济的进一步发展。在金属货币的演变中,金银铜铁都先后担当过货币材料。铁是最早作为货币材料出现的,在春秋战国之前就已经有了铁币,古希腊在公元前6世纪就出现了铁币,但因为铁币过于沉重,且容易腐蚀,不易保存,后来就被其他金属材料替代了。我国一直到五代十国时期还有铁币在部分地区流通。

金银和铜作为贵金属先后在东西方国家代替其他货币材料流通,我国在商朝后期就已经出现了铜贝;其后,铜和金作为主要的货币材料在流通中一直占据着重要的地位,一直延续到近代的清末民初。在西欧和中东地区，在公元前 1000 多年就已经开始使用铜和金银作为货币材料，进入近代工业革命以后，黄金逐步排除其他金属成为垄断性的货币材料，直至 20 世纪初期金本位崩溃。

金银等贵金属作为货币材料具有天然的优势，它的分子成分十分稳定，不易腐烂变质，它的成色均匀易于分割保存，价值稳定适合于流通，只因如此，马克思也说过，金银天然不是货币，但货币天然就是金银。即使在纸币流通的今天，我们仍然能看到黄金流通的影子。

3. 铸币

金属货币在初期都是一种天然货币的流通，是以条块形式出现的，以自然重量为计量标准称为"称量货币"。后来，随着交易的发展，金属货币逐渐演变成了按一定重量、成色铸造成的货币，即铸币。初期的铸币，往往是由私人铸造，标明重量、成色与标记，在一定范围内流通，随着交易规模的扩展与市场范围的扩大，铸币成色、重量最有权威的证明者，就是国家，因此，铸币最终都演变成由国家统一铸造，规定成色、重量的金属货币。

中国是最早流通铸币的国家。在 2 000 多年前的西周时期，就已经出现铜铸布币、刀币及圆形币，铜铸币的流通一直延续到清朝末年。金银在中国历史上一直以重量为单位流通，直至鸦片战争之后，才有外国银元流入，并在晚清开始铸造银元。

金属货币的流通也有其缺点：一是称量与鉴定成色十分麻烦；二是金属货币流通极易磨损，携带也不安全，流通费用较高；三是金银数量有限，开采不易，币材的供应无法适应市场交易的不断扩大，容易形成货币供给的不足与物价的下跌。在中国的货币史上，一直存在着铸造重量和成色不足的状况，汉朝末年就出现了成色不足的"五铢钱"，以后历代都先后出现过币值不足的"铸大钱"流通，导致货币流通市场的混乱和铸币贬值。

因此，随着经济的发展和市场交易的进一步扩展，又出现了代用货币。

4. 代用货币和银行券

代用货币也称代表实质货币，它往往由政府或银行发行，以纸币代替金属货币流通使用。这种代用货币事实上是一种可流通的实质货币收据，最典型的就是银行券，它是最早在欧洲流通的纸质代用货币，由商业银行和中央银行发行，可兑换。

代用货币是一种不足值的货币，其之所以可在市场上流通，为人们所接受，是因为其背后有充足的金银货币作为发行保证，持币人可随时向政府或发行银行要求兑换金银货币。发行人不得拒绝。代用货币的发行是以足额的准备金为条件的。

代用货币比金属货币具有明显的优点：一是代用货币发行的成本较低；二是其易于携带与运输；三是便于流通使用，而无须鉴定重量、成色。但代用货币的流通也有其缺点：一是代用货币须代表十足的金属货币，其发行量要取决于金属货币准备量，它虽能防止货币的过度发行，但却限制了流通中货币的增长需求，极不利于市场交易的扩展；二是大量的发行准备被闲置在仓库里，实际上也是一种资源的浪费；三是代用货币本身是纸币，所以其极易被伪造，且容易遭受水、火灾害的损坏，给流通带来困难。因此，随着现代市场经济的扩展，金本位崩溃，代用货币又为现代真正的纸币所代替。

5. 纸币

纸币是一种真正的信用货币，是由国家或其中央银行发行并强制流通的货币，纸币本身没有价值，也不能兑换黄金，因而是一种依靠信用支持其价值的货币，也就是信用货币。

信用货币是代用货币的进一步发展，信用货币本身已脱离了金属货币成为纯粹的货币价值符号，它本身也不能与金属货币相兑换，因而信用货币是一种债务型的货币。20世纪30年代，世界各国因经济危机与金融危机先后脱离金本位，纸币成为不可兑换的信用货币，目前纸币已是世界上绝大多数国家采用的货币形态。信用货币之所以能被公众接受并保持其价值，主要依据于信用货币的发行量，如果政府与货币当局合理控制信用货币发行量，公众对信用货币则保持信心，即使没有充足的货币发行准备，货币仍然能正常地流通和保持价值。现代商业银行在保持其信誉的条件下，同样只需保持一部分现金准备，其余部分用于投资放款，银行体系仍可保持稳定。

信用货币的主要形式有纸币、辅币和银行存款货币。

（1）纸币，即钞票。它一般是由中央银行发行的信用货币，它由法律赋予其无限清偿的地位，并成为一国的基本货币。纸币不能兑换，其稳定的条件是中央银行必须根据经济发展的需要，控制发行量与信用规模，才能有效保持纸币的价值稳定。

（2）辅币。由各种贱金属（如铜、镍、铝等）铸造的小面额铸币，它往往由政府直接控制，并以法律规定其与其他货币的比价关系，且可自由兑换其他货币，因而能为社会公众所接受。辅币的面额一般较小，一般用于小额的、零星的交易。

（3）银行存款货币。银行存款形式有多种多样，能作为交易媒介与支付手段的主要是活期存款，也称支票存款，即银行货币。在现代信用发达的经济中，存款货币往往是市场交易中最重要的支付工具。尤其是巨额的交易与支付，几乎均以支票作为支付工具。在工业化发达国家，银行货币的流通量约占全部货币存量的3/4以上。且定期存款也具有活期化倾向，使银行存款均成为银行货币。银行存款货币的流通使用有着种种不可替代的优点：一是大大方便了支付人与被支付人，减少了货币丢失与损坏的风险；二是使用的成本较低，且不易伪造；三是可按支付额实收实付，免去清点与找零的麻烦；四是支票可增加社会支付工具，减少银行对现金的需求量，并扩大银行的盈利能力。

今天，随着市场交易的发展，存款货币又进一步发展成为由计算机网络系统的存款支付转账形成的电子货币。电子货币将成为真正的货币符号或记账单位，借助于网络系统的发展，未来的银行将向"电子银行"或"结算中心"发展，银行与客户终端，银行与所有消费支付系统均可通过网络系统进行自动划账结算，使货币成为无纸化的记账符号，具体表现为货币数字化。随着数字货币、虚拟货币的进一步发展，货币的形态必将发生巨大的变化。这无疑将进一步降低货币的流通费用与交易成本，并大大地提高支付与结算的效率。

第二节 | 货币的功能

货币在经济活动和市场交易中发挥着极为重要的作用，交易的进行、债权债务的清偿、国际贸易的结算，都有赖于货币功能的发挥。经济学对于货币功能有着多种表述，按现代经济学公认的标准，货币有四个基本的功能，即价值标准、交易媒介、延期支付标准和价值储藏。

一、价值标准

在市场上交易的各种商品和劳务，都必须用它的价格形态表示出来，而如何表示这些商品和劳务的价格，则需要依据其自身内在的价值来确定，而商品的内在价值又如何体现出来呢，这需要一种客观的价值尺度来表现，形成商品的价格，而这种体现商品价值尺度的功能就是由货币来担当的。

价值标准就是货币作为衡量商品内在价值尺度的职能。在市场交易过程中，每一种商品的价值都可以通过交换的商品数量相对地表现出来。而在货币作为交易媒介条件下，一切商品的价值均以货币形式表现出来。货币与商品的交换比率即是该种商品的价格，也就是一种商品可以交换成多少货币量。

在货币作为价值标准的条件下，人们便有了统一的标准来衡量不同商品的价格，从此才有了人们对不同商品、服务的评价。也正因为有了统一的价值标准，才可能进行成本、收入、支出的计算，各种债权、债务的核算，以此形成现代的会计与财务分析系统，并据此开展企业的经营管理与国民经济的统计、分析。货币在执行价值标准功能时，只是发挥其计量标准的作用，因此，作为计量与核算工具，只要是观念的或想象的货币就可以了。与执行交易媒介功能不同，在计量与核算过程中，并不需要使用真实的货币，这与其他功能是不同的。

货币在担当价值尺度标准时，需要通过货币的计量单位来实现，这就是货币单位。在早期的称量货币阶段，都是用"两""钱"等单位，后来又出现了"铢"和"文"等单位，到后来进一步统一为"元"和"文"。现在的货币单位，各国有不同的等分构成：我国的人民币由"元""角""分"组成；美国的货币单位是"元""分"；英国的货币单位由"英镑""便士"构成。在20世纪20年代前，多数国家的货币与黄金挂钩，货币具有法定含金量，并具有可兑换性，但20年代以后，大多数国家的货币都与黄金脱钩，货币变成了不可兑换的信用货币。1971年美元与黄金脱钩，彻底实现了黄金的非货币化，货币与黄金的联系就不存在了，各国的货币都变成了不可兑换的，货币的购买力主要靠控制发行数量来实现。

二、交易媒介

在货币出现之前，商品的交换是以物物直接交易进行的。物物交换是一个商品所有者拿自己的商品到市场上去交换自己需要的商品。物物交易具有诸多不便，为了促成交易，必须耗费大量时间、人力、物力去寻找合适的交易对象，在交易品种多、交易频率高的市场条件下，物物交换会变得十分困难，如商品 A 的所有者需要商品 B，而商品 B 的所有者不需要商品 A。而为了解决这种交易障碍，市场逐步地开始用货币作为交易媒介来实现商品的交换，货币就变成了一种专门为市场交易服务的专门商品。

货币是作为市场上的一般等价物出现的，它就是一种所有交易者都认可其价值，并且愿意接受的特殊商品。而有了货币以后，商品交易的方式改变了，人们首先将自己的商品拿到市场上换成货币，即出售商品获得货币，再用货币在市场上买进自己需要的商品，这时交换的方式是一种间接的过程，即"商品—货币—商品"的形式，在这个交易过程中，货币作为交易媒介在发挥作用。在货币作为交易媒介的条件下，买与卖的过程分开了，货币作为一般等价物成为人们普遍乐于接受的媒介，从而使交易过程变得顺利，交易费用也大为降低。

作为交易媒介的货币，必须是真实的货币，而不能是观念的货币，但流通中的货币可以是不足值的，甚至是纯粹的价值符号，只要其能担当起交易媒介的作用就可以了。最终，货币可能会演变成货币符号或记账符号。

货币一旦从商品流通中分离出来，就变成了价值的一般体现，成为价值的符号，并引发了市场交易者对于货币的追逐和货币崇拜，形成一种"货币拜物教"。

三、延期支付标准

在市场的交易过程中，会出现买方或卖方手头缺乏货币而使得交易难以进行的情况，货币的延期支付标准功能也就随之产生。

在现实的经济活动中，除了商品交易过程中需要货币充当媒介外，货币还可为信用交易活动与借贷活动充当延期支付的标准。当商品交易过程中出现先售货，后付款的情况时，商品的出售者以赊销形式向购买者提供了信用，而购买者则按约期向出售者支付货币，这时货币就担当了延期支付的功能，即支付手段职能。除了商品赊销外，其他信用借贷关系和约期支付（如工资、租金、税金的支付）行为都须以货币为单位来衡量计算。在现代的市场体系交易中，一些大宗的商品交易都会采用信用交易和延期支付的手段进行；企业间的大批量买卖活动也会采取延期支付手段进行。此外，在国家财政和银行信用活动中的资金支付，都是体现为货币支付活动。

货币的延期支付标准是货币的价值标准功能在信用关系中的延伸。作为一种信用交易和支付手段，它的作用也有赖于货币价值的稳定，只有货币价值稳定，延期支付的标准也才能稳定。不然，支付手段和信用关系将被完全破坏。

四、价值储藏

当货币代替实物成为一般等价物以后，商品的买卖过程可以分离。人们可以先卖出商品换得货币，再用货币买回自己所需的商品。但人们也可以在获得货币以后，将其保留或储存起来，到其认为最需要或最合适的时候再购入商品。因此，当货币退出流通领域而处于一种静止状态时，它就发挥着价值储藏的功能。

金银等贵金属货币本身具有价值稳定、贮存方便、不易腐烂变质，以及投入流通容易等特点，因而是一种理想的价值贮藏形式。即使在今天黄金非货币化的条件下，各国政府或者居民仍然把黄金作为重要的价值储藏对象。

在今天信用货币流通的条件下，企业和居民已经把储蓄和存款作为财富积累的主要手段，其他形式的资产，如股票、债券、房地产，也可以作为价值贮藏的手段，且这些资产在贮存中还可以获得收入，但相比于货币资产，这些资产往往具有价格不稳定、易遭贬损、流动性差不易迅速变现等缺点。

货币发挥价值贮藏功能，其本身的价值必须稳定。在金属货币流通条件下，因金银本身具有价值不易遭贬损，所以有较好的保值功能。而在纸币流通情况下，物价与币值的稳定则成为货币发挥价值贮藏功能的关键，如通货膨胀、物价不稳、货币不断贬值，货币便丧失了价值贮藏手段的功能，人们只能选择其他形式的资产来作为保值工具，如黄金、不动产、有价证券等，但同时也会失去流通性等功能。因此，从资产价值及其收益的角度看，货币本身是人们持有金融资产的一种形式。持有货币可获得流动性收益，但不具有保值增值功能，而变成存款、证券等金融资产，流动性下降，收益率增加，但资产的风险也随之增加。

在上述四个功能中，经济学家通常把价值标准与交易媒介作为货币的基本功能，而延期支付标准功能与价值贮藏功能则是由基本功能延伸出来的。而货币若走出国界，在国与国之间发挥上述四大功能时，货币则成为一种国际性货币，其功能则可称之为"世界货币"。

从今天的经济活动方式看，个人、家庭和企业已经是经济交易的主体，货币的发行流通也进入了一个全新的体系中，以中央银行和商业银行两级银行体系为核心构成的货币流通体系，使得货币在流通中体现为几个不同的层次和形态，货币既可以分为"基础货币"和"流通货币"，也可以分为几个更细微的层次：狭义货币 M_1；广义货币 M_2；更广义的货币，或近似货币 M_3。这些不同的货币层次分类为分析了解货币的流通状况提供了主要的工具和方法。

第三节 货币制度及其演变

货币制度是关于一个国家货币的材料、币值、铸造、流通等方面的制度规定。从历史发展的过程看，各国都先后从不同的角度对货币的形成和流通制度加以规范控制，形成了各具特色的货币制度。

一般来说，一国货币制度的基础在于确定货币的基本单位及其价值的标准，即货币的本位（monetary standard）。根据本位制度制定的货币为本位币（standard money）。本位币的确定是一国货币制度的核心，除了规定本位货币材料外，这种货币在流通中还拥有无限法偿的地位，即它的流通使用不受限制，受到法律的保护。

对本位币的名称、材料、铸造、发行、兑换与流通等所作的有关规定，称为货币本位制度。本位制度的核心内容是规定本位币的币材。根据本位币的不同币材可以区别不同的本位制度。严格地说，货币本位制度是从称量金属货币被铸币取代以后才正式形成的，因为贵金属在市场上的流通，是自然的形态和自由的流通，如先用铜或者黄金，或者说金银和铜的同时流通，它没有官方对于货币材料的强制规定，也没有实行货币的统一铸造，基本上是市场的自由流通和选择，它也可能在市场交易条件变化时，发生改变。因此，货币制度的形成经历了一个自由的没有官方控制的时代到官方统一规定货币材料和统一铸造的货币本位制度时代变迁的过程。

在中国的货币流通史上，在很早的秦汉时期就已经有了对于货币流通的管理控制，从先秦时期到清代，一直以铜作为货币的主要材料，并实行货币的统一铸造，但这种近似于铜的本位制度又是不完全的，在历史上基本是铜、金、银几种货币同时流通，统一铸造的货币和块状金属的自然货币也同时流通，甚至还有实物货币如卷帛等也在流通，在宋代还一度出现了代用货币，一种近似的纸币，名为"交子"，但这些都没有形成统一的流通制度。直到清末民初，我国还是一种多种货币混合流通的局面，并未形成真正的货币本位制度。而统一的货币本位制度大致在近代西欧最早形成。

货币本位制度以货币材料划分可分为两大种类，即金属本位制度与纸币本位制度。金属本位制度因与贵金属保持着一定量的等值关系，称为束缚本位制；纸币本位制度与贵金属没有等值关系，称为自由本位制。在历史上，金属本位大体上经历了银本位、金银两本位与金本位三种形态，最后转变为非金属的纸币本位制度。

我们如从历史发生的先后顺序来看，最早形成的货币本位制度是银本位制度。

一、银本位制

大致 300 多年前，欧洲最早出现了银本位制，它是历史上最早出现的金属本位制度，它以一定重量和成色的白银作为本位币币材，官方对于货币材料和货币铸造流通作出了统一的规定。银本位制度的基本内容有：

（1）规定以一定重量与成色的白银作为本位币；

（2）银币可以无限制自由铸造，政府与金融机构可以固定价格无限制购买白银；

（3）公众可以自由无限制地熔化银币，政府与金融机构可以固定价格无限制出售白银；

（4）银币与其他货币可以市场平价自由兑换；

（5）白银及银币可以自由输出及输入；

（6）银币为统一的无限清偿货币，具有强制流通能力。

银本位制从16世纪中期以后开始在西欧各国盛行。当时，白银是占支配地位的贵金属，最适合作为货币材料。但到19世纪末，各国先后都放弃了银本位改行金银双重本位制度并最终形成金本位制度。

银本位制度的最大缺陷是银价不稳，白银产量不稳定，产银国的白银政策经常发生变化，这使得白银价格经常发生剧烈波动，银价猛升或狂跌，都会严重影响市场的稳定和经济的稳定发展。当国际银价上涨时，白银大量外流，引起通货紧缩与物价下跌，造成经济萧条与不景气；当国际银价下跌时，白银大量内流，造成通货膨胀与物价上涨，经济又会出现过度繁荣，不利于经济的稳定。当时实行银本位的英国就受到了银价波动的周期冲击，出现了因为货币流通数量变动而带来的通货紧缩和通货膨胀。

另一方面，随着经济的发展与交易额的增大，白银的数量渐渐不能满足市场流通的需要，因此，西欧各国先后将银本位改为金银两本位制。

中国自秦汉以来一直实行的是多种货币混合流通的制度，处于自然的和有管理的制度交替的状态，没有形成真正意义上的货币本位制度，直到清末光绪十三年（1887年）才开始铸造银币，并规定以白银为本位货币，实行银本位制，但货币制度十分混乱，各种货币包括黄金、白银、铜币和外国银元等实行混合流通，货币制度未能统一。而当时白银价格因受国际市场影响而出现了剧烈波动，"银荒"的频繁出现严重影响了货币制度的稳定。至1935年，银本位制被"法币"制度取代。中国由此而进入了以"纸币"为本位货币的时代。

二、金银双重本位制

金银双重本位制度是指同时以黄金与白银为货币材料，金银两种铸币同时流通的货币制度。金银双重本位制度主要在18—19世纪的西欧诸国实行，由于金银价值的内在冲突，实施的时间很短，在英国，货币的双重本位制度较具有代表性。

双重本位制度在历史过程中有三种不同的具体形态。

1. 平行本位制

平行本位制是一种金币与银币同为一国本位币的制度。在同一流通体制里，金币与银币均可自由铸造与熔化；均具有无限清偿能力；最关键的是金币与银币之间的比价，完全由市场力量所决定，法律上对其不作任何规定。这是双重本位制度的一种早期形式。在平行本位制度中，由于金银的市场比价随金银的市场供求关系变化而经常发生变动，金币与银币之间的交换比例也就必然随之发生变化，这对于大量的延期支付活动及债权、债务关系的清偿带来了混乱，使支付与清偿发生困难。从国与国之间的经济往来关系看，当各国市场上金银比价发生差异时，由于金银的自由输出输入，将使黄金流入金价较高的国家，使该国货币制度蜕变为金本位制，而白银将流入银价较高的国家，也就使该国货币制度演变为银本位制。这种情况的发生和延续，事实上将瓦解金银平行本位制度，并形成了复本位制。西欧各国的货币制度实际演变过程也体现了这一点。

2. 复本位制

复本位制是一种金币与银币同为一国本位货币的制度。在复本位制下，金币与银币均具有无限清偿能力，均可自由铸造、熔化及自由输出输入，关键的不同点是金币与银币的交换比率，是以国家法律形式统一规定的，即金币与银币之间的比价关系是由法律规定的固定比价。例如，1791 年美国实行复本位制时，规定 1 美元含纯金 24.75 厘或纯银 371.25 厘，金币与银币的比率为 1∶15。

复本位制在 19 世纪曾被西欧各国广泛采用，除了各国因黄金不足而采取白银补充的原因外，当时各国也着眼于金银之间的补偿流通作用。这种补偿作用可以使金银的市场比价与金银的法定比价相等，以稳定本位货币之间的比价及稳定各国之间的汇率。例如，在金银的法定比价为 1∶15 时，而市场比价为 1∶16，则黄金的法定价低估，金币将被熔化并用以交换银币，这势必造成市场上金币减少而银币增加，而生黄金的增加会引起金价下跌，生白银减少会引起银价上涨，最终将使金银的市场比价与法定比价逐渐接近。市场比价与法定比价的差异被逐步矫正。

在复本位制下，由于一国金银供求形势不断变化，金银市价比率往往不能与法定比率相一致，致使市面上只能流通一种货币，即金币或银币，而不是两种货币同时流通。例如，金银法定比价为 1∶16，市价比率为 1∶15，此时，白银市价较高，持有 15 两白银的人，可在市面上换回 1 两黄金，再以 1 两黄金从铸造厂换取 16 两白银，转手就赚取了 1 两白银，在此情况下，持有银元的人将不愿售出，而是将其熔化，导致市场上银币绝迹，只有金币流通。而如果黄金的市价比率高于法定比率，则将导致金币在市场绝迹，而只有银币在流通。这种现象被称为"劣币驱逐良币"，后人将其称为"格雷欣定理"。

因此，复本位在金银市场比价与法定比价不一致时，事实上只能有金或银一种货币在流通，出现不断的本位交替。进入 19 世纪后期，由于银价不断下跌，银币的法定比价高于市场比价的现象越来越严重，从而使多数国家停止了银币的自由铸造，复本位制演变成了"跛行本位制"。

3. 跛行本位制

复本位制是金银两种铸币同时流通，都具有无限清偿能力，且均可自由铸造与熔化，两种铸币各有其法定比价，运用起来就如人的两腿，可维持均衡。但从 19 世纪后半期起，逐渐出现银价跌落的现象，实行复本位制的国家，金币大量流出，银币充斥市面，如不停止铸造，复本位将变成银本位。在银币不得已停止铸造后，复本位制缺了一条腿，变成了一种"跛行本位制"(limping standard)。

在跛行本位制中，金币与银币仍同为本位货币，金币与银币仍保持原来的法定比价，流通中的银币仍准予流通，并具有无限清偿资格，但只有金币可以自由铸造，而银币则不得自由铸造与熔化，其铸造权归政府独占。1867 年法国停止银币的自由铸造和 1873 年美国停止银币自由铸造后，两国实行的货币本位制度就是一种跛行的双重本位制度。

三、金本位制

大致到 19 世纪初，西欧各主要资本主义国家先后从金银双重本位制度发展为单一的金本位制度。黄金成为唯一的货币材料，可以自由铸造，且具有无限法偿地位。一些国家虽还允许铸造银币，但受到限制且不具有无限法偿地位。

金本位制是以黄金为币材，本位币与一定量黄金保持等价关系的货币制度。依据其黄金兑换的形式，金本位制还可细分为以下几种形态：金币本位制、金块本位制和金汇兑本位制。其中金币本位制是最为典型的金本位制度。

1. 金币本位制

金币本位制又称完全金本位制，是金本位制度的早期形式。从 19 世纪初到第一次世界大战结束前，西欧主要资本主义国家均采用金币本位制，其流通的基本条件为：

（1）国家以法律规定每个金币的重量和所含的纯金量；
（2）金币可以自由铸造与熔化，且无铸造费用；
（3）黄金可以自由输出、输入或贮藏，不受任何限制；
（4）金币与其他形态的货币，如辅币、代用币等，按等价自由兑换；
（5）金币具有无限清偿能力，可用于一切支付与清偿债务，不得拒绝。

在金币本位制下，由于黄金可以自由铸造、自由熔化、自由输出与输入、自由兑换，使金本位币的对外汇率保持稳定。在金本位制下，两国间的汇率以各国货币的含金量为基础，形成货币间的黄金平价。如果实际汇率发生较大的变动，其偏离黄金平价的程度达到黄金输出与输入的费用（含运输费、保险费、包装费），即达到黄金的输送点，此时即会发生黄金的实际输送，从而可以自动稳定两国货币的汇率。

同样，在金币本位制下，因为金币的自由铸造与熔化，黄金与商品之间保持一种平价关系，只要黄金价格不变，物价始终是稳定的，通货膨胀与物价上涨是不可能出现的。

2. 金块本位制

第一次世界大战爆发，各国为筹措军费，纷纷停止兑换黄金并禁止黄金出口，金本位制自动放弃，战后恢复的金本位制变成了一种金块本位制。

金块本位制仍以一定量黄金作为一国本位币，但金币已不能自由铸造与流通，政府集中储存黄金，并发行纸币以代替黄金流通。纸币不能自由兑换黄金，只能达到一定数额才能兑换。金块本位制与金币本位制的主要区别在于以下：

（1）金块本位制下不铸造金币，政府按固定价格无限制收购黄金，收购黄金所支付的价款，是中央银行以金块为准备所发行的纸币。而纸币的发行与流通，以中央银行或财政部的黄金储备为基础。

（2）持有各种货币的人只能向中央银行申请兑换金块，且有最低重量限制，金块不能分割（如当时的英国规定一次兑换的纯金重量不得低于 400 盎司）。因而被称为"富人的金本位"。

（3）外汇可以自由买卖，且数量不受限制。这种金块本位制以后又演变成一种"有限制的金块本位"。它规定除工业用途外,公众不能向政府购买黄金;公众不得自由输出黄金,进口黄金也必须售予政府;实行黄金国有化,作为中央银行的发行准备与国际支付工具。金块本位制的实行,主要是由于黄金供应不足,为了维持金本位,政府不得不集中有限的黄金,限制兑换与输出,并保证相应的流通货币供应量。

3. 金汇兑本位制

金汇兑本位也称"虚金本位",实行这一制度,国家的货币不与黄金直接发生联系,但选择一个关系密切的金本位制国家,将本国货币与金本位制国家的货币确定固定的比价关系,同时将黄金与外汇储存于该金本位制国家,作为汇兑基金,并随时按固定价格买卖外汇,以此维持汇率的稳定。例如,1893年印度的卢比与英镑,1903年菲律宾的比索与美元,均采用金汇兑本位制。20世纪20年代以后,曾经盛行金汇兑本位制,从1933年4月到1971年8月15日,美国财政部曾规定,任何一国中央银行所持有的美元超过其需要时,可用多余的美元向美国政府以35美元1盎司的固定价格兑换黄金,这是以美元为中心货币的金汇兑本位制。同样,英镑也曾在英联邦国家中担当过中心货币的角色。这些实行金汇兑本位制的国家则被称为"黄金中心国家"。

处于黄金中心国家的货币是国际储备货币,它既是国内的流通手段,也是国际的支付工具。在经济稳定与国际经济关系良好时,金汇兑本位制可起到节省黄金,稳定汇率的积极作用。但当发生经济波动与国际经济关系危机时,这一体系会受到严重冲击。采用金汇兑本位制的国家为了自身的安全,往往会向黄金中心国家提回黄金,而抛出外汇储备货币,导致国际金融秩序的混乱,而黄金中心国家如以种种理由拒绝兑换或冻结黄金时,更会引发国际经济关系的全面危机。

美国在第二次世界大战后,经济实力雄厚,集中了全世界70%以上的黄金储备,美国在当时实行35美元兑换1盎司黄金的固定汇率制,即著名的"布雷顿森林体系",形成了这一体系国家的货币汇率的稳定。但至20世纪60年代中后期,美国因越战消耗与大量的军事经济援助,实力消耗,国际收支出现赤字,大量美元外流并出现黄金的抢购,导致美国黄金大量外流并降至历史上的最低储备水平,终于迫使美国政府于1971年8月15日宣布停止美元与黄金的兑换,美元与黄金脱钩并成为不可兑换货币,国际的金汇兑本位制从此终结。也就是说,美元和黄金的彻底脱钩真正实现了货币的非黄金化,各国的货币制度进入了真正的信用货币时代。

四、作为信用货币的纸币本位制

纸币本位制度也称非实体货币本位即管理本位制度。它是以政府货币当局或中央银行发行的纸币为本位币。纸币与金银之间不存在固定的比率,也不可以自由兑换,因而是一种不可兑换的信用货币。不可兑换的纸币之所以具有流通与支付功能,其价值稳定和支付能力,要依靠政府及金融当局在信用上进行严密的管理,对货币发行数量要作出严格的控制,以维持物价的稳定与控制通货膨胀的出现,并维持其对外汇率的稳定与促进经济的正常发展,使公众具有持币的信心。不然,如果出现滥发纸币现象,必然造成通货膨胀和货币信用体系的崩溃。

纸币本位制度的基本特征如下:

(1)纸币具有无限法偿能力,依法强制流通,其他清偿货币可以等价相互对换;

(2)货币的供应量可不受金银数量的约束,货币的发行量可视经济形势而定;

(3)纸币对内价值的稳定,对外汇率的稳定均有赖于对货币供应体系的有效管理与调节控制。

用纸币本位制取代金本位制,是货币现代化的重大变革,是货币制度的历史进步,它是经济发展进步的必然要求。

采用纸币本位制的主要优点如下:

(1)货币供应量不受金银数量的限制,具有较大的伸缩性,它可以根据经济发展和流通的需要,作适当的调节,对于稳定与促进经济增长具有积极的意义;

(2)纸币本位制不与一定量贵金属相联系,其对外汇率也不受国际市场贵金属价格变动的影响,货币供应量的调节,也就更为灵活,它可以对国内经济发展和国际收支状况进行有效的调节;

(3)采用纸币本位制,更便于人们日常的流通携带,还可以节省贵金属及其铸造费用,减轻财政的负担,促进一国经济的发展。

但纸币本位制度也存在着明显的缺点:

(1)货币供应量不受发行准备限制,供给弹性很大。有些国家在财政出现赤字时,往往超量发行货币,甚至毫无节制地滥发纸币,导致恶性通货膨胀,从而危及经济与社会的稳定,超发和滥发纸币必然影响到货币制度的根基和经济的稳定。

(2)在纸币本位制下,货币与贵金属脱钩,各国的汇率已脱离金平价而可以相对自由调整,这使得各国货币的对外汇率变化无常。从而影响到国际贸易的发展与国际资金的流动。不断变化的汇率,也会影响到整个国际经济秩序的稳定。

(3)纸币本位制的管理操作,依赖于有效的管理控制,成功与否与管理者的知识、经验与判断决策能力直接相关,过多的人为干预因素往往使纸币本位制产生不稳定因素。

在纸币强制流通的条件下,纸币发行权集中于中央银行,对内与对外均不兑现,因此也就没有发行准备的要求,但许多国家为了保证货币体系的稳定与增强公众的信心,仍然以一定的黄金、外汇或其他证券资产作为发行准备,以求得对内稳定经济,对外稳定汇率的效果。但在面临经济发展和财政体系支付矛盾局面时,货币体系的调控管理就显得格外重要。

一是控制通货膨胀和维护货币稳定与推动经济增长和促进社会就业之间存在着矛盾。从信用货币替代金属货币起,货币流通制度就出现了货币贬值和通货膨胀的内在可能性,各国货币的信用也因此而受到影响。其中一种情况是货币流通和供应管理不当,导致与市场的实际需求量失调,从而引发货币供求失衡和物价波动,并引发通货紧缩或通货膨胀;

另一种情况是货币供应体系为了配合财政体系而进行扩张或紧缩,如为了弥补财政赤字和扩张性支出而实行货币扩张,从而导致货币的财政性发行和通货膨胀,这种情况在第二次世界大战以后的许多国家屡屡发生,从而也引发了经济学对于货币信用发行制的质疑,自由主义的经济学家甚至强烈要求放弃信用发行制和恢复金本位制。在今天的金融危机和刺激经济投资的条件下,央行对货币供应量的管理仍然面临着重大的压力和挑战。经济学由此提出了要求中央银行实行独立性货币政策的主张,以避免货币供应政策变成财政政策附属的局面。

二是国内货币物价稳定与国际货币汇率变动的矛盾冲突。在今天经济全球化和市场开放的条件下,货币物价的稳定还依存于国际货币体系和对外经济的关系,形成货币稳定的双重均衡要求,货币物价的稳定既要满足国内市场货币供求均衡的要求,还要满足国际收支均衡的要求,货币信用管理和通货膨胀的控制要求的条件更高、更复杂。对此,我们在国际经济关系和汇率收支的部分将展开专门的分析。

今天,随着数字技术和互联网的发展普及,电子支付和电子货币也开始成为重要的支付手段,在一些交易和支付中替代现金和支票发挥货币媒介作用。电子货币包括的形式有几种:一种是电子支付,包括 POS 机、ATM 机系统、网上银行系统进行的转账支付活动,可以加快支付过程,节省交易时间和成本,现在已经在网络系统较发达的国家有了较快的发展;还有一种是数字货币,主要由网络货币、网络银行网络支付构成,消费者一般通过网络银行获取数字货币,再通过互联网消费支付,也可以通过和银行电子账户连接,进行网络电子支付。这些支付方式可以替代现金货币进行交易,并大大地加快支付的速度,提高交易的效率。

第四节 | 货币的国际化

当货币的流通和支付功能超越国界,在国与国之间发挥流通媒介和支付功能时,它事实上就担负着国际货币的功能。

国际货币的功能是依据国际经济贸易和结算支付活动而展开的。在发生国际经济交易和往来时,必然面对一个如何结算支付和用什么货币来结算支付的问题;还有就是不同的货币之间的价格如何确定,这些关系的处理形成了今天复杂的国际货币金融体系。

在早期的金本位制时期,西方主要的工业化国家都实行了较完整的金本位货币制度,黄金作为货币单位具有相同的本质和流通能力,以金本位制为基础的国际货币体系是货币价值流通职能在国际经济国际贸易和支付中的延伸。金本位制的国际货币流通支付职能较多地体现了市场活动的规则,人为安排的色彩较少,货币价值的确定,流通支付的实施,黄金的转移输送，都要由客观的黄金市场价值来完成。货币的国际化体现的是金本位制的国际化。

但在金本位制被放弃以后，货币的国际化经历了种种变化，并且对于国际经济贸易活动产生了较大的影响，国际货币体系的制度性安排也体现了关键性的稳定作用。

一、金汇兑制度下的国际货币体系

金汇兑制度是一种过渡性的国际货币体系，在金本位制度崩溃之后和浮动汇率制度形成之前，在西方主要工业化国家短暂实行过。这种制度的基本特点就是：

（1）本币与黄金仍然维持金平价，保持货币的含金量，但不能自由兑换，只是在对外结算中与黄金维持一种间接的联系；

（2）本币与一种强势货币（英镑或美元）挂钩，实行钉住汇率制；

（3）一国的政府或央行需持有黄金或外汇作为储备，以保证本币可以兑换成外汇来维持稳定。显然，金汇兑制度是一种影子金本位制度，它已经与黄金流通脱钩和不可兑换，但仍然保持着价值的联系，当一些国家放弃金块本位制度后，金汇兑制度也就被放弃了。

二、以美元为核心的"布雷顿森林体系"

在第二次世界大战结束后，以美国为核心的西方44国在布雷顿森林召开会议，通过了《国际货币基金组织协定》，规定参加基金组织的国家货币以黄金和美元来表示，按照当时的黄金平价，规定了1盎司（约28.35克）黄金等于35美元的官方价格，各国的货币按照其黄金含量与美元确定比价，各国货币的黄金含量也不能随意变动，而美国政府也允许各国央行以1盎司35美元的固定价格向美国兑换黄金，形成各国货币与黄金、黄金与美元的双重挂钩。这就是我们后来定义的"布雷顿森林体系"，是一种以美元为核心的固定汇率体系。它在战后的国际经济贸易中发挥了积极的作用，对于参与这一系统的国家来说，其本币与美元和黄金有着稳定的关系，那么其货币汇率也就维系着固定的比率，也就是固定汇率，企业的汇率风险不存在了，对货币的国内购买力稳定也起到了关键的作用。

三、浮动汇率、联系汇率与美元化制度

"布雷顿森林体系"和固定汇率制度在战后产生了积极的作用，但随着美国经济地位的下降，尤其是20世纪60年代以后越南战争的爆发，美国的对外收支出现大量赤字，引起美元贬值和黄金储备大量外流，美国黄金储备的下降一度不足以应付短期外债，引发了美元危机。当时国际金融市场上出现了大量抛售美元和向美国挤兑黄金的现象。美国政府被迫于1971年8月15日宣布停止向各国政府和央行用固定价格兑换黄金，这在事实上使美元和黄金脱钩了，与此同时，一些国家的货币也开始与美元价格脱离实行浮动汇率，固定汇率制度趋于崩溃。1973年以后，国际金融市场再一次出现了抛售美元的货币危机，迫使西方各国放弃对美元的固定汇率而实行浮动汇率制度，"布雷顿森林体系"也就正式终结，

而代之以浮动汇率制度，人们也称之为"牙买加体系"。

浮动汇率制度开启了各国货币汇率的市场价格制度，各国货币汇率的决定是由各国的经济贸易、市场利率等复杂因素决定，国际货币体系也因此进入了汇率波动多变、危机频发的时代。在浮动汇率体系中，美元的固定汇率体制消失了，但美元的中心地位并没有终结，出现了国际货币汇率体系中的钉住美元的制度安排，形成了"美元化"时代。

一种美元化的制度安排是"货币局"制度。这种制度在20世纪70年代到90年代末的一些发展中国家实行过。这种制度要求本国货币钉住一种强势货币，如美元或欧元，成为锚货币，本币与锚货币实行固定的汇率；在发行本币时，货币局要用锚货币作为外汇储备，成为本币的发行准备；同时货币局保证本币与锚货币可按固定的汇率自由兑换。实行货币局制度的国家，一般在经济贸易上与储备货币国家有着较为密切的关系，如阿根廷；经济规模较小，经济的开放度高，美元的稳定可以形成货币局制度国家本币的稳定。但实行货币局制度，也就意味着要放弃本国的独立的货币政策，而受到美元的影响。

另一种美元化的制度安排就是联系汇率制度。我国香港地区目前仍然实行这种制度。在联系汇率制度下，发钞银行由指定的商业银行来担当，发钞银行每发行一元本币，就必须要按规定的汇率向政府规定的外汇基金存入美元，香港目前的联系汇率是1美元等于7.8港元，发钞银行所发港币必须拥有百分之百的美元外汇储备。当市场上的汇率发生波动时，政府当局必须实行抛吸等干预措施，以维持汇率的稳定。

联系汇率制是一种近似的货币局制度，它要求本币汇率钉住美元，并以此保证货币汇率的稳定。但问题同样是必须放弃自身的独立货币政策，经济贸易和金融市场受美元的直接影响。

除了货币局和联系汇率制度外，还有一种较为间接的美元化制度安排，就是钉住美元的汇率制度，20世纪70年代来的大多数的亚洲国家都先后实行过这种制度。在完全的美元化制度下，美元可以代替本币在一国流通，甚至一些国家放弃了本币的发行而使用美元流通。但广义的美元化实际上是一种汇率钉住美元的制度，其主要特点如下：

一是一国本币与美元的汇率挂钩，实行钉住汇率制，虽与联系汇率不同，没有官方固定的汇率，但实际的汇率是钉住美元的，是稳定的；

二是本币与美元的市场交易价格在一定范围内是可浮动的，但当局对于市场交易价格实施调控干预，实行有管理的浮动，实际的汇率是被钉住的；

三是政府当局将美元作为外汇储备，作为货币汇率稳定的保证。这种钉住美元的制度安排是一种变相的联系汇率制，或者说是一种事实上的联系汇率制，它可以确保一国货币汇率与主要货币之间的稳定关系，有利于国际经济贸易的发展。而没有任何钉住目标的货币汇率，可能在市场波动影响下出现混乱，给一国的国际经济贸易带来冲击。但这种汇率安排也有一些缺陷：一是货币汇率的管理控制有可能与市场实际价格脱节，导致官方汇率与市场价格背离，出现汇率操纵，干扰正常的国际经济贸易，并可能引发贸易战；二是过多的外汇储备有可能引发本币过多投放和通货膨胀，引起维系汇率稳定和稳定物价的内外冲突。我国人民币汇率制度的安排也有钉住美元的特征,实施的结果也同样出现了以上所述的内外经济矛盾和政策冲突的问题,面临着进行调整的局面。

四、区域货币与欧元

欧元是一种区域性货币,产生于1998年,它是作为一定区域国家联盟,即欧洲联盟的货币而产生的。

欧洲经济一体化起源于20世纪50年代的欧洲经济共同体,后历经欧洲经济联盟和欧洲国家联盟,欧洲经济一体化进程推进了货币联盟的建设,1998年《马斯特里赫特条约》正式通过,建立欧洲中央银行,1999年正式推出欧元,并代替原有各国的主权货币,这是现代货币发展史上的一个里程碑。欧元的发行和流通代替了各国的原有货币(现有19国加入),成为一种区域一体化的货币,加入货币联盟的各国放弃了本币,采用欧元,在区域内统一了货币汇率,也统一了工资物价和汇率,有利于区域市场的扩大和国际经济贸易的扩展,区域货币的出现解决了其区域内的货币汇率机制问题,但也产生了区域间新的平衡问题。

欧元的区域化货币汇率稳定机制在今天也面临着挑战。欧元作为统一的货币已经取代了各国的主权货币,也统一了区域内的利率与货币政策,形成了经济贸易和货币汇率的一体化,欧元集团的竞争力也大为上升。但统一的利率货币政策与各国经济贸易的发展结构并非完全同步,在面临国际金融危机冲击和各国就业增长的压力时,各国面临国内经济矛盾时不得不采用不同的财政政策和经济刺激政策,引发了各国主权债务的危机和欧元统一利率货币政策的严重危机。

要解决欧元体系的矛盾和危机,需要实施更为统一的经济政策,主要是统一的财政预算和债务支出政策,控制各国的预算赤字和支出规模,维系欧元利率汇率的稳定;而要维护统一的货币财政政策,各国必须放弃更多独立的经济政策,这对于处于不同发展阶段和不同发展水平的国家来说,是一个两难的选择。要维系欧元需要实施更多的统一政策,这对于面临国内经济严重困境的欧元区国家来说,是一个严峻的挑战,对于其他的试图推进货币一体化的区域来说,这也是一个值得重视的问题。

本章小结

1. 货币是随交易的发展而产生的,它是一定的社会经济关系的反映。从货币到货币制度的形成,再到货币经济,经历了漫长的历史过程。

2. 货币是交易发展的产物,随着交易的扩展与经济的发展,货币的功能也逐步展开,从初期的交易媒介发展到价值标准、延期支付、价值储藏。而货币的形态,也从早期的实物货币,发展到金属货币、金属代用货币和纸币,而进一步的发展,则是"数字货币"的时代。

3. 货币制度的发展，经历了从银本位制，到金银两本位制，再到金本位制的过程，直至20世纪30年代，金本位制退出历史舞台，让位于纸币制度，这种演变代表了一种经济的进步与发展。

4. 货币与货币功能的发展，形成了货币的国际化，货币的国际化是货币功能超越一国在国际上发挥货币的诸功能。今天货币的国际化已经发展到了一个新的阶段，随着中国经济的发展和国际化，人民币的国际化也在快速的发展。

复习思考题

1. 为什么说现代经济是一种"货币信用经济"？
2. 货币的基本职能有哪些？
3. 什么是货币的延期支付功能，它对信用关系的发展有何作用？
4. 货币形态的演变经历了哪些阶段？
5. 什么是货币本位制度，其主要内容有哪些？
6. 为什么说纸币本位取代金本位是历史的进步？
7. 货币的国际化具有什么功能？
8. 货币的数字化对于传统货币有何影响？
9. 人民币的国际化会产生何种经济影响？
10. 货币形式的转化与经济发展水平是何关系？

第二章 信用和信用制度

本章要点

信用是一种以信任为基础的资金借贷行为,它的产生与货币和货币制度有着直接的联系,在货币流通条件下形成的借贷活动是以信用关系为条件的,借贷活动是以到期归还并取得利息为前提的,现代信用关系的基础也是以此为条件的。信用制度的形成和发展经历了漫长的过程,从早期的高利贷到现代金融制度,都体现了借贷活动及其利息支付的基本要求。信用形式的演变体现了社会经济发展及其制度结构的变迁。今天的市场经济就根本而言是一种信用经济。

第一节 信用的产生

信用是一种具有商业意义的借贷行为,这种经济行为的基本特征是借出资金要以归还为条件,并且要支付利息。无利息的借贷往往是非商业行为的社会活动,并非真正的信用。信用活动的发生,有三个基本的构成要素。

一、债权人与债务人

信用活动的发生,形成债权债务关系,债权人为授信人,债务人为受信人。信用的发生要以授信人对受信人的偿还承诺信任为前提。在现代经济活动中,对债务人的信用评价可用 5 个 C 来概括,即品德(character)、能力(capacity)、资本(capital)、担保(collateral)、环境条件(condition)。其中品德主要反映借款人的道德、名誉与行为标准;能力主要反映借款人使用资金经营事业的才干与能力,包括他的受教育程度、商业活动经验、经营能力及过去的信用状况;资本则主要反映借款人的资产负债状况、资产价值的稳定性与流动能力等。

二、时间间隔

信用活动的发生,必然具有资金转移的时间间隔,这种时间间隔,是构成货币单方面让渡与还本付息的基本条件,当然,其间隔的时间是可长可短的。

三、信用工具

信用关系的形成与发展,有三个阶段:

第一阶段的信用以口头承诺、账面信用为依据,尚未使用正式的信用工具;

第二阶段信用关系以正式的书面凭证为依据,如借贷契约、债务等,这些构成了真正的信用工具;

第三阶段为信用工具流动化的阶段,即各种信用工具,如债券、票据都可以在市场上流通转让。这是现代金融市场发展以后的高级信用阶段。

信用的产生具有一定的必然性和自然规律,它是伴随着货币的产生而出现的,信用是人类社会最为古老的经济活动方式。

一般地说,信用是与货币的出现以及私有财产制度的形成直接相关的,信用作为借贷与货币形式直接相连,货币作为财富形式具有支付和延期支付的功能,可以为借贷及其归还提供条件。信用的出现也与财产的私有制度关联,私有财产制度的形成带来了财富的私有权,要求借贷的归还和支付利息。从历史看,信用借贷早在有文字记载初期就已经出现了,中国的春秋战国时期已经有大量的文献记载了民间和官方的各种信用借贷活动,并制定了一些法律法规来加以规范,在《管子》一书中就有大量的关于借贷问题的论述,可以看出信用活动在当时已经具有很大的影响。

在西方，借贷活动的记载更早，大约在 3 000 多年前的古巴比伦，出现了人类文明史上现存最早的成文法典《汉谟拉比法典》，其中对于借贷活动以及如何归还，利率如何决定，抵押如何处理等作出了清晰的规定，显示出借贷活动已经是经济活动中普遍的现象，一些借贷的规范规定非常详细具体，从今天的角度看仍然有意义。

初期的借贷活动既有以货币形式进行的，也有用实物形式进行的，无论是中国或者西方，文献中记载的借贷活动都有实物借贷和实物归还的两种形式。随着商品货币关系的发展，市场交易的扩大，货币形式的信用交易逐步占据了主导地位，但实物形式的借贷活动直到近代仍然存在。

第二节 | 高 利 贷

高利贷是人类历史上最古老的信用形式，几乎在东西方的所有国家里都存在过，在现代金融制度发展形成之前，高利贷一直是占据统治地位的信用形式。直至今天，它仍然在一些特定时期、特定环境下存在着。

一、高利贷的形成及其特点

高利贷是一种支付较高利息的借贷方式，主要存在于资本主义生产方式形成之前。在中国，过去借贷要以月息计算，月息 3 分（即月利率3%）是十分普遍的水平，还有年息翻倍的借贷，称为"驴打滚"，甚至还有一些几倍的高利贷——"春借一斗，秋还三斗"，更高利息的借贷以天或月为计算时期，年息高达几倍甚至十几倍。在西方各国的奴隶社会和中世纪时期，高利贷及其债务问题也是普遍存在的现象。在古罗马时期，贵族向平民放贷收取高利的活动十分普遍，当无法支付借贷和利息时，就出现了暴力收债和卖身为奴的问题，引发了平民和贵族、农民与地主之间激烈的冲突。在中世纪，高利贷放债在城市国家里大多与商人结合在一起，因为商人经商致富拥有放债资金，而平民借债还贷要承担高额利息，这种借贷行为是一种严重的剥削行为。因此，高利贷一出现就受到了社会各个方面的否定与反对，对于平民和小生产者来说，限于高利贷是迫于无奈，但高利贷的负担往往使他们失去支付偿还能力，导致高利贷本身难以为继。

高利贷的形成和持续作用，是由其特定的历史条件决定的。在现代资本主义生产方式形成前的历史时期，经济活动以自然经济为主导，农业和手工业等传统经济活动构成了主要的生产活动，这些小生产者以个人、家庭等为基本的生产单位，从事的生产流通等活动既可能是自给自足的，也可能是为市场进行的，但都是一些小规模的简单再生产，经济活动的形式和现在的市场化经济有根本性的差别，他们一般只是根据自己的经济能力来从事生产经营活动，这是自给自足和小生产方式的特点，但借贷活动在这样的条件下仍然会发展和生存，形成高利贷。

高利贷活动的第一个重要领域在家庭和手工业者的生产经营活动过程中，一些农民和小生产者在遇到天灾人祸或是意外变故等情况时，不借贷可能无法维持简单的生产经营活动，而借贷也只能向地主、商人或有钱人借入高利贷，为了维持生存，他们即使面对高利贷和难以偿还的债务负担，也不得不借债。这些人一旦借入高利贷，他们往往就陷入了无法偿还的债务陷阱中，最终可能破产和失去一切，有的变为债务奴隶。

高利贷活动的第二个重要领域是在家庭消费活动中，在自然经济条件下，人们在遇到婚丧嫁娶、受灾生病等情况后，无力应付支出而必须借贷，形成民间的高利贷，这种债务及其严重的影响在几千年的封建社会经济中一直存在着，高利贷盘剥对于农民和小生产者以及穷困家庭来说，是一种致命的剥削。它也是封建时代经济社会的一个重要部分。到了近代资本主义市场经济兴起时，为了发展新型的资本主义经济和扩大生产，高利贷受到了政治、经济、社会各方面的批判和谴责，最终被市场经济条件下的自由金融交易所取代，这是社会经济制度和结构的重大进步。

高利贷活动的第三个重要领域是对政府和统治者的借贷，在早期的奴隶社会和封建社会里，统治者本身收支主要是依靠财政税收来实现的，但政府的收入和支出具有不稳定性，在遇到战争、社会动乱或天灾人祸时，它可能因收入不济而无力支付，也可能因支出巨大而难以应对；这种情况下就有可能产生政府统治者向民间或商人的借贷，在那时因为没有银行等金融机构和金融市场体系，筹资和融资几乎不可能，唯一可能的就是向民间借高利贷，为了维护其政权和统治，不管未来如何，也得借贷。但高利贷的后果是产生严重的债务负担，往往难以偿还，对于民间生产者来说，极有可能走向破产；而政府或统治者的借贷也可能因其自身的倒台失败而难以偿还，也可能就拒绝偿还，对于借贷人来说其中包含着巨大的信用风险。在中国几千年的封建社会动荡演变过程中，不断地可以看到这种高利贷的活动影子；在西方国家，这种高利贷活动也不断地出现在社会生活过程中。

高利贷的活动方式和生存土壤是封建时代的自然经济社会，在小生产占据主导的经济条件下，不可能有现代意义上大规模借贷和金融活动，商人和富有的高利贷者是资金的出借人，也是资金的所有人，他们不是金融机构，没有融资能力，他们只是拿自己的一部分富余资金进行借贷，这决定了高利贷的规模和能力的有限性。高利贷的借入者是哪些人？是小生产者，贫困家庭，处于困难时期而急需资金的政府统治者，他们借入高利资金是为了应付急需或脱困，不可能进行今天意义上的扩大再生产，也就是说，这种借贷是难以获利并形成还贷能力的；还贷可能要依据其他方面的能力。这就是一种巨大的信用风险。在高利贷发生的时期，是否存在类似现今市场经济体系下的财产保护法律或破产清算体制呢？这种体制并不完整存在，没有今天的商业法律体系，但财产保护的法律规范是有的，借钱还债是有法规或制度保障的，即使在早期的封建社会里，文献中我们也还能看到这些规定和条文。但高利贷的实际信用风险是极高的，它是由于资金的使用、资金收益和保障体系的有效性低所决定的，也就是说，借了钱的人根本上就没有偿还的能力和保障。那么问题是，高利贷高风险条件下为何还有人愿意出借资金呢？其实这本身就是高利贷产生的条件，在高利的诱惑下人们愿意承担高风险而出借资金。因此，高利贷虽然是一种残酷的剥削活动，但也是借贷活动存在的必要基础，要改变这种借贷方式，需要从根本上改变落后的封建自然经济生产方式。

二、高利贷的演变及民间借贷

我们今天的社会主义市场经济体制，已经形成了大规模的经济交易和有效的金融机构体系，以及活跃的金融市场体系，但我国目前阶段却仍然存在着大量的高利贷和民间借贷，对我国的社会主义市场经济产生着种种不良的影响。那么，民间借贷是否就是高利贷，为什么在市场经济体制和金融市场体系有了较大发展的条件下，还会出现较为普遍的民间借贷活动，民间借贷在市场经济条件下究竟发挥了什么样的作用，我们有必要加以分析。

改革开放以来，我国的经济体制和金融市场体系已经有了根本性的变革发展，但民间借贷和融资活动一直存在着并有扩大的趋势，引发了各方面的关注。目前的民间借贷主要集中在两个领域：一是大部分农村地区；二是在沿海地区民营经济和中小企业中。一些民间借贷是涉及非生产性的资金借贷活动，借贷利率较高，往往高出国家规定的利率一倍以上。这种民间借贷有需求而正规金融渠道又难以提供供给，形成法律边缘的灰色金融，利率较高，但是否算高利贷，较难定论。而民营企业和中小企业之间较为活跃的民间借贷一直存在，而且其性质和作用有着较大争议。它是否就是高利贷，对于民营经济有什么样的作用，看法并不一致。

民间借贷的高利贷性质主要是从其借贷利率高于国家规定的贷款利率出发的，但究竟高出多少才算高利贷，其实很难定性。在当前我国民营经济不断发展而金融市场体系的管理体制保持严格管制的条件下，民间借贷有较大的市场需求，民间借贷的利率也必定会高于官方利率，形成了一种"二元化"的金融交易体系。因为我国目前存在着活跃的民营经济和数量巨大的民营企业，它们的金融需求难以从正规金融体系中得到满足，只能转向寻求民间的借贷，而沿海发达地区民营企业较为集中，民间借贷也更为发达。来自民间的资金，通过民间借贷市场向民营企业提供资金，利率高于官方而更为"市场化"，这显然是非官方的民间金融。它是在正规金融无法满足市场各种企业需求的情况下出现的，从目前看，它有着一定的正面作用，简单地否定它和禁止它，都难以达到稳定金融市场和满足经济发展的目的，需要从经济管理体制和金融市场完善方面入手，扩大民营经济，推进金融市场的发展和准入制度的改革，改变传统的企业"二元化"结构，形成真正意义上的现代企业制度体系；另外，需要放宽金融市场体系的准入和开发，促使民间资金自由进入金融体系，金融机构更为多元化，消除金融结构"二元化"的经济基础。市场开放和现代金融的发展，将会加快高利贷和民间借贷活动的消亡。

第三节 | 现代信用的基础和作用

一、信用产生的基础

1. 信用的交易本质

信用是随商品经济和市场交易的发展而产生的，与货币的产生也存在着直接的关系。信用活动的存在在市场经济条件下是通过资金的借贷实现的，信用交易关系形成了经济活动中的债权债务关系，它的影响已经涉及企业、家庭和政府等所有经济部门，这种信用形成了一种"信用经济"，而它的形成基础就是资金周转的盈余和赤字以及资金交易体系的作用。

从市场经济活动过程看，经济活动部门包含了企业、家庭和政府，以及国外部门，经济活动涉及市场交易和资金周转，每个部门和单位，或个体，都会涉及货币的收支和收支的平衡问题。每个经济单位的货币收支在一定时间里可能出现的状况是，收支相等、收大于支或支大于收；这几种财务的收支状况一般可以概括为，均衡（平衡）、盈余和赤字。收入大于支出的单位形成了盈余，货币资金可能形成盈余和积累；而赤字单位就是支出大于收入，资金不能平衡，需要调剂和周转。所谓资金的调剂和交易，就是现代意义上的信用活动了。

2. 债权债务关系的形成

资金的调剂和交易形成了信用关系，产生了经济单位的债权债务关系。所谓债权，就是盈余单位借出资金形成的收益权，包含了本金和利息。债务就是借入资金的单位所承担的到期归还资金本息的义务。在经济活动中，收支有盈余的单位出借资金可以成为债权人，而收支有赤字的单位借入资金成为债务人，而实际的企业经营活动中各个单位往往既是债权人也是债务人，一个经济单位可能既有债权，也有债务，而债权债务相抵就是净债权人，或者是净债务人。在市场经济条件下，债权债务关系的形式有多种多样，在信用借贷、支付转账、存款结算过程中都会形成债权债务关系，但真正的信用关系是随资金借贷关系而存在的。从债权债务关系的期限看，结算支付型的债务关系一般都是短期的流动型的往来关系，随着支付完成而结束，而且结算支付性的债权债务关系不涉及资金借贷和应用，一般情况下没有利息支付关系，或者其利息较低。在实际的金融市场信用交易活动中，资金借贷的期限也可分为长期、中期和短期，具体时间长度并无统一规定：一般一年以上的借贷就是长期的信用了；而三个月以下的资金借贷一般为短期信用借贷；现在在国际和国内货币市场上最短期的资金拆借（短期借贷）只有一天期限，称为隔夜资金拆借；而期限最长的世界银行贷款达到30年以上。

二、信用关系的当事人

信用活动的参与人就是当事人，其涉及资金的借贷交易，因为市场参与人的不同需求及其目的，借贷活动也呈现多样化。金融活动在今天的金融市场体系中，有着多元化的发展，参与人主要分为个人、企业和政府。

1. 个人

个人活动与信用关系。我们知道，在现代市场经济活动中，个人和家庭是重要的经济活动主体，参与市场的生产、消费活动和储蓄投资等过程。个人和家庭作为经济参与主体就会有货币收支的问题。个人和家庭的货币收入，在经济学定义上就是扣除税收后的可支配收入，它一般可以分为以下几种：一是工资和薪金收入，也就是经济学意义上的劳动收入；二是经营性收入，个人和家庭在市场经济条件下从事各类生产经营和贸易流通活动，其所获得的收入就是经营性收入，个人或家庭也可能是一种企业，就是个体户或家庭企业，获得的收入可以转化为个人收入；三是财产性收入，个人和家庭通过财产经营活动也可以获得收入，在市场经济条件下十分普遍。个人和家庭有收入也就会有支出，个人和家庭的支出主要是消费性支出，包含了日常消费支出和投资性的消费支出，如购买住宅和耐用品等，也可以涉及生产经营活动的经营性支出。当个人和家庭有收入和支出时，就有收支平衡和赤字的问题，收入大于支出时就形成盈余，收入不及支出时就构成赤字，而信用关系就在这样的条件下形成。

个人和家庭的盈余可转化为居民储蓄，也有一部分转化为证券类金融资产，一般在可支配收入扣除消费以后就是储蓄，所以，消费和储蓄的比重是此消彼长的。经济学将消费的比重定义为个人消费倾向，新增的收入中消费的比重就是边际消费倾向，可以反映一定时期该国人民的消费支出比重。我国目前居民的平均消费倾向大致在 45%—50%，而一些发达国家的居民消费倾向可达到 60% 以上。经济学在长期的研究中发现了一个基本的事实，那就是居民的消费倾向在长时间中是呈稳定状态的，而当遇到经济波动和收入发生不稳定的情况时，短期内消费倾向可能会发生变化，也就是边际消费倾向出现波动，但之后又会恢复稳定。

个人收入在扣除消费部分以后就是储蓄了，储蓄资金是由个人和家庭的收入水平，以及消费倾向两个因素共同决定的，这里说的储蓄倾向就是储蓄占居民家庭收入的比重，储蓄的多少首先受居民收入水平的影响，收入水平的上升可导致储蓄的增加；其次储蓄率的上升也可以引起储蓄的增长。从经济发展的过程看，在一国经济发展处于较低水平时，居民的收入水平较低，基本消费的支出占有较大比重，储蓄就比较低，在一国经济获得发展而居民收入水平得到提高后，消费水平得到提高，而储蓄水平也将获得提升，这已经为当今市场经济发展的现实所证实。在 1978 年，我国居民的实际储蓄余额仅为人均 10 元人民币，而到 2021 年末，居民的平均人均储蓄余额已经达到了 8 万元，接近了中等发达国家的平均储蓄水平，这显示出了改革开放 30 多年来我国经济的快速发展和巨大的增长，居民的可支配收入水平得到了大幅度提高。

居民收入的增加带动了储蓄的增长，而储蓄是一国最主要的金融资产，构成了信用活动的资金资源，个人和家庭的储蓄资金是一国金融资源的主要来源，在当前金融体系中居民储蓄资金占到我国金融体系资金来源的 60% 以上，而个人和家庭的信用借贷资金占信贷资金总量的 30% 左右，这可以看出个人和家庭是信贷资金的主要供应者和重要的需求者。

2. 企业

企业是市场经济条件下信用活动的重要参与者，它一方面是信用资金的重要供给者，又是信用资金最主要的需求者。企业在现实的经济活动中，是基本的经济实体，从事生产、流通、服务等经营性活动，是一国国民收入的最主要创造者。企业作为生产经营单位，就必然会涉及经营活动和资金的周转问题。从经济活动角度看，企业有投入产出关系；从财务活动角度看，企业必然涉及货币的收入和支出活动，而涉及货币收支问题，也就会有收入是否平衡和赤字或盈余的问题。一个企业如果在一定时间里的货币收入大于支出，就形成了财务盈余，也可以表现为盈利；企业在同时期中如果收入不及支出，就会形成财务赤字；而收支如果相等，就是平衡。

企业在市场条件下进行经营活动，必然会涉及投资、生产经营活动的复杂局面。从现实看，企业在市场化经营活动中，必然会涉及资金周转的问题；一部分企业在经营周转过程中出现货币收入不足和支出大于收入的赤字问题，企业经营的财务赤字既可能是资金周转过程和时期所造成的，也可能是投资和生产经营规模过大造成的，其结果就是要实行融资借贷，通过信用借贷来获得所需要的资金。当企业的财务状况出现赤字时，也就是支出大于收入时，就必须通过财务手段来弥补平衡收支。财务手段或财务工具可以是资本融资，也就是通过资本工具如股票、增资等获得资金投入；也可以是债务型的融资，如发行债券、信用借贷等融入资金。而作为企业经营过程中的收支平衡手段，一般均通过债务型工具进行融资，主要有发行债券、银行借贷、客户对手借款等，其中长期稳定性的融资需求可以通过发行债券获得，而中短期和日常经营活动的融资需求一般通过银行借贷和客户对手的信用借贷解决，因此，企业的信用借贷活动具有必然性，其借贷形式和工具也具有多样性。在今天的市场经济条件下，金融市场体系更为发达和多元化，企业可以利用的信用工具也是越来越丰富和多元化，信用空间也日益开放。

在市场经济条件下的企业和金融市场开放条件下的信用活动看，企业的经营活动对于信用借贷的依赖日益强烈，企业和金融体系的关系更为紧密，企业在经营过程中形成的资产一般有半数以上均通过信用负债获得，国际上通行的企业资产负债比达到 60% 左右，一些新兴发展中国家的企业平均负债率达到 65%—70% 左右，信用已经是企业正常经营活动开展的重要条件。没有信用和债务活动条件，就不会有市场经济活动。

企业经营活动的结果也可能是收入大于支出，从而形成盈余。在企业的生产经营过程中，资金周转在一定期间如一年中出现收入大于支出时，就会形成货币资金的盈余和积累，企业的货币资金积累从周转的角度看，形成了暂时的赋闲和停滞，而银行的储蓄也是一种资产化手段，只是银行存放的收益率极低，接近于闲置。从企业资金周转和收益要求看，需要寻找其他配置途径以实现有效的利用，从企业的经营活动看，企业富余资金的利用有多种途径方案：既可以通过投资扩大企业规模来使用资金，也可以通过信用借贷借出资金。其中信用借贷就是企业向市场提供信贷资金。

企业是市场经济活动中最主要的资金供给主体和需求主体，在生产流通等经营活动中，企业是经营活动的主体，一国国民收入的绝大部分都是由企业所创造出来的，企业的经营活动也就形成了广泛的资金借贷关系，资金的供求关系都来自企业，而金融体系和金融市场仅是提供资金交易的中介机构和交易场所，一国金融体系和金融市场的发展或扩张都是以企业的发展，或者说经济体系的发展为条件，企业的发展带来资金交易需求的发展，也就会带动金融体系和金融市场的发展。今天多国经济发展水平的差异，出现了发达国家和新兴发展中国家区分，金融体系和金融市场的发展程度也由此而形成了发达市场体系和新兴市场体系两个部分。

企业的资金借贷关系从今天的市场经济体系看，可以分为资金的供给方和资金的需求方。企业既是资金的供应方，又是资金的需求方，而从企业的整体看，企业的资金需求一般是大于资金供给量的，也就是说，市场经济条件下的企业一般情况下是资金的净需求者，从财务的角度看，企业是净的负债方。整个金融体系中资金的净供给者是家庭，而资金的净需求者是企业。这种资金的构成和金融体系结构是现代市场经济体系国家所体现的一般特征，我国的市场经济改革和发展经历了几十年的过程，企业的市场化发展业已基本完成，我国企业的信用关系也已经基本实现了市场化，成为金融市场上资金的净需求者，银行信贷的 70% 左右都是企业的贷款，金融市场债券的 80% 以上也是企业发行的债券。

3. 政府

政府也是信用关系中的重要部分。政府是什么，政府是社会的组织和管理者，也是经济活动的参与者。从国民收入的形成或流转角度看，它构成了重要的部门；从市场经济体系看，政府也是重要的经济活动主体，它就也有货币的收支，表现为政府的财政收支活动，其收入构成分为税收收入和投资经营收入，其支出也是由政府行政事业管理性支出和投资经营活动支出构成，政府的财政收支活动是通过预算管理实施的。

政府的财政收支，有可能出现盈余和赤字，财政收入大于财政支出的形成财政盈余，在财政支出大于财政收入时形成财政赤字，收支相等时形成财政的平衡。一国政府的财政收支状况如果出现持续的赤字，就有可能通过资金借入来获得平衡，这就是财政信用，它可以通过发行财政债券融资，也可以通过银行体系进行融资借贷，也可以通过国际金融体系借入资金。在现代市场经济条件下，政府的财政收支状况一般具有积极扩张的趋势，在预算收支结构上表现出赤字预算和积极平衡的特征，也就是说，政府一般是资金的净需求者，财政赤字的形成和增长已经成为基本的趋势，从发达国家到发展中国家，都表现出政府积极扩张和赤字财政的趋势，导致政府信用规模的扩大和金融市场活动介入程度的加深。今天欧美主要发达国家的财政赤字占当年国内生产总值（GDP）的比重接近或达到了 10% 左右，累积的财政债务已经超出了当年的 GDP，有的甚至是当年 GDP 的几倍，形成了政府的债务危机和"财政悬崖"。

从传统的财政收支理论看，古典时期的经济学一般要求财政收支维持收支的平衡，且要有一定的结余。到 20 世纪 30 年代的凯恩斯革命以后，就出现了财政收支的周期平衡理论，要求在一个经济周期内实现财政收支的平衡，各个财政年度可根据收支情况实行赤字或盈余政策，这个理论导致了赤字财政的合理化，使各国的财政收支平衡被破坏，今天的情况是，各国财政收支维持平衡且有节余的几乎已经不存在了，而赤字规模越来越大且难以回头。

从我国的财政收支政策变化看，也同样出现了赤字财政且呈日益扩大的趋势。在改革开放前的 30 年时间里，我国的财政收支规模较小、支出能力较低，但绝大多数年份都维持着收支平衡和略有节余，进入 20 世纪 80 年代以后，我国财政的收支规模随经济的增长而不断扩大，但财政赤字也在年年上升，已经累计为一个庞大的政府债务量，大致达到当年 GDP 的 25% 以上，加上地方政府的一些隐性债务或是或有债务，其比重已经超出当年 GDP 的 30%，但相比于西方国家仍处于一个较低的可控区间范围。

政府债务的形成有其重要的原因，可以分为经济投资推动因素和经济危机应对因素两个主要方面。经济投资推动因素是一种加快发展，推动经济增长的动机，它试图通过财政赤字增加支出规模，扩张投资来推动经济的快速增长，在我国改革开放后的时期里，财政支出一直受到加速经济增长的左右，形成了持续性的赤字财政。在经济发展遇到经济波动和金融危机的情况时，为了稳定经济增长和就业规模，需要通过财政支出扩大来扩大投资和拉动经济，这势必加重财政支出的负担。在 2009 年的保增长保就业要求下，我国财政扩大了 4 万亿元的投资性支出，使赤字规模和累计债务量出现大幅度上升，严重影响到了财政的收支平衡能力和金融市场的稳定。2020 年新冠疫情暴发以来，政府实行减免税扩大与支出扩大，财政赤字进一步扩大。因此，政府的财政支出和债务规模已经成为影响经济稳定和金融稳定的内在因素，过大的信用借贷规模、债务规模势必成为经济发展的隐患，有可能带来政府的债务危机或信用危机。

三、信用的主要作用

在市场经济活动中，各经济单位经营中不可能都实现收支平衡，有些单位会形成收入盈余，而有些单位则会形成收支的赤字，信用就此而形成。早期的信用形式主要是高利贷，它对社会经济的积极作用十分有限，其主要在消费和家庭收支活动中发生作用。而进入近代以后，尤其是在企业制度和商业银行体制出现后，形成了现代意义上的资金借贷，信用形式和功能都产生了根本性的变化，现代信用的主要功能有以下几个方面。

1. 信用对生产与投资的促进作用

现代经济的增长，生产的发展，主要依靠资本存量的增长与技术进步。投资的增长，对生产的发展具有直接的促进作用。但是投资的增长，依赖于资金的积累。从工商企业的角度看，其收支可分为盈余型与赤字型，如投资的实现，均需依靠自身积累完成，则只有盈余型企业才能从事投资，但盈余型企业可能会由于经营管理能力、经验条件的限制，不能有效地扩大投资，也可能那些盈余单位的投资达不到规模经济的要求，难以形成合理投资。而那些赤字单位，即使其投资的边际效率较高，急需资金，因自身积累有限，其投资就无法实现。显然，没有信用关系的发生，社会闲置、呆滞的资金就无法被合理有效地加以利用，对于盈余企业与赤字企业来说，都是极为不利的。因此，信用关系的发展，可以极大地促进资金的流动与合理分配，扩大生产与投资的规模，提高资金的使用效率。愈是工商业发达的社会，愈是需要以信用工具为发展动力，一国工商业的发达程度与一国的债务增加率是成正比的。现代发达国家的企业负债率一般达到60%左右，对于经济发展起到了积极的推动作用。

从一国宏观经济结构看，大致可分为企业部门、家庭部门与政府部门三部分，在这三个部门中，企业作为生产单位往往是赤字部门，政府部门也是收支的赤字部门，而家庭作为一个整体部门，其通常的收支为盈余，这些盈余构成了储蓄，而通过信用活动，可以把储蓄资金加以汇集并投资于生产部门，就可极大地促进生产的发展与投资效率的提高。今天的商业银行体系和金融市场体系就是应这种信用交易和投资而产生的。

2. 信用对消费的促进作用

在经济日益发达的现代社会，信用对消费的作用也具有重要影响。信用的发生可促进消费购买力，以此带动生产与就业的扩大。

由于家庭本身的收支可分为盈余型与赤字型两种。通过消费信用，盈余型家庭可以把其当前的收入加以储蓄，并转移给赤字型家庭，使缺乏现款的人，以信用形式获得提前消费或不降低当前消费水平，也不必出售其资产而免遭亏损，而作为盈余型家庭可以把他们的货币储蓄转移给赤字家庭，推迟消费并获得收入，使两者都可提高消费效用。显然，现代社会生产的发展，就业的增加，都离不开消费信用，从日用品、汽车、房地产的分期付款看，消费信用对于刺激生产的发展有着积极的作用。发达国家的信用交易中约有30%为消费性信用，对于经济的发展发挥了积极的作用。

现代个人消费信用还具有生产性和投资意义，尤其是在个人分期付款或用信贷接受教育方面，因通过信用关系而扩大教育投资，使人力资本增加，对于社会生产能力的提高，经济效率的上升都有其积极的作用。

3. 信用对国民收入水平的影响

从国民收入循环流动的过程看，要求所有生产要素的收入用于购买商品与劳务，使收支相等并实现经济的均衡。但在现实经济活动中，存在着大量的盈余单位，他们往往把本期结余收入以货币形式储蓄起来，这会使购买产品与劳务的支出流量减少，导致国民收入水平的下降与工资物价的回落。

为了维持国民收入水平，需用部分社会公众的储蓄转化为赤字单位的支出，以维持收支的平衡。储蓄转化为投资与消费的主要途径有两条：一是通过赤字单位发行股权凭证来实现储蓄向投资的转化；二是由赤字单位发行债务凭证（如债券、存单）将盈余单位的资金转向赤字单位，将储蓄转化为投资与消费。在上述条件下，信用都起到了将储蓄转化为投资，维持国民收入正常循环运行的作用。因此，现代经济可以看作是一个"信用经济"。信用交易及其债权债务关系的形成促成了经济的大规模扩张，促进了国民经济的有效的稳定增长,大大提高了资源的有效利用程度。一般发达国家企业部门的平均负债水平为60%,而我国的企业平均负债水平在65%以上。显然,没有信用和债权债务关系,实际国民收入水平与就业水平将受到极大的影响。信用是现代市场经济运行的两个车轮之一,今天的市场经济也因此成为信用经济。

第四节 信用的形式和工具

从今天市场经济体系的角度看,信用活动是一种资金的借贷活动,它存在于国民经济活动的各个部分。它的具体形式也是多种多样的,也就是说,信用交易的形式和信用交易的工具在金融市场体系中是多元化的。

一、信用形式

现代信用的形式多种多样:按信用期限的长短为标准,信用可分为短期信用与长期信用;按信用的用途为标准,信用可分为生产信用与消费信用;如按信用的授受主体为标准,信用可分为商业信用、银行信用、国家信用与个人消费信用等形式。

1. 商业信用

商业信用是指工商企业之间以商品赊销和预付货款形式提供的信用。它是一种市场经济条件下的直接信用。在公司企业之间因为商品交易和买卖活动的需要,需要有一种预付货款或延期付款的机制,来扩展企业的市场销售渠道,这就是商业信用。一般情况下它不涉及企业之间的货币资金借贷。

商业信用的作用范围主要是市场流通领域,它可以发挥市场交易的推动作用。商业信用的主要优点有:一是直接为商品流通服务,是促进商品销售的有力武器;二是商业信用的工具简单,方式灵活,只需开出商业票据即可,往往为企业进行商品交易所优先考虑。当然,以商业领域为活动范围的商业信用也有着明显的局限性:一是商业信用的授信能力有限,工商企业可提供的信用数量是十分有限的,且其对授信客户的了解受到限制,每笔信用最大规模限于其交易额;二是商业信用具有方向性限制,它往往由卖方企业为销售商品而向买方提供信用;三是工商企业受自身资金数量的限制,能提供的信用规模有限,信用期限较短,它不能成为现代信用的主要形式。

2. 银行信用

银行信用是指商业银行及其他金融机构以货币形式提供的信用。银行信用的形式灵活,不受方向性限制,是现代经济中占主导地位的信用形式。

由金融机构作为中介的银行信用,可以克服商业信用的种种局限性:在方向性方面,它不仅可以使上游企业的资金贷给下游企业,而且也可使下游企业的多余资金贷给上游企业;在信用规模上,银行信用也不受交易额的影响,小额资金可集聚为大额资金借贷,大额资金也可分散为小额资金放贷;而且在贷款期限上,银行信用也可满足长、中、短的不同需求。因此,现代银行信用成为信用的主要形式,不仅如此,它还是其他信用赖以正常运行的基础,尤其是商业信用,更需银行通过承兑和贴现为其提供支持。显然,商业银行是市场经济条件下所有信用的中心。一方面,商业银行作为专门经营货币的企业,它具有集中社会闲散资金提供贷款的能力,其资金来源广泛,筹资渠道多样化,成本较低,具有强大的融资能力;另一方面,商业银行作为专业化的信用机构,具有较强的专业能力来识别与控制风险,因此,银行信用本身具有规模大、成本低、风险可控的优势,任何其他信用形式都无法与之相竞争。此外,银行作为吸收存款发放贷款的企业,不仅能够提供信用,而且还能够创造信用,使其能以较低的成本提供信用,这也是其他信用所无法比拟的。所以,在今天的市场经济体制下,商业银行已经成为一国金融体系的主体,银行信用也成为整个社会信用活动的主要形式。

银行信用的发展扩大,带来了间接融资的发展和占据主导地位。现代金融体系活动或信用形式,可以分为直接信用和间接信用两大形态。直接信用是借贷双方当事人直接进行信用交易或资金借贷的活动,它不需要通过中介结构进行资金的交易,像传统的高利贷业务、现代的商业信用、债券交易、政府的财政信用都是直接的信用交易活动。而银行的信贷活动是一种间接信用,也称为间接融资,它反映的是资金交易的双方当事人需要通过金融中介机构的介入才能完成信用交易,银行的存贷款业务就是最主要的间接信用交易方式,它通过存款吸收公众和企业的资金,再通过信贷方式向公众和企业提供信用贷款,从而实现了社会资金的再分配和转移。一般认为,直接融资和间接融资的环境条件是有差别的,它直接影响到了融资方式的存在和发展。

随着金融市场的发展和信息系统的发展,金融交易和风险控制的市场环境出现了重大改变,从而导致了金融交易方式的制度性变迁,直接融资方式开始发展扩张,并开始成为主导性的信用交易方式。金融市场的交易方式主要有股票、债券、基金等直接融资工具,是直接的信用交易方式。在传统的理论观点看来,直接融资方式受制于市场信息传输效率的限制,风险不易控制,容易造成交易者的损失,并容易引发市场的动荡和金融危机,因此,直接融资方式是一种辅助性的融资体系。但随着经济的发展和信息系统效率的提升,投资者对于风险承受能力的上升,直接融资方式开始在发达国家扩张并成为主要的信用手段,银行业务出现下降并变成次要的信用交易形式,这种变迁表明随经济发展和市场化深入,信用交易方式也将随之发生变化,我国的金融市场和直接融资也在改革开放后的20世纪90年代以来获得了空前的发展,成为仅次于银行信用的重要金融交易方式,并将在未来有可能发展为占主导地位的金融形态。

3. 国家信用

国家信用是指国家的负债,是由国家(政府)为债务人筹措资金的一种信用形式,国家从国内筹资构成内债，从国外筹款构成外债。国家信用的主要形式是发行国债，包括国库券与公债券两种形式。国库券是指1年以内（含1年）还本付息的短期政府债券，其发行的目的是调节财政短期内的收支不平衡，应对国库的短期支出需要；而公债券是1年以上还本付息的长期政府债券，发行公债筹资的目的主要是用于弥补财政赤字与其他的非生产性开支，有的建设公债则用于国家的生产性投资项目。国债不仅是政府筹集资金的工具，而且还是国家重要的经济调节杠杆：一是国债发行规模直接决定了一国预算支出规模的大小，并影响到该时期社会总需求水平及实际国民收入水平；二是国债进入二级市场，构成中央银行进入公开市场进行债券买卖以调节流通中货币供应量的重要手段，它构成了现代货币政策的重要工具。除了国债以外，现代各国还有地方政府债券和市政债券，它是由地方政府或市政府当局发行的地方性的公债券，用于地方政府的财政支出和市政投资建设，它也是国家信用的组成部分。

4. 个人消费信用

个人消费信用是指工商企业、银行或其他金融机构以生活资料为对象向消费者个人提供的信用。它往往与住房、耐用消费品的销售联系在一起。其主要形式有商品的赊销、分期付款销售与消费信贷等三种形态。

商品的赊销往往是小规模的短期信用，通常指日常零星欠账购买、信用卡消费等。

分期付款则是较常见的消费信用形式，主要用于住房、耐用消费品的购买。在分期付款购货时，消费者须先支付一部分货款，如30%—50%，其余货款在签订借贷合同后分期加息偿还，在贷款本息未还清前，所购商品的所有权仍属于出售者。

消费信用是指银行对购买耐用消费品的个人或对销售企业以分期付款凭证为抵押而提供的贷款。购买者或企业分期向银行偿还本息，未付清本息之前所购商品的所有权属于银行。消费信贷对于促进生产的发展，产品的更新换代具有积极的促进作用。它在西方工业化国家的汽车、住房销售中得到了广泛的发展。在我国，近年来消费信用也有了快速的发展，其中最重要的部分是住房抵押贷款，它占据了商业银行信贷总量的30%左右，已经成为银行资金最重要的投向，这部分贷款在发达国家是归入投资性贷款的。在今天，为了扩大国内市场的消费和拉动经济增长，我国的金融体系对于消费信用日益重视，投入资金的比重也趋于上升。对于消费信用的扩大和增长，可以看作是一种个人收入或储蓄积累的再配置，将部分剩余资源转向潜在的支出需求；另一方面，也可以看作是一种未来消费需求的提前实现，对于扩大市场消费具有积极的作用。

目前的消费信用，由抵押贷款和个人消费信用贷款两部分组成：抵押贷款是以商品、证券、存款、不动产等作为抵押而提供的贷款，风险较低；而个人信用贷款是以个人的信用为基础的无担保抵押贷款，它往往要以个人的收入、信誉等要素作为信贷提供的保障。银行的风险一般是在可控的范围之内的，一般情况下不会出现大规模的违约事件。而近年来爆发的次贷危机就是由于美国金融管理当局出台了不合适的个人房贷政策造成的，这也要求我们引以为戒，也就是说，消费信用的扩张刺激是有一定合理限度的，从支出总量看需要维持在一个合理的范围内，个人与家庭的支出规模与财政支出及其债务负担一样，具有一定的限度，无限度的赤字透支必然引发个人家庭的财务危机，其与财政赤字和债务一样是有警戒线的，如30%—50%，不能越过这个限度。从消费信用的信贷结构看，必须要合理地控制个人和家庭的财务收支能力和信用质量，确定一定的选择标准，这样可以确保消费信用的质量和安全。

二、信用工具

信用交易活动的展开需要依靠相应的信用工具来实施，在今天金融体系多元化发展的市场条件下，信用交易的工具也出现了多元化的发展，在具体交易中，信用工具根据风险类型可以分为间接信用工具和直接信用工具两大类。

间接信用工具是指在间接融资交易活动中使用的金融工具，主要有银行的存款、贷款、抵押、理财等金融工具，间接的信用工具主要是发生在客户与银行间的资金交易往来，它有别于投资型的金融工具。间接信用工具的风险承担限于银行的信用支付能力，它不直接承担投资者和贷款企业的风险损失。所以间接信用工具一般是非投资型的金融工具。

直接信用工具是指从事直接信用交易所使用的金融工具，主要有企业发行的股票、债券、基金工具、信托理财工具等。直接信用工具的特征是融资信贷双方交易所使用的工具，它是投资型的信用交易工具，它不是银行中介性的借贷，信用风险需要贷款人或投资人直接承担，它的交易平台一般是金融市场，或者说是资本市场，有一些交易即使有银行介入，但也只是作一些平台的服务，如保管、见证、支付等，但不会涉及风险的承担。

信用工具根据期间长短的不同，可分为长期信用工具与短期信用工具两类。

长期信用工具主要由公司股票、债券及长期票据构成。其中股票是公司资本所有权的证明，它是一种永久性的证券；债券则是由公司或政府发生的债务凭证，其为非永久性的证券。在现代市场经济条件下，长期信用工具均具有良好的自由转让性，因而极易为公众接受，而其流通交易的市场，构成现代的资本市场。

短期信用工具，由记账信用、支票、本票、汇票及信用卡等构成。记账信用并无完全的凭证，只是一种账面上的记载，严格地说，银行的存款也只是一种记账信用，因为尽管有凭证，但债务证明仍然是依据其账面记载的。而支票是一种短期的支付工具，本票与汇票是付款人对未来债务的支付承诺。短期信用工具的流通转让，构成了短期信用市场或货币市场。

短期信用工具可分为可流通与不可流通的两种，但均可出售转让。可流通的信用工具，为有价证券，根据有关票据法和证券法的规定，可进入市场自由交易；不可流通的信用工具，如汇票、支票等，只能根据一定的法律实行转让，这种转让须经过出让人的背书、签字才能生效，并实现所有权的转移。

第五节 | 国际信用及其工具

当信用交易活动涉及国与国之间的经济主体，那么，这种信用活动就是国际信用了，它包含了国际之间的借贷、信托、担保、债券发行等活动，它代表了国际之间的资金借贷和资本的流动。

国际信用的一种形式是国际资金借贷，信用资金从剩余方流向需求方；另一种信用形式是直接信用和资本流动，是发达国家向发展中国家输出资本。国际投资，可以表现为直接投资（FDI）和间接投资（金融证券投资），它已经构成了经济开放和国际化、全球化市场条件下金融资本流动的主要形式。

国际信用和资本流动体现的是借贷资本在国际的投资活动，它的发生和形成机制在过去一直有争论和探讨，主流的理论观点认为是资本主义经济发展不平衡导致一些发达国家出现资本过剩，而一些落后国家因为市场封闭落后，存在着大量的投资机会，资本输出就是为了获得新的投资场所或机会，它是发达国家资本对于落后国家的一种剥削。而第二次世界大战以后，尤其是20世纪80年代以后的经济全球化发展，展示了一种新的发展机制，资本输出的机制和投资活动出现了新的发展趋势，其作用和影响也有了新的解释。

在经济全球化发展的市场条件下，资本流动和投资活动形成了新的形态。从资本流动发生的动因和机制看，市场的开放和全球化发展趋势是最主要的吸引力，国际分工和资源有效配置成为最重要的推动力，它改变了资本国际化流动配置的趋势，投资和资本流动不仅限于传统的发达与不发达之间了，发达国家和不发达国家、发达国家之间、发展中国家之间都出现了资本的流动和相互投资。它们不仅是追求新的市场，而且是追求一种更有效率的市场，实现更有效的分工合作，这种国际化分工合作对于国际贸易、投资、信用等产生了深刻的影响，形成了经济的国际化，投资的国际化，公司经营的跨国化，市场的开放和国际化进一步深化，对于新兴市场的发展中国家而言，影响更大。

国际信用的方式主要分为以下两大类：

一、国际商业信贷

国际商业借贷是国际商业性借贷，它可以是国与国政府间借贷，也可以是商业机构或金融机构之间的借贷；具体的借贷形式有以下几种：出口信贷、国际商业银行贷款、国际债券发行、政府间借贷、国际金融机构贷款、补偿贸易和国际租赁业务等。国际商业借贷的基本体征就是一种国际商业性借贷，它具备一般商业性借贷的特征：借贷双方的协议、借贷的期限和利率、还款的时间和保证条件、风险和法律问题的处理条件。除此外它还有对一国主权国家条件下风险及其偿还保证的要求，也就是对于一国国家信用条件的要求。从信用市场结构看，国际商业信贷既包含了国际贸易性的信贷；也包含了国际金融性的信贷；

还包含了国际开发性的援助贷款。

从发生机制和范围看，主体的借贷活动是发达国家政府、国际金融机构和跨国公司、国际商业银行向新兴市场国家和企业提供信贷，资本的流向和债务的构成有倾向性，发达国家及其金融机构提供资金授信，而新兴国家政府和企业是接受资金的受信方。但近年来，国际金融信贷的发展也出现了一些新的发展，经济全球化引发了资金的双向流动，国际信贷资金出现了发达国家之间、新兴国家之间的借贷，甚至出现了新兴经济体国家向发达国家的信用借贷。美国是经济最为发达的国家，但现在它也是世界上最大的债务国，其中仅中国持有的美国长期国债就超过了 10 000 亿美元。

我国在改革开放前，实施计划经济和半闭关自守的政策，对外政策上实行既无外债又无内债的保守政策，不允许利用国际信贷发展出口贸易和投资生产，更不允许外资的直接投资，国际信用几乎完全停止。在改革开放以后，随着我国经济对外开放，国际贸易不断增长，国际投资快速发展，我国对于国际信用和借贷也出现了政策转变，在控制风险和规模的条件下，也开始实行积极的对外开放政策，积极地引进外商直接投资，同时也有条件地利用国外的信贷资金，发行国际债券，促进我国经济的快速发展。截至 2021 年末，我国的外债规模大约为 2.7 万亿美元，大致为我国国民收入的 15% 左右，其中政府性贷款和国际金融机构的优惠贷款占据了较大比重，真正的国际性商业贷款和债券数量还比较小。这一方面是因为国际市场和金融机构的限制，我国的企业和金融机构对外借贷的资质还不高，担保体系不成熟；另一方面我国的国有企业和金融机构的对外借贷融资受到国家的严格限制，而民营企业因为资产和经营规模较小，难以开展对外直接融资。企业的信贷和负债只能依靠国内市场。

二、国外直接投资

国外直接投资也就是外商直接投资（FDI），是国际资本对于另一国企业的直接投资，形成股权资本，直接从事生产经营活动，投资者直接承担生产经营的风险和获得经营的收益，利润也归投资者所有。外商直接投资并不属于商业借贷范围，它不存在资金还本付息的问题，但其构成国与国之间的资本流动和往来，从国际收支账户角度看，它构成了国际收支的负债，对于一国国际收支的平衡稳定，以及一国金融市场和汇率体系的稳定有着重要的影响。

外商直接投资对于我国改革开放以来经济的快速发展和国际收支能力的提升具有重要的影响。我国的对外开放从 20 世纪 80 年代初开始，到 21 世纪进入快速发展阶段，招商引资规模和利用外商直接投资量达到新兴经济国家前列，到 2008 年金融危机爆发前，我国的直接利用外资规模量就超过了美国达到了世界第一位，每年实际利用的外资超过了 1 000 亿美元，对于我国的制造业发展和出口加工产业的成长发展发挥了积极的作用，我国也因此被称为"世界工厂"。

外商直接投资的进入不同于金融借贷，资金的进入和产业的投资、工厂加工业的兴建是直接结合的，它不同于对外借款，资金是不需要还本付息的，不存在企业财务上的负担。

对于我国这样的新兴经济体国家，急需资金和技术的输入，又无法承担过重的财务压力，开放国内市场和引进外资是一种较好的选择。对于外资来说，通过股权投资直接进入新兴市场国家经营企业，也有着很大的吸引力，因为这些国家市场开放后形成巨大的发展空间，投资和经营企业极为容易盈利，企业和产品的竞争度较低，一些国家市场还是空白，如果没有资金进入汇出的限制，外商直接投资是可以获得较高利润的极好机会。所以，当一些新的市场开放时，如20世纪80年代的中国，就会吸引全世界发达国家的企业和资本争相进入。对于开放市场和引进外资的国家来说，合理有效地利用外资，既可以加速国内的产业发展和经济增长，也可以避免金融借贷和短期债务带来的金融风险及还款压力。实践证明这是新兴发展中国家加快经济发展的一条主要途径。

本章小结

1. 信用关系是由货币延期支付功能发展而来的借贷活动。它是一种单方面的货币让渡，信用关系由债权人和债务人、一定的时间间隔与信用工具三个基本要素构成。信用的产生与发展，对国民经济产生了积极的作用：它对一国的生产与投资产生促进作用；对一国的消费也有着积极的促进作用；对一国一定时期国民收入的水平也有重要的影响；现代经济已演变成了一种"信用经济"。

2. 信用活动的发展促进了工商业活动的扩张，并使整个社会经济关系向货币化与金融化方向发展。货币与信用关系对传统经济关系具有强大的分解力，它是推动现代经济发展的主要因素。

3. 信用形式的发展与演变是随着经济的发展与体制变革而发生的，从传统的高利贷到银行信用为主的间接信用占主导地位是近代市场经济体制发展的结果，金融市场和直接信用的发展是信用形式在新的经济发展条件下的必然结果。

4. 国际信用的发展与形成是经济国际化和信用关系国际化的结果，它促成了国际信贷和资本流动，对于市场开放和经济的国际化产生了积极的影响。

复习思考题

1. 为什么说现代经济是一种"信用经济"？
2. 信用关系的发展经历了哪些形式？
3. 高利贷的作用以及时代特征是什么？
4. 什么是间接信用？
5. 为什么银行信用在现代经济中占据主导地位？
6. 直接信用的发展基础是什么？
7. 信用关系的国际化需要什么基础条件？
8. 国际信用的主要形式有哪些？

第三章
利率与利率杠杆

本章要点

　　利息是货币资金借贷活动的产物,利息本身从交易的角度看,是资金交易的价格,是借贷资金所必须支付的代价。从经济学的角度看,利息的来源及其形成与经济制度有着复杂的关系,利息本源问题是经济学中一直存在争论的问题。而利息作为资金市场交易的价格,其实际上形成了调节经济结构、配置市场资源的主要杠杆,利率制度在今天的市场经济条件下具有重要的作用,利率市场化成为今天利率制度发展的大趋势。利率杠杆已成为今日货币政策的主要工具。

第一节 | 利息与利息率

一、利息

利息（interest），从其形态上看，是因为货币所有者贷出货币资金而从借贷者手中获得的报酬；从另一方面看，它是借贷者使用货币资金必须支付的代价，是资金使用的一种价格。从今天的市场经济角度看，借款付息与贷款收息是一种理所当然的事情，利息既是一种借贷成本，也是一种放贷收益。没有利息的存在，就不可能有真正的借贷行为与信用活动。但是，在历史上，人们对利息的来源与利息存在的合理性一直存在着争论，对"钱能生钱"这样的事实存在着怀疑。只有进入了现代的货币化社会与市场经济时代后，利息存在的合理性才为人们普遍接受。

但是，利息从哪里来，经济学的解释各种各样。从交易层面上看，货币借贷者得到了额外的收入，钱生出了钱。这也导致长期以来人们对利息的来源各持己见，形成了各种不同的利息来源理论。但从经济活动关系的本质看，货币资本运动是生产经营资本的一个部分。借贷资金因为介入到生产经营活动过程，从而分享了生产经营活动的利润。

从资本运动的角度看，一个人有一笔闲置货币，将它贷出，经过一个约定的时期后，借者将其还回，他在归还时，不仅还了本金，还支付了一笔额外的货币——利息。这一过程可简记为 $G—G'$，G 为最初贷出的货币额，$G' = G + \Delta G$，ΔG 即为利息。我们从这里可以看到 ΔG 是由 G 带来的，或者说，利息是由货币生出来的，货币具有自行增殖能力。正如马克思所说："把货币放出即贷出一定时期，然后把它连同利息（剩余价值）一起收回，是生息资本本身所具有的运动的全部形式。"[1]实际上，货币资本若不转换成生产资本，不经过生产过程，绝不可能自行增殖。所以借贷资本的完整公式应当写成：

$$G—G—W{<}_{P_m}^{A}{\cdots}P{\cdots}W—G'—G'; \tag{3-1}$$

公式（3-1）可以分成三个阶段：① $G—G$，资本使用权的让渡；② $G—W{<}_{P_m}^{A}{\cdots}P{\cdots}W—G'$，资本生产和流通过程，即真正的增殖过程；③ $G'—G'$，货币本金和增殖额（利息）的回流。不难看出，如果没有第二阶段，货币就好像被锁入保险箱一样，连一个硬币也不会增殖出来。"利息不外是一部分利润的特别名称，特别项目；执行职能的资本不能把这部分利润装进自己的腰包，而必须把它支付给资本的所有者。"[2]即利息实质上是利润的一部分，是利润的特殊转化形式。

利息是资金转让的价格，货币借贷资金经过生产流通的周转使用获得了利润的分享，

---

[1] 马克思：《资本论》第3卷，人民出版社1975年版，第390页。
[2] 同上书，第379页。

从而构成了资金的增值,利息来源于资金的周转使用。没有资金的周转使用和价值增值,利息就成为无源之水。

二、利息率

1. 利息率概念

利息率(interest rate)简称利率,是指在一定时期内的利息额与借贷资本额的比率。按计算利息的期限单位把利率分为年利率、月利率和日利率。年利率是以年为单位计算利息,按本金的百分之几表示;月利率是以月为单位计算利息,按本金的千分之几表示;日利率是以日为单位计算利息,按本金的万分之几表示。

2. 利息的计算

(1)单利计算。单利计算是指在计算利息额时,不论借贷期限长短,仅按本金计算利息,所生利息不再加入本金重复计算利息。其计算公式为

$$I = P \cdot n \cdot r \quad (3-2)$$

其中:I 为利息,P 为本金,n 为计算周期数,r 为每期利率。我国居民储蓄和国库券都按单利计算。

借贷活动中,往往要求计算本金与利息之和,即借一笔款后,经过若干时间还款总额是多少。这里的还款总额包括本金和利息,简称本利和。以 S 记本利和,则单利本利和的计算公式为

$$S = P \cdot (1 + n \cdot r) \quad (3-3)$$

以式(3-3)计算利息的案例:现有 2018 年 12 月 1 日存入的 3 年定期存款 100 元,月息率 5 厘,求 2021 年 12 月 1 日到期时的本利和。

不考虑复利,这笔存款的本利和是:

$$\begin{aligned} S &= 100 \times (1 + 36 \times 0.005) \\ &= 100 \times 1.18 = 118(元) \end{aligned}$$

(2)复利计算。复利计算是指计算利息时,不仅计算本金的利息,而且还按借贷期限把本金所获得的利息加入本金再计算利息,逐期滚算。其计算公式及推导如下:

复利值公式:

$$V_n = P(1+r)^n \quad (3-4)$$

其中:V_n 为到期为止的复利值,P 为本金,r 为每期利率,n 为计算周期数。复利值公式推导:

$V_1 =$ 第一年年初本金 + 利息 $= P + P \times r = P(1+r)$

$V_2 =$ 第二年年初本金 + 利息 $= P(1+r) + P(1+r)r = P(1+r)^2$

$V_3 =$ 第三年年初本金 + 利息 $= P(1+r)^2 + P(1+r)^2 r = P(1+r)^3$

……

$$V_n = 第n年年初本金 + 利息 = P(1+r)^{n-1} + P(1+r)^{n-1}r$$
$$= P(1+r)^n$$

即 $V_n = P(1+r)^n$

上述推算过程中，利息是根据每年年初本金乘以一定利率计算的，所以第一年利息为 $P \cdot r$，第二年利息为 $P(1+r)r$，依此类推，可以看出，在后一年的本金中包括了前一年的利息，并对前期本息一并再计利息，这种"利上滚利"就是复利计算的特点和方法。

案例

投资 100 万元，按年利率 10% 计算，3 年后复利值是多少？用复利值公式直接计算：

$$V_3 = P(1+r)^3 = 100(1+0.10)^3 = 133.10（万元）$$

除此之外，还可利用复利系数来计算。

在公式 $V_n = P(1+r)^n$ 中 $(1+r)^n$ 即为复利系数。复利系数可从特制的复利系数表中查得。从复利系数表中能够查出利率为 10%，期数为 3 年的复利系数为 1.331 0。

$$复利值 = 本金 \times 复利系数 = 100 \times 1.331\,0 = 133.10（万元）$$

（3）现值计算。所谓现值是指未来某一金额的现在价值。把未来金额折算成现值的过程称为贴现。贴现中所使用的利率称为贴现率或折现率。现值的概念与计算方法和复利值正好相反，复利值是从"现在"的数额、利率及期数，测算预定期数末的复本利之和，而现值是从"将来"数值（复利值），按规定利率、期数来测算现在的数值。复利值计算时，利率越高，期限越长，复利值就越大。而现值计算时，利率越高，期限越长，现值反而越小。

现值的计算公式为：

$$P = V \cdot \frac{1}{(1+r)^n} \tag{3-5}$$

其中：P 为本金（将来金额的现在值），V 为将来金额数，r 为利率，n 为期数。$\frac{1}{(1+r)^n}$ 是现值系数，显而易见，现值系数是复利系数的倒数。一笔未来到期日一次支付的货币余额乘上该系数，就可以得出现值。现值计算方法不仅可以用于贴现票据等类似业务，而且还可以用来计算投资收益，进行项目评估。项目投资，首先要考虑收益率与利息率之比。一般来说，收益率低于利息率不宜进行投资，而应该把资金单纯地贷出去以收取利息。只有收益率高于利息率，投资才能够获利，对该项目进行投资才是明智的。只要把逐年的投资额和获得的利润按照一定的基准日折算成现值就可以进行收益率的比较了。

第二节 利息理论

17世纪以前，对利息问题的探讨主要以神学的观点和方法为主，大多数人都倾向于反对利息的存在，这些探讨并未对以后的利息研究构成什么理论基础。从17世纪开始，经济学家们才开始对利息问题进行系统研究，探讨利息的来源与存在的合理性问题。在长达几个世纪的利息研究过程中，曾出现过形形色色的理论，这些不同的利息理论可以粗略分为两大学派：实际利息理论和货币利息理论。实际利息理论是着眼于长期的实际经济因素分析的一种长期利息理论，而货币利息理论是一种短期利息理论。

1. 实际利息理论

（1）资本生产力理论（capital productivity theory）。这一理论认为利息是资本自身生产力的产物，最先是由法国经济学家萨伊（J. B. Say, 1762—1832）提出。他把借贷资本的利息分成两部分：保险费性质的利息和利息本身。利息本身即纯利息，它是"对借用资本所付的代价"[1]。正是因为资本具有像自然力一样的生产力，使用资本比不使用资本能生产出更多的商品，所以，使用资本必须支付一定的报酬。也就是说，资本产生利息是由于它自身具有生产能力。这一学说的代表人物除萨伊外，还有罗舍尔（W. Roscher, 1817—1894）、马尔萨斯（T. R. Malthus, 1766—1834）等。

（2）资本使用理论（capital use theory）。这一理论认为，资本的"使用"是资本的一种品质，这种品质与资本本体相分离而独立。资本的"使用"有其独立的性质，相应地有其独立的价值。要想从资本中获得收益，在生产的过程中单独牺牲资本的本体是不够的。资本的"使用"也必须同时牺牲。利息就是资本使用牺牲成分的报酬。其代表人物有赫尔曼（Von Herman）、门杰尔（Menger）等。

（3）节欲理论（abstinenel theory）。西尼尔（Nassau William Senior）是"节欲理论"的倡导者。他认为，资本不是产生利息来源的原始因素。利息应该"作为资本家节欲行为的报酬"[2]。

在西尼尔看来，人类社会存在三种生产要素：第一是人类的劳动；第二是跟人力无关的自然要素（土地等）；"第三要素或生产手段叫作节欲"[3]。基于此，他也同斯密（Adam Smith）一样认为：劳动既有工资的报酬，土地亦有地租的报酬，节欲的报酬就是利息。

（4）时差理论。系统地提出"时差理论"的是庞巴维克（Bohm-Bawerk）。他宣称："现在物品通常比同一种类和同一数量的未来的物品更有价值。"[4]之所以会如此，他提出三条

---

[1] 萨伊：《政治经济学概论》，商务印书馆1982年版，第77页。
[2] 西尼尔：《政治经济学大纲》，商务印书馆1986年版，第197页。
[3] 同上书，第93页。
[4] 庞巴维克：《资本实证论》，商务印书馆1983年版，第243页。

理由：第一，不同时期的需要与供应之间存在着差别；第二，人们存在偏重现在低估未来的倾向；第三，现在物品较将来物品具有技术上的优势。这种由于对现在和未来两个不同时间的主观评价不同而带来的价值上的差异就是"时差"。时差的存在，要求未来财货所有者必须向现在财货的所有者支付相当于价值时差的"贴水"。这种"贴水"就是利息。

（5）不耐–机会理论。美国经济学家费舍尔（Irving Fisher）用两个因素来解释利息的产生：一个是心理的或主观的因素，即庞巴维克的时差理论，费雪称之为"人生不耐"（impatience）；另一个是客观的因素，即克拉克（John Bates Clark）的边际生产力理论，费雪称之为"投资机会"（investment opportunity）或收益超过成本率（rate of returns over cost）。他认为利率即是通过资本借贷市场，由时间偏好率和收益超过成本率两要素共同决定的。

2. 货币利息理论

（1）古典均衡理论。古典学派认为，利率决定于储蓄意愿与投资需要的均衡。首倡此理论的是英国经济学家马歇尔（Alfred Marshall）。马歇尔将西尼尔的节欲说改称为"等待"（waiting），并用它来说明资本的供给，又用萨伊的资本生产力说来说明资本的需求。他认为利息是资本供求趋于相等的价格，而储蓄构成资本的供给，投资构成资本的需求，所以他提出了利率是由储蓄与投资均等决定的理论。

马歇尔认为储蓄与投资好比是剪刀的两片刀刃，共同起着作用来决定利率。从资本供给方面看，既然"等待"是构成资本供给的价值因素之一，利息又为资本的价格，所以利率的提高就有增加储蓄量的倾向，利率的降低就有减少储蓄量的倾向，可以把利率、储蓄与资本供给的关系用图 3–1 来表示，从而得到剪刀的一片刀刃。

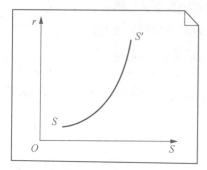

图 3–1　储蓄的决定

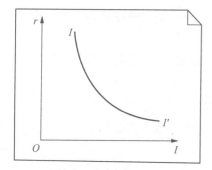

图 3–2　投资的决定

SS' 为供给曲线，它是一条自左下方向右上方倾斜的曲线。从资本需求方面看，马歇尔认为利率的高低与投资需求量的大小成反比，即利率高投资需求小，利率低投资需求大。由此，我们又可得到剪刀的另一片刀刃（图 3–2）。

有了剪刀的两片刀刃，马歇尔把利率、储蓄和投资三者综合起来，按剪刀叉原理来决定利率。

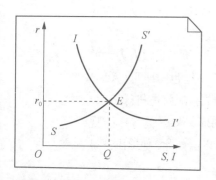

图 3–3　均衡利率的决定

如图 3–3 所示，利率是使储蓄与投资两者趋于均衡的因素。投资随利率的下降而增加，随利率的上升而减少，即投资为利率的递减函数，其关系方程式为：$I = f(r)$，在图 3–3 中表示为一条从左上方向右下方倾斜的 II' 曲线。相反，储蓄则随利率的上升而增加，随利率的下降而减少，即储蓄为利率的递增函数 $f(r)$，在图 3–3 中表示为一条从左下方向右上方倾斜的 SS' 曲线，II' 曲线与 SS' 曲线的交点 E 决定的是均

衡利率 r。

以上所述的是利率调节储蓄与投资，即储蓄与投资均为利率的因变量，这只是问题的一方面。另一方面是资本的供求决定利率，即储蓄与投资为自变量，利率为因变量，储蓄与投资决定利率，其关系方程式为：$r = f(I, S)$。

如果没有储蓄与投资的某种平衡，利率就不能确定，而利率的变动事实上又在迅速地影响储蓄与投资，储蓄与投资的变化又会实现新的平衡，从而决定新的均衡利率。因此，储蓄、投资与利率之间存在着一种相互作用、相互影响的关系。

（2）可贷资金理论（the loanable funds theory of interest）。这种以可贷资金为中心概念，以流量分析为主线索的利息理论，创立于 20 世纪 30—40 年代。首倡此说的是英国剑桥学派的丹尼斯·罗伯逊（Dennis Roberson）。

该理论认为利率由可贷放资金的供求决定。可贷放资金的供给包括：①总储蓄 S；②银行新创造的货币量（ΔM）。可贷资金的需求包括：①总投资 I（私人加政府）；②窖藏需求（ΔH）也就是：

$$I = I(i) + \Delta H$$
$$S = S(i) + \Delta M$$
$$I = S$$

如图 3-4 所示。可贷资金理论建立在古典均衡利息说的基础上。图 3-4 中 i 为古典利率均衡水平。如果考虑新增货币量和窖藏，若 $\Delta M = \Delta H = QQ'$，那么利率仍保持在原均衡水平 i 的位置上；若 $\Delta M > \Delta H$，那么利率便会下降，达到新均衡水平 i'。若 $\Delta M < \Delta H$，那么利率便趋于上升，至新均衡水平 i''。

可贷资金理论基于可贷资金的供求和资金的流量分析来寻求利率变动的原因。由于可贷资金总量很大程度上受到中央银行控制，因此政府货币当局的货币政策也作为利率决定因素而加以考虑。

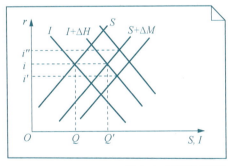

图 3-4　可贷资金理论

（3）流动性偏好理论（liquidity preference theory）。流动性偏好理论由凯恩斯（John M. Keynes）在 20 世纪 30 年代提出，这是一种偏重短期货币因素分析的货币利息理论[1]。该理论认为利息是使用货币的代价或放弃货币流动性的报酬。利率并不决定于储蓄和投资，也不取决于可贷资金的供求，而是受制于货币存量的供求。也就是说，市场利率决定于货币需求（人们的流动偏好）和货币供给（即货币政策由中央银行决定）。一般来说，利率与货币需求成正比，与货币供给成反比。

根据流动性偏好理论，货币需求可以分为三部分：①交易需求，这是收入的函数，交易

---

[1]　凯恩斯：《货币、利息与就业通论》，商务印书馆 1980 年版，第 262 页。

的货币需求随收入的增加而增加；②预防需求，这种需求同时受收入和利率的影响，一般来说，随收入增加而增加，因利率升高而减少；③投机需求，这是利率的递减函数。因此，货币需求（M_D）可表示为收入（Y）和利率（i）的函数，即 $M_D = M(r, i)$，货币供给（M_S）也主要表现为分别满足收入和利率函数的货币需求两大部分的供应量，即 $M_S = k(r) + L(i)$，因此，流动偏好利率理论可以表示为：

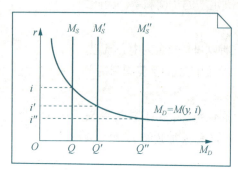

图 3-5　流动性偏好决定利率

从图 3-5 看，货币需求曲线向右下方倾斜，货币供给曲线为一条垂直线。在未充分就业的情况下，政府如果采取扩张性货币政策，增加货币供应量，可以压低利率，促使经济迅速增长。在图 3-5 中，货币供给从 Q 增加至 Q'，利率便从 i 下降至 i'。但是，如果货币供应量处于 $M_S''Q''$ 的位置，由于这时货币需求曲线呈水平状，表明货币需求无限大，即处于流动性陷阱（liquidity trap）。这时即使货币供给不断增加，利率也不会再低于 i''。这就会使货币政策失去有效性。可贷资金理论和流动性偏好理论存在着一个共同的缺陷，即两者都采用局部均衡的分析方法。在理论结构中，收入和利率是互相关联的。当收入尚未确定时，均衡的利率水平是无法确定和保持的。换句话说，仅有货币市场的均衡而无商品市场的均衡，真正均衡的利率水平是不能确立的。如果将储蓄等于投资视为商品市场的均衡，将货币供求相等视为货币市场的均衡，在这两个分别均衡的市场同时处于均衡时，经济体系的一般均衡便形成了，它决定一般均衡下的利率及收入水平。这就是希克斯－汉森模型[1]的基本立论。希克斯－汉森模型使可贷资金理论和流动性偏好理论在一定条件下得以综

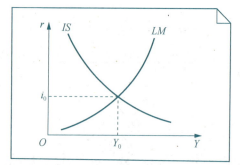

图 3-6　希克斯－汉森模型

合，它将前者的储蓄投资和后者的货币供求分别表现为两条曲线，即商品市场的 IS 曲线和货币市场的 LM 曲线。两条曲线的交点便是一般均衡的利率与收入水平，如图 3-6 所示。

第三节 | 利率决定理论

所谓利率的决定即研究利率水平是如何确定的，影响利率水平变动的因素有哪些，这

---

[1] 也称 IS–LM 模型。英国经济学家约翰·希克斯（John Hicks）在 1937 年提出，以后美国经济学家阿尔文·汉森作了说明修正，并将其宣传普及，使其成为西方宏观经济学最重要的模型之一。

被希克斯称为"现代货币理论讨论中排在最前列的问题之一"[1]。利率的决定及其变动受制于复杂的因素，而利率变动本身又会对经济产生复杂的影响，在今天的市场经济条件下利率作为货币政策工具具有的重要杠杆作用。

从市场经济体系的角度看，决定利率水平的因素有如下四个方面：

1. 借贷成本

就银行来说，它主要有两类成本：一是借入资金的成本，即银行吸收存款时对存款人所支付的利息；二是业务费用，即银行在经营业务过程中购置房产、机器设备等固定资产，雇佣员工等的支出。银行要赚取利润，就必须通过收益来补偿其耗费的成本，所以它在确定利率水平，特别是贷款利率水平时，就必然要求贷款利率高于存款利率，否则它就无利可图。当然，银行并非全靠贷款利息收入去弥补成本，它还有中间业务的手续费等其他收入。

2. 当时的平均利润率水平

从上文的分析我们已经知道，利息实质上是利润的一部分，所以利率要受平均利润率的约束。虽然按我国现行的财务制度规定，利息在企业成本或费用中列支，但并未改变利息是对利润分割这一本质属性。

当资本量一定时，平均利润率的高低决定着利润总量，平均利润率越高，则利润总量越大，借贷资本家和职能资本家分割的总额就越多。借贷资本的数量一定时，利息额越大，则利率越高。因此"利息是由利润调节的，确切些说，是由一般利润率调节的"[2]。

3. 借贷期限

利率随着借贷期限的长短不同而不同，这可以说是决定利率的一条"铁律"。通常借贷期限愈长，利息率就愈高；反之则愈低。从存款方面来看，存款期限愈长，资金来源也就愈稳定，银行便愈能有效地加以利用，从而赚取的利润也就愈大，银行可能也应该支付存款人更高的利息。从贷款方面来看，借贷期限愈长，银行所冒风险就愈大，所受到的机会成本损失也愈多，这样，银行理应按更高的利率收取更多的利息。所以银行在制定利率水平时，必须充分考虑借贷期限因素。

4. 借贷风险

借贷资金的贷出是以偿还为条件的暂时让渡。资金从投放到收回过程中，可能存在多种风险，如购买力的风险、利率风险、违约风险和机会成本损失风险，为了弥补这些风险现实发生后所造成的损失，贷款人在确定贷款利率时必须考虑风险因素。

当银行充分考虑到借贷成本、平均利润率、借贷期限和借贷风险这四个因素后，就可以决定出一个现实的利率水平。然而实际上，借贷资金市场上的利率水平并非固定不变的，而是经常波动的。

---

[1] 希克斯：《价值与资本》，商务印书馆1982年版，第142页。
[2] 《马克思恩格斯全集》（第25卷），人民出版社1974年版，第403页。

在市场经济条件下影响利率水平波动的因素有以下几个方面：

1. 资金的供求状况

平均利润率对利率的决定作用是从总体上讲的，但在某一时刻的市场利率则是由资金供求状况决定的：市场上借贷资金供不应求时，利率就会上升；供过于求时，利率则要下降。多年以来，我国资金的分配几乎完全是靠行政手段，利率基本上不反映资金供求状况，从而也就失去其对经济运行的杠杆作用。随着社会主义市场经济体制改革的推进，资金供求状况对我国利率水平的影响作用会越来越大。

2. 物价的变动

物价变动对利率的影响主要表现为货币本身的升值或贬值的影响：物价下跌，货币升值；物价上涨，货币贬值。在金融市场上，借贷双方在决定接受某一水平的名义利率时，都已加进了对未来物价变动的估计值，以防止自己因货币本身价值变动而发生实际的亏损。例如：银行必须使自己吸收存款的利息率适应物价水平的变动幅度，否则难以吸收存款，货币资金持有者也必须使自己的贷款利率适应物价水平的上涨幅度，否则难以获得投资收益。所以，利率水平与物价水平具有同步发展的趋势，物价变动的幅度制约着利率水平的高低。

3. 国际金融市场利率水平

在国际市场逐步扩大，国际经济联系日益加深的时代，国际利率水平及其趋势对一国国内的利率水平的确定具有很大的影响作用。这主要表现在两方面：一是其他国家的利率对一国国内利率的影响；二是国际金融市场上的利率对一国国内利率的影响。这里最典型的例子是欧洲货币市场，正是由于欧洲货币（尤其是欧洲美元）规模的增大和范围的扩大，国际金融市场上竞争的加强，从而会降低国内利率水平或抑制国内利率上升的程度。在20世纪80年代后期和整个90年代期间，日本的对外贸易扩张，如果没有利率较为低廉的欧洲美元可供借入，日本国内的利率早就大大地飙升了。

4. 一国的汇率水平

从表面上看，汇率与利率是两个作用领域完全不同的经济杠杆。其实，作为金融范畴，两者具有较强的联动关系。利率的调整能引起汇率的变动：当中央银行提高利率时，金融市场上银根会紧缩，居民对外汇需求会减少，从而抑制外汇行市上涨，同时也阻止了本币汇价下跌；而银行降低利率时，银根会松弛，国内的外汇需求会增加，外汇行市会上扬，本币汇价会下跌。

汇率的变动也会影响利率的变化。例如：当外汇汇率上升、本币贬值时，国内居民对外汇的需求就会下跌，从而使得本币相对充裕，国内利率便趋于稳定，并在稳定中下降；反之，当外汇汇率下跌、本币升值时，国内居民对外汇的需求就会增加，本币的供应处于相对紧张状态，从而迫使国内市场上的利率上扬。

5. 货币政策因素

20世纪的大萧条之后，主要资本主义国家均实行国家干预经济的政策，其中货币政策成为国家干预经济活动、调节货币市场供求与利率水平的重要杠杆。各国政府与中央银行为了实现其经济目标，往往通过调节货币供应量、调整基准利率等手段来影响市场利率，达到调节经济的目的。

从今天看，面对金融市场的动荡变化，各国的货币政策调控影响不断强化，美国联邦储备系统自 2009 年下半年开始实施货币供给的量化宽松政策，在货币市场上持续购入长期国债，投放增量美元货币，每月净增投放 800 亿美元以上，宽松货币政策实施导致了市场流动性增加，低利率趋势得到维持。2021 年以来，量化宽松与货币扩张导致了严重的通货膨胀，迫使美联储实施紧缩性的加息政策。从日本看，日本央行从 2013 年起也实施了购入国债类资产的货币量化宽松政策，每月增量投放货币 3 万亿日元以上，市场货币流动性的增加，低利率政策得到维持，长期的通货紧缩局面得以改变。

从中国近年来的货币政策走势看，它对于稳定货币供给条件下低利率的维持也产生了积极的作用，积极的货币政策维持了金融危机冲击影响下投资、消费的增长，并维持了较低利率水平的积极刺激作用。

影响利率变化的因素还有很多，除上面列举的以外，利率管制、经济周期以及国际政治关系等都可能对利息率的变化有不同程度的影响。

第四节 | 利率的种类

按照不同的标准可以把利率分成多种多样的类别。

1. 名义利率与实际利率

在纸币流通的条件下，由于纸币所代表的价值随纸币数量的变化而变化，当流通中纸币数量超过市场上的货币必要量时，单位纸币实际代表的价值量必然下降，从而产生了纸币的名义价值与实际价值之分，进而也出现了名义利率与实际利率之分。

名义利率是以名义货币表示的利率，即借贷契约或有价证券上载明的利率，这对投资者来说，是应当向债务人收取的利息率，而对被投资者来说，是应当向债权人支付的利息率。实际利率是名义利率扣除通货膨胀因素以后的真实利率。即 $R = r-P$。

其中：R 为实际利率，r 为名义利率，P 为通货膨胀率。

例如：当名义利率为 8%，物价上涨率为 3%，则实际利率为 5%。从上面公式也能够看出，在利率市场化条件下，名义利率的变动取决于对实际利率和通货膨胀的预期。

2. 市场利率与基准利率

市场利率是由借贷双方在资金市场上通过相互竞争而形成的利率。在过去相当长的时期内，我国的利息率由国家利率政策确定，几乎不存在由借贷双方竞争而形成的利率。然而，随着我国市场经济体制的建立和完善，随着我国金融市场的蓬勃发展，市场利率作为借贷双方协商的价格将广泛存在，它也会随着不同时期、不同地区货币资金的供求状况的变动而变动。

基准利率是带动和影响其他利率的中心利率，一般是指中央银行的再贴现率和再贷款利率。中央银行的再贴现率和再贷款利率影响商业银行和其他金融机构的贴现和贷款利率，商业银行和其他金融机构的贴现和贷款利率影响企业股票、债券利率及民间借贷利率。

3. 固定利率与浮动利率

固定利率是指在整个借贷期内利率不随借贷资金供求状况变化而变化的利率。固定利率易于计算借款成本，然而，由于通货膨胀的缘故，实行固定利率对债权人，尤其是对进行长期放款的债权人会造成较大的损失。所以对于中长期贷款，无论是借款人还是贷款人都可能不愿采用固定利率而宁愿采用浮动利率。

浮动利率，又称为可变利率，是指在借贷期内利率随借贷资金市场供求状况的变化而定期调整的利率。虽然实行浮动利率不如实行固定利率那样容易计算利息成本，利息负担也可能加重，但因为利息负担同资金供求状况紧密结合，使得借贷双方承担的利率变化风险减小了。

4. 长期利率与短期利率

长期利率是指融资时间在1年以上的利率，而短期利率是指融资时间在1年以内的利率。一般来说，长期利率比短期利率高，即投资者的收益大小与投资期限的长短成正比。但是，在不同种类的信用行为之间，由于种种条件的限制，也有可能存在相反的情形。

5. 一般利率与优惠利率

所谓优惠利率是指银行等金融机构发放贷款时对某些客户所收取的比一般贷款利率低的利率。

发达国家的商业银行对往来密切、资信最高，并且处于有利竞争地位的大客户，发放短期贷款时，收取低于其他商业利率的优惠利率。对其他客户的放款利率，则以优惠利率为基准，逐步上升。所以，在发达国家，优惠利率往往成为确定其他商业利率的基础利率，其他商业利率与优惠利率之间的差额，基本上可以反映出其他贷款所负担的额外风险的费用。

我国根据国家有关经济政策的要求，对于急需发展而收益低的生产、建设事业，或因自然条件差、经济落后、需要扶助的特定贷款项目，在一定时期内给予低息优惠照顾。实行优惠利率的贷款几乎占贷款总额的1/3，这导致利率丧失了灵活性和灵敏性，也使国有商业银行（其前身是国家专业银行）背上沉重的包袱而难以真正实现机制转换。虽然对某些部门、行业、企业或者项目实行倾斜性的金融政策是国民经济协调发展的客观要求，然而，随着政策性金融与商业性金融的分离，必须建立健全政策性金融的贴补机制，从而促进新利率机制的生成并使之发挥应有的作用。

第五节　利率的作用

在发达的市场经济中，利率是一个重要的经济杠杆，对宏观经济运行和微观经济运行都有着极为重要的调节作用。这种作用主要表现在以下几个方面。

1. 积累资金的作用

在市场经济条件下，资本短缺是制约一国经济发展的一个重要因素，发展中国家尤其如此。另一方面，市场经济在运行过程中，由于资金本身的运动规律，生产的季节性变化，相对于收入来源的个人消费滞后等原因，虽然个别企业和单个人在某些时候会出现资金紧张局面，有时甚至是严重的资金短缺，但从全社会来看，在任何时候都存在有一定数量的闲置资金和个人收入。利息收入诱使资金闲置者把资金让渡给资金短缺者，这必然带来社会积累资金的增多。利率越高，存款人得到的利息收入就越多，社会积累资金的规模就可能越大。所以，通过调整利率来积聚资金，能够在中央银行不扩大货币供应的条件下，使全社会的资金总量增加，从而促进国家经济建设的发展；相反，过低的利率则不利于资金的积累与资本动员，而实行负的利率则更不利于社会资金的积累与动员。

2. 调节宏观经济的作用

利率与税收、价格等其他经济杠杆一样，有着调节经济的功能。这种调节从总量方面说，是抑制对资源的总需求（把有限的资源分配给资金利润率较高的部门使用）。在商品经济条件下，资源的分配是通过货币去进行的，在商品经济发展到信用经济的条件下，对货币的需求也是对信用的需求。所以，与信用相联系的利息、利率就具有抑制对资源总需求的功能。利率调高，一方面使全社会的资金来源增加；另一方面，借款人因利率调高需要多付利息，成本也相应增加，而成本对于利润总是一个抵消因素，由此而产生的利益约束将迫使那些经济效益较差的借款人减少借款，经济效益更差的借款人放弃借款，从而使有限的资金流到效益高的行业、企业和产品上来，社会资金（包括信贷资金）以及全社会的生产要素都会产生优化配置效应。

利用利率杠杆调节宏观经济的传导机制是：当资金供给小于资金需求时，中央银行调高再贷款利率或再贴现利率，商业银行在借入成本增加的情况下，为保持其利润，同时提高存贷款利率，贷款利率的调高，就会使借款人减少，借款规模压缩，存款利率的调高，则会使存款人增加，存款来源增加。这样，在资金供给增加的同时，资金需求却在减少，从而资金供求就会趋于平衡；当资金供给大于资金需求时，情况则相反。

运用利率杠杆还可以调节国民经济结构，促进国民经济更加协调地按比例发展。例如：对国家急需发展的农业、能源、交通运输等行业，适当降低利率以支持其大力发展，对需要限制的某些行业，则适当提高利率，从资金上限制其发展。

3. 平衡国际收支的作用

当国际收支发生失衡时，可以通过利率杠杆来调节。例如，当国际收支逆差比较严重时，可以把本国的利率调到高于其他国家的程度。这一方面能防止本国资金流向利率较高的外国；另一方面还可以吸引外国的短期资金流入本国。当国际收支逆差发生在国内经济衰退时期，似乎使人陷入两难境地：面对经济衰退，合理的利率政策是降低利率，而面对国际收支逆差，则应该提高利率。其实，调整利率，除了调整其水平，还可以调整其结构。由于投资主要受长期利率的影响，而国际资本移动则主要受短期利率的影响，所以在经济衰退同国际收支逆差并发时，中央银行可以一方面降低长期利率，鼓励投资，刺激经济复苏；另一方面则提高短期利率，防止国内资金外流并吸引外资投入，从而达到既抑制经济衰退又阻止国际收支逆差的目的。

4. 约束和激励的作用

利率的提高会使企业的成本增大，迫使企业压缩资金需求，减少借款规模。企业不得不通过加速资金周转、提高资金使用效率等途径按期甚至提前归还借款。这就在客观上对企业起到约束和激励的作用，促使它们努力提高经济效益和劳动生产率。

我们说利率对经济能够起到重要而且十分有效的调节作用，但并非只要有了利率的存在，利率的杠杆作用就能很好地发挥出来。我国的利率改革已经取得了一定的成效，但其作为市场机制的基本要素和经济杠杆的作用还远没有得到发挥。

要使利率充分发挥杠杆作用，基本的条件主要有如下方面：

（1）经济的商品化、货币化、信用化已达到相当的程度。利率作用的大小与经济的商品化、货币化、信用化程度直接相关。一般而言，经济的信用化程度越高，利率对经济的调节作用就越大；反之，利率对经济的调节作用就越小。因为只有在经济的商品化达到一定程度时，联结价值利益关系的主要枢纽才是货币与信用，而利率本身属于货币与信用的范畴，可以通过调节货币与信用关系来调节价值与利益关系，进而调节经济关系，调节微观经济活动和宏观经济总量。

（2）资金借贷双方都是自主经营、自负盈亏的经济主体。利率是通过利益机制的传导而发挥作用的，只有资金的借贷双方都是具有健全的利益驱动和风险约束机制的经济主体，它们才会为了追求各自的利润最大化、效益最大化而选择最有利的交易对象进行资金的借贷活动，才会对利率变化信号作出灵敏的反应，相应调整自己的经营和投资行为。

（3）中央银行运用间接手段调控经济，利率成为宏观调控的重要手段之一。

（4）众多的商业银行和非银行金融机构的发展，它们拥有相应的利率自主决定权，即利率的市场化。中央银行通过基准利率和其他经济手段，调节市场资金的供给与需求；商业性金融机构根据中央银行基准利率和市场资金供求变化，迅速作出反应，相应调整自己的利率水平；商业性金融机构利率的变动，影响企业、居民的经济行为，从而改变社会总供求，实现既定的货币政策目标。

（5）金融市场、金融资产有较高程度的发展。利率作为资金价格是一种市场参数，它以金融市场的存在为前提，并由金融市场的发育程度所决定。只有在发育程度较高的金融市场上，金融资产的种类与数量有了一定的规模，利率才能有其形成和存在的基础。从我国现有的情况出发，利率要充分发挥杠杆作用就必须努力做到：

① 改革企业制度，建立现代企业制度。第一，政企分开，明晰产权，落实企业自主权。政府作为国有资产的所有者代表，享有财产收益权，并可依法或依照企业章程有关规定对企业经营活动行使监督权，按法定程序选择企业高层管理人员，决定企业产权变动与重组，但是不能在自身的法定权利之外对企业的生产经营活动进行干涉；企业作为法人主体，拥有企业法人财产权、机构设置权、人事变动权、工资分配权及产品定价权等，但同时必须依法维护资产所有者的利益，实现企业财产的保值增值。第二，建立完善的企业组织管理制度。对大多数国有企业进行公司制改造，在股东大会、董事会、监事会和总经理之间形成目标一致、权责分明、相互制衡的有效机制。通过改革传统的企业制度，建立、健全企业的利益驱动和风险约束机制，增强企业对利率的反应弹性。

② 加快国有商业银行的改革步伐。第一，妥善解决不良债权问题。应完善落实银行呆账准备金、坏账准备金制度，以两金冲减一部分不良债权。第二，可通过建立专业化的资产管理公司来剥离商业银行的不良资产，处理银行的呆、坏账。第三，逐步实行资产负债比例管理办法，以负债制约资产，把各项业务经营逐步纳入风险管理轨道。第四，按照现代商业银行的经营原则，转换内部经营机制，加强其盈利意识、风险意识及竞争意识，从而提高对利率的敏感性。

③ 进一步发展完善金融市场。第一，发展完善货币市场。规范拆借市场，严禁违章拆借，将拆借市场办成真正的头寸市场；大力发展票据市场，实行结算工具票据化；发展短期债券市场，增加短期债券种类。第二，发展资本市场。首先，完善国债市场，丰富国债期限品种，改革国债发行方式，尽快形成全国统一的国债市场，加大国债流通覆盖面；其次，规范债券的信用评级，建立完善的评估系统，促进债券市场的健康发展；最后，完善股票市场，规范股票的发行与上市，逐步完善证券交易所管理，创造条件统一法人股与个人股、A股与B股市场。第三，加快金融市场立法，规范金融市场行为。

④ 建立中央银行间接调控体系。第一，实行中央银行对商业银行的资产负债比例管理，通过商业银行的"以存制贷"，加强自我约束，增强资金使用自求平衡的能力。第二，健全中央银行宏观调控手段，探索发挥利率、再贴现率、存款准备金率及公开市场业务操作作用的机制。为此，需要中央银行适当放松对商业银行的利率管制，逐步放开市场利率，增加贴现和抵押放款；完善存款准备金制度，把存款准备金率调整在资金供求基准均衡线上；发展国债市场、票据市场、外汇市场，为公开市场业务的操作提供基础条件。

第六节 | 利率管制与利率市场化

利率管理是利率政策的一个非常重要的内容。利率杠杆的作用能不能发挥出来，发挥得怎么样，与利率管理体制是否合适高度相关。利率管制与利率自由化是利率管理体制的两种典型的表现形式。利率管制是金融抑制的最显著特征，而所谓金融深化，一个重要的内容就在于解除利率管制，实现利率的自由化和市场化。

1. 西方国家的利率管制与利率市场化

（1）西方国家的利率管制。美国等西方发达国家为了调节与管理宏观经济和微观经济运行的需要，都曾在不同时期在不同程度上运用不同的手段对利率实施过管制。例如，美国为防止各金融机构争取存款抬高利率而加重银行和企业的筹资成本，日本为对付第二次世界大战后经济恐慌都曾实行过严格的利率管制。不可否认，在各国经济发展初期、战时及战后的一段时间里，由于利率严格管制在较低的水平，企业筹资成本较低，投资增加，使各国经济逐渐走向高速发展阶段，呈现高速稳定发展局面。同时，由于金融机构利息负担减轻，使其利润不断增加，规模也不断扩大。利率管制确实起到了保护和发展经济、稳定金融的作用。例如，美国 20 世纪 30 年代实施的"Q 条例"，通过限制联储会员银行（后来扩大到所有储蓄机构）的存款利率上限控制银行的经营成本，保障银行利润，避免银行亏损，成功地挽救了美国 30 年代大危机以后的银行业。日本在第二次世界大战后的 1947 年，出台了既能防止银行之间的利率垄断，又不至于使利率出现大幅度波动的"适当的中间措施"，即著名的《临时利率调整法》。正是通过对利率的管制，为经济的高速发展，提供了大量的低成本资金，从而有力地促进了大批中小企业的诞生和崛起。

（2）利率市场化——西方国家利率管理体制的变化趋势。随着西方资本主义国家经济的发展，到 20 世纪 60 年代后期和 70 年代，美、日、英、德等国家的计划管理逐渐放松，除军工、宇航等部门外，铁路、邮电等大部分行业和企业从国家控制转为私人经营，国营经济私有化比例越来越大，企业的生产和经营由市场经济那只"看不见的手"去自发调节。与此同时，随着资金流动性、自由性的日益加强和金融垄断的打破，众多中小商业银行的出现，资金投放渠道的拓宽及配给制为代表的经济政策的取消，市场物价的放开以及金融市场规模的日益扩大，利率管制和人为的调整利率政策不仅无法应对投资的需求和金融业新的发展形势的需要，反而成了经济发展的绊脚石，其副作用日益明显。例如：日本由于人为地压低利率，妨碍了企业自筹或相互调节资金余缺的直接金融市场的发展，资金难以得到合理分配，最终影响了经济的发展；美国由于低利率的刺激和不断上升的通货膨胀率，导致了市场利率不断上升，利率的双轨制差距日益拉大，造成存款锐减，信用收缩，个别银行出现亏损，形成"脱媒"（disintermediation）危机，进而引发经济衰退。鉴于此，各国政府迫于经济形势和金融机构的要求，都逐步放松了利率管制。例如：美国 1980 年的《新银行法》的放松利率管制及 1986 年的《Q 条例》的完全废除；日本颁布《银行利率调整要点》，从 20 世纪 70 年代末 80 年代初开始在国际范围内形成了一股利率自由化的潮流。

从美、日等发达国家的利率自由化进程来看，它具有如下几个特点：

第一，利率自由化只是金融自由化的一个部分。在利率自由化的同时，金融业在其他方面也存在着自由化的趋势。有些国家的利率自由化则是金融自由化的先导。

第二，利率自由化大多由银行等金融机构自发开始，它们绕过利率管制，在发展到一定程度时，才得到政府的"追认"，而利率自由化的合法化又加剧了利率自由化的进程。

第三，利率自由化都有一个过程，只能是渐进式地推进，先是存款利率的自由化，后有贷款利率的自由化，最后扩展到所有利率的自由化。

第四，利率自由化的目标和最终结局都是"利率市场化"，即利率由市场决定，政府和货币管理当局不再干预利率的形成。

尽管全球有金融自由化的趋势，但很少有货币当局能够而且愿意相信完全由市场决定的利率水平是适当的。在大多数国家，即使是那些市场经济非常发达的国家，利率也是受货币当局影响的。可见，利率自由化并不等于放任自流，而是用间接的通过市场运作的货币管理手段来确定利率，以此替代直接的利率管制。

2. 我国的利率市场化问题

随着我国金融体制改革的日益深化，利率机制的改革愈益显得迫切。经济决定金融，所以说，社会主义市场经济体制改革目标的确立，标志着一个按照市场规则进行社会资源和信贷资金配置的市场金融体系建立的必然性。而市场金融体系的建立，则要求确立和推行银行信贷资金的商品化和利率的市场化。从我国金融体系发展历程来看，利率市场化改革是其中重要的一环。

（1）我国利率双轨制问题。市场经济机制是市场经济体制的实质内容。在金融市场中，它体现为资金交易活动受利率、供求、竞争等市场要素相互制约和作用的运动过程。在各市场要素中，利率机制是市场金融中最基本的市场经济机制。这是因为资金的买卖价格以利率表现并决定于资金供求状况，才能发出市场信号引起资金供求的反应，从而促成利率变动及调节资金的供求关系，形成资金的供求机制。也正是由于利率的经常变动，才使资金供求双方面临交易盈利或亏损乃至破产的可能性，由此形成的风险机制激励和约束市场金融参与者的行为，使其在竞争中为求得自身的经济利益和发展，以低成本和高利润为手段谋取资金，引导资金流向高效益部门，实现资源的优化配置，使市场金融的功能得以充分发挥。

然而，纵观我国利率机制的历史和运行现状，虽然在特定的时期对我国当时的经济发展起到了一定的作用，但随着金融体制改革的深化和市场金融的逐步确立，其弊端日益显露。最突出的表现就是，在很长一段时期里，我国缺乏一个由资金供求状况决定并自动调节资金供求关系的统一的市场利率机制，存在事实上的利率双轨制问题。具体表现为两种价格体系的严重错位：一是在强烈的国家金融抑制和严格的利率管制下，中央银行信贷规模内的资金控制价格与大部分商品市场已由市场价格调节的对立和背离；二是在强烈的国家金融抑制和严格的利率管制下，在金融体制上的国家银行信贷资金的控制价格与已开放的资金市场（包括拆借市场、证券市场、外汇市场）的市场资金价格及民间自由借贷价格的对立和背离。两种对立和背离的价格体系所形成的现行利率运作的双轨制，阻断了市场利率机制的统一作用及其形成，造成中央银行宏观金融调控分离于市场经济机制之外、银行信贷经营活动分离于市场金融机制之外的格局，导致我国经济机制运行和功能的紊乱。毫无疑问，利率市场化改革的终极目标必然是取消资金价格的双轨制，实现利率并轨，最终走向统一的、完全的市场利率。

（2）我国利率市场化的道路选择。利率市场化旨在有效地运用市场机制以达到资金资源合理配置的目的。利率体制改革大体上可以分为全面放开和逐步放开两种不同的方式。

采取全面放开的道路时，可以将全部市场参与者推向市场，利率水平完全由市场供求力量决定，中央银行也作为市场参与者之一，通过市场参与来间接调控资金的供求关系。这一道路选择易于形成一个统一的、公开的、公平的资金市场。不过，全面放开的道路会存在一系列严重的问题：第一，容易产生大幅度的利率攀升。由于长期存在的资金缺口，投机因素和预期的影响会推动资金的需求，加大资金需求缺口，使利率上升。第二，全面放松利率管制之后，利率的波动幅度会有所加大，这必然会导致投机的出现，而投机因素势必会进一步加剧利率的波动。第三，利率的剧烈上升会给企业的经营带来困难，利率上升会抑制企业的投入，使经济发展出现停滞现象，社会资金也可能从生产领域流向流通领域或虚拟经济领域。

采取逐步放开利率管制是一种较为稳妥的方法，尽管这一道路也有可能产生暂时的利率结构性矛盾，并产生进一步放松利率管制的压力，而这恰是利率市场化的内在动力。逐步放松利率管制的主要好处在于：第一，不会造成金融市场的剧烈震动，可以避免全面放松利率管制可能出现的一系列问题。全面放松利率管制涉及各部门、各行业有关的宏观政策的较大变动，对现存的经济结构会产生猛烈的冲击。第二，逐步放松利率管制有利于引导市场参与者的经济行为，通过逐步缩小放松管制后出现的利率差额，使计划性的固定利率逐步向市场利率靠拢。第三，逐步放松利率管制能使隐含利率公开化，中央银行可以以此为参考调整基准利率，缩小利率调整的幅度，增加利率调整的频率，使资金需求的利率弹性有所改善，利率政策产生较好的宏观经济效应。第四，逐步放松利率管制可通过适当的契机使市场化的成分由小到大以形成一个统一的资金市场，使资金的供求逐步纳入市场机制的运行范围。

逐步放松利率管制应选择哪一种利率作为放松管制的突破口是一个首先需要解决的问题。一般来说，利率体制改革的突破口有两个：一是放松具有先导意义的利率管制，如具有一定数量的大额存单的利率或定期存款利率。通过扩大这些利率的浮动范围以致最终取消这些浮动范围，实现利率市场化。二是放开同业拆借市场利率管制。放松同业拆借利率管制可以反映银行间资金需求的实际情况，这一市场的参与者是银行，从而其市场利率具有先导性。放松同业拆借市场利率的管制，不仅可以使隐含利率公开化，而且可以缩小多种利率之间的差异。此外，市场化的同业拆借利率可以为中央银行制定基准利率提供客观依据。

（3）利率市场化改革的顺序。在实际操作过程中，我国的利率市场化采用了逐步放开的渐进改革方式，而不能采取全面放开、一步到位的方式。具体地说，我国利率市场化改革大体遵循以下顺序：第一步，先放开同业拆借利率，即货币市场利率，这是利率市场化关键的一步，而且震动比较小。货币市场利率放开之后，很快就会形成一个短期市场基准利率。这既有利于我国统一货币市场的形成，也为货币政策的改革提供了基础。实际上，货币市场利率由金融机构之间的交易行为形成，最终反映市场上资金供求状况，硬性规定一个利率上限是违背市场原则的，也根本管不住。

第二步，在货币市场利率放开之后，可根据货币市场基准利率较频繁地调整银行对工商企业的贷款利率，使贷款利率略高于货币市场利率。这时，贷款利率还是受管制的，是由中央银行统一调整，但它已接近于市场均衡利率。对工商企业而言，资金的机会成本已接近市场化，使企业开始承受市场资金成本的压力，从而增加企业经营行为对利率的敏感性。这时，存款利率还是统一管制的。

第三步，在货币市场利率放开后，可立即着手国债发行利率的市场化，即用招标或拍卖方式发行国债。国债投资者可依据货币市场利率决定国债的发行利率。这样，国债二级市场价格与货币市场利率就衔接了，国债市场规模会进一步扩大，机构投资者会增多，交易会进一步活跃。

第四步，中国人民银行依据货币市场利率主动调整央行贷款利率，使央行贷款利率成为货币市场的主导信号。同时取消存款准备金和超额储备的存款利率，让商业银行更加积极地参与货币市场交易，充分利用货币市场调节头寸余缺，并有机会参与国债市场，以持有国债形式调节超额储备。在这一步，央行再贷款利率、货币市场利率、国债二级市场价格已形成一个银行间市场利率体系，为人民银行公开市场操作提供了很好的市场环境。

第五步，允许商业银行根据客户的不同信誉在一定幅度内浮动贷款利率，而且，此时官方只规定1年期贷款基准利率，其他期限贷款利率由商业银行按照1年期贷款基准利率自己套算。在走这一步时必须强调一点，即货币当局在决定1年期贷款利率水平时只能依据货币市场利率，而不能依据其他经济变量或几个政府主管部门协商决策。

第六步，在允许贷款利率可浮动之后，就可考虑存款利率的浮动幅度，或只规定存款利率上限。因为多种变相市场利率的金融工具已经在争夺存款了，不适当放开存款利率，商业银行受到的压力太大。为了防止恶性竞争，可以规定存款利率上限，但要经常调整。

第七步，利率市场化改革走到这一步，全面放开存、贷款利率已经是水到渠成。此时，以央行再贷款利率为主导的市场利率体系已基本建立起来了。

经过近30年来持续推进利率市场化改革，目前我国已基本形成了市场化的利率形成和传导机制，以及较为完整的市场化利率体系。

本章小结

1. 利息是货币资金借贷活动的产物。作为货币资金回流的附加值，利息的来源一直为人们所争论。各种理论都从不同的角度分析了利息的源泉，而利润的转化论则系统地阐述利息的真正来源。

2. 利率作为利息与本金的比率，其决定是一个较复杂的过程，现代经济学将利率归结为一种资金借贷的"价格"，即资金价格。它由资金的供给与资金的需求两方面决定。除了资金市场的供求关系外，社会平均利润率水平、借贷成本、借贷期限、国家的货币政策都对利率水平的决定产生影响。

3. 从一定的经济体制与交易方式看，利率本身具有多种多样的表现形式：有名义利率与实际利率之分、有市场利率与基准利率之分、有固定利率与浮动利率之分、有长期利率与短期利率、优惠利率与一般利率之分。

4. 利率在经济活动过程中，不仅是一种资金交易的价格，而且还是一个调节经济的杠杆。它对于资金市场的活动过程与交易方式有着重要的影响。从微观的角度看，利率杠杆对企业的投资、积累，社会的消费有着重要的调节作用；从宏观的角度看，利率杠杆对社会投资积累的规模、投资的预期、投资与产业结构的转化都有着重要的作用；利率杠杆同时对一国的国际收支平衡与市场的汇率产生直接的作用，利率杠杆作为一种经济机制，对社会资源的配置与经济结构的调整有着不可替代的作用，它是市场机制的一个重要部分。

5. 利率杠杆的作用是市场体系的一个重要方面。利率的调节作用需要基本的条件，这就是利率的市场化，它要求利率的形成机制由资金市场的供求关系来决定。利率走向市场化是一个过程，它要求逐步改变利率由官方行政机构决定的机制，而真正由市场体系来决定与调节利率，发挥其经济杠杆的作用。

复习思考题

1. 利息是如何产生的，其存在的客观必要性是什么？
2. 利息率的计算方法有哪些？
3. 决定一定时期利率水平的基本因素有哪些？
4. 利率的主要种类有哪些？
5. 利率在经济活动中的主要作用是什么？
6. 利率改革的主要内容是什么？如何看待利率的市场化？
7. 负利率的作用应当如何评价？
8. 什么是利率杠杆，利率杠杆作用的条件是什么？
9. 什么是基准利率，其与市场利率的关系是怎样的？
10. 试分析利率市场化的进程。

第四章 金融体系和金融制度构成

本章要点

　　一国的金融体系是指其金融机构及其制度构成。在一国经济中从事金融活动的经济组织，可称为金融机构，但因其经营活动的方式不同、功能不同，金融机构可分成若干种不同的类型，如管理性机构、直接融资性金融机构、间接融资性金融机构等。在我国，对于金融机构的定性，有着特殊的行政定义，金融管理当局对于金融机构的性质及其市场准入有着特殊规定。一国金融体系的形成和发展与其经济的发展有着密切的关系。现代各国的金融体系在经济迅速发展与国际化的影响下，正在经历一个迅速发展与调整的过程，并形成了一些共同的特点。我国的金融体系在改革开放以后，也在发生着快速的变革，形成了新的现代化的金融体系和金融制度结构。

第一节 | 现代金融体系的形成与发展

现代金融体系的形成与发展完善大体上是从近代工业革命和资本主义市场经济形成开始的,它已经过了三百多年的发展演变,形成了今天的多元竞争性和市场化、国际化的金融体系。我国的金融体系在改革开放以后,在经济市场化、法治化、国际化的推动下,也在形成一个现代化的金融体系。

货币的形成是以市场交易发展为基础的,而作为专门经营货币和从事信用等金融活动的企业,也是在商品市场交易有了充分的发展后产生的。在现代金融业形成之前,传统的金融业已经存在了几千年。从早期的高利贷到近代的货币借贷、票据汇兑等,金融业务涉及货币资金的借贷、保管、汇兑,经营机构也涉及多样化,市场的作用影响较为有限。作为传统的金融业务活动方式,它的最基本的特点是:小规模经营服务,以个人与家庭的经营为主;资金的社会性来源有限,以自有资金为主;以贸易服务和兑换保管为主,提供信用的能力有限。这些特点导致传统金融业高成本和高风险行业特点,对于融资和信用提供的功能极为有限。

现代金融体系的形成,并不是一个外部植入的过程,它是在商品生产与市场交易逐步发展的过程中形成的,是随着市场经济的发展而逐步形成的。

在金属货币出现以后,就出现了早期的金银兑换、保管和汇兑业务,形成了早期的货币兑换商和钱庄银号等机构。这是在近代工业和近代银行业产生以前的主要形式。

在我国,早在两汉和南北朝时期,就出现了典当业和高利贷业,进入唐代,不仅典当质押业有了广泛的发展,而且出现了大量的经营金银买卖、保管的商人,并出现了由官府经营的和民间商人经营的汇兑机构,这就是早期的钱庄票号,它们也从事高利放贷的业务。进入明清时代,中国的钱庄、票号及货币经营业有了更大的发展,还出现了跨国性的钱庄票号,但这些业务仍然是传统的货币经营业务,因而也无法形成接近现代意义上的金融机构与金融体系,没有融资和信用放贷能力。

在欧洲的古希腊与古罗马时期,也有大量的关于金银保管兑换与放贷的记载:在公元前500年的古希腊,当时已出现了寺庙经营金银、发放高利贷和收取利息的活动;在古罗马帝国,金银兑换与钱庄业务也十分繁荣。但一直至漫长的中世纪结束前,这种钱庄业务一直停留在传统的形式上。

近代资本主义生产方式与工业革命的兴起,是传统的货币经营业向现代金融业转变的主要推动力。早在16世纪中叶,地中海沿岸各国的工商业与对外贸易有了较大的发展。为了适应经济的发展与存款、贷款的要求,出现了最早的商人银行,这些商人银行既办理存款与贷款业务,也从事转账结算业务,但他们的贷款往往仍然具有高利贷的性质。

在资本主义工商业发展的推动下,真正现代意义上的商业银行在17世纪末至18世纪中叶逐步发展起来了,它是以融资和信用提供为基本服务功能的新金融体系。

现代商业银行体系的形成发展并取代传统的货币经营和高利贷行业,是通过两条途径实现的。一是旧式的高利贷机构在新的市场经济条件下,转变为资本主义性质的存放款银行。其主要特征是较大规模地吸收社会资金,同时以较低的利率发放贷款,放款对象也以工商业为主,形成了银行业与工商业结合融通资金的关系。二是按照资本主义经济组织方式组建股份制银行,使其一开始就具备现代商业银行的性质,并从事大规模的融资与贷款活动。股份制的商业银行因其资本来源社会化、多元化,资金实力雄厚、融资能力强、风险控制能力强、贷款利率低,所以逐步成为近代信用领域的主导形式,商业银行也就成为整个社会信用的中心。

在近代商业发展的过程中,金融体系也是随市场经济体系的发展完善而逐步发展与完善的。它们之间体现出的是一种相互影响、相互促进的关系。在商业银行发展的初期,其他旧式金融机构也同时并存,只不过其地位与作用日益下降。但在这一时期,经营货币信用业务的银行业与其他工商企业一样,只是一个普通的行业。这种情况在17—18世纪的欧洲各国都十分典型,如当时的英格兰银行也只是一个商人集资合股的商业银行。随着金融业的发展,尤其是存款式银行的广泛发展与信用规模的发展,使金融业的稳定、存款的安全、银行经营的安全性以及信用规模的控制变得越来越重要,金融业客观上需要有一个有效的协调管理机构与监控系统,由此而形成了早期的中央银行系统。其主要负责商业银行存款准备金的保管与调节、货币银行券的发行与管理、监督管理商业银行的经营活动、组织银行间清算等。中央银行体系的逐步形成,构成了金融体系中的两级银行体制:商业银行是面对公众的商业性机构,即从事存贷款、投资业务与中间结算服务的企业;而中央银行则仅是一个监督管理机构,其主要业务是接受商业银行的存款(包括存款准备金)和向商业银行提供贷款,构成"银行的银行"。

在金融业的发展过程中,随着经济发展与业务的扩大,金融机构体系也出现了多元化发展的趋势。在金融业务不断发展的条件下,单纯从事存贷款的商业银行也不断适应这种要求。

现代金融体系的形成经历了几百年的发展演变历程,起源于近代资本主义的工业革命和市场经济体系的银行业,是现代金融体系最早的经营实体和核心部分,其融资和信用扩展能力是新金融体系的标志,银行业的金融体系核心地位功能一直是无法替代的。但今天金融体系面临着新的发展与变革,随着金融市场的大发展与多元金融体系的扩展,使金融体系又一次面临着发展变革的局面。

一是直接融资与间接融资的发展变化引发了金融体系结构的变化。在过去相当长的时间里,银行业一直是融资体系的核心,间接金融是金融活动的主导,银行业表现出了几个方面的优势:其一是金融专业化经营上的优势,在专业知识、风险控制技能和市场分析方面拥有其他机构不具备的能力;其二是银行业因为存在筹集社会资金的能力而拥有规模经营低成本优势,也可以用较低的成本获得社会资金;其三是银行业拥有较强的风险控制和承受能力,在金融市场上获得优势。这是长期以来机构功能论学说所强调的银行主导的间接融资优势论的基础。但间接融资优势论的基础在市场竞争环境变化条件下,受到了挑战,尤其是市场开放和信息技术的发展改变了传统的优势条件。对市场竞争环境的分析可以看到,银行业的传统优势正在逐步丧失,以金融市场的直接融资为主体获得了企业以及社会大众的接受,市场快速发展,股票、债券、基金等直接融资手段的发展甚至有超越银行业信贷融资的趋势,成为金融体系的主导。在融资方式转变的过程中,关键的因素就是市场本身的发展变化导致信息传递方式改变,信息传输速度和效率大大提升,原来的成本优势被改变了,风险控制能力也出现了变化,企业和社会大众进行直接的金融交易可能获得的成本更低、收益更高,这导致了金融市场交易的快速发展。因此,在今天工业化和市场开放的条件下,直接融资的发展在快速上升,金融结构也在发生根本性的转变。依据经济发展的水平和市场开放的程度不同,直接融资的发展水平也有所不同,主要西方工业化国家的直接融资比重已经超过了整个社会融资的50%,其中美国的市场直接融资比重已经达到了70%以上。我国的市场直接融资比重也在逐年上升,大致已经达到了30%的水平。

二是金融创新的兴起引发了新的金融服务方式和领域的革命,使金融体系面临着一种新的大变革。金融创新的出现对于市场化融资的影响冲击日益加快,影响巨大:其一是在银行业内部。市场开放与竞争的加剧导致创新的加快,表现为银行业的业务多元化步伐加快;技术能力的上升使得银行业处理风险的能力加强,参与市场的能力大大加快;资产的多元化和证券化也形成了大发展的势头,银行业的市场化经营能力大幅上升,获利能力上升,竞争能力和稳定性也在增加。其二是市场的开放和竞争的加剧使得金融体系结构和服务方式在发生快速的变化,金融体系的多元化发展不可阻挡,金融机构的服务方式也在快速变化,建立在金融市场化竞争和互联网技术基础上的直接融资,对金融体系产生了直接的冲击和影响,市场化的经营和直接的金融服务,融资方式的直接化已经成为新的趋势。

金融体系日益呈现多元化发展趋势:各种专业银行,如投资银行、抵押放款银行、进出口银行等发展起来了;还有各种专业化的金融企业也有了广泛的发展,如信托投资公司、证券公司、保险公司、财务公司、信用社等,发挥着日益重要的作用。也有些国家实行商业银行的多元化综合经营,使商业银行的业务扩展到所有金融领域,如美国的大型商业银行,因此,现代各国都形成了一个规模庞大、分工精细的金融体系。

第二节 | 现代金融体系的结构特征

现代金融体系的形成,已经历了几百年的发展和演变过程,今天我们看到的金融体系,基本上是以西方工业化发达国家的结构为样本的,在市场开放和经济全球化发展浪潮的冲击下，金融体系的发展出现了新的变化，金融结构的特征也愈来愈明显。

在现代工业化国家的金融体系中，普遍都存在一个两级银行体制，即中央银行是金融体系的核心，而商业银行及其他金融机构则呈现多元化发展趋势。目前各国的金融体系大致上由三类不同的机构组成，即中央银行、商业银行和非银行金融机构。金融体系的分工与组成呈现不断变化的趋势。目前工业化发达国家的金融体系分工主要有两种形式：一种是以英、美为代表的分离制专业经营模式，实行银行业与信托业、证券业的分离，商业银行主要从事中短期信用业务，即吸收存款与发放中短期贷款，而其他业务则由专业化的金融机构承担；而另一种模式是以德国、瑞士等欧洲大陆国家为代表的综合制经营模式，其规定商业银行可以从事一切金融业务，甚至直接介入工商产业经营，当然，它也不排斥其他金融机构的发展与竞争。进入20世纪80年代以后，随着市场竞争的日益激烈与金融创新的需要，金融业的分业经营模式正在被打破，综合性经营与多元化发展的趋势日益明显。在我国的金融体系发展演变中，也正在经历着从以往单一制银行体系到多元化金融体系并行发展的结构性变革，金融机构的市场发展趋势在加快，金融机构的竞争也在激化；银行业的业务也在发生变革，从过去单一制的放款模式发展到多元化的经营模式，业务多元化和资产多元化的趋势方兴未艾。

从结构上看，金融体系一般包括金融机构体系、金融市场体系和金融监管体系。

1. 金融机构体系

金融机构体系是指金融机构的组成及其相互联系的统一整体。在市场经济条件下，各国金融体系大多数是以中央银行为核心来进行组织管理的，因而形成了以中央银行为核心、商业银行为主体、各类银行和非银行金融机构并存的金融机构体系。在中国，就形成了以中央银行（中国人民银行）为领导，国有商业银行为主体，城市商业银行、农村商业银行等吸收公众存款的金融机构以及政策性银行等银行业金融机构，金融资产管理公司、信托投资公司、财务公司、金融租赁公司以及经国务院银行业监督管理机构批准设立的其他金融机构，外资金融机构并存和分工协作的金融机构体系。

（1）商业银行。商业银行在金融机构体系中居主体地位，是最早出现的金融机构。它们以经营工商业存、放款为主要业务，并为顾客提供多种服务。其中通过办理转账结算完成了国民经济中的绝大部分货币周转，同时起着创造存款货币的作用。下一章将进行详尽的讨论。

（2）政策性专业银行。政策性专业银行是由政府投资设立的，根据政府的决策和意向专门从事政策性金融业务的银行。它们的活动不以营利为目的，并且根据分工的不同，服务于特定的领域。政策性专业银行有国家开发银行、中国进出口银行和农业发展银行。

（3）商业性专业银行。商业性专业银行与政策性专业银行相对应，从事专门经营范围和提供专门性金融服务，一般有其特定的客户，以盈利为目的。它们的存在是社会分工发展在金融领域中的表现，随着社会分工的不断发展，要求银行必须具有某一方面的专门知识和专门职能，从而推动着各式各样专业银行的出现。如投资银行、储蓄银行、抵押银行等。

（4）其他非银行机构。商业银行、中央银行及其他专业银行以外的金融机构，统称为非银行性金融机构。非银行性金融机构筹集资金发行的金融工具并不是对货币的要求权，而是其他的某种权利，如保险公司发行的保险单只代表索赔的权利。从本质上来看，非银行性金融机构仍是以信用方式聚集资金，并投放出去，以达到营利的目的，因而与商业银行及专业银行并无本质区别，如保险公司、投资公司、信用合作社等。

2. 金融市场体系

金融市场是指经营货币资金借款、外汇买卖、有价证券交易、债券和股票的发行、黄金等贵金属买卖场所的总称，直接金融市场与间接金融市场的结合共同构成金融市场整体。金融市场可以将众多投资者的买卖意愿聚集起来，使单个投资者交易的成功率大增，即在接受市场价格的前提下，证券的买方可以买到他想买的数量，卖方可以卖出他想卖的数量。

远在金融市场形成以前，信用工具便已产生。它是商业信用发展的产物。但是由于商业信用的局限性，这些信用工具只能存在于商品买卖双方，并不具有广泛的流动性。随着商品经济的进一步发展，在商业信用的基础上，又产生了银行信用和金融市场。银行信用和金融市场的产生和发展反过来又促进了商业信用的发展，使信用工具成为金融市场上的交易工具，激发了信用工具潜在的重要性。在现代金融市场上，信用工具虽然仍是主要的交易工具，但具有广泛流动性的还有反映股权或所有权关系的股票以及其他金融衍生商品，它们都是市场金融交易的工具，因而统称为金融工具。

金融市场的构成十分复杂，它是由许多不同的市场组成的一个庞大体系。但是，一般根据金融市场上交易工具的期限，把金融市场分为货币市场和资本市场两大类。货币市场是融通短期（一年以内）资金的市场，资本市场是融通长期（一年以上）资金的市场。货币市场和资本市场又可以进一步分为若干不同的子市场。货币市场包括金融同业拆借市场、回购协议市场、商业票据市场、银行承兑汇票市场、短期政府债券市场、大面额可转让存单市场等。资本市场包括中长期信贷市场和证券市场。中长期信贷市场是金融机构与工商企业之间的贷款市场；证券市场是通过证券的发行与交易进行融资的市场，包括债券市场、股票市场、基金市场、保险市场、融资租赁市场等。

在一个成熟的金融市场体系中，尽管包括货币市场、债券市场和股票市场在内的主要金融市场具有不同的金融功能，驱动它们演进的随机因素也有所差异，但是，由于市场参与主体的统一，由于各种可以在市场间套利的衍生金融工具的存在，从而使得各个市场间具有相当稳定、密切的长期均衡和短期因果关系。

3. 金融监管体系

金融监管体系是一个国家或地区具有金融监管职能的职能机构组成的有机整体。一般包括金融监管机构、金融监管法律、金融监管内容和方法等。其中金融监管机构是金融监管体系的主要方面。金融监管机构，除了中央银行（或其他金融监管当局）外，还包括各金融机构内部稽核审计部门、金融同业自律组织（如行业协会）以及社会中介组织（如会计师事务所）。其中，中央银行或其他金融监管当局通常在一个国家或地区的金融监管组织机构中居于核心位置。世界各国的金融监管体系呈现出多样化的特征，它的形成与本国法律的规定和历史文化传统有着密切的关系。从发展趋势看，各国金融监管机构的设置在朝着比较独立和超脱的方向变化。

金融监管是国家法律授权的部门（往往授予中央银行或者特定的金融监管当局），为了维护金融机构的安全和信誉，保护银行安全、稳健运行，维护公平竞争的市场环境，依法对银行实行监管和管理权限的行政行为。一个独立、高效的金融监管体系和一套完整且健全的金融监管制度，对于防范和化解金融风险，保证金融业稳健运行和实现货币政策目标有重要的现实意义。

金融监管体系是各国历史和国情的产物。确立金融监管模式的基本原则是，既要提高监管的效率，避免过分的职责交叉和相互掣肘，又要注意权力的相互制约，避免权力过度集中。在监管权力相对集中于一个监管主体的情况下，必须实行科学合理的内部权力划分和职责分工，以保证监管权力的正确行使。

金融监管体系按照不同的依据可以划分为不同的类型，其中按照监管机构的组织体系划分金融监管体制可以分为统一监管体制、分业监管体制、不完全集中监管体制。首先，统一监管体制指只设一个统一的金融监管机构，对金融机构、金融市场以及金融业务进行全面的监管。代表国家有英国、日本、韩国等。其次，分业监管体制指由多个金融监管机构共同承担监管责任，一般银行业由中央银行负责监管；证券业由证券监督管理委员会负责监管；保险业由保险监督管理委员会负责监管，各监管机构既分工负责，又协调配合，共同组成一个国家的金融监管组织体制。第三，不完全监管体制可以分为"牵头式"和"双峰式"两类监管体制。"牵头式"监管体制指在分业监管机构之上设置一个牵头监管机构，负责不同监管机构之间的协调工作。巴西是典型的"牵头式"监管体制。"双峰式"监管体制指依据金融监管目标设置两类监管机构。一类机构专门对金融机构和金融市场进行审慎监管，以控制金融业的系统风险。另一类机构专门对金融机构进行合规性管理和保护消费者利益的管理。

第三节 | 我国的金融机构及其发展变革

我国的金融机构在新中国成立以后经历了一个"大一统"银行时期，中国人民银行成为集货币发行管理、存贷款业务经营和金融管理于一身的综合性金融机构，金融机构和金融业务完全实行集中计划管理，服务于国家的计划经济体系，而其带来的主要问题是集中管理的垄断低效和缺乏创新变革。进入改革开放以来，我国的金融体制和金融机构经历了改革开放的冲击,出现了大变革和大发展的局面,并形成了一种全新的市场经济体制下的金融机构体系。

我国的金融机构体制结构的组成及其特点,既有开放和全球化的影响,也有中国特色的特殊性。我国目前的金融体系是以中央银行为核心,国有商业银行为主体,多种金融机构并存的格局。金融业的发展在经济市场化的作用影响下,正呈现多元化的发展趋势。

1. 旧中国的金融体系

中国在 19 世纪 40 年代的鸦片战争后,就有外国资本在沿海城市开设银行。当时主要以英资的银行为主。此后,又相继有美、法、德、日、俄等国在华设立银行,它们除了经营对外贸易的结算与进出口信贷外,也涉及一般的贷款及货币发行,外资银行基本上控制了中国的金融业。到 19 世纪末,中国开始出现官僚资本与民族资本相结合创办的银行。1896 年成立了第一家由官僚买办出资的股份制的中国通商银行。1904 年成立了官商合办的户部银行,后改名为大清银行;1912 年民国后又改名为中国银行,该行兼有存贷款、结算及发行银行券的职能,部分地执行中央银行的职能。1907 年,又成立了官商合股的交通银行。此后,随着民族工商业的发展,股份制的与私人独资创办的商业银行有了较快的发展,在 1911—1927 年间新创办的银行达 186 家之多。1927 年国民党定都南京后,金融业又有新的发展:一是设立了国民党政府的中央银行;二是原有金融体系得到了调整,原有中国银行与交通银行的业务有了调整,又成立了官僚资本控制的中国农民银行;三是商业银行有了进一步的发展,至抗战前夕,全国银行已发展到 164 家,分支机构 1 627 家。抗战期间,银行业遭受打击而陷于停滞,抗战胜利后,金融业又得到了复苏与发展,至 1946 年底,全国的独立性银行已发展到 754 家。

2. 新中国成立后的"大一统"金融体系

新中国成立以后,金融体系发生了根本性的变化。由于政治经济体系的变革,原有的金融体系也发生了彻底的变化。1949 年成立了中国人民银行,它合并了原解放区的各银行,同时没收了国民党政府的"四大银行"及它们的分支机构。与此同时,对民族资本的商业银行及私人钱庄实行了社会主义改造,通过对私人金融业的公私合营逐步予以公有化改造,至 1955 年大致被合并改造完毕。而在广大农村,则发展起了集体性质的信用合作社,从而形成了具有中国特色的社会主义新金融体系。这个金融体系是以当时苏联模式为蓝本的"大一统"的金融体系。

"大一统"的金融体系,从 20 世纪 50 年代中期开始形成,一直存续至 70 年代末的改革开放初期。根据列宁关于"银行是万能垄断者"的思想,社会主义国家的银行必须实行国有化,并使之与工商业紧密地结合在一起。当时的苏联,根据列宁的思想与高度集权的计划经济的需要,建立了高度集权的国家银行,国家银行独享全国业务,负有货币发行、存款贷款业务、结算业务、现金管理等职能,同时禁止商业信用的发生及其他金融机构的存在与活动。我国金融体系的大一统模式基本上是仿照当时的苏联模式建立起来的。

我国的"大一统"金融体系的主要特征有:(1)全国只有一家银行,即中国人民银行,它的分支机构按行政区划逐级分设于全国各地,禁止任何其他金融机构的存在与活动,禁止任何的商业信用活动,中国人民银行内部实行高度集权的行政控制;(2)中国人民银行既是货币发行银行,又是经营货币存款、贷款、结算的银行实体;(3)中国人民银行不仅从事金融业务,还是全国的金融行政管理机构,它是具有行政机构与金融企业双重职能的实体;(4)中国人民银行不仅从事金融业务,还负有对企业的开户、结算及现金出纳的监督管理职能。虽然在当时也还有一些金融机构存在,如中国银行、中国人民建设银行、中国人民保险公司及农村信用合作社,但其本质上只不过是人民银行的一个业务部门罢了。"大一统"的金融体系是一种"一级银行"制度,即中央银行与商业银行合二为一的体制,这种体制是适应高度集权的计划经济体制而形成的,在这种体制下,金融资源高度集中于国家手中,银行体系只是作为信贷资金的分配工具被纳入了国家的财政分配体系,金融业本身没有独立性,也没有营利意向,也不接受市场的导向,它完全受行政计划的控制,成为计划调控的一个工具。

但是"大一统"的金融体系在计划经济体制的运行中暴露出了许多弊病:一是"大一统"的一级银行体制完全按行政指令管理金融活动,忽视了市场本身的规律,无法根据资金市场的供求情况来调节货币与金融,使金融体系的宏观调控功能难以发挥;二是银行内部实行高度集权的行政管理,使银行系统本身缺乏经营活力,尤其是基层行处,无法发挥其经营的积极性与主动性,使银行内部失去了责任心;三是银行本身的业务更多的是为计划与政策服务的,缺乏成本与效率概念,经营活动完全脱离市场。

3. 金融体系的改革与调整

1978 年以后,我国经济体制进行了全面的改革,并实行了对外开放。与此相应,我国的金融体系也进入了一个改革与调整的时期。从金融体系的改革进程看,大致上可分为两个阶段。

第一阶段的改革大致从 20 世纪 70 年代末到 80 年代末,大约历时 10 年。这一阶段改革的基本核心是实现了中央银行与专业银行的分设,并开始批准建设一批国有的和地方性的金融机构。

对"大一统"银行体制改革的最初步骤是专业银行与中央银行的分设。1979 年 2 月,为适应农村经济改革与农业发展的需要,中国农业银行重新恢复,并把中国人民银行的全部农村金融业务移交给中国农业银行,中国农业银行作为国家专业银行,其机构与业务得到了迅速发展。1979 年 3 月,专营外汇业务的中国银行成立并独立经营,原有中国人民银行的国际业务也相应移交给了中国银行,中国银行的国内业务与海外业务也得到了迅速发展。同年,又从财政部中分设出了中国人民建设银行,专门从事基本建设投资贷款(为适应"拨改贷"而成立)。但中国人民银行仍然是一身兼二任,即:一方面要从事货币发行与全国金融的行政管理与调控;另一方面仍然担负着占据全国银行业务绝大比重的城市工商企业信贷业务。显然,中国人民银行的这种地位既不利于其发挥积极的调控作用,而且也使其与其他专业银行的业务分工关系产生矛盾。因此,中国人民银行的进一步改革势不可免。1984年1月，中国工商银行正式成立，它接收了原有中国人民银行办理的全部工商信贷业务与城镇储蓄业务，使工商银行成为最大的国有专业银行。同年，原有中国人民银行的国外保险业务处也从人民银行中分设出来，成立了中国人民保险公司，其为中国第一家专业性保险公司。

各专业银行的成立与业务的分设，使中国人民银行完全脱离了具体的银行业务，从而转化为专业性的中央银行，专门从事货币发行、金融行政管理与宏观调控，由此而初步实现了市场经济体制下的两级银行体系结构，即中央银行和商业银行的体制。当然，我国中央银行的成立，并没有完成两级银行体制结构的建设，因为新成立的专业银行完全是国有的专业银行，它们在资金上与人民银行并没有完全脱钩，在业务上仍然具有政策性业务与商业性业务的双重职能，中央银行的调控能力仍然有限，管理自然不得不依赖行政命令。在这一阶段的改革中，除了专业银行与中央银行分设以外，还出现了金融机构多元化的初步发展及业务活动的发展：一是20世纪80年代初开始成立各种类型的投资信托公司，扩展金融活动领域；二是20世纪80年代初农村信用合作社与城市信用合作社得到了恢复与发展，尤其是1984年以后，城市信用合作社的广泛发展，大大地扩展了非国有的金融体系。与此同时，沿海地区的合资银行与外资银行分支机构也开始发展。1986年，又成立了股份制的商业银行——交通银行，这标志着国家专业银行垄断全国金融业的模式被打破了，一个多形式、多层次发展的金融体系在改革开放后有了初步的发展。

第二阶段的改革大致从20世纪80年代末开始到90年代中后期。这一阶段的改革比前一阶段更为深入，影响也更大。伴随着社会主义市场经济体制改革的深入，企业的多元化发展日益明显，经济活动的市场化程度不断提高，原有金融体制与金融体系也进入了新的改革阶段。

这一阶段金融体系调整与改革主要涉及以下方面：

（1）中国人民银行作为中央银行，开始从事金融的宏观调控：它一方面在逐步摆脱过度行政化管理和依附于财政的地位，而开始独立地制定与执行货币政策；另一方面则作为中央银行对金融体系实施间接的调控管理，逐步摆脱对各专业银行及各种金融机构过多的行政性干预，逐步建立一种新的金融体系运行机制。

（2）专业银行开始向国有商业银行转化。专业银行与中央银行分设以后，成为专业从事存贷款与其他金融活动的业务机构。但专业银行的组织管理方式与经营原则往往与市场经济活动大相径庭，如资金的行政性分配、银行机构的行政性设置管理、经营上的非营利活动等。专业银行的改革目标，是要向商业银行转化过渡，其商业化改革的主要内容：一是要使专业银行成为独立自主经营、自负盈亏、自求平衡的国有商业银行；二是实行政策性业务与经营性业务的分离，国有商业银行放弃承担的政策性业务，专门从事商业性经营，成为独立经营的金融企业，国家专门成立了3家专业从事政策性业务的政策性银行，即国家开发银行、中国进出口银行和中国农业开发银行；三是业务活动实行市场化经营，银行经营以利润为目标，并开始与其他金融机构开展平等的竞争。

（3）多种商业银行的开放与发展。在专业银行与中国人民银行分设以后，"大一统"的银行模式被打破了，但国有专业银行仍然垄断了国家的主要金融活动，市场缺乏竞争与活力。随着改革的深入与经济活动的多元化发展，金融机构的多元化发展也十分迫切，这终于使商业银行的多元发展成为可能，进入20世纪90年代以后，国有商业银行、地方性商业银行、股份制商业银行，以及具有商业银行属性的城市商业银行、农村商业银行得到了广泛的发展，使金融体系的多元化与竞争得到了很大的发展。

（4）多种金融机构的发展。在商业银行全面发展的同时，新的改革开放进程也推进了多种金融机构的发展，包括各种非银行金融机构、非国有的民间金融机构的兴起，以及对外开放后大量外资金融机构的发展。这使得一个市场化的金融体系正在逐步形成。

4. 我国金融体系的基本构成

经过改革和发展后的金融体系，是一个以中央银行为核心，国有商业银行为主体，多种金融体系并存发展的格局。

（1）中国人民银行。中国人民银行是我国的中央银行，是国务院领导和管理全国金融事业的国家机关。作为中央银行，它具有货币发行、金融调控管理和政府银行的一般职能。

中国人民银行的基本职责有以下方面：①依法制定和执行货币政策；②发行人民币、管理人民币流通；③按照规定监督管理金融机构；④按照规定调控管理利率；⑤发布有关金融监督管理和业务的命令和规章；⑥持有、管理、经营国家外汇储备、黄金储备；⑦经理国库；⑧维护支付、清算系统的正常运行；⑨负责金融业的统计、调查、分析和预测；⑩作为国家的中央银行，从事有关的国际金融活动；同时，中国人民银行按照国家法律与行政法规的规定，管理全国的保险业及履行其他规定的职责。中国人民银行实行总分行制，中国人民银行的总行设在北京，其分支机构按我国的行政区域与经济区域设置：在上海、南京、武汉、广州、沈阳、西安等地设立了9家分行，2008年后又设立了上海总部；在部分省及省辖市设二级分行；在县与县级市设支行。其分支机构均为总行的派出机构，在所辖区域内履行中央银行职责。

（2）商业银行。商业银行是我国金融体系的主体部分，它主要由两个部分构成：一是由原国家专业银行转化而来的国有商业银行；二是在改革开放过程新近创立的一般商业银行。

① 中国工商银行。中国工商银行是我国规模最大的国有商业银行，专门经营城市工商企业的信贷与城镇储蓄业务。其业务范围涉及吸收存款、发放各种贷款、办理结算、代理发行债券、代理买卖外汇等国际商业银行从事的全部领域。

中国工商银行是四大国有商业银行中成立最晚的，但其资产规模目前已为全世界最大。其总部设在北京，分支机构设置与我国行政区划基本一致，省、自治区、直辖市设一级分行，省辖市与专区设二级分行，县及县级市设支行。截至2020年底其拥有境内外机构16 623家，其中境内机构16 197家，境外机构426家，总资产超过33万亿元。

随着金融体制的改革，中国工商银行的业务范围在进一步扩大。经中国人民银行批准，其已经开始办理国际结算与外汇业务，成为指定的外汇结算银行；工商银行也开始打破城乡界限，发展乡镇企业贷款及农村的储蓄业务；它也可以从事固定资产贷款；它也可以发展海外业务，并在海外设立分支机构。

② 中国银行。中国银行长期以来一直是中国人民银行的国外业务部。1979年3月，中国银行从中国人民银行中分设出来，成为指定经营外汇的专业银行，同时成立国家外汇管理局，与中国银行一套班子，两个牌子，直至1982年8月，国家外汇管理局并入中国人民银行，中国银行成为专业外汇外贸银行。

中国银行曾是专业外汇外贸银行，其主要业务涉及：贸易与非贸易国际结算；外贸信贷、外汇信贷、出口信贷及"三资企业"信贷；办理外汇存款、汇兑及外汇买卖业务；发行外币债券、人民币债券及其他有价证券；组织国际租赁与国际信托投资业务；在国外与港澳地区开设银行与从事投资，参与或组织国际银团贷款。

中国银行已经成为国有商业银行，虽然其业务重点是外汇经营与外贸结算，但其作为商业银行，业务范围已不受专业限制，它已可经营商业银行可经营的一切业务，主要是发展国内的人民币存贷款业务，提供综合性金融服务。目前中国银行已跻身于国际大银行的行列。中国银行总部设在北京，实行董事会领导下的行长负责制。其分支机构设置与我国的行政区划基本一致，即省、自治区、直辖市设一级分行，省辖市设二级分行，县及县级市设支行。同时中国银行还有大批的海外机构，其已在十几个国家与地区设立分支行，伦敦、纽约、东京、新加坡等地设有分行，在我国港澳地区的中国银行集团，称为"中银集团"，是香港地区最大的银行之一。除此之外，中国银行还与世界上130多个国家与地区的1 000多家银行，建立了业务代理的往来关系。

③ 中国农业银行。中国农业银行曾是专门经营农村金融业务的专业银行，于1979年2月与中国人民银行分设并在全国开展业务活动，现已改制成为国有的综合性的商业银行和上市公司。

中国农业银行的业务重点，是发展农村金融，主要业务包括：办理农村的储蓄存款；集中办理各项农村信贷；统一管理国家的各项支农资金；从事农村的转账结算与现金管理，领导与管理农村信用合作社。此外，它也办理农村的信托、租赁，从事国营农场、供销合作社及乡镇企业的贷款与资金管理。随着市场经济的发展与专业银行的商业化改革，农业银行也开始了向综合性商业银行的转化，因其原有业务重点在农村地区，而现在其也可在城市与城镇地区设置分支机构，发展各项业务，这称之为"农行进城"。除此之外，中国农业银行也开始从事外汇与外贸结算业务，成为国家指定的外汇结算银行，并开始向海外发展业务机构。

中国农业银行总行设在北京，其分支机构的设置与行政区划大致一致，在省、自治区、直辖市设一级分行，在省辖市设二级分行，在地区（行署）设中心支行，在县及县级市设支行，在乡镇一级设立办事处。过去农业银行县支行及乡镇办事处与农村信用社是联合办公，一个机构，一套班子，两本账。现在，农业银行与农村信用社已实行分门办公，农业银行成为专门经营农村金融业务的国有商业银行,而农村信用社则成为独立的集体合作性质的金融机构。

④ 中国建设银行。中国建设银行现在是四大国有商业银行之一。在改革开放过程中,建设银行的体制几经变化。在 1985 年前,中国建设银行一直是隶属于财政部的投资管理机构,从事国家预算内的基本建设拨款与贷款管理。1985 年以后,中国建设银行(当时称为中国人民建设银行)的信贷计划纳入中国人民银行的信贷管理体系,并按规定向中国人民银行缴存存款准备金,成为专业从事固定资产投资管理与贷款的专业银行。当时中国建设银行的业务范围主要包括:管理国家基本建设支出预算与拨款;按计划与预算对基本建设单位、建筑安装企业、地质勘探单位、基本建设物资供销企业办理拨款和贷款;管理财政下拨企业的技术改造资金和企业留用的各项技术改造基金;吸收和组织利用各项存款,发放基建贷款和技术改造贷款,经营中、长期投资信贷。1996 年以后,中国人民建设银行改制为综合性经营的国有商业银行,名称改为中国建设银行,其业务重点已不再局限于固定资产投资贷款,而开始转向商业银行的一般业务,即一般的存款与贷款业务,尤其是工商业短期放款,被称为"建行破墙",其资产负债结构也在发生根本性的改变。

中国建设银行总行设在北京,其分支机构设置与我国的行政区划大体一致,省、自治区、直辖市设一级分行,省辖市设二级分行,地区(行署)设中心支行,县及县级市设支行,重点项目的所在地设专业分支行。中国人民建设银行也可从事外汇与外贸业务,是国家指定的外汇专业银行之一,并开始在海外发展分支机构,拓展国际业务。中国建设银行也已经成为上市公司。

⑤ 其他商业银行。除了四大国有商业银行外,近年来随着改革开放的深入,我国的商业银行也逐渐得到了发展。这些商业银行与四大国有商业银行的不同之处在于,它们的组织形态类似于市场经济中的一般商业银行,其股权结构往往并非国家独有,而多数以股份形式组成,其业务领域没有专业限制,其是经营多种金融业务、提供全面金融服务的综合性银行,其业务范围有全国性和区域性两种。最早成立的商业银行是交通银行。交通银行最早成立于 1908 年,为国民党政府时期的四大银行之一。建国后,其业务被并入中国银行和中国人民建设银行,其机构也被撤销。1986 年,为适应改革开放需要,交通银行得以重建。

重建后的交通银行是一家以国有资本为主的股份制综合性银行和上市公司,总部在上海,其业务范围不受专业分工限制。交通银行的注册资本金 20 亿元人民币,国有资本占 50%,其余由地方政府、企业和个人认购,个人股份不超过总资本的 50%。在管理运作上,交通银行实行董事会领导下的行长负责制。在经营上,实行自求平衡、自我发展的资产负债比例管理,在分支机构设置上,改变了按行政区划设置银行机构的老办法,它是根据经济区域设置其分支机构,在经济较为发达的大中城市设立分支行,并跨行政区域建立联系,大大扩张其辐射面及经营上的灵活性与自主权。交通银行的发展与壮大为我国商业银行的发展提供了成功的经验。

继交通银行重建之后,1987年我国又相继成立了几家全国性与区域性的商业银行。1987年4月成立的中信实业银行,是由中国国际信托投资公司全资附属的综合性商业银行,其业务范围不受地区与行业的限制,2005年更名为中信银行。中信银行在组织管理上实行董事会领导下的行长负责制,在机构设置上也按国际准则进行,其总行设在北京,在经济发达的大中城市设立分支行,业务经营也实行自求平衡的资产负债比例管理。与此同时,在深圳经济特区还成立了招商银行,它是由招商局集团有限公司及所属7家企业集团合资创办的区域性股份制商业银行,也是我国目前第一家完全由企业法人持股的股份制银行。招商银行实行董事会领导下的总经理负责制,其总部设在深圳经济特区,分支机构的设置按经济区域原则进行,目前其已发展成为一家立足深圳,辐射内地大中城市,并在海外发展扩张的新型商业银行。与上述两行同时成立的还有深圳发展银行,它是一家股份制的区域性商业银行,也是我国规范化的股份制上市公司之一。其业务领域不受专业分工限制,其业务范围最早主要限于特区,现已开始向沿海大中城市扩展(2012年6月14日,深发展与平安银行合并为新的平安银行)。内部组织管理上实行董事会领导下的总经理负责制,经营上实行自求平衡的资产负债比例管理。随着经济体制改革的深入与市场的扩展,20世纪80年代末以后,我国的商业银行又得到了进一步的发展,以股份制形式组建的全国性、区域性商业银行有:广东发展银行、福建兴业银行、中国光大银行、华夏银行、浦东发展银行、海南发展银行,以及民生银行等。商业银行的大发展意味着国有商业银行过分垄断的局面被打破,金融业正朝着多元化与竞争性方向发展。

近年来商业银行进一步发展的结果是出现了一批城市商业银行和农村商业银行,还成立了一批村镇银行。城市商业银行是在2000年以后由各地的城市信用社改制而来,它也吸收了一部分社会法人和个人股份,形成了地方性的股份制商业银行,目前已经在一批大中城市设立了300多家,一些有条件的已经成为上市公司。农村商业银行也是在2000年以后由一批条件较好的农村信用合作社改制而来,同时也吸收了一部分社会法人和个人的股份,形成了以县以下农村为业务领域的股份制商业银行,目前已经设立了300多家,部分条件较好的也已经成为上市公司。近年来还批准设立了一批村镇银行,它是由有资格的中外银行机构发起设立,吸收一部分社会法人和个人股份,成为县区域范围内经营的村镇商业银行,经营领域重点是农村地区产业和中小企业,目前已有500多家村镇银行开始运营,它可对我国农村金融发展和中小企业扶持发挥积极的作用。

(3)政策性银行。在我国现行的金融体系中,政策性银行作为执行特殊职能的专业化银行也得到了发展。1994年以后,为了适应国有专业银行向商业银行的转化及政策性业务与商业性业务的分离,正式成立了3家国有化的政策性银行:国家开发银行、中国进出口银行和中国农业发展银行。

国家开发银行是直属于国务院领导的政策性金融机构,在安排重点建设项目上,国家在资金总量与资金结构上负有直接的调控职责。其主要任务是建立稳定的资金来源,筹集和引导社会资金用于国家重点建设项目。其资金来源主要靠财政划拨与发行金融债券。国家开发银行总部设在北京，在各省市设有分支机构。其政策性贷款业务主要委托其他银行办理。原中国人民建设银行从事的政策性贷款业务相应分离出去交予国家开发银行。2015年，国务院把国家开发银行明确定位为开发性金融机构。

中国进出口银行是直属国务院领导的政策性金融机构。其主要任务是根据国家的产业政策与外贸政策，为机电产品和成套设备等资本性货物进出口提供政策性金融支持。中国进出口银行总部设在北京，没有分支机构，其资本金由国家财政拨付，其资金来源主要依靠在境内外发行金融债券筹集。

中国农业发展银行也是一家直属国务院领导的政策性金融机构，其主要任务是对农业基本建设、重点工程项目及农副产品生产流通提供政策性金融支持的银行。中国农业发展银行总部设在北京，没有分支机构，其资本金由国家财政拨付，资金来源主要发行金融债券筹集。其业务主要委托农业银行分支机构办理。原中国农业银行承担的政策性业务也相应分离出去交予中国农业发展银行。

（4）非银行金融机构。非银行金融机构是指不通过吸收存款筹集资金的金融机构，主要包括信托投资机构、保险机构、证券机构及合作金融机构。目前我国的非银行金融机构也有了广泛的发展，构成了我国金融体系的重要方面。

① 信托投资机构。信托投资机构是指经营金融委托代理业务的非银行金融机构，其主要业务包括信托存款、信托贷款、委托贷款、委托投资、经济咨询等。目前我国的金融信托投资公司发展呈多元化趋势，有政府创办的信托投资公司，有部门兴办的信托投资公司，也有银行投资兴办的附属公司。其业务活动范围有全国性的，如中国投资银行、中国国际信托投资公司等；也有地方开办的信托投资公司及国际信托投资公司。1994年以后，银行投资兴办的信托投资公司根据银行业与信托业分业经营的原则，进行了清理与撤并，有些机构与银行脱钩，变成独立的机构。

② 保险机构。保险公司也是属于非银行的金融机构，主要经办各种保险业务，并通过保险业务筹集资金开展金融业务。

我国保险业发展于改革开放后的20世纪70年代末，现在已形成了国内三大保险公司与国外保险公司并存发展的格局。

中国人民保险公司是专门经营国内外各类保险和再保险业务的国家保险公司，也是最大的专业保险公司，其总部设于北京，分支机构按行政区划设于全国各地，业务范围涉及所有保险业领域。该公司现已分设成中国人寿保险公司与中国人民财产保险公司。

中国平安保险公司是由招商局、中国工商银行、中国远洋运输总公司和深圳市财政局合资兴办的股份制保险公司，其总部设于深圳，在全国主要大中城市设有分支机构，业务范围涉及所有商业及财产保险领域。

中国太平洋保险公司是由交通银行投资创办的商业保险公司，其总部设于上海，分支机构根据经济区划及业务发展需要而设置，主要在沿海开放地区的大中城市发展业务与机构，并已成为一个全国性的商业保险公司。

③ 合作金融机构。合作金融机构主要是指我国的信用合作组织，包括农村信用合作社与城市信用合作社。信用合作社在我国的组织形态是集体合作制的，其名称不属于银行业，但从其业务性质看，它与存款类商业银行机构是相同的。农村信用合作社创办于20世纪50年代，是独立经营、自负盈亏的合作金融组织。主要办理农村的存贷款与结算业务。其业务上接受农业银行的领导。它曾一度与农业银行合并经营，成为"准国营"的机构，1994年以后，农村信用合作社进行了改革，与农业银行分门营业，成为独立经营、自负盈亏、自求平衡的集体金融组织。

农村信用合作社一般按乡（镇）设社，为独立的营业机构，县设立信用联社，目前部分信用联社已改制为农村商业银行。

城市信用合作社是接受中国人民银行领导的城市集体金融组织。它是改革开放的产物。改革开放以后，全国各地中、小型集体企业与个体私营经济蓬勃发展，它们遇到了在国家银行开户、结算与贷款方面的困难。20世纪80年代中期以后，全国各大中城市先后发展起了城市信用合作社，它是集体所有的经济实体，接受人民银行的监管与领导，其主要业务是办理城市集体企业与个体工商户的存款、贷款、结算，办理城市个人储蓄存款，代办保险及代收代付业务。在城市信用合作社发展的基础上，大中城市的城市信用社已在2012年4月全部改制为城市商业银行，使合作金融机构得到了更大的发展。

④ 邮政储蓄机构。邮政储蓄机构是由邮政机构开办的以个人为主要对象的储蓄存款业务组织。邮政机构具有发展储蓄业务的有利条件，在发达国家，其办理储蓄已有数百年的历史。我国在国民政府时期也有邮政储金汇业局。改革开放以后，随着经济的发展，城乡居民的收入不断增长，邮政储蓄的发展日益重要，1986年我国正式成立了邮政储汇局，在全国开办邮政储蓄业务，邮政储蓄存款全部缴存人民银行统一使用，如当时人民银行承受能力有限，也可转让给资金短缺的其他金融机构。2007年3月后，邮政储蓄机构改制为中国邮政储蓄银行，成为独立经营的股份制商业银行。

⑤ 融资、租赁、财务公司。融资、租赁公司是专营或兼营融资、租赁业务的金融机构；财务公司是以融通企业集团内部各个成员企业单位之间资金为主的金融企业。这三类非银行金融机构，也是现代金融体系的有机组成部分。

在我国改革开放以后，我国的融资公司则由银行组织在人民银行领导下兴办；租赁公司大多由金融信托组织独资或与国外法人组织合资创办；财务公司是在企业集团发展的基础上由其内部结算中心发展转化而来，这三类公司在金融业改革开放的条件下都得到了迅速的发展。

⑥ 证券公司。证券公司是专门经营有价证券发行、转让及代理买卖业务的金融机构，属于非银行的金融组织。在国外，证券公司也有的被称为投资银行。

我国证券公司是在金融市场迅速发展、证券业不断扩张的条件下产生的。早期的证券业务，如国债的兑付，都由银行或财政机构代理。1990年以后，随着企业股份化改革的展开与证券市场的发展，我国开始出现专业化的证券公司，在此后的几年里，证券公司得到了迅猛的发展，形成了全国性的证券公司、地方性的证券公司两个层次。它既有金融信托机构出资兴办的，也有财政机构创办的，既有独资的公司，也有股份制的公司，在其业务方面，要接受国家证监会的监管。

（5）金融业开放与外资金融机构的发展。我国的改革开放，使经济与金融业的国际往来日益增多，为了扩大经济合作与推进经济的国际化，我国的金融业也开始走向对外开放。我国的金融业开始走出国门，与此同时，我国也开始吸引外资金融机构进入中国，允许外资在我国的经济特区与沿海开放城市设立分支机构与代表机构。

从1979年首家外资金融机构——日本输出入银行在北京设立代表处起，截至2020年底，共有来自54个国家和地区的银行在华设立了机构，全球六大洲均有银行在华设立营业性机构，外资银行营业性机构总数达到了946家，在华外资银行资产总额3.78万亿元。外资银行营业性机构主要分布在北京、上海、深圳、广州等沿海大、中城市。外资银行在中国设立分支行，须经金融行政管理当局批准，其主要业务范围规定为：从事本、外币放款与票据贴现；外汇汇兑与托收；出口贸易结算与押汇；外币票据兑换；本、外币投资业务与担保业务；股票、证券买卖；外币存款及三资企业的汇款、结算与押汇等业务。外资金融机构未经特许批准不得从事人民币的存贷款业务。目前在上海、深圳等沿海城市，部分外资银行经金融行政管理当局特准，已可从事人民币的存贷款业务。

外资金融机构经金融行政管理当局批准也可在我国北京和沿海城市设立非营业性的代表处，其主要从事工作洽谈、业务联络和咨询服务，而不可从事任何营利性的经营活动。代表机构的设立有利于我国引进外资与国外先进技术，也可为国外客户提供信息资料，有利于我国的对外开放与对外贸易。

本章小结

1. 金融体系是指一国金融机构的构成。现代金融体系的形成，是经济发展与市场交易扩张的产物，它是在传统金融机构基础上，经过长期的发展与完善而形成的，现代工商业及资本主义经济组织的发展，培育了信用的基础，促进了金融体系的发展。

2. 现代金融体系的构成，是以两级银行体制为根本特征的：中央银行构成一国金融体系的核心，它是一国的货币发行中心、信用管理中心、行政监管中心，并负责一国货币政策的制定；而另一级则是以商业银行为主体的营业性金融机构，它由商业银行、专业银行、非银行金融机构等组成，这种多元化的金融机构是一国金融体系的主体。

3. 我国金融体系的形成与发展，经历了长时期的变革：在19世纪末，已经出现了外资与中资的商业银行；20世纪初，银行业获得了进一步的发展；到20年代末，出现了较完善的中央银行与两级银行制度；新中国成立以后，金融体系适应计划经济要求，形成了"大一统"的银行体制，全国只有中国人民银行一家金融机构，集货币发行、金融管理、工商信贷职能于一身。

  4. 经济体制的改革与对外开放，使我国金融体系已进入了调整与改革阶段：第一阶段的改革完成了中央银行与专业银行的分设，发展了一批商业银行与非银行金融机构；而第二阶段的改革则推进了国家专业银行的商业化改革，并通过开放促进金融体系的多元化发展。

复习思考题

1. 现代市场经济国家金融体系的构成是怎样的？
2. 商业银行在现代金融体系中的地位是怎样的？
3. 我国传统体制下的"大一统"银行模式有何特征？
4. 试述"专业银行"的特征，我国的专业银行有何特征？
5. 专业银行商业化改革的基本目标是什么？
6. 我国金融体系调整与改革的主要内容有哪些？
7. 目前我国金融体系的基本构成与特点是怎样的？
8. 如何看待金融体系的多元化发展？
9. 为什么对外资金融机构的业务范围有所限制？
10. 金融业开放与竞争的必要性与意义何在？

第五章
金融市场与直接融资

本章要点

现代市场经济体系所形成的融资体系是由间接融资体系和直接融资体系两部分所构成：间接融资体系由银行等金融机构组成；而直接融资体系是由进入市场的资金交易体系所构成的。现代金融市场是一个直接融资的交易体系，它一般由货币市场、资本市场、外汇市场和黄金市场所组成。货币市场是一国金融机构之间短期资金的交易体系，包括了银行同业市场、短期票据市场、贴现和回购市场；资本市场是发行股票、债券等长期融资工具的金融市场，发行规模大，参与者包括了企业、政府、金融机构等，是现代直接融资体系的主要部分，它对于一国金融体系的功能的提升和国民经济的发展具有重要的作用。直接融资体系和金融市场的发展程度是一国经济现代化的基本标志和必经途径。

第一节 金融市场与金融工具

1. 金融市场的特征

金融市场(financial market)是指由货币资金的供需双方以金融工具为交易对象所形成的市场。金融市场有广义与狭义之分。广义的金融市场是由货币资金的借贷、有价证券的发行和交易以及外汇和黄金买卖活动所形成的市场;狭义的金融市场特指一国的货币市场和债券与股票交易组成的证券市场,包括证券的发行市场与交易市场,其中最重要的部分是证券交易所。

一国金融市场的形成和发展是经济现代化和市场化的标志,传统经济体制和产业构成条件下基本上是以银行为代表的间接融资体系起主导作用,企业和个人的融资活动需要依靠银行的中介才能进行,资金交易范围小,流动速度慢。现代经济和市场体系要求有更快速、更广泛的金融交易,金融市场体系的融资交易方式可以满足企业和个人更快速和更广泛的资金需求。因此,金融市场体系是直接融资发展的基本途径,它产生了新的直接融资方式和金融工具,形成了资金的新的流通渠道和风险处理方式。

现代金融市场是资金交易的载体,其主要的特征有以下三点:第一,金融市场的原动力为信用活动,没有信用活动存在,各种资金的融通就无法进行。银行与其他金融机构,以信用的授、受为其主要业务,以调节资金的供求。证券的发行与交易也同样在资金的供给者与需求者之间实行融通与转让。第二,金融市场的交易对象为资金,其所使用的交易工具为各种金融工具。资金供应者的资金,经常是可贷资本;资金需要者所借入的资金可能为生产资本,或为货币周转资金。第三,金融市场的融资,是由供、需双方通过市场直接进行资金交易的一种公开市场活动,属于直接融资交易活动,直接融资交易是不需要经过金融媒介而完全取决于供、需双方的自由交易,直接融资的风险和收益由交易者直接承担。

金融市场有两大构成要素:一是金融市场的主体,即金融市场的参加者,也就是资金的供应者和需求者;二是金融工具,即金融市场的交易对象,以金融资产或金融商品的形式出现,根据等价交换的原则进行自由买卖。资金的价格(利率),反映的是资金的供求关系和金融市场竞争的变化形势。

2. 金融市场的参与主体

在金融市场上,有资金的供给者和需求者。金融市场最主要的参加者有金融机构,它也是组织者,另外还有中央银行、政府部门、企业和个人。货币市场的参与者主要是金融机构;资本市场的参与者包括了企业(上市公司)、政府,还有金融机构。

(1)金融机构。金融市场与金融机构是紧密结合在一起的。作为金融市场最主要的参加者,金融机构是最重要的资金需求者和供给者。其中吸收存款的中介机构,如商业银行、储蓄银行,它们吸收存款、发放贷款或进行投资,它们是货币市场的主要参与者;办理投资的中介机构，如证券公司（投资银行）、信托公司、财务公司，它们出售股票债券，将所得资金用于金融资产投资，或向消费者、工商企业放款；保险公司、退休基金会等用契约方式向参加者提供保险、储存退休金等服务，借以集聚资金，然后投资于公债、股票、公司债券以及房地产等。商业银行主要在货币市场参与交易；而证券公司（投资银行）等金融机构主要从事证券的发行和交易买卖。

（2）中央银行。中央银行参与金融市场不是单纯的资金供求者，而主要是以管理者的身份出现。因为中央银行作为国家的银行和银行的银行，有贯彻执行国家货币政策和调节管理市场利率的义务，其参与的主要目的不是营利，比如代财政部发行公债和国库券、调节利率和实施公开市场业务、对商业银行办理再贴现业务、管理外汇和汇率等。

（3）政府部门。一方面，政府是主要的资金需求者，它通过发行公债在金融市场上筹集资金，用于弥补国家财政赤字或其他支出。当财政收支出现临时性不平衡时，它发行国库券在金融市场筹资。另一方面，政府及政府机构在收支过程中也经常发生资金临时闲置，在这种情况下，它又作为资金供给者，将闲置资金或存于银行，或在市场上收回、买入短期证券。

（4）企业。企业是金融市场最大的资金需求者，也是资金供给者。一方面，企业需要大量的银行贷款和外部资金，需要发行各种债券和股票来筹集长期资金；另一方面，企业经营过程中必然会有部分闲置资金，它可以存入银行或投资于金融资产，形成金融市场的资金供给。

（5）个人。从现代金融市场体系看，个人以及家庭往往是最大的资金供给者，同时它也是资金的需求者。个人通过购买政府、企业、金融机构发行的各种债券和股票进行投资，向金融市场注入资金；同时，他也可以在金融市场上出售证券获得资金。

可见，金融市场参与主体是多样化的。但这些主体参与金融市场的目的则各有不同。例如：中央银行是以管理者的身份参与；政府部门主要是筹资；企业、个人则有筹资、投资、保值、投机等目的。而金融中介机构除了参与融资外，主要有提供金融服务的功能，同时也有营利的功能。

3. 金融工具及其特性

金融市场的交易工具，是金融市场的客体，它是一种直接金融工具，同时也是金融市场上交易的商品。在金融市场上，资金的需求者与供给者之间进行资金的融通，必须有合法的凭证，以证明债权、债务关系或所有权关系（如股票），这种凭证就是金融工具，也称金融证券或金融票据。融资关系是一种信用关系，如果把股票融资也视为一种信用关系，那么金融工具也是信用工具。金融工具的经济功能在于将资金盈余单位的剩余资金转移给不敷单位使用，把社会的剩余资金吸引到生产流通中去，变成投资。

金融市场上的交易种类和金融工具很多，可以按照不同的标准进行分类。

（1）金融工具种类。金融工具可按不同的标准进行分类。例如：按期限可划分为短期金融工具（商业票据、国库券等）和长期金融工具（政府债券、公司债券、股票等）；按发行者性质可分为直接(金融)工具和间接(金融)工具等。这里以发行者性质分类来介绍金融工具种类。

① 直接(金融)工具。直接(金融)工具是指非金融机构如政府、工商企业及个人所发行或签署的金融工具,如公债、国库券、公司债券、股票、抵押契约、借款合同和其他多种形式的借据。事实上,非金融机构,主要是企业、政府和个人等是直接以最后借款人的身份向最后贷款人借钱的主体,融入资金直接用于生产投资和消费,这种融资也叫直接融资或直接金融。一般地说,直接融资所用的工具,就是直接金融工具,它们构成了金融市场上交易的主要的金融商品。

最常见的直接(金融)工具有以下几类:

a. 商业票据。它是商业信用的工具。在商业信用中,以信用方式出售商品的债权人,为了保证自己的债权,往往要掌握一种书面的债务凭证。这种表明债务人按规定期限无条件地支付一定款项的义务的书面债务凭证,就是商业票据。它又有商业期票和商业汇票之分。

商业期票是一种承诺式的信用凭证,即出票人(债务人)承诺支付一定的金额给授款人(债权人)的凭证,经"背书"可以转让、贴现。它是金融市场上的短期融资工具之一。

商业汇票则是一种命令式的信用凭证,由售货人(债权人)签发,命令付款人(债务人)向受款人支付一定款项的凭证,经"承兑""背书"后,可转让、贴现,它也是金融市场短期融资工具之一。经银行承兑过的商业汇票是银行承兑汇票,承兑银行是商业汇票的第一支付人,目前它是商业票据的主要流通形式。

b. 债券。债券是指发行人为了筹集资金,承诺按一定利率和一定日期支付利息,并在特定日期偿还本金的书面债务凭证。由政府发行的称为政府债券,中央政府或财政部发行的债券称为公债或国债,地方政府和市政府发行的债券称为地方债或市政债;由企业发行的称为公司债券或企业债券;由银行等金融机构发行的债券称为金融债券,属于公司债券的一种。

政府债券是政府为了筹集预算资金而发行的债券。它主要用于平衡预算收支、弥补财政赤字和用于非生产性或生产性开支。偿还期在1年以下的叫国库券或短期公债,它们已成为金融市场上交易量最大、利率最低、风险最小、流动性最强的证券。偿还期在1年以上的为中长期公债或公债券,占公债发行量的大部分。地方政府发行的债券包括了地方政府债券和市政债券。政府债券属于公债,一般由财政作为支付担保,因而具有较高的信用等级。

公司债券是公司(或企业)对外举债并承诺在一定期限还本付息的凭证。依据不同的分类标准,公司债券可分为不同的类型。第一,依公司债券的发行方式分为记名公司债券和无记名公司债券(这是按发行时有无记录债权人的姓名来分的)、可转换公司债券和不可转换公司债券(前者可转换成公司发行的股票,后者则不能)。第二,依公司债券有无担保可分为有担保公司债券和无担保公司债券。前者按抵押品不同又可分为不动产抵押公司债券、动产抵押公司债券和信托抵押公司债券(以其他债券或股票作为抵押品)。第三,依公司债券本金的偿还方式划分为：一次还本公司债券、分期还本公司债券和通知还本公司债券。第四，依公司债券持有者享受的利益分为所得公司债券和利益参与公司债券。前者对债券持有人享受的利益予以确定，期满前，公司应付一定利率的利息，期满后，公司应以一定金额偿还；后者对债券持有人享受的利益不予确定，公司除了支付利息外，还允许债权人参与公司的盈利分配，也有一部分上市公司发行一种到期可转换为公司股票的债券，即可转换债券。第五，依公司债券利率是否确定分为固定利率债券和浮动利率债券。

c. 股票。它是股份公司发行的一种所有权证书，是发给股东证明其出资所购入股份的一种法律证书，是有权取得股息和红利并可以转让的一种有价证券。按不同的分类标准，股票也可分成不同的类型。第一，按发行形式分为记名股票与无记名股票，记名股票上有股东的姓名。我国公司发行的股票到目前为止均是记名股票。第二，按票面上是否标明金额数，分为面值股票和无面值股票，我国公司发行的股票均为面值一元的股票。第三，按股东权利不同把股票分为普通股票和优先股票。普通股票享有红利分配、企业管理参与权、认股优先权；优先股票的优先权在于通常有一个固定的股息率，在公司解散时，剩余财产的分配优先于普通股，但是持有优先股的股东一般在股东大会上没有表决权，不能参与企业经营管理，我国公司也在近年来开始发行优先股票。

股票和债券均为有价证券并在证券市场上流通转让，从债务人的角度看都是获得所需资金的一种筹资工具，从债权人角度看，都是获得一定报酬的投资工具。它们的不同之处在于：第一，发行目的不同。发行股票是股份公司筹集长期资本金的需要；发行债券是既定时期内获得追加资金的需要。第二，持有者身份不同。股票持有者是股份公司的股东；债券仅仅是一种借款凭证，它只表示一种债权关系，不涉及所有权问题。第三，持有者与企业的关系不同。股票持有者与企业是股东和投资关系，有权参与企业管理，并承担投资风险（指普通股）；债券持有者与企业是借贷关系，无权参与管理，一般也不承担风险，是企业的外部利益相关者。第四，收回本金的办法不同。股票一般不能退股，只能转让；债券到期可以向发行者收回本金。第五，取得收益的稳定性不同。股票持有人的收益随公司的效益浮动，上不封顶，下不保底；债券持有人则可获得相对固定的投资报酬（固定的利率），并在时间上先于股票，当企业破产时，债券的偿还支付在顺序上先于股票。

除了商业票据、债券和股票三类直接融资工具外，商业汇票等凭证也是工商业发出而由银行和其他金融机构所持有的直接融资工具。

② 间接（金融）工具。间接工具是指金融机构所发行的证券、票据及债务凭证，如钞票、存款单、可转让存款证、人寿保险单、基金股份和其他各种形式的借据。在这里，金融机构在最后贷款人与最后借款人之间充当了媒介，这种融资也称为间接融资或间接金融，间接融资所用的工具就是间接金融工具。主要的间接金融工具有以下几种：

a. 钞票。钞票也称通货，是非典型的银行券，它一般由一国中央银行发行，是中央银行的债务凭证；也有一些由财政部发行的钞票或授权金融机构发行的钞票。

b. 存款。它是商业银行等金融机构发行的债务凭证。存款的种类很多，最重要的分类是按货币性强弱分为活期存款和定期存款。活期存款可以被社会成员当作货币使用，与流通中的现金（钞票）共同构成流通中的货币供应量（M_1）。支票是活期存款的支付凭证，是活期存款的代表，可以取现的为现金支票，只能转账的为转账支票。

c. 可转让大面额特种存单（CD）。它是一种可以作为流通工具和支付手段使用的大额定期存款凭证。

d. 银行本票。它是由银行签发的以银行本身为付款人的票据。银行本票按票面是否载明受款人姓名，分为记名本票和不记名本票；按票面有无到期日期，又可分为定期本票和即期本票。在有效期内（一般为短期，如1个月），持票人可凭银行本票办理转账结算，也可到银行支取现金。

e. 金融债券。它是由金融机构发行的一种中长期债券，用以筹集银行资本金和长期稳定的经营性资金。

f. 银行汇票。它是银行办理汇款业务的工具，如用于异地购货的结清等，汇款解付前银行可无息占用，因而也是融资的一种工具。

g. 人寿保险单。它是人寿保险公司发行的人寿保险凭证。

h. 基金股份。它是投资公司、基金公司、储蓄和放款协会等金融机构发行的一种出资凭证或"股份"。

（2）金融工具的特性。金融工具种类繁多，因为各种金融工具都有其自身的特点，能满足多种债权人和债务人的不同需要。不管是直接工具还是间接工具，一般都有以下四个特性：

① 偿还期。偿还期指债务人必须在全部偿还债务之前所经历的时间。以金融工具（证券）发行日开始计算的偿还期为绝对偿还期，这是发行时就规定的；以发行后某个时点（如在二级市场购买的日期）开始计算的偿还期为相对偿还期。对债务人来说，他所关心的是金融工具的绝对偿还期，这个期限决定了借来的资金可供他使用多长的时间；而对债权人来说，他所关心的是接受这种工具时还剩下多少偿还期，即相对偿还期。股票是唯一一种没有偿还期的永久性凭证。

② 流动性。流动性是说明金融工具转变为现金而不至于亏损的能力。钞票和活期存款有完全的流动性，其他工具或短期不易变卖，或变卖时易受价格波动的损失，或在变现过程中耗费相当的交易成本，其流动性也相应减弱。一般地说：流动性与偿还期成反比，即偿还期愈长，流动性愈小；流动性与发行人（债务人）信誉成正比，发行人信誉愈高，流动性就愈高。

③ 安全性。安全性是指收回本金的保障程度，或避免其市场价格下跌的风险性。一种是违约的风险，即债务人不履行合同，不能按规定还本付息。另一种是市场风险，即因市场利率上升所导致的证券市场价格下跌的风险。另外期限长的证券受市场利率波动的机会就多。所以一般来说，安全性与偿还期成反比。

④ 收益性。收益性通过收益率来表示，它是指金融工具给持有者带来的净收益与预

付的本金之比率（关于收益率的具体情况，将在第三节中阐述）。

4. 金融市场的分类

金融市场是一组经营资金借贷和买卖各种金融商品（工具）的市场总称，按照不同的标准，金融市场可以进行各种不同的分类。按照对资金需求期限的长短，可以把金融市场分为货币市场（期限在 1 年以下的短期金融市场）和资本市场（期限在 1 年以上的长期金融市场）；按照交易对象的不同分为股票市场、债券市场、货币市场、外汇市场和黄金市场；按交易的层次，又可分为一级市场和二级市场；按交易的范围，又可分为国内金融市场和国际金融市场；按交易的方式，又可划分为现货市场、期货市场及期权市场；按交易的场所，还可分为有形市场和无形市场。

金融市场的划分方法由于是从不同的角度去概括金融活动的某一方面特性，因而每个市场往往又同时兼备其他几种市场的属性，各种市场彼此之间表现出交叉存在。例如：债券市场，就既存在债券的一级市场，又存在债券的二级市场，既可细分为债券的现货市场，又可细分为债券的期货市场；资本市场一般分为一级市场（发行市场）和二级市场（流通交易市场）。

第二节 | 货币市场

货币市场（money market），是指票据、证券持续期限在 1 年以下的短期金融市场。货币市场的活动主要是为了保持资金的流动性，以便随时可以变换成现实的货币。它一方面可以满足借款者的短期资金需要；另一方面也为贷款者的临时或短期的多余资金寻找出路。货币市场交易的凭证大多是政府和银行以及部分工商企业发行的短期证券或票据，以流动性高和风险性小为特征。由于用于交易的金融工具随时可以在市场上出售变现，从这个意义上来说，它们近似于货币，故将融通短期资金的市场称为货币市场。

货币市场按交易的内容和方式可分为银行同业拆借市场、短期证券市场和贴现市场。

1. 银行同业拆借市场

银行同业拆借市场（interbank market）是银行及其他金融机构之间进行临时性资金拆借的市场，也称银行间市场。国外最著名的银行间市场是英国的伦敦银行同业拆借市场、美国的联邦基金市场，其开办的时间早，参与机构多，每日的拆借交易量大，交易的基准利率影响大，其中伦敦的同业市场还是国际的同业拆借市场，美国的联邦基金市场的日交易量达几千亿美元，对货币资金市场影响巨大，其联邦基金市场基准利率对于货币信贷市场的利率形成有着决定性的影响。

在银行同业市场中相互拆借的资金，主要是各银行和其他金融机构经营过程中暂时闲置的资金和支付的准备金。拆借的目的是弥补头寸暂时不足和灵活调度资金。银行同业拆借期限多为日拆,以 1—2 天为限,多则 1—2 周。也有不事先约定拆借期限的,借款银行可以随时还款,放款银行也可以随时通知借款银行还款,期限最多为 1 个月。参与同业市场的交易商主要是商业银行和少数有资格的基金机构,我国目前的同业市场参与者仅限于国内的商业银行及其分支机构,其他的非银行金融机构不允许参与。

同业市场的拆借利率分成基准利率和拆借利率两部分。在主要西方国家的金融市场上,利率已经市场化,金融管理当局对于货币同业市场的基准利率保持着调节决定权,会根据市场供求关系态势定期发布基准利率水平,进行调控,但不直接决定和操控每日的资金交易价格。

而资金交易价格是由融资双方根据资金供求关系及其他因素自由议定的。日拆利息每天都不同,甚至每时都不同,拆息率的高低,灵敏地反映着市场资金的供求松紧状况。我国的利率市场化进程也主要体现在货币市场上,除了基准利率外,上海银行间同业拆借市场的拆借利率(SHIBOR)是由市场交易双方所决定的。

资金拆借的方式,一般是由拆入资金的银行开给拆出资金的银行一张本票,拆出资金的银行则开给拆入资金的银行一张它在中央银行存款的支票。这样就可以把拆出资金的银行在中央银行的超额准备金转给拆入资金的银行使用。归还时,从拆入者账户划出,转入拆出者账户。

美国的银行同业拆借市场被称为"联邦基金市场"。根据美国银行法,参加联邦储备系统的会员银行除需保持一定的法定准备金外,还需在联邦储备银行保持一定存款准备金,供票据交换每日轧账之用,这种存款准备称为"超额准备金",又叫"联邦基金"。会员银行可以自由运用超额准备金,当某会员银行的存款准备金不足时,可以向有超额准备金的会员银行拆借,从而形成了联邦基金市场。对于商业银行来说,联邦基金市场已成为它们调剂存款准备金余缺的市场,有些银行还把联储资金视为一个较长期的资金来源。一些经常缺乏资金的银行,同一些经常资金有余的银行建立了定期和连续合同两种较长期的交易,但绝大多数交易还是属于短期日拆性质。由于银行同业间相互拆借资金具有灵活、及时的特点,一个商业银行存款准备金不足时,可以立即从有超额准备金的银行拆入款项,这不仅可及时解决资金不足的困难,而且商业银行不必经常保留大量超额准备金,从而可以提高资金的使用效益并保持银行的足够的流动性。

货币市场的拆借资金对于商业银行保持资金的平衡和保持其流动性具有重要的作用,这种短期资金起到了维护银行"头寸"充足的功能,有利于银行发挥资金的配置效益。但拆借资金一般不可用于信贷放款和中长期的投资,短款长用极易引发银行系统的流动性危机和支付清偿危机。

2. 短期证券市场

(1) 短期证券市场。短期证券市场(short-term securities market)是期限在 1 年以内的短期证券发行、融资性票据市场。第一,出票人签发票据的目的是要解决生产经营中短期周转资金的需要,是出于融通资金的考虑。第二,商业票据是一种市场票据,它是在市场上公开发行、流通的,一般无特定的销售对象。在货币市场上流通的商业票据大多是以持票人为收款人,期票到期时,发行人不得以任何理由要求延期或转期。第三,商业票据是一种短期票据,在市场上流通的商业票据平均期限为 1 个月,最长一般不超过 10 个月。其票面为固定金额,如美国最低为 25 000 美元,一般为 10 万美元,再大的金额大都是整数倍。

商业票据经市场投资者购买后,资金流入公司供其周转使用;待票据到期日,发行人即支付票款,偿还投资人。这样,商业票据与商品劳务交易相分离,从而演变成为一种在货币市场上融资的金融工具,一种近似的债券,发行人与投资者之间是一种单纯的债权、债务关系。凡是买入商业票据的投资者,即为持票人,他既可将商业票据持至到期日,凭票取款,也可在到期日以前到市场出售,买卖方便、自由灵活。

(2) 银行承兑汇票市场。在这个市场上流通的银行承兑汇票,银行是第一支付人,由于银行的承诺兑付,使其风险小、流动性强,因而深受投资者的欢迎。

银行承兑汇票是货币市场上的一种重要的资金交易工具。经银行承兑后的汇票可以在银行承兑汇票市场上以贴现方式获得现款,如果贴现机构自身急需资金,则也可凭贴现的未到期汇票向其他金融机构转贴现,或向中央银行申请再贴现。贴现、转贴现与再贴现,形式上是汇票的转让与再转让,其实质是短期金融市场的金融交易行为。

银行承兑汇票市场的参与者有三类:一是汇票的承兑金融机构。例如,英国有专门的承兑所,而美国、日本的商业汇票通常是由银行承兑的。银行通过承兑汇票,既为持票人融通了资金,又能收取一定的承兑手续费。另外,由于承兑是贴现不可缺少的一环,从而为汇票的转让流通提供了条件。二是贴现机构。一类是普通银行参与贴现;另一类是专营机构,如美国的 12 家票据贴现所、日本的短资公司,它们根据市场资金的供求状况,以议定的贴现率购进汇票,随时再以稍高于购进的价格卖出汇票,从中赚取一定差价,并创造了一个银行承兑汇票的连续市场。三是银行承兑汇票的投资者。例如,银行、保险公司、信托公司、基金公司等,它们根据自身的资金状况和货币市场其他工具的利率状况,通过经纪人市场,踊跃投资于银行承兑汇票,可获得较为稳定的投资理财收益。

我国近年来的银行承兑汇票市场发展快速,企业为了获得短期的融资,扩大交易,银行也在市场上增加承兑规模,使得银行承兑汇票的资金规模达到了数万亿人民币的交易量,接近或超出了当年信贷计划的规模量,成为短期货币资金投放的重要途径,出于控制货币流通量的目标,货币当局对于银行承兑汇票的出票规模实施计划控制,以防货币投放规模的失控。

(3) 大额可转让定期存单市场。大额可转让定期存单(negotiable certificate of deposit,CD)市场,是商业银行和金融公司吸收大额定期存款的提供的一种特种金融票据。其特点是面额大,期限固定,面向企业和社会公众,存单可以经背书进入市场自由流通转让。一般公众可以作为理财投资,购买大额可转让定期存单,既可以获得高于定期存款的利息,又可以像活期存款一样具有较高的流动性,随时都可以将其转让变现,获得现款。大额可转让定期存单具有吸收公众资金的较大优势，引发了银行间的激烈竞争，影响到了银行的存款市场稳定和利率的稳定，货币当局对于大额可转让定期存单市场也实施计划规模的控制。

大额可转让定期存单的期限按到期范围是 1—18 个月，最普遍的为 6 个月。票面金额各国规定不一致，但一般都有对最低发行单位的限制，如美国的最低发行单位为 10 万美元。

从投资者的观点看，由于大额可转让定期存单的上市性强、流动性大，在到相同期前可以变现，因而补偿了它比定期存款利率低的缺点，但比无息的支票存款和活期存款强；从签发大额可转让定期存单的银行观点看，大额可转让定期存单为其提供了比定期存款流动性更好的资金，即在到期前不能提取，而且利率较低，一般低于同期的债券利率。因此，大额可转让定期存单市场已经成为货币市场中发展最快的市场之一。

（4）政府短期债券市场。政府短期债券是一国政府为解决短期资金需要而发行的有价证券，也可称为国库券。期限在 1 年以内，以 3—9 个月的居多，利率较低，只略高于同期的定期存款。

政府短期债券市场由一级市场和二级市场组成。一级市场是由中央银行和各种金融机构以及证券经销商组成的，即由中央银行按照当时货币市场情况的利率向各种银行及银行金融机构进行拍卖，他们之间是发行者和承销商的关系。二级市场是由各种金融机构和证券经销商与广大投资者所组成。这个二级市场一方面为商业银行的资金运用提供场所，保证其容易转换成现金；另一方面为许多公司企业、个人提供较高收益又低风险的投资资产，使其闲置资金能获得理想的投资配置。

政府短期债券投资风险小、期限短，既可以贴现，也可以在市场上出卖变现，因而流动性极强，有"仅次于现款的凭证"之称。另外，政府短期债券又是一种可以产生利润的资产，发行时打折扣买入，到期十足还本，两者的差额就是持有人的收益，有"有利息的钞票"之称。由于国库券本身的这些优点，使它成为各国货币市场上最重要的信用工具和投资理财的对象。我国近几年来投资理财市场的发展，其中重要的投资工具就是政府短期国债，这种以国家财政融资周转为对象的融资市场有较高的信誉，受到了投资理财资金的追捧。

（5）回购协议市场。回购协议市场是一种当场买卖与远期交易相结合的短期证券交易市场。回购协议是美国近十几年发展起来的一种新的货币市场上的信用工具，它是在货币市场上出售证券以取得资金的同时，出售证券的一方同意在约定的时间按原价或约定价格重新购回该项证券的交易。因此，回购协议本质上是一种以证券为担保品的短期资金融通活动。其中国债回购是最主要的交易对象。

参与回购协议市场的资金需求者主要是商业银行与证券经纪人。商业银行在其资产中经常拥有大量政府债券，可以通过回购协议出售债券，筹集资金。证券经纪人通过回购协议取得资金投资于其他收益高的证券，进行套利活动，同时又无需出售原来持有的证券。资金的供给者则包括一些大的公司企业和地方政府。公司企业以及地方政府拥有闲置资金，将其投入到风险小、流动性高的回购协议交易，持有期限可以随需要来安排，到期可以收回，而且带来一定的收益，即获得利息，是一项具有安全灵活性和收益稳定的投资理财计划。

3. 贴现市场

贴现市场（discount market）是银行以买进未到期票据的方式，对持票人融通短期资金的市场。贴现是商业银行在票据未到期时把票据买进，以票面金额中扣除自贴现日起到票据期满日止的利息，将所余金额付给贴现人。假设票据的面额为 5 000 元，3 个月后到期，贴现率为 6%，则银行要从票据面额中扣除 75 元（5 000×6%×3÷12），而只付给持票人 4 925 元。假如该银行也等不及到期取款，它可向中央银行申请再贴现，据此向中央银行借款。

贴现率是商业银行的主要贷款利率之一，它一般低于同期信用放款利率。再贴现率则是中央银行稳定金融的三大法宝之一。中央银行通过调高或降低再贴现率，就可以收放银根，调节对商业银行的贴现贷款量，进而控制商业银行的信贷规模，调节市场货币供应量。此外，贴现市场还是银行间票据买卖市场的基础，商业银行卖出票据，都要以买进的商业票据为基础。贴现率与货币市场的拆借利率也存在着相互的影响。

商业银行的贴现贷款涉及的主要有商业汇票和支票，期限一般在一年以内，票据的支付保证是贴现贷款安全性的保障，出票人的资格以及支付保证是票据贴现必须考核的前提，我国的银行业到目前为止基本上只限于对银行承兑汇票进行贴现，其他无支付保证的商业票据银行一般不给予贴现。目前银行票据贴现的规模也受到银行承兑汇票签发量的限制，而银行承兑汇票的签发一般等同于向公司企业提供发放信用贷款，因而其在数量上要受到金融当局较为严格的控制，近年来一直实行计划指标下发控制制度，以维持信贷总量发放的控制。

第三节 | 资本市场

资本市场是一国中长期资金借贷和票据证券流通交易的市场。资本市场包括了银行的中长期不动产抵押放款市场和证券市场，证券市场是一国资本市场的主体，它一般包括债券市场和股票市场两大部分，还有一些相关的金融衍生工具市场。资本市场的主要职能是为企业及政府筹集所需要的中长期资金，以及为私人的中长期投资提供场所及便利的机会，同时也为企业和个人提供了投资及配置资产的场所。

资本市场的发展已经经历了三百多年的历史，早在 17 世纪末期，当时的工业革命发源地英国已经出现了市场自发的集资入股经营企业的活动，一些企业因为涉及海外贸易或大规模的经营需要有较大规模的资金投入,而个人和家族的资金来源有限无法满足企业投资扩张的要求,在这种市场条件下,就出现了早期的自发的股份集资和入股的制度,股份公司制度和股票发行就此出现。与此相应,股票的发行和流通转让交易市场也开始形成,证券市场经历了早期的自发性交易,最后逐步演变成有管理的现代证券市场体系。

现代各国的证券市场发展,是各国经济现代化和市场化的重要组成部分,是投资和资源市场化配置的核心。在市场经济体系所构成的金融体系中,银行业及其信用贷款活动构成了间接融资体系,社会资金的所有人和资金的需要者之间需要银行的中介才能达成交易、实现资金的流通,个人和家庭以及企业所拥有的资金难以直接借贷投入经营者的企业,因为信息的障碍和风险的控制能力受限,银行等金融机构作为经营中介在资金交易中可以发挥积极的、不可替代的作用,从而形成了一个间接融资体系。以银行信贷为标志的间接融资体系一直是金融活动的主导,直接融资仅是补充角色,进入20世纪90年代以后,这种结构才出现改变。这就是资本市场的大发展。

资本市场是开展直接融资的金融体系,它一般以证券市场为核心,主要包括了债券市场和股票市场。证券市场的融资交易是一种无须中介的直接融资交易,资金的所有者和资金的需要者在市场上进行直接的证券交易买卖,中介机构和证券机构只是发挥一种服务的功能,不承担任何的资金交易风险和收益保障。资金的所有者作为投资人进入市场,对于资金的投资以及收益风险要承担责任;对于资金的需要者来说,它要对资金的成本以及支付承担全部责任。因此,在证券市场的交易中,要求企业、投资者和证券中介机构具备一定的条件,市场制度建设达到一定的水平,才能形成较为有效的资本市场。

发行股票的企业构成上市公司,需要具备一定资格和条件才能发行股票并上市交易:公司必须完成股份制改造和资产的合理组成;公司资产必须达到一定的规模并具有连续三年以上盈利的记录;公司的股东数量必须达到一定的数量且持股数达到一定比例;公司经营记录良好无任何法律纠纷;公司的经营业务符合国家现有的产业政策。可见,要成为上市公司进入市场融资,是需要一定的条件的,还有竞争性。现代各市场经济国家的上市公司数量一般只占全部公司的百分之一,主要是大型的和国家经济中最重要的企业。大量的中小企业还必须要在传统金融体系中获得资金。

投资人进入市场也需要具备一定的条件。资金的所有者进入资本市场进行投资,购买金融证券和金融商品,这种投资是一种风险性的资产配置,投资人要承担完全的风险,并可以获得投资的收益,它不同于银行的存款理财,其风险有控制,资金安全能得到一定程度的保障,部分资金的安全可以得到完全保障。证券投资人的投资行为是基于资本市场活动的独立投资行为,必须独立承担投资风险。因此投资者必须是具备独立资格且拥有民事行为能力的主体,它有能力独立做出决策承担后果。现代市场经济体系中已经有越来越多的投资者具有这种能力和资金。一国经济和教育的发展程度越高,收入水平越高,投资者的群体也就越为庞大。市场的发展和投资者群体数量及资金数量是成正比的。我国目前有资格的投资人已达到3亿人。

资本市场的发展和有效运行也需要有效的管理和制度建设。虽然早期的证券市场是自发的市场，但其中的欺诈、伪造、垄断等行为严重影响了市场的有效运行，为了制止市场的无序和混乱，各国发展形成了基本的管理制度和监控体系。一种是基于券商自律的管理体制，以英国的证券业自律管理体系为代表；另一种是以美国为代表的行政管理体制，其一般通过立法设立行政管理机构，并授予其相应的监督管理权限，美国的证券业监督管理委员会（SEC）依法拥有公司发行上市和市场交易、券商运行、信息发布等方面的监管权，对证券交易所及其交易活动也实行实时的监管。我国的证券市场也是实行行政监督管理体制，证监会被授权监管上市公司的 IPO（首次公开募股）、信息发布、证券交易所的管理运行、券商的经营运作，对交易所的日常交易实行实时监管。

现代各国的证券市场通常分为发行市场（一级市场）和流通市场（二级市场）。

1. 证券发行市场（一级市场）

证券发行市场也称"初级市场"或"一级市场"，它是政府、金融机构和公司企业直接或通过发行单位发行新的债券和股票的场所，是企业和政府筹集资金的重要渠道。一级市场也称证券初始市场，它是证券发行人通过发行或出售新的证券而获得资金的市场，这个市场是初始的融资市场，它也是为二级市场证券流通转让提供所交易买卖证券的市场。一级市场是证券市场的重要部分：它一方面为企业、政府等机构提供了融资的场所；另一方面它也为流通市场提供了交易商品。对于投资者来说，这个市场是重要的投资市场。

证券一级市场的构建与运行有以下特点：

（1）从一级市场证券发行的方式来看，市场的发行主要有直接发行和间接发行两种形式。

① 直接发行。直接发行是由发行主体自己办理有价证券发行所必要的一切事务手续，直接从投资者那里筹措资金的发行方式。这种发行方法是一种自主销售，简便易行，发行成本较低，在我国改革开放初期，金融市场机构体系建设不健全的条件下，各地曾经试验过。但其缺点是企业或政府财政自身的金融管理能力和市场销售能力有限，没有健全的市场销售体系和客户资源，难以进行大规模的证券发行销售。直接发行的市场风险也较大，没有金融机构介入，市场范围受到限制。这种发行方式现在已经被逐步放弃，而代之以有专业资格与能力的金融机构进行承销，实行间接的代理发行。

② 间接发行。间接发行，即发行主体不是自己直接向投资者办理发行，而是通过证券商作为受托机构，由其牵头，组织承购集团来推销发行的证券，间接地从投资者手中筹措资金。一般来说，中央政府的国债和财政发行的国库券由中央银行代理发行；企业的股票或债券则由具备投资银行资质的证券公司代理发行，商业银行及其投资机构会涉及一部分债券的发行销售。

间接发行方式可分为三种情况：一是代销，承销的金融机构或承销集团仅仅是代理公司企业等发行主体进行销售，承购集团没有自购的义务，如销售不完，剩余证券退还给发行主体；二是包销，即承购集团先买下所有发行的证券再进入市场销售，销售不完则由承销商自己购进，而不能退还给发行主体；三是全额认购，由承购集团与发行主体签订契约，用自己的资金将证券发行总额一次全部购入，然后再根据情况在市场上售出，这种销售方式也称为"证券发行便利"。一般来说，代销发行方式的销售费用或佣金比较低，国际上通常在百分之二左右，而包销费用或提供发行便利的费用则比较高，一般为所募资金的百分之六，但也有证券的发行包销费用高达百分之十以上。

证券的承销代理发行是一种市场交易行为，在代理双方之间存在竞争和选择行为，一级市场上既有众多的发行者，也有众多的机构代理商，它们之间通过竞争选择来寻找合理的交易对象，并形成合理的竞争价格。在这个市场上，信息也是完全公开的，是双向流通的，因而价格的形成也是由市场竞争决定的。

（2）从证券发行销售对象看，可分为公募（公开发行）和私募（定向发行）两种。

① 公募。所谓的公募，就是所发行证券由证券金融机构在指定的市场系统中公开向所有投资者发行销售，发行销售范围对象没有特定限制。一般来说，公募发行要向社会投资大众公开发行销售证券。当涉及的证券销售量大、发行范围广、筹集的资金量巨大时，一般均为采取公募方式，一些公司企业的股票、政府发行国债等大规模融资证券，均会实行公募方式。

② 私募。私募方式是一种定向发行销售的方式。在证券发行销售市场上，有一部分企业或政府机构所发行的证券因为数量规模或风险性质而只是向特定机构或群体投资人销售时，就构成了一种私募。私募中最普通的发行就是一些小规模的公司要发行股票集资，它们的发行规模和条件无法达到公募上市要求时，就可以采用私募发行的方式，也称为定向募集发行。一般的销售方式是由券商等中介机构在场外市场向一些特定机构投资者推销证券，实现证券的销售和集资目标，普通的投资大众一般不会参与到私募过程中。私募发行需要具备一个较为发达的金融市场和投资者群体，信息流通和市场透明度较高，投资者群体的素质较高，具备承受较高风险的能力。目前的私募市场主要是对于一部分中小企业的融资，还有一些投资基金和信托基金。

2. 证券流通市场

证券流通市场也称二级市场，是已发行的证券买卖交易的市场。证券二级市场包括了所有的流通交易市场，它既有有组织的证券交易所，也包括了场外交易的自由买卖市场。证券二级市场是证券挂牌上市交易的集中场所，它的交易品种主要包括了三大类：各类债券、公司股票，还有金融衍生商品。证券市场一般实行集中挂牌和公开竞价买卖的交易制度，投资者通过经纪人券商进入市场进行投资买卖，投资者的选择具有多元化和竞争性，他们可以根据对证券风险收益率的判断以及自己偏好进行投资，也可以进行投机性的买卖。二级市场的形成与发展离不开一级市场的发展，依托于公司制度发展和证券化融资的形成，证券流通转让市场和投资金融化才能形成。我国的证券市场基本上形成于20世纪90年代，目前的证券二级市场是1990年开始建设形成的。

证券二级市场有以下几种形式：

（1）证券交易所。证券交易所是对已核准发行的债券、股票进行转让买卖的专门场所，它作为有价证券行市的市场，是高度有组织的、集中管理的二级市场，也是最重要、最集中的证券买卖场所。

证券交易所作为有组织的集中交易场所，已经经历了三百多年的发展演变史。最早的证券交易市场是在英国伦敦出现的证券自由买卖集散地，没有任何管理，一些股票的持有人在较为固定的地点去出售他们的股票，交易自由进行，价格自由决定。后来，证券交易场所趋于固定，买卖方式也转化为集中挂牌拍卖的形式，市场的组织者为避免欺诈垄断等行为，开始进行制定一些规章条文来约束交易双方，形成了早期的证券市场。随着证券挂牌数量的增加和交易规模、频率的上升，交易所制度在英国、美国等发达国家形成了。证券交易所是一个封闭的集中交易场所，公司的股票、债券等交易商品实行在交易所集中挂牌交易的制度，投资人必须要委托证券经纪人才能进行买卖，券商经纪人接受投资人开户和委托，进入交易所进行买卖，并完成证券的交割和资金的清算，这一套证券的挂牌、竞价、交易、清算交割的制度是二级市场的基本构成。为了实现市场交易的透明和公平，主要国家市场都推行实施了有效的市场监管制度，以此来管理规范证券市场交易的健康进行。

我国的证券交易所是成立于1990年的上海证券交易所和深圳证券交易所，简称上证所和深证所。包含了上证所的主板市场交易系统和深证所的中小企业板市场与创业板市场交易系统。从创立初到目前，两地市场共有2 200多家上市公司的股票挂牌交易，还有一些债券及衍生工具进行交易。交易所的日交易量从初期几千万元人民币到目前的两市各5 000多亿元人民币，在市场多头交易高涨时日成交量高达10 000多亿元。目前沪深两市的投资者开户数超过了1.2亿，与美国的投资者开户数接近，证券市场的股票数量和投资者数量，以及交易规模都呈快速增长的态势。2019年后又成立了北京证券交易所，简称北交所，吸引了部分公司进入挂牌。

证券交易所根据其发展历史、交易规模、投资稳定性、管理规范等状况，可以分为成熟型市场和新兴市场两大类型。世界上的五大证券交易所，即纽约、东京、伦敦、巴黎、法兰克福证券交易所，都属于成熟型的市场，还有米兰、多伦多、悉尼、新加坡以及我国香港等市场也是成熟型的市场，这些市场的股票价格稳定，投资回报率高且稳定，市场的系统性风险较低，市场的信息透明度好，市场的投资性能较好。而其他国家和地区的证券市场则是新兴市场，这些新兴市场的发展历史相对较短，股票价格上下波动较大，股票市盈率较高，投资的回报率不稳定，但新兴市场的股票上涨机会较多，投资者的机会也就较多，但投资的风险也较高。我国的证券市场也属于新兴市场，发展速度较快，投资的机会多，获利的机会也较多，但也存在着市盈率较高、投资风险较大的特点。我国公司企业的经营扩张速度较快，但投资回报率较低，投资者的长期价值型投资功能还没有完全形成。证券市场的发展与稳定性还在形成中。

证券交易所的功能与运行主要有以下几方面：

① 证券交易所的功能。证券交易所一般具有五大功能,其对于一国经济运行和金融体系可产生重要的影响。

a. 创造连续交易的市场,为投资提供变现功能。证券交易所创造了在价格极小变动范围内迅速买卖证券的市场,称为连续性交易市场,或高频交易市场。它具有交易频繁、进出报价变动微小、买卖极易完成、出售时价格波动甚微的特征,具有完全的市场连续性,这是一种接近"完全竞争"市场的一个典范。有了这个市场,投资者的证券凭证才可能在极短的时间里实现出售变现,因此证券资产的流动性也是依靠这个市场实现的。上市证券的高度流动性和变现能力与市场波动的风险是并存的。

b. 发现价格,形成公平合理的价格。由于证券交易所内买卖双方公开讨价还价和以竞争的方式形成价格,这种价格可以认为是公平合理的"均衡价格"。证券市场上的交易价格形成依赖于信息的透明、对于未来投资收益率的合理评估、形成资产价值的合理定价能力,这就是证券市场的发现价格功能。只有经过上市交易的证券价格才能被发现价格,形成新的合理的资产价格。

c. 协助企业筹措长期资金。证券交易所可以协助证券上市公司通过二级市场来筹措长期资金。一般来说,证券上市公司就意味着企业的经营发展能力较好,企业的信誉好,资产的回报率也较高,这使得上市公司能比较容易地通过发行新的证券来筹措长期资金,如上市公司可以定期实行股票增发、实施股票配售、发行公司债券等,获得新的资金投入。此外,上市公司因其资产质量和信誉程度较高也更容易获得银行等金融机构的外部信贷资金,降低其外部融资的成本。

d. 预测经济动态,提供经济"晴雨表"功能。证券交易所的股票价格指数较灵敏地反映宏观经济经济的周期波动,提供经济变动的"晴雨表"功能。从证券市场交易的历史看,股价周期一般总是先于经济周期发生,所以从证券交易所的行市变动就能预测经济动态。这种动态变化关系就是经济变化的晴雨表,在成熟证券市场上表现得较为明确:美国1929年爆发的黑色星期一大股灾,就是其经济大危机的前奏;1987年的黑色星期五大股灾,又一次印证了这是经济危机风暴来临的变化前奏。对于新兴国家证券市场而言,股市的晴雨表功能并不显著。我国的证券市场表现得尤其如此。30多年来,我国的宏观经济经历了多次波动周期,股市本身也出现过多次的"牛""熊"周期转变,但问题是两者之间却没有表现出内在的关联性,多数情况下还出现了国民经济和股市变动悖反的趋势。这引起了人们的关注,研究分析表明,主要原因是我国国民经济的管理体制存在着大量非市场的因素,如国有企业多、公共投资比例高、政府对于市场交易和信贷的行政干预多,这些因素可能扭曲了经济波动的周期,也影响到了证券市场投资者的预期,从而使证券市场的经济"晴雨表"功能弱化甚至变异。随着我国经济体制的进一步改革和结构的调整,证券市场制度的进一步完善,市场的经济"晴雨表"功能将会逐步发挥。

e. 提供企业融资和投资配置资产功能,促进资金的有效利用和产业结构的优化。由于证券价格涨落起伏较大,证券投资要承担风险。由于证券交易所能够提供的信息较充分,促使投资者能尽量投资于安全优质的企业；由于证券交易所汇集了大量的证券，使投资者能较容易地进行比较选择和分散投资对象；由于证券交易所具有严格的管理制度和机构，可以保证证券交易有秩序地进行，还可以防止欺诈行为。

在证券交易所内，交易者最关心的是证券价格。当某些企业的盈利预期增加，发展潜力增大时，就能吸引更多的证券投资资金进入；与之相反，如果某些企业经营不好，预期盈利下降，那么证券投资者就会采取转换投资出售股票的措施，资金会朝表现优势的公司流动，从而实现优胜劣汰和产业结构的顺利转型。

② 证券交易所的组织形式。从世界各国证券交易所的组织结构看，证券交易所一般采用的组织构造有两种，即公司制和会员制。

公司制证券交易所，是由投资者组织的一个股份公司，它以营利为目的，提供交易场地、设施和服务人员，以便利证券商的证券交易与交割，并收取上市公司的上市费、挂牌费与证券交易的佣金。公司制证券交易所的人员不得参与证券买卖。目前实行公司制的证券交易所主要有英国的伦敦证交所，我国香港的联交所也是公司制的组织。

会员制证券交易所是由各证券商组成的券商组织，它与公司制不同，参与证券交易所经营的各证券商构成交易所的会员单位，券商会员可参与证券交易所中证券的买卖与交割。会员制证券交易所由会员实行自治自律，互相约束，交易所不以营利为目的。目前世界上大多数国家的证券交易所都实行会员制组织，我国的上交所、深交所和北交所也是会员制的交易所组织。

两种不同的交易所组织制度运行时各有利弊。公司制交易所的经营人员本身不直接参与证券买卖，在证券买卖中持中立态度，这样可保证证券交易的公正性，且不易形成垄断操纵。而会员制交易所采取券商会员自治制，所以佣金及上市费用均较低，能防止上市证券的场外交易；公司制则相反，它以营利为目的，主要收入来自上市费和佣金，证券买卖者为逃避高昂的上市费和佣金，有可能将上市证券在场外进行交易。

③ 证券上市。证券上市是证券在交易所登记注册，并有权在交易所挂牌买卖。在交易所上市的证券就是所谓的上市（或挂牌）证券。股份公司要在某一交易所注册上市，必须符合公司上市注册的条件，并且遵守该交易所的规章制度。从申请证券上市程序来讲，申请上市有几种不同的形式：一般政府债券可以豁免申请而直接在证券交易所买卖；上市公司的股票要挂牌上市，需要经过证券交易主管机关的核准认可，才能挂牌上市，证券交易所依次核准进行挂牌交易。各国的证券交易所的上市条件和核准程序各不相同，主要分为两种类型：一种是审核批准制，简称核准制；一种是依法注册登记制，简称注册制。美国是实行依法注册制度的国家，实施挂牌条件较为宽松，但存在竞争和市场的淘汰机制；我国以往实行的是较严格的审批核准制度，需要满足一系列的条件后才可能获准挂牌上市。自 2023 年起，我国公司上市和股票挂牌已全面实施注册上市制度。

申请上市的公司需要具备的条件主要有：资本规模、获利能力、资本结构、产业构成、股权分散度等。在目前的市场情况下，股份公司要使其证券上市需经过以下几个步骤：

a. 公司改制和资产重组。企业要发行股票和上市,首先要进行公司企业的改制和资产的重组,我国的企业组织多与上市公司要求有差距,必须在上市前对其进行企业组织构建的规范改造,调整资产负债构成,使其符合监管机关的审核要求。

b. 提交申请。公司在改制重组完成后,依据当时的市场条件可能性,可以向证券监管机构提交上市的申请书,公司在上市申请书上应比较详细地介绍其资产负债结构、经营状况、财务状况以及申请上市所发行股票的情况,包括上市股票的数量、价格等;提交申请书的同时,还需要以书面形式保证遵守有关证券市场的上市规定等。

c. 证券监督管理委员会审核批准。公司的上市审批核准有不同的制度,目前国际上基本上有注册登记制和审批核准制两种;我国目前已全面实施公司上市注册制;在公司提出上市申请后,证券监管机构在后续的时间里按照一定时间的规定要求,组织专业的审核委员会进行审批核准,只有通过了审核批准的公司,才可进入下一步,向证券交易所提交股票上市申请。

d. 签订上市契约,发出上市公告。获得批准的上市公司需要和证券交易所签订上市协议,确定上市的相关责任义务,并按规定的程序向市场发出上市公告,在规定的时间里开放投资者的投资购买申请。

e. 确定上市日期和公开挂牌买卖。经过一级市场的公开询价和市场竞争申报竞价,最终可以确定获得初始股票购买权的投资者,一级市场股票竞购的方法有很多,现在采用的是按申报号进行摇号中签,中签者可依据公告发行价买入股票。在股票公开挂牌上市后,投资者可以入市自由买卖该公司的股票。

④ 证券交易方式。证券交易所是一种有组织的集中交易市场,上市股票的交易都是实行封闭式的交易买卖,进场交易的只有券商经纪人,投资者只能通过证券经纪人进场买卖股票,所有股票都实行挂牌拍卖和集中竞价交易制度。

证券交易所的交易方式主要有以下几种:

a. 现货交易。现货交易是指证券买卖成交后即时履行交割的交易。这里的"即时"是指成交的当天,也可能是市场习惯所指的日期。例如,纽约证交所指成交后第 5 个营业日内,东京证交所指成交后的第 4 个营业日内交割都称为"即时",我国的沪深证券交易所实行的是 T+1 的交易制度,当天交易后第二天才交割。现货交易是一种现货与价款同时收付和履行交割的交易方式。

b. 期货交易。期货交易是指证券买卖成交后,在约定时期(一般为 30 天、60 天或 90 天)进行交割的一种交易方式。期货交易将订约与履约的时间隔离开来,买卖双方先签订合同,并就买卖证券的数量、成交的价格及交割时期达成协议,买卖双方在规定的交割时期履行交割。

在证券交易所做期货交易,可以是"卖空",做空头,也可以是"买空",做多头。如果投资人或投机者预计价格下跌,则可先卖后买,做空头;如果预计价格上涨,则先买后卖,做多头。两者都期望赚取价差利润。证券期货是一种金融期货,期货合约的交易一般都实行保证金交易，投资者预付定金后，就可以下单买进，它既可以买多，也可以卖空，做多做空完全是依据对市场变动的判断而决定的，价格的变动是买卖和做多做空的唯一依据，投资者一般不会真正实行股票的交割。

　　c. 期权交易。期权交易亦称选择权（option）交易，它交易的是一种买卖某种证券的特权。购买期权人与交易商（经纪人）达成一种契约，规定在购买期权的人支付一定费用（期权费）后，在一定时期内按双方协定价格，购买期权的人有权购买或卖出一定数量的证券，市场对手和交易所不能拒绝。购买期权的人可以在契约规定的期限内的任何时候行使这个权利，也可以到期不行使这个权利，任其作废。是否行使这个权利，购买期权的人要看购买或出卖一定数量的证券所得收益多少，交易所得收益或损失与期权费进行比较加以决定。

　　d. 信用交易。信用交易也叫保证金交易，投资人只要交付一部分价款或称保证金，其余部分由经纪人垫付，所以也叫"垫头"交易。经纪人则要向银行借款，这种借款往往以所买的证券作抵押。经纪人向购买证券人所收取的利息要高于他向银行借款所支付的利息，这个差额就是经纪人的收益。当投资人不能按期偿还证券的差额垫款时，经纪人有权处理这些证券，即依据市场价格的变化来"平仓"，以控制持有证券的损失。

　　（2）场外交易市场。场外交易市场是在证券交易所场外的交易市场，一般称为店头交易市场。这是证券经纪人或证券自营商不通过证券交易所，把没有在证券交易所登记上市的证券，有时也包括一部分上市的证券，直接和顾客买卖的市场。美国的场外市场比较发达，企业的股票都是无记名股票，交易不需要登记转让，法律制度上允许投资者在场外进行交易，从而形成了较为发达的场外自由交易市场。

　　与证券交易所市场相比，店头交易市场具有以下特点：第一，它是一个没有组织的、没有固定场所的、分散的市场。第二，它是一个以买卖没有在证券交易所登记上市的证券为主的市场。在店头交易市场上交易的证券主要是债券，也有股票，特别是金融业和保险公司的股票。第三，在店头市场上交易的，以自营商为主，成交的证券价格不是以减价拍卖的方式得出来的，而是通过买卖双方协议而得出来的。目前在美国的店头交易市场上交易的证券品种和数量都远远超过证券交易所。

　　（3）第三市场。第三市场是指非证券交易所成员，进行已在证券交易所登记的普通股的场外交易的场所。参加这一市场交易的主要是金融机构、大证券经销商和大投资者。这一市场的好处是买卖证券可以直接进行，从而可以节省巨额佣金、费用等。而且已登记的股票也可以在这里进行交易，并可以不经过经纪人直接进行，因此目前这一市场也很活跃。我国证券市场也开设了场外线下的大额交易市场，券商和大金融机构之间的大额证券交易可以在这一市场系统中进行询价和交易。

　　（4）第四市场。大金融机构之间相互直接买卖或交换证券，从而形成第四市场，这一市场出现的原因是为了获得更好的价格，节省佣金，以及不必在证券交易所和交易委员会登记就可以进行证券交易。我国的机构市场大额交易系统在金融市场和社会资金不断发展的情况下也有了很大的发展，中央银行、各商业银行机构、证券投资机构以及一部分基金投资公司都是市场交易的积极参与者，发展形成了多元化的金融市场交易体系，提高了我国资金流通交易的速度。

第四节 证券的收益与估价

1. 债券的收益与估价

证券市场上交易的产品主要有两大类，债券与股票。它们的收益和定价机制是不同的，其中债券是固定收益凭证，其收益率的决定和市场价格决定有其特殊性。

（1）债券的价格。目前证券市场上流通的债券大致可以分为三类：国债、公司债和金融债。国债是由中央政府或财政部发行并上市流通的债券，有短期的国债和中长期的国债，目前的国债分为凭证式的和无纸化的两种。国债的收益率因其风险较低而较低，一般只略高于同期限的定期存款利率；当然国债利率的确定（估价），要依据发行者的信誉与支付能力，国际上目前通行要对各国政府的债券信用程度进行评级，信用级别分为A，B，C，D，E五个等级，每个等级内在细分为三个等级，通常债券信用等级只有在一个A以上，包括AA和AAA级的，才是投资级的。一些B或C以下信用级别的债券是垃圾债券，投资有较大风险。企业和金融机构发行的债券构成公司债券，其发行价格（利率）要依据于发行者的信用级别，一般要高于同期限的国债利率水平。

市场上债券的价格通常有两种含义：一种是债券的发行价格；另一种是债券的转让价格。

① 发行价格。债券的发行价格是指债券发行时，债券经发行者卖给最初购买者的价格。债券的发行价格与债券的票面额未必相等，它往往高于或低于名义价格，一般以债券出售价格与名义价格的百分比来表示。因此，发行价格有三种：一为平价发行，即债券的票面额（名义价格）与发行价格相等；二为溢价发行，即债券的票面额低于发行价格；三为折价发行，即债券的票面额高于发行价格。无论债券以何种价格发行，偿还时均按票面额偿还。如果是溢价发行，发行价格与偿还额之间的差额为偿还差损；如果是折价发行，发行价格与偿还额之间的差额为偿还差益。

② 转让价格。债券的转让价格是指在证券市场上自由买卖的市场价格，也称债券行市。债券的转让价格与债券的面额也不一定一致。影响债券价格的因素主要表现在以下几个方面：一为债券的利息收入。债券的利息收入越高，对投资者越有吸引力，其价格则会上涨；反之，其价格则会下跌。二为货币市场利率。当货币市场利率上升时，信贷紧缩，用于债券的投资减少，债券的价格则会下跌；反之，当货币市场利率下降时，债券价格则会上

涨。三为同期的银行存款利率。债券的价格与同期的银行存款利率成反比。因为当银行存款利率上调时，一部分投资者必然把资金转移到储蓄方面，从而使债券投资减少，债券价格就会下跌；反之，当银行存款利率下调时，债券价格就会上涨。四为中央银行的公开市场操作。抛出或买进债券是中央银行调节货币供应量的一种手段。当信用扩张时，中央银行则在市场上抛售债券，使债券供过于求，从而导致债券价格下跌；当信用萎缩时，中央银行则会从市场上买进债券，使债券供不应求，债券价格则会随之上涨。五为经济状况和经济周期。在经济高涨或经济繁荣时期，投资增加，资金需求量大，从而使银行利率上升，债券价格下跌；反之，在经济衰退或经济萧条时期，债券价格则会上涨。

（2）债券收益率。债券收益率是指债券持有者1年内的收益水平，一般情况下，债券收益率可以准确地计算出来。决定债券收益率的因素包括债券利率、期限、认购价格、发行价格等。

债券收益率主要包括以下六种。

① 认购者收益率。指当债券发行时买入，到债券期满兑现时的收益率。认购者收益率为：

$$认购者收益率 = \frac{年利息 + \dfrac{券面金额 - 发行价格}{偿还年限}}{发行价格} \times 100\%$$

例如，一种券面金额为100元的债券，发行价格为90元，利率为年10%，5年后兑现，那么认购者收益率为：

$$认购者收益率 = \frac{10 + \dfrac{100 - 90}{5}}{90} \times 100\% = 13.33\%$$

② 最终收益率（单利）。最终收益率（单利）是指在债券交易市场上购买债券并持有到期满兑现的收益率。最终收益率（单利）的计算公式为：

$$最终收益率（单利） = \frac{所息所得额 + 券面金额 - 购买价格}{购买价格 \times 剩余年限} \times 100\%$$

例如，上例中的债券于第3年底由某人以96元的价格在交易市场上购买，并持有到第5年年底，则最终收益率为：

$$最终收益率（单利） = \frac{10 \times 2 + 100 - 96}{96 \times 2} \times 100\% = 12.5\%$$

③ 最终收益率（复利）。最终收益率（复利）指考虑到货币时间价值因素之后的债券的最终收益率，其计算公式为：

$$购买价格 = \sum_{t=1}^{偿还期} \frac{年利息}{(1+R)^t} + \frac{偿还价格}{(1+R)^{偿还期}}$$

其中：R 为最终收益率（复利），n 为投资期。

当偿还期限为 2 期时，可以直接解出复利收益率。例如，某人以 950 元的价格从债券市场上买入面值为 1 000 元的债券，离债券的兑现期还有整整 2 年，债券的利率为 10%，此人又将所得利息存入银行，银行利率为 8%，则最终收益率（复利）为：

$$最终收益率（复利） = \left(\sqrt{\frac{1\,000 + 100 \times \frac{(1+0.08)^2 - 1}{0.08}}{950}} - 1 \right) \times 100\% = 12.76\%$$

④ 持有期收益率。指债券交易者在债券买进与卖出期间的收益水平。持有收益率的计算公式为：

$$持有期收益率 = \frac{持有期利息 + 卖出价格 - 买入价格}{买入价格 \times 持有期} \times 100\%$$

例如，某人于 2020 年 2 月 1 日从债券市场上买入面额为 100 元的债券，买入价格为 102 元，债券的利率为 10%，此人于 2021 年 8 月 1 日以 105 元的价格卖出，该债券的派息日为每年的元月 1 日，那么，持有收益率为：

$$持有期收益率 = \frac{10 + 105 - 102}{102 \times 1.5} \times 100\% = 8.5\%$$

⑤ 贴现债券最终收益率（单利）。贴现债券最终收益率（单利）是指兑现期低于 1 年的贴现债券的最终收益率，其公式为：

$$贴现债券最终收益率（单利） = \frac{偿还价格 - 购买价格}{购买价格} \times \frac{365}{未经过天数} \times 100\%$$

例如，某人于债券市场上购得贴现债券，面额为 100 元，买入价格为 95 元，距兑现期还有 183 天，则贴现债券最终收益率为：

$$贴现债券最终收益率（单利） = \frac{100 - 95}{95} \times \frac{365}{183} \times 100\% = 10.5\%$$

⑥ 贴现债券最终收益率（复利）。贴现债券最终收益率（复利）是指兑现期超过 1 年的贴现债券的收益率，其计算公式为：

$$贴现债券最终收益率（复利） = \left(\sqrt[投资期]{\frac{偿还价格}{购买价格}} - 1 \right) \times 100\%$$

2. 股票的收益与估价

（1）股票的价格。股票的价格就是股票的市值或股票的行市，换言之，系指证券市场上买卖股票的价格。股票的价格可以有四种不同的表达。一是票面价格，我国的股票票面价格均是一元，即一元面值。票面价格的实际意义并不大，它是可以标出不同面值的，但不会影响它的实际价值。二是股票的账面价格，就是它的净值，它是由每一股股票所拥有的净资产值所决定的，股票的资产净值含量越高，其账面价格也就越高。三是股票的发行价格，即在一级市场初始发行时的价格。股票的发行价格不同于面值，也不同于其账面价格，发行价格的决定是依据公司的资产净值、盈利能力和当时证券二级市场股票价格水平等因素决定的，发行价格一般会低于二级市场的同类公司股价，出现一定的折价率。四是股票的市场价格，即股票在二级市场上的行情，这个价格每一分钟都在变化，它是由市场交易和公司经营盈利能力等一系列因数决定的。

股票的市场价格和股票的票面金额是不等的。股票的票面金额是固定的，而股价是变动的，通常总是大于或小于票面金额。影响股票市场价格变化的有三大基本因素，是股市行情的决定性力量。

一是股票的预期收入水平，即预期股息收入量，这是决定股票价格水平的基本面因素，也就是经济面的因素。公司股票的理论价格应是其年所获红利值除以当年的市场利息率，一个年红利为一元的股票价格，在资本市场利息率为2%时，其理论价格应是50元。公司的经营获利能力是股票市场价格的基本决定因素，这是股票市场价格的基本面因素。当然这不是全部，还有其他的影响因素。

二是货币金融政策和利率水平。股票价格与预期股息成正比，与银行利率成反比。在银行利率不变的情况下，预期股息收入越多，股票价格就越高；预期股息收入越少，股票价格就越低。当股票预期股息不变时，银行利率越高，股票价格就越低；反之，银行利率越低，股票价格就越高。

用公式表示：

$$股票价格 = \frac{预期股息收入}{银行利率} = \frac{股票面值 \times 股息率}{银行利率}$$

在市场利率的决定过程中，一国的货币金融政策具有重要的影响。利率的决定直接受一国货币金融市场供求关系的影响，利率水平变动也有趋于均衡的过程，而在实际运动过程中，利率水平要受到一国货币政策和金融调控政策的影响，一国货币金融政策的目标是多元的，在一定时期有一定的政策导向，与实际经济周期的变动往往是相反的，具有"逆周期"的特点，因而货币金融政策的走势会直接影响到利率水平的变化，从而影响到股价变动。一般情况下，一个宽松的货币政策会导致利率走低，股价走高；相反，较为紧缩的货币金融政策可以导致利率走高而股价走低。

三是股票价格还与证券市场供求关系等经济因素、政治因素、技术因素以及人们的心理因素等交互影响。市场供求关系的影响是一种市场机制的因素。通常情况下,商品和要素的供给量增加与需求量不变时,市场均衡价格必然下跌;反之就是上升。股票市场的供求关系也受这一规则影响。在投资和购买力既定不变时,如果股票的上市流通量大增,则可能导致股价的下跌和市场整体的走低。因此,控制上市公司发行上市的速度和数量是稳定二级市场价格的重要手段。我国的证券二级市场价格水平长期以来一直受到一级市场扩容过快的影响,调节供求关系稳定市场显得十分重要而迫切。

除了市场供求因素外,还有一国的政治经济政策和形势变化也是影响股价变动的宏观因素。一国政治经济的相关政策很多,涉及政治经济的稳定、社会法制的稳定、收入分配合理、对内对外关系的稳定等方面,这些政策产生的市场投资者预期如果是积极的,对市场价格走势影响就是正向的,反之就是反向的,负面的。

(2)股票价格指数。股票价格指数是衡量证券市场上股票行情变动程度的指数,它从一个侧面灵敏地反映一个国家经济增长的趋势。股票价格指数可以分为简单算术平均价格指数和加权平均价格指数。

简单算术平均价格指数是一种不计算股票权重的平均股票价格。它用基期的所有股票的平均价格去除以报告期的所有股票平均价格,所得到的变动率(百分比)就是股票价格指数,简称股指。目前采用简单算术平均价格指数的主要有纽约证券交易所的道琼斯指数和东京证交所的日经指数。多数国家的交易所采用的是加权平均股票价格指数,我国的上证指数和深圳指数都是加权股票价格指数。

加权股票价格平均指数的基本计算方法是:以某一时间为基期(用设定价格100表示)求得计算期股票价格的百分比,用百分点的形式标出,其中的股票要加上适当的"权数"。具体计算方法又可分为"相对法"和"综合法"。

① 相对法。先计算出各类股票的个别指数再加总求平均的方法。假定基期的第 j 种股票价格为 P_0,计算期第 j 种股票价格为 P_1,选定的股票数为 n,其计算公式为:

$$M = \frac{1}{n} \sum_{j=1}^{n} \frac{P_1}{P_0}$$

② 综合法。将基期价格和计算期价格分别加总,然后以加总的计算期价格与加总后的基期价格相比的计算方法,其计算公式为:

$$M = \frac{\sum_{j=1}^{n} P_1}{\sum_{j=1}^{n} P_0}$$

(3)股票收益率。股票收益率是反映股票收益水平的指标,反映股票收益率的高低,主要有本期股利收益率、持有期股票收益率和拆股后持有期股票收益率三个指标。

① 本期股利收益率。本期股利收益率是以现行价格购买股票的预期收益率,其计算公式为:

$$\text{本期股利收益率} = \frac{\text{年现金股利}}{\text{本期股票价格}} \times 100\%$$

例如，某公司上年每股股利为 1 元，现行市价为 50 元，则本期股利收益率为：

$$\text{本期股利收益率} = \frac{1}{50} \times 100\% = 2\%$$

② 持有期股票收益率。持有期股票收益率是指股票没有到期，投资者持有股票的时间有长有短，股票在持有期间的收益率为持有期收益率。其计算公式为：

$$\text{持有期股票收益率} = \frac{\text{出售价格} - \text{购买价格} + \text{现金股利}}{\text{购买价格}} \times 100\%$$

例如，某投资者于 6 月 30 日以每股 56 元购买某公司的股票，12 月 30 日以每股 62 元出售，在半年的持有期获得公司的股利每股 2 元，则持有期的收益率为：

$$\text{持有期股票收益率} = \frac{62 - 56 + 2}{56} \times 100\% = 14.3\%$$

③ 拆股后持有期股票收益率。股份公司进行拆股后，会出现股份增加和股价下跌的情况，因此，拆股后股票的价格应有所调整，其计算公式如下：

$$\text{拆股后持有期股票收益率} = \frac{\text{调整后的资本所得或损失} + \text{调整后的现金股利}}{\text{调整后的购买价格}} \times 100\%$$

在计算收益率之前，必须对每股的股价进行调整，才能真正反映出投资者收益的真实情况。该公式是对普通股而言，因为优先股很少发生拆股现象。前两个公式也适用于优先股持有期收益率的计算。

第五节 | 我国金融市场的发展与建设

我国经济体制改革与市场经济体系的发展，也要求培育与发展市场体系，而金融市场体系的发育与建设是最重要的部分之一，它是社会主义市场经济体系是否能有效运作及新的投融资体系建设发展的重要步骤。我国改革开放以来金融市场的发展经历了一个从萌芽到初步发育的过程，从货币市场的发展到资本市场的建设，我国的金融市场已经经历了一个初步的发展过程，中间经历了波动与调整变化，今天还面临着种种新的问题，金融市场的发展完善面临着进一步建设的迫切任务。

1. 我国货币市场的发展与现状

（1）同业拆借市场。我国同业拆借市场从 1984 年开始形成到现在，已经历了 40 多年的发展演变，同业市场发展速度很快，全国先后建立起 50 多个区域性资金市场，基本上形成了跨地区、跨系统、多层次、大范围、纵横交错的金融网络。1996 年 1 月通过联网运行建立了全国性的同业拆借市场——上海银行间同业拆借市场，同业市场的网络体系由一级与二级网络组成。至目前为止，一级网络的成员已达到 130 多家。当前我国同业拆借市场的主要特点是：第一，拆借市场的扩张与收缩，往往表现出反经济周期的金融规律，在经济高涨、资金充裕时，拆借规模迅速扩大，而在经济紧缩、资金紧张时，拆借规模萎缩，这一点与发达国家正相反。第二，同业拆借主要限于商业银行参与，非银行金融机构，或企业一般不准参与市场的拆借。

同业拆借市场的范围目前主要限于国内银行业之间，拆借的性质主要限于短期资金头寸平衡的意义，且拆借的时间与规模均受到央行条例与规则的严格限制，使我国同业拆借市场的发展受到较严格的限制。这一市场的建设与发展对金融业有着至关重要的作用。要加快资金的流通与提高资金使用的效率，消除资金市场的结构性矛盾，还有赖于同业拆借市场在规模、参与主体方面的扩张与开放，吸收更多的金融机构和企业机构参与市场。此外，利率的市场化也是迫切需要推进的主要方面，目前的基准利率是由中央银行调控的，而市场的拆借利率已经形成市场交易价格，由资金的供求关系决定利率的变化波动。

（2）票据市场。我国的票据市场起步于改革开放初期，1982 年 8 月，经中国人民银行总行批准，以同城票据承兑贴现为主的业务在上海市全面试行开放，到 1990 年底，整个票据承兑贴现市场共融通资金 3 216.7 亿元。2021 年，全国商业汇票的发生额达 24.15 万亿元，同比增长 9.32%，贴现额 15.02 万亿元，同比增长 11.93%，两者均为 1990 年的 100 多倍。目前，我国票据市场的特点主要体现为：第一，大多数的商业信用是以商业汇票形式出现的，成为信贷资金投放的主要补充渠道。第二，商业票据主要以银行承兑汇票的形式出现，因有商业银行信用的保证和支付保障，商业票据具有较好的流动性和安全性，它已经成为商业银行提供信用和进行流动性管理的一种手段，而中央银行在进行公开市场业务操作和再贴现、再贷款时也可以将其作为重要的政策工具。目前因利率市场化还未完全到位，央行调控商业票据和贴现市场规模影响时也还不得不使用行政化的规模指标加以调控管理，成为第二个信贷指标规模管理体系。

2. 资本市场的发展与现状

资本市场是金融市场体系中最重要的部分，它是由期限在 1 年以上的各种证券交易和房地产抵押贷款市场所组成的系统。证券市场是资本市场中最主要的部分，它主要由股票市场与债券市场两大部分组成。它的发展对整个市场体系都有着举足轻重的影响。

（1）股票市场。我国的股票市场是在改革开放以后发展起来的。20 世纪 80 年代末期我国就开始了股份公司改造的试点，并开始定向发行股票，但初期的股票不能自由流通交易，缺乏流动性。20 世纪 80 年代末期各地开始了股票的柜台交易试点。1990 年，上海证券交易所正式开市，继后深圳证券交易所也正式开市，我国规范化的股票市场步入了快速发展的轨道。到2021年底，在两市挂牌上市的公司已超过了4 700家，股票流通市值已超过了82万亿元。股票市场发展之迅速，在金融市场体系中占据首位。

我国股票市场是由一级市场与二级市场两部分所组成。目前我国的股票市场具有以下特征：第一，到目前为止仍使用行政性手段来调节与控制股票市场的发展规模和速度，如上市公司审批、市场规模控制、发行价格的确定等，这势必会带来许多难以消除的矛盾与问题，如市场的效率问题、交易的公平问题、证券市场的结构问题等；第二，证券市场的法治建设相对滞后，《证券法》几经反复，迟迟出台，而法规与政策执行中的漏洞仍较大，随着市场的发展变化，法规政策的不适应性越来越多，人为干预市场的影响较大；第三，信息披露的有效性不高，上市公司的信息透明度及准确性都存在不透明问题，市场上的垄断操纵交易、内幕交易、欺诈交易时有发生，投资者仍面临着巨大的风险，证券市场的不确定性高于其他成熟市场。证券市场的不稳定性与"政策市"的因素，导致了我国证券市场上的投资者具有极大的投机性和博弈色彩。

（2）国债市场。目前我国国债发行量占证券市场发行总量的30%左右，具体债券形式包括：财政债券、国家建设债券、国家重点建设债券、特种国债、保值公债等多种，年限不一。在多种国债中，尤以短期国债发行时间最长，发行量最大，社会影响面最广。2021年，我国发行了6.7万亿元国债。

（3）金融债券市场。我国各大商业银行发行金融债券始于1996年，具体券种包括：金融债券、信托受益证券和投资基金证券等。2021年，我国金融债券发行9.6亿元。金融债券的期限为1—5年不等，利率分为累进制和贴现制。另外还有政策性金融债券，为特种政策性金融机构所发行，国家财政给予特殊担保。

（4）企业债券市场。目前我国企业债券的种类主要有中央企业债券、地方投资公司债券、公司企业债券以及中小企业债券等多种。2021年底，企业债券共发行14.8万亿元，占整个证券市场发行量的23.9%左右。

在很长一段时期里，我国地方政府融资平台企业发行的债券也包含在企业债，而且在我国企业债券中占比很高，这些企业债务也构成了地方政府的或有债务，其风险性质也具有特殊性，对于我国金融体系的安全性影响巨大。2014年9月21日，我国出台《关于加强地方政府性债务管理的意见》，要求加强政府或有债务监管，剥离融资平台公司政府融资职能，融资平台公司不得新增政府债务。

3. 我国金融市场建设的目标

适应建立社会主义市场经济体制的需要，我国金融市场的建设目标是建成一个统一开放、有序竞争、严格管理的金融市场。这个目标既反映了当今世界金融市场的一般特点，又是和我国现阶段社会经济发展的状况相适应的。按照这一目标进行改革，不仅有助于我们切实解决金融市场运行中存在的问题，而且有助于新型的、健全的金融市场体系的最终形成。

（1）我国未来的金融市场应是统一开放的。金融市场统一开放的目标，是由资金的商品特性和有效使用资金的要求所决定的。金融市场是以资金作为交易对象的市场,这个商品是单一的、同质的,它具有很强的流动性,应该很容易地从甲地流到乙地,从这个行业流到那个行业。资金所具有的这种高度的流动性,对于按照市场原则即效益原则合理配置社会资源是十分重要的。因为资金的流动性可以带动社会资源的合理配置,资金的合理流动,能够促使有限的社会资源在全国范围内的合理配置。一方面,如果金融市场不是统一开放的,而被分割得支离破碎,资金的时间差、地区差不能被充分利用,资金的利用率必然会大大降低,这对于我国这样一个资金短缺的国家来说,是一个很大的损失;另一方面,由于资金在很大程度上不能流向经济效益好的地区和部门,资金的使用效益也必然会大大降低,通过市场来合理配置社会资源的目的就很难实现。我国金融市场的统一开放程度不高,画地为牢的现象时有发生,因此,必须进一步按照统一开放的要求加以改革。

(2)我国金融市场的发展目标应是朝有序竞争的金融市场的方向前进。如果说统一开放是实现资金按效益原则流动的基本前提,那么,有序竞争是实现资金按效益原则流动的基本途径。通过金融市场行为主体之间的竞争,不仅可以使资金的交易成本得以降低,而且能够使那些效益好的地区和部门,可以更多地从市场得到资金。因此,竞争是金融市场的活力所在。当然,这种竞争必须是有序的,必须按照一定的规则进行。无序的竞争同样会把金融市场搞乱,使社会公众和企业的合法权益受到损害,甚至危及社会经济的正常运行。所以,金融市场必须有竞争,这种竞争又必须是有序的。

(3)我国未来的金融市场还应该是有效管理的。保证金融市场的有序竞争靠的是:一是靠健全、完善的法律制度。金融市场只有建立起完善的法律制度,才能使市场的参与者有章可循、有法可依,使包括竞争在内的各种市场行为依法规范,避免现行的政出多门、人为的干预,导致市场波动混乱。二是靠严格的依法管理,做到透明、公平、有效。法律制度能否有效地实施,既需要人们自觉遵守,更需要监管部门的有效管理。在我国,由于金融市场的法律制度还在健全之中,市场参与者的自律程度还有待提高,对金融市场的管理必须是严格的。对那些违法违规的行为,必须采取果断措施,坚决予以制止;对市场的参与者,要加强政策引导,以保证金融市场的统一开放和有序竞争。

4. 进一步培育和完善我国金融市场体系

加快培育和完善我国金融市场体系,必须从以下几个方面入手。

(1)发展多层次的金融市场主体。金融市场的主体包括现有银行、非银行金融机构、各级政府、企业和个人。金融市场的重要参加者是银行,对于这些银行,必须实现企业化管理,强化它们的利益和风险的约束,使其真正演化成为独立的货币信用经营者。首先,国有商业银行要同工商企业一样,享有经营自主权,有权经营决定本身信贷基金和存款的使用权;其次,其经营成果与单位本身和职工利益有一定的挂钩,完善经营的利益动力机制;再次,必须对经营承担责任和风险,产生一种自我约束的压力。国有商业银行企业化是开放金融市场的重要条件,国有商业银行要真正实现自主经营、自负盈亏、自我约束、自我发展。

除金融机构外,还要大力发展多元的金融市场参与主体。发展以投资基金等为代表的机构投资者，扩大市场的参与群体，吸引更多的资金进入市场；同时应放宽资金入市投资的条件，应当允许政府（特别是地方政府）、企业和个人自由地运用闲置资金，逐步培养我国居民的投资意识，引导他们把部分收入以金融资产的形式进行投资，这既增加了金融市场的参加者，也为挖掘社会闲置资金创造了条件。

（2）积极培育和完善金融市场的内部条件。这包括以下三个方面：

① 理顺市场利率关系，加速实现利率的市场化。由于金融市场上的资金供求状况影响着利率水平变动，而要有效调节利率，又能制约资金需求规模和流向，就必须积极创造条件，调整市场上各种利率对比关系，使各种资金市场都能得到发展，其中最根本的是要推进利率的市场化，形成合理的资金市场价格体系。

② 促进银行资产的多元化，增强银行资金进入市场的能力。为改变目前企业所需流动资金主要由银行包下来的状况，需要做如下的变革：首先，在资金供应体制上，要改变企业吃银行"大锅饭"的资金供给制，使银行有权根据本身财力可能，真正自主决定贷款数量和形式；其次，要转变单一的信用放款形式，实现资产的多元化，包括承兑贴现票据、同业间拆借、购买短期债券等，以增强银行本身应变能力。在银行资金运用多元化方面，应逐步开放资本市场的投资运作试点，促进银行业投资多元化的发展。

③ 发展多种信用形式，深化信用关系。为金融市场创造完善的多层次的市场交易工具。所谓金融市场交易，实际上是把资金作为一种金融商品来进行买卖，这种商品的外在形式是信用工具，即金融工具。因此，健全和完善金融市场，关键在于各类市场赖以存在的信用基础，即金融工具的多样化。目前金融商品的开发和金融创新还受到了较为严格的管制，市场的发展与深化受到限制，需要从未来竞争与发展开放的大方向着眼，在审慎监管的前提下有序推进金融产品开发的创新活动，提高我国金融市场的活力与效率。

（3）积极培育和完善金融市场的外部条件。这可从以下三个方面着手：

① 逐步完善企业自主经营、自负盈亏的机制。要培育企业自主经营、自负盈亏、自我发展的新机制，关键在于国有企业向现代企业制度的转化。这也是培育和完善金融市场所急需解决的。在金融市场上，融资的数量、形式和条件都由借贷双方直接商定。这就要求借贷双方要有自主决定权，同时对资金的使用和风险承担经济责任。我们要使金融市场正常和顺利运行，必须赋予企业以独立经营，自负盈亏的责权，使其具有追求利益的内在动力和承担风险的能力。

② 尽快健全金融法规，严格依法行事。金融市场的法规建设可使市场交易行为规范化，保证有关各方的正当权益，逐步改变我国证券市场管理人为干预和政策过分行政化的局面，有利于市场的健康发展。

③ 加强金融市场的管理监控。金融市场管理的目的是要引导资金的合理流向，有效利用社会闲散资金，促进社会主义市场经济的发展。金融市场的管理健康是全方位的工作，既有国家宏观层面的管理，又有对金融机构的政策引导，还包括了市场调节机制和必要的行政手段，这涉及对证券金融机构的监管、对上市公司的监管、对证券交易所的监管，以及对证券市场交易行为和过程的监管，以此促进我国证券市场的公平性、稳定性和有效性。

本章小结

1. 金融市场是对资金交易关系的总称。它是由金融机构的借贷活动和金融市场各种金融工具的买卖所组成的。而现代金融市场的往往特指由股票市场与债券市场所组成的资本市场。

2. 金融市场的构成,从参与主体来看,有金融机构、工商企业、政府部门与投资者个人,而从管理者看,则有中央银行的参与。金融市场的交易工具根据期限可划分为短期金融工具与长期金融工具。短期金融工具交易构成的是货币市场,而由股票与债券等长期金融工具所组成的是资本市场。

3. 金融市场的建设与发展是市场经济体系发展最主要的部分,它能使社会资金的积累、分配与投资通过市场原则进行,这对一定时期社会资源的合理配置、有效利用有着不可替代的作用。

4. 我国金融市场的发展是在改革开放以后出现的,随着企业制度的变革与投融资体制的改革,原有资金行政分配体制被打破,市场交易逐步发展起来了。我国金融市场自20世纪90年代开始,形成了货币市场与资本市场。货币市场的交易规模与发展速度受到较多限制,其作用有限。而资本市场的发展则较为迅速,并于1990年在上海与深圳两地建立了正规化的证券交易所,2019年又设立了北京证券交易所,吸引了越来越多的公司上市挂牌,市场的规模、容量与效率日益上升,法规、制度与监管体系也日益完善,构成了我国资本市场的主体。

复习思考题

1. 请分析金融市场的基本构成。
2. 你认为发展金融市场的必要性是什么?
3. 参与金融市场活动的机构主要有哪些?
4. 短期资金市场上的金融工具有哪些?
5. 为什么说短期资金市场是联结金融机构的主要纽带?
6. 证券市场的基本功能是什么?其主要组织形态有哪些?
7. 请你说明债券的认购者收益率、最终收益率和持有期收益率。
8. 请分析说明我国金融市场发展的目标。
9. 资本市场的发展对企业融资的作用是什么?
10. 请分析货币市场发展的作用与意义。
11. 资本市场的发展对金融机构有何影响?

第六章 金融机构的组织与构成

本章要点

　　凡从事金融活动的经济组织,均可称为金融机构,但因其经营活动的方式不同、功能不同,金融机构可分成若干种不同的类型,如管理性机构组织、直接融资性金融机构、间接融资性金融机构等。金融机构的形成与发展与经济的发展有着密切的关系。现代金融机构在经济迅速发展与结构变革的影响下,正在经历一个迅速发展与调整的过程。

第一节 | 金融机构的形成与演变

货币的形成是以市场交易发展为基础的，而作为专门经营货币和从事信用等金融活动的企业，也是在商品市场交易有了充分的发展后产生的。

现代金融机构的形成，并不是一个外部植入的过程，它是在商品生产与市场交易逐步发展的过程中形成的，因而是经济发展的内生产物。

在金属货币出现以后，就出现了早期的金银兑换、保管和汇兑业务，形成了早期的货币兑换商和钱庄银号等机构。这是在近代工业和近代银行业产生以前的主要形式。

在我国，早在南北朝时期，就出现了典当质押业。进入唐代，不仅典当质押业有了广泛的发展，而且出现了大量的金银买卖、保管的商人，并出现了由官府经营的和民间商人经营的汇兑机构，这就是早期的钱庄票号，它们也从事高利放贷的业务。进入明清时代，中国的钱庄、票号及货币经营业有了更大的发展，但这种业务仍然是传统的货币经营业务，因而也无法形成真正意义上的金融机构。在欧洲的古希腊与古罗马时期，也有了大量的金银保管兑换与放贷的记载。在公元前500年的古希腊，当时已出现了寺庙经营金银、发放高利贷和收取利息的活动，在古罗马帝国，金银兑换与钱庄业务也十分繁荣。但一直至漫长的中世纪结束前，这种钱庄业务一直停留在传统的形式上。

近代资本主义生产方式与工业革命，是传统的货币经营业向现代金融业转变的主要动力。早在16世纪中叶，地中海沿岸各国的工商业与贸易有了较大的发展，为了适应经济的发展与存款、贷款的要求，出现了最早的商人银行，这些商人银行既办理存款与贷款业务，也从事转账结算业务。但他们的贷款往往仍然具有高利贷的性质。在资本主义工商业发展的推动下，真正现代意义上的银行在17世纪末至18世纪中逐步发展起来了。现代银行体系的建立并取代传统的货币经营业、高利贷商，是通过两条途径实现的。一是旧式的高利贷银行在新的经济条件下，转变为资本主义性质的银行，主要特征是较大规模地吸收社会资金，同时以较低的利率发放贷款，放款对象也以工商业为主；二是按照资本主义经济组织方式组建股份制银行，其一开始就具有现代商业银行的性质，并从事大规模的融资与贷款活动，股份制的商业银行因其资本雄厚、融资能力强、贷款利率低，所以逐步成为近代信用领域的主导形式，银行成为整个社会信用的中心。

在近代商业发展的过程中，金融体系也在逐步发展与完善。在商业银行发展的初期，其他旧式金融机构也同时并存，只不过其地位与作用日益下降。但在这一时期，经营货币信用业务的银行业与其他工商企业一样，只是一个普通的行业。这种情况在17—18世纪都十分典型，如当时的英格兰银行也只是一个商人集资合股的商业银行。随着金融业的发展，尤其存款式银行的广泛发展与信用规模的发展，使金融业的稳定、存款的安全、银行经营的安全性以及信用规模的控制变得越来越重要，金融业客观上需要有一个有效的协调管理机构与监控系统，由此而形成了早期的中央银行系统，主要负责商业银行存款准备金的保管与调节、货币银行券的发行与管理、监督管理商业银行的经营活动、组织银行间清算等。中央银行体系的逐步形成，构成了金融体系中的两级银行体制。其中商业银行是面对公众的商业性机构，即从事存贷款、投资业务与中间结算服务的企业；而中央银行则仅是一个监督管理机构，其主要业务是接受商业银行的存款（包括存款准备金）和向商业银行提供贷款，构成"银行的银行"。

在金融业的发展过程中，随着经济发展与业务的扩大，金融机构体系也出现了多元化发展的趋势。在金融业务不断发展的条件下，单纯从事存贷款的商业银行也不断适应这种要求。金融体系日益呈现多元化发展趋势，各种专业银行，如投资银行、抵押放款银行、进出口银行等发展起来了，还有各种专业化的金融企业也有了广泛的发展，如信托投资公司、证券公司、保险公司、财务公司、信用社等，发挥着日益重要的作用。也有些国家实行商业银行的多元化综合经营，使商业银行的业务扩展到所有金融领域。尽管如此，现代各国都形成了一个规模庞大、分工精细的金融体系。

第二节 | 现代经济中的金融机构

在现代工业化国家中，普遍都存在一个两级银行体系，中央银行作为金融体系的核心，而商业银行及其他金融机构则呈现多元化发展趋势。金融体系大致上由三类不同的机构组成，即中央银行、商业银行和非银行金融机构。金融体系的分工与组成是在不断变化的。20世纪80年代之前，工业化国家的金融体系主要有两种形式：一种是以英、美为代表的分离制专业经营模式，实行银行业与信托业、证券业的分离，商业银行主要从事短期信用业务，即吸收存款与发放短期贷款，而其他业务则由专业化的金融机构承担；而另一种模式是从德国、瑞士等欧洲大陆国家为代表的综合制经营模式，其规定商业银行可以从事一切金融业务，甚至直接介入工商产业经营。当然，它也不排斥其他金融机构的发展与竞争。进入20世纪80年代以来，随着市场竞争的日益激烈与金融创新的需要，金融业的分业经营模式正在被打破，综合性经营与多元化发展的趋势日益明显。

目前，金融体系的基本构成主要有以下部分。

1. 中央银行

中央银行是一国金融体系的核心，它具有特殊的地位与功能。其特殊性主要来自其所承担的职能。中央银行虽叫银行，但并不从事真正的货币信贷业务，也不面向社会公众，其主要职能是负责一国的货币发行与流通，制定相应的货币政策与调控一国的金融、经济活动；同时它作为银行的银行，还对一国的金融业负有监督管理的使命；中央银行往往还是政府的银行，代理国库、提供财政融资、制定利率政策。因此，中央银行更多地负有政府机构的职能，多数国家将中央银行实行国有化，并将其视为政府机构。

中央银行的机构组织在现代工业化国家中也各不相同：绝大多数国家实行单元制中央银行，即一国只设一家中央银行；而有些联邦制国家则实行多元制中央银行，一国内部设有多家中央银行，如美国，其全国设有12家中央银行（联邦储备银行）。也有些国家不设中央银行，而有相应的机构来担当其职能，详细内容将在第七章展开。

2. 商业银行

商业银行按其经营性质，也可称之为存款货币银行。它的经营活动主要以吸收社会公众存款与发放贷款为主要内容，这也是商业银行区别于其他金融机构的主要标志。

商业银行在现代各国金融机构中，具有主导地位，是一国金融体系的骨干，这是由商业银行本身的功能所决定的。其一，商业银行的资金来源主要是吸收公众存款，其凭借众多的营业机构与巨大的渗透影响力，可吸收巨额的社会资金，以此开展其贷款与投资业务，其优势和作用是其他任何机构所不能比拟的。其二，商业银行可接受企业开户，办理转账结算，实现支付结算的非现金周转，并以此为条件发挥创造存款货币的作用。虽然随着金融体系的多元化发展，非银行金融机构已得到了空前的发展，但商业银行仍然是主要工业化国家中金融活动的主导力量。即使在金融市场高度发达，直接融资工具十分广泛的美国，在20世纪90年代初的全部资金流量分配中，由商业银行分配的社会资金仍占50%左右，其他国家的比重更高。

3. 专业银行

专业银行是指具有特定业务范围，提供专业性金融服务的银行。它与一般性的商业银行的区别主要在于业务范围的不同，商业银行可从事存款、放款、投资、汇兑结算等多种业务，而专业银行往往只从事其中一项或几项专门业务。因其业务的专业性强，往往也有特定的客户，这些专业化的服务与职能是随经济发展需要而出现的，它们的经营活动具有不可替代的特性。

专业银行的种类很多，主要的形式有以下几种：

（1）投资银行。投资银行是专门从事对工商业股票与债券投资，对证券包销代理，并为企业提供长期信贷业务的银行。投资银行的名称各国有所不同：在欧美等国，它被称为投资银行、投资公司、商人银行等；在我国与日本，它被称为证券公司。

投资银行产生于19世纪的40年代，主要从事长期信贷业务及证券投资业务，进入20世纪后，投资银行有了巨大的发展，30年代大危机之后，投资银行的业务范围与经营方式受到了较多的限制与严格的管理。目前，投资银行的资金来源主要依靠发行股票与债券、从金融市场及欧洲美元市场上筹集，有些国家也允许投资银行接受长期存款和发行大额可转让存单。投资银行的主要业务：一是代理工商企业发行股票与债券，或者采用承购包销的方法发行证券；二是从事证券业务，即作为经纪商代理客户进行证券的买卖；三是从事证券的自营买卖；四是直接参与公司企业的创建与改组活动；五是为企业提供投资及财务方面的咨询服务，赚取服务费。当然，投资银行的业务在各国是有差异的：有些国家的投资银行也可以从事对工商业的中长期贷款，甚至可介入短期贷款与融资租赁等业务，而有些国家，如美国、日本，则仅可从事证券方面的投资活动。

（2）储蓄银行。储蓄银行是以设立存折储蓄账户吸收居民储蓄为主要资金来源并用于发放各种抵押贷款的专业性银行。

储蓄银行的名称各国有所不同：在美国被称为"储蓄放款协会"或"互助储蓄银行"；在英国，储蓄银行被称为"信托储蓄银行"。还有些国家专门设有"邮政储蓄"和民间的"信贷协会"等类似的机构。储蓄银行的资金来源除了自有资本外，主要依靠吸收小规模的居民储蓄存款与定期存款，各种存款占其总负债的比重达80%左右，此外，还通过货币市场从同业借入资金。储蓄银行的资产业务主要用于中长期的贷款与投资，如发放中长期不动产抵押贷款，购买政府的债券及公司债券，从事市政机构的贷款等。但近年来，储蓄银行除了不可从事支票存款与一般工商业贷款外，也开始涉足商业贷款与消费信贷，有的也可从事融资租赁等非传统的业务。

（3）进出口银行。进出口银行是为支持本国对外贸易业务而设立的专业性银行，因其特殊的职能，进出口银行往往是官方性机构或半官方的机构，有些还是非营利性的机构，如美国的进出口银行、日本的输出入银行，都属政府金融机构；法国的对外贸易银行是半官方机构；我国的"中国进出口银行"也是一家官方性质的政策性银行。

进出口银行因其业务性质是为促进一国的商品输出入而非盈利，所以其资金大部分来自官方的投资以及向政府借款，以及通过发行债券筹措。进出口银行的业务重点是为本国企业提供优惠出口信贷以增强本国产品的出口竞争能力，同时它还执行政府对外经济援助及资本输出的任务。其业务的具体形式主要有国内企业的出口信贷、对外直接借款和提供国内外投资贷款的担保等。

（4）农业银行。农业银行是专门向农业部门或农场主提供优惠信贷的专业银行。因农业领域的信贷期限长、利息低、风险较大、抵押品不易处理，一般商业银行不愿介入农业贷款。为了解决这一问题，许多工业化国家都由官方或在官方支持下成立专业性的农业银行，以支持农业信贷。例如：美国有一个农业信贷体系，包括了联邦土地银行、联邦中期信贷银行和合作社银行等机构；在法国，有土地信贷银行和农业信贷银行；在德国有农业抵押银行；在日本则有一个政府办的"农林渔业金融公库"。

农业银行的资金来源，主要依靠政府拨款，也可以发行金融债券来筹措。其资金的使用几乎全部面向农业生产。例如：用于土地购买、建造建筑物的贷款；用于农业生产设备的购买以及化肥、农药、种子购买方面的贷款；还有农场及住房建设的贷款。农业银行的贷款因有政府的资金支持及各种政策优惠而具有利率优惠的特点，因而农业银行的贷款具有一定的政策倾向。我国的中国农业开发银行也属于政策性的银行，其主要职能与业务重点也是支持农业的开发与农副产品的生产流通。

（5）抵押银行。抵押银行，也称不动产抵押银行，是专门从事土地、房屋及其他不动产等抵押贷款的专业银行。

不动产抵押银行不从事一般商业银行的存贷款业务，其资金来源主要依靠发行不动产抵押证券,同时也可通过发行债券及短期票据贴现筹款。其贷款分为两类:一类为以土地为抵押的长期贷款,贷款对象主要为土地所有者与土地购买者;另一类为以城市房屋为抵押的长期贷款,贷款对象主要为房屋所有者、购买者和建筑商。法国的房地产信贷银行、德国的私人抵押银行以及美国的联邦国民抵押贷款协会(房利美)和联邦住宅贷款抵押公司(房地美)均属此类专业银行。它们的贷款业务均占据了抵押贷款市场的较大份额。

4. 保险公司

保险公司是现代各工业化国家中最重要的非银行金融机构。从保险业务本身看,它不属于金融活动,但因保险公司获得的保费收入大大超过其保费支出,从而可以获得稳定的货币资金用于投资与贷款,因而保险公司又是重要的金融企业。

保险公司按照险种划分,可有多种形式,如财产保险公司、人寿保险公司、灾害与事故保险公司、存款保险公司等等,其中较重要的保险公司有两类:

(1) 人寿保险公司。人寿保险公司是现代工业化国家中最大的非存款类金融机构。人寿保险公司出售的保单有两种性质:一种为定期保险单,不具有储蓄性质,如果投保人在保单期内死亡,公司按保单上的面值付给受益人,如果投保人在保单期满后活着,则须另买新保单;另一种为非定期保险单,保单经常不断地积累现金,属投保人所有,投保人可以此为抵押取得借款,也可在需要时提款,因而具有储蓄的性质。

人寿保险公司对资产的流动性要求不高,因为保险公司可较准确地预计下年度需支付的死亡保险金,人寿保险单的提现量比较小,因而其资金的稳定性较高。所以,人寿保险公司的绝大部分资产可以用于长期投资和不动产的长期抵押贷款,如购买公司的股票,购买长期债券,也可用于购买流动性较高的短期政府债券。人寿保险公司以此可获得稳定且较高的投资收益。

(2) 财产与灾害保险公司。财产与灾害保险公司比起人寿保险公司,其规模要小得多,其业务主要是真正的保险业。财产与灾害保险公司对由于火灾、盗窃、意外事故或疏忽而引起的财产损失进行保护,其资金来源主要是保险费收入,也有一部分是留存的收益与出售股票的收入。财产与灾害保险单没有现金退保值,也不可作为资产流动。

财产与灾害保险公司获得的保费收入除了部分用于理赔支付外,其资金主要用于各种投资,如国债、地方政府债券、公司债券与股票。由于财产损失的预测较为困难,故公司在流动性资产的投资方面往往要比人寿保险公司来得高,其所持有的流动性资产主要为短期国库券与证券回购协议。

保险公司的具体组织形式,既有国营的保险公司,也有私营的股份制保险公司,这两种保险公司是保险业中的主要形式,此外,还有合作性的保险及公司内部自我保险公司等形式。

5. 退休养老基金

退休养老基金是一种向参加养老金计划的人以年金形式提供退休收入的金融机构。它最早兴起于19世纪70年代,到20世纪20年代,工业化国家已普遍建立起退休养老基金组织。20世纪30年代大危机以后,社会保险制度的发展与工会组织的发展,促使了退休养老基金的迅速发展。第二次世界大战以后，一方面由于工资收入的增长与退休金的上升，另一方面由于政府颁布了建立养老金计划的立法以及养老金储蓄的税收优惠，使退休养老基金得到了进一步的发展，如美国，2005 年的养老基金资产已高达 15 000 亿美元，比 1950 年增长了 105 倍，退休基金资产为 4 246 亿美元，比 1950 年增长了 84 倍。我国 2021 年全国社保基金资产也已达 13 万亿人民币以上。

养老退休基金的资金，一方面来自雇员工资的一定比例扣除及雇主的相应比例缴款，另一方面则来自积聚资金的投资收益。基金的使用主要用于购买公司股票和债券以及政府债券，而参加计划的雇员可得到一张保证在退休之后能按月领取一定固定收入的合同。由于雇主与雇员每月的交款远超过对退休人员的支出，其大量的多余资金则可用于稳定的投资。各工业化国家普遍规定交纳的养老基金的经常收入是免税的，这更鼓励了雇员交纳养老退休基金，基金资产的增长与收益的增加更增强了其基本的保障能力。

6. 其他金融机构

除了以上各类金融机构外，在工业化国家中还广泛地存在着各种非银行金融机构，主要的有信用合作社、金融公司和信托投资公司。

（1）信用合作社。信用合作社为一种互助合作型的金融组织，在工业化国家中广泛存在。信用合作社往往在特定行业或特定范围内发展，如农民或农村的信用合作社、城市手工业者的信用合作社、建筑业的信用合作社等。

信用合作社的规模一般较有限，其资金来源主要是合作社成员缴纳的股金以及吸收的存款，其资金使用主要是向合作社成员发放短期生产性贷款与消费贷款。在资金充裕时，信用合作社也从事以不动产或以证券为抵押的中长期贷款，以用于生产者的设备投资及技术更新改造投资，但其融资规模较为有限。

（2）金融公司（finance company）。金融公司也称财务公司，是指通过发行商业票据、债券和股票获得资金，并将资金主要用于特定消费者贷款和工商企业贷款的金融企业。金融公司一般不吸收存款，其融资方式表现为大额借入，然而是小额贷出，主要用于汽车、电视机及其他耐用消费品分期付款贷款。而一般商业银行的融资特点是小额吸储，大额贷款，所以，金融公司往往可以合理地安排各种抵押贷款，满足消费者与特定工商企业的需要。金融公司不受商业银行法规的限制，也无须缴存准备金，其资产的结构有较大的灵活性。

金融公司的主要种类有以下几种：第一种为销售金融公司，其主要业务是向消费者提供消费贷款；第二种为消费者金融公司，它往往以较高的利率向消费者提供贷款，以资助他们购买汽车、电器、房屋设施等；第三种为工商金融公司，其业务方式主要通过贴现购买应收账单从而向工商企业提供贴现贷款，同时，它也从事设备的融资租赁业务。在我国，金融公司也称财务公司，主要作为集团公司内部融资与结算的金融企业开展业务，一般不可涉及一般性的存贷款与融资活动。

（3）投资信托公司（trust and investment company）。投资信托公司又称投资公司、信托公司、基金公司等。它主要通过发行股票、债券或投资受益凭证来筹集公司资本，而再以公司筹集的资金投资于其他公司的股票、债券及各种产业项目上，公司可用购入证券作担保发行新的投资信托证券以筹集更多的资金。

投资信托公司不同于存款类金融机构，它不从事工商业贷款，主要通过汇集中小投资者的资金，分散地投资于不同国家、不同地区、不同类型行业的各类证券，以此分散投资风险，获得稳定的投资收益，它对于中、小投资者的资金具有很强的吸引力，成为商业银行吸收存款的强劲竞争对手。在美国，1995年基金资产的总值已超过13万亿美元，其吸收的社会资金几乎与所有银行的存款余额相等。2020年，美国仅投资于证券的证券投资基金的总值也超过了50万亿美元。

投资信托公司往往设有各种不同类型的基金供各种投资者选择，如本国股票基金、国债受益基金、海外投资基金、固定利息收益证券、不动产证券基金等。近年来又兴起了专门投资于某一行业的行业基金和专门从事项目开发的创业基金，以满足不同层次、不同爱好投资群体的需求。投资信托公司发行的基金往往有封闭式与开放式两种：封闭式的基金股份总额是固定的，一旦发行完毕，不可再追加投资，所售出股份也不可退回，股份的流动与变现通过基金股份的上市交易来实现，许多基金都在证券交易所上市挂牌；而开放式的基金其发行总量是不固定的，基金的管理也采取开放式的，即可按一定的价格不断地认购股份，追加投资，同样，投资者也可以一定的价格赎回自己的股份，使基金股份总数减少，因而开放基金的股份总数是不固定的，其资产的流动性要求也更高，管理上要求也更高。

第三节 | 金融业的开放与外资金融机构

金融业开放与外资在华金融机构发展迅速。我国的改革开放，使经济与金融业的国际往来日益增多，为了扩大经济合作与推进经济的国际化，我国的金融业也开始走向对外开放。我国的金融业开始走出国门，与此同时，我国也开始吸引外资金融机构进入中国，允许外资在我国设立分支机构与代表机构。在"引进来"的同时，一些中资银行积极"走出去"，尤其是2006年以来，中资银行在境外设立分支机构、投资并购迈开了新步伐。

银行业是我国金融业最早对外开放的领域。1979年，我国经济体制改革刚刚拉开序幕，日本长期信用银行就已获准在北京设立了第一家外资金融机构代表处。1985年，我国开始允许外国金融机构在经济特区设立营业性分支机构从事外汇金融业务。此后，经营区域逐步扩大到沿海开放城市和中心城市，业务范围也从最初的联络、咨询等非营利工作发展到营利性营业。1996年12月和1998年8月，先后允许沪深两地符合条件的外资银行试点办理人民币业务；1999年7月将试点范围扩大到邻近省（区）。2012年之后经营人民币业务的地域已经扩大到昆明、北京、厦门、西安、沈阳，加上此前开放的上海、深圳、天津、大连、广州、珠海、青岛、南京、武汉、济南、福州、成都、重庆，使开放人民币业务的城市从13个增加到18个。2015年以后，中国已向外资银行全面开放人民币业务。

本章小结

1. 现代金融机构的形成，是经济发展与市场交易扩张的产物，它是在传统金融机构基础上，经过长期的发展与完善而形成的，现代工商业及资本主义经济组织的发展，培育了信用的基础，促进了金融体系的发展。

2. 现代金融机构的构成，是以两级银行体制为根本特征的。中央银行构成一国金融体系的核心，它是一国的货币发行中心，信用管理中心，行政监管中心，并负责一国货币政策的制定。而另一级则是以商业银行为主体的营业性金融机构，它由商业银行、专业银行、非银行金融机构等组成，这种多元化的金融机构是一国金融体系的主体。

3. 经济体制的改革与对外开放，使我国金融机构已进入了调整与改革阶段。第一阶段的改革完成了中央银行与专业银行的分设，发展了一批商业银行与非银行金融机构；而第二阶段的改革则推进了国家专业银行的商业化改革，并通过开放促进金融体系的多元化发展。

复习思考题

1. 现代市场经济国家金融机构的构成是怎样的？
2. 商业银行在现代金融体系中的地位是怎样的？
3. 如何看待金融体系的多元化发展？
4. 为什么对外资金融机构的业务范围有所限制？
5. 金融业开放与竞争的必要性与意义何在？

第七章

银行业的组织与经营管理

本章要点

商业银行是在近代工商业基础上发展起来的新兴的、综合性的金融机构,也是各种金融机构中历史最为悠久、服务体系最为全面、对社会经济活动影响最大的机构,经历了近现代数百年的发展,商业银行也成为各国金融体系的主体。商业银行是经营综合性金融业务的金融机构,其业务构成在发展过程中也在不断地改变。考虑商业银行的业务构成及其管理模式,对认识商业银行的经营本质及职能具有重要的意义。本章将重点介绍:商业银行的资产负债结构;商业银行的业务构成;商业银行的存款扩张机制;商业银行经营管理的原则、方法及内容。

第一节 | 商业银行的起源与组织形式

一、商业银行的起源与发展

商业银行是以经营存、放款为主要业务,并以营利性、安全性、流动性为主要经营原则的信用机构。商业银行是随着商品经济和信用制度的发展而产生并发展起来的。

1. 商业银行的起源

银行一词,英文为 bank,原为储钱柜的意思,该词来源于意大利文 banca 一词,原意是指商业交易所用的长板凳和长桌子。虽然银行的原始形态可以在古希腊和古罗马史中找到记载,但人们公认的近代银行的萌芽,出现于意大利的威尼斯。中世纪的威尼斯,由于它特殊的地理位置,使它成为当时著名的世界贸易中心。那时各国商人带着不同形状、不同成色和重量的铸币云集威尼斯,进行买卖交易,商人们为了完成商品交换,就必须进行铸币的交换,这样,单纯为兑换铸币而收取手续费的商人开始出现。货币经营业,即经营货币商品的商业,首先是从国际交易中发展起来的。自从各国有了不同的铸币以来,在外国购买货物的商人,就得把本国铸币换成当地铸币和把当地铸币换成本国铸币;或者把不同的铸币同作为世界货币的、未铸造的纯金或纯银相交换。由此就形成了货币兑换业,它应该被看作近代货币经营业的自然基础之一。

各国和各地区的商人为了避免自己长途携带货币和自己保存货币所遭到的危险,就把自己的货币交给兑换商保存,或委托他们办理支付与汇兑。由于货币兑换商人经常保管大量货币和代商人办理支付、汇兑,这样他们手中集存了大量的货币资金,这些货币就成为他们从事放款业务的基础。于是,货币兑换商人逐渐开始从事信用活动,银行的萌芽开始出现。体现银行本质特征的是信用业务的产生和发展。1580 年成立了威尼斯银行,这是历史上首个以"银行"为名的信用机构。此后世界商业中心从意大利移至荷兰及欧洲北部,相继成立了阿姆斯特丹银行(1609 年)、纽伦堡银行(1621 年)、汉堡银行(1629 年)。这些早期银行除了经营货币兑换、接受存款、划拨款项等业务之外,也发放贷款,但那时它们所经营的贷款业务仍带有高利贷性质,而且贷款对象主要是政府和拥有特权的企业,而政府凭借权力常常不归还贷款,这是造成中世纪银行衰落的重要原因之一。17 世纪,随着资本主义经济的发展,近代银行的雏形逐步地显现。在资本主义生产方式建立最早的英国,银行最初是从高利贷者与金匠、金商中独立出来的。特别是金匠和金商,经常按客户的要求,代为保管金银,并签发保管金银的收据。后来这种收据逐渐变成了一种支付工具,成了银行票据的雏形。此外,金匠和金商可以按客户的要求,将其所保管的金银移交给第三者。这些经常性的经营活动,使金匠和金商手中经常集存大量金银,于是他们便将这些贵金属贷出去,收取利息。当时利息率很高,年平均率在 20%—30% 之间,这样高的利息率不利于资本主义工商业的发展。但货币经营业务孕育了信贷业务的萌芽,为商业银行的产生打下了基础。以工商业贷款为主要业务的商业银行，是随着资本主义生产关系的产生而产生的。因为前资本主义高利贷性质的银行业，不能满足资本主义发展对信用的需求，迫切需要建立能汇集闲置货币资本，并按照适度的利息水平提供贷款的银行。因此，新兴的资产阶级一方面展开反对高利贷的斗争；另一方面呼唤着适应资本主义发展需要的新型银行。与此相应，资本主义银行是通过两条途径产生的。一条途径是高利贷性质的旧式银行在新的条件下，逐步改变自己的经营以适应产业资本和商业资本的需要；另一条途径是新兴的资产阶级按照资本主义经营原则组织股份制银行。1694年在英王威廉三世支持下，英国商人集股建立起来的英格兰银行是世界上第一家股份制商业银行，它的建立，标志着资本主义现代银行制度的正式确立，也意味着高利贷在信用领域的垄断地位已被动摇。此后，西方各国纷纷效仿，股份制商业银行逐渐成为资本主义银行的主要形式。这种银行资本雄厚、规模大、利率低，能够大量提供信用资本，极大地推动了资本主义经济的发展。

2. 商业银行的大发展

随着商品经济的发展，今天的商业银行与其当时因发放基于商业行为的自偿性贷款而获得的称谓相比，其内涵更为广泛而深刻。经济发展对资金需求的多样化，对金融服务的新要求、竞争和盈利动机的激励，使商业银行的经营内容、范围以及所具有的功能，都在不断地发展。世界上大多数的商业银行从事着多种综合性银行服务，被称为"百货公司"式的银行。商业银行在全世界经历了全面的大发展，成为各国金融体系的主要构成机构。

二、商业银行的组织形式

各国由于社会经济条件不同，商业银行的组织形式也不尽相同，大体说来，主要有以下五种形式。

1. 单元银行制度

单元银行制度又称单一银行制度，指银行业务完全由一个独立的银行机构经营，不设或不允许设立分支机构的银行组织制度。这种银行制度目前仅存于美国。单一银行制度在美国有其历史背景。由于经济发展不平衡，为了满足各州中、小厂商发展的需要，反对金融权力集中和银行间的相互吞并，因此各州都通过银行立法禁止或限制开设分支行。但随着经济的发展，地区经济联系的加强，以及金融业竞争的加剧，许多州对银行开设分支机构的限制有所或正在逐步放宽，如已有近半数的州允许在全国范围内设立分支机构，有的州允许有限制地设立分支机构。到底应否实行单元银行制，在美国一直是个有争议的问题。然而，无论争议结果如何，单元制向分支行制发展的趋势业已形成。1994年9月，美国国会通过《瑞格－尼尔跨州银行与分支机构有效性法案》，允许商业银行跨州设立分支机构。2006年以来，设立分支行的限制进一步放松，约三分之一的州准许银行在本州范围内开设分支机构，三分之一的州准许在商业银行总行所在地的城市设立分支机构，其余三分之一的州根本不准许设立分支机构，或者要经过许多审批手续，限制仍严。

单一银行制在一定程度上限制了银行吞并和垄断，缓和了银行间的竞争和集中，有利于协调地方政府与银行的关系，在业务上具有较大的灵活性和独立性。但它在限制竞争的同时，也限制了自身的业务创新和规模的扩大。

2. 分支行制度

分支行制度指在各大中心城市设立总行，在本埠、国内、国外普遍设立分支行的制度。分支行制度是目前西方国家普遍采用的一种银行制度。英国、德国、法国、日本、意大利、瑞典等国均采用这种组织形式，尤以英国最为典型。例如，在 2000 年，英国伦敦 6 家清算银行共拥有 11 659 家分支机构（6 家清算银行系指巴克莱银行、劳合银行、米特兰银行、国民西敏士银行、联合银行和格林德莱银行），占银行体系存款总余额的 70%。

分支行制经营规模庞大，有利于展开竞争，易于采用现代化设备，提供高效率和多层次服务，从而获得规模效益。它也能够在更大范围内及时调度资金，提高资金的使用效益；由于放款总额分散，有利于分散风险。但它在客观上形成了垄断，不利于同业公平竞争，在内部管理上由于层次多而给管理带来一定困难。

3. 银行控股公司制度

银行控股公司制度，又称集团银行制，指由某一集团成立股权公司，再由该公司控制和收购两家以上银行股票的银行制度。这种股权公司既可以由非银行的大型企业组建，也可以由大银行组建。持股公司所拥有的银行在法律上是独立的，拥有自己的董事会，对股东负责，接受管理机构的监督，但其业务与经营政策，由持股公司统一控制。银行持股公司发端于 20 世纪初，第二次世界大战以后获得长足发展，在美国最为流行。

银行控股公司能够有效地扩大资本总量，增强银行的实力，提高抵御风险和竞争的能力，弥补了单元制的不足。但它容易形成银行业的集中和垄断，不利于银行之间开展竞争。

4. 连锁银行制度

连锁银行制度，是指由同一个人或集团购买两家以上银行多数股票，从而控制银行的经营决策而又不以股份公司的形式出现的一种银行组织形式。连锁银行的成员一般都是形式上独立的小银行，它们一般环绕在一家主要银行的周围。其中的主要银行确立银行业务模式，并以它为中心，形成集团内部的各种联合。连锁银行主要在美国得到发展。

5. 跨国银行与银行业的国际化

由于国际金融业务的发展，出现了银行业的跨国经营与跨国银行财团。早在工业革命出现的初期，伴随着海外贸易与殖民，就已经有了跨国银行。但跨国银行业务到二次大战前一直处于较弱小与不稳定的状态，这与当时的国际政治、经济及贸易关系有着直接的关联。二战以后，随着新的国际经济与货币体系的建立，在各国经济恢复与投资的带动下，银行跨国经营得到了空前的发展，主要工业化国家，如美国、日本、英国、德国、法国等国家的银行纷纷国际化，到 20 世纪 90 年代以后，美国、日本银行的海外分行已超过了千家，机构遍涉世界各国。随后，新兴工业化国家也步工业化国家后尘，开始了银行业的国际化，如新加坡、韩国，也开始了银行业的跨国经营，我国从 20 世纪 90 年代中期开始，也迈出了银行业的国际化步伐，目前海分支机构及代表处已逾 500 家。

银行业务的国际化与跨国经营，是经济国际化与全球化的必然结果。贸易的自由化与扩张，投资的自由化与资本的自由流动，带动了国际金融业务的空前扩张，银行的跨国经营形成了跨国银行（multinational bank），它们以国际舞台为背景，在全球范围内争夺金融业务市场份额，并影响各国的经济。

6. 银行业的合并与集中化趋势

战后银行业的竞争与扩张导致了银行业的合并与收购浪潮，仅美国就已发生了3 000多起银行并购的案例。进入21世纪以后，合并与收购的浪潮更加汹涌，并波及日本与欧洲。银行业的收购与合并，既有"以强并弱"的例子，大银行收购合并面临亏损、倒闭的银行，如荷兰国际集团并购英国的巴林银行；而更多的是银行业的"强强联合"，大银行为争夺市场份额、提高竞争力而进行合并，形成"巨型航空母舰"式的大银行，如大通曼哈顿银行与化学银行的合并、三菱银行与东京银行的合并、花旗银行与旅行者集团的合并，都是那种强强联合争夺市场的案例。进入21世纪以来，银行业已出现了世界性的合并与集中化发展趋势。

第二节 | 商业银行的性质、职能与变革趋势

一、商业银行的性质

从商业银行产生和发展的历史过程可以看出，商业银行是以追逐利润为目标，以经营金融资产和负债为对象，综合性多功能的金融企业。

首先，商业银行具有一般企业的基本特征，是社会经济的重要构成部分。它具有从事业务经营所需的自有资本，依法经营，照章纳税，自负盈亏，与其他工商企业一样，以利润为目标，所以，从这一点看，它与工商企业并无二致。

其次，商业银行与一般的工商企业又有所不同。工商企业经营的是具有一定使用价值的商品，从事商品生产和流通；而商业银行是以金融资产和金融负债为经营对象，经营的是特殊商品——货币和货币资本，经营内容包括货币的收付、借贷及各种与货币运动有关的或者与之相联系的金融服务。同一般工商企业的区别，使商业银行成为一种特殊的企业，即金融企业。

最后，商业银行作为金融企业，与专业银行和其他金融机构相比又有所不同。商业银行的业务更综合、功能更全面，经营一切金融"零售"和"批发"业务，为客户提供所有的金融服务。而专业银行只集中经营指定范围内的业务和提供专门性服务；其他金融机构，如信托投资公司、保险公司等，业务经营的范围相对来说更为狭窄，业务方式更趋单一。随着各国金融管制的放松，专业银行和其他金融机构的业务经营范围也在不断扩大，但与商业银行相比，仍相差甚远。商业银行在业务经营上的优势，使其业务扩张更为迅速，发展更快。

二、商业银行的职能

商业银行的职能，是由它的经营性质所决定的，商业银行作为货币金融企业，有着如下特定职能：

1. 信用中介职能

信用中介是商业银行最基本，最能反映其经营活动特征的职能。这一职能的实质，是通过银行的负债业务，把社会上的各种闲散货币资本集中到银行里来，再通过资产业务，把它投向社会经济各部门和单位。商业银行是作为货币资本的贷出者与借入者的中介人，来实现资本的融通。

商业银行通过信用中介的职能实现资本盈余和短缺之间的融通，并不改变货币资本的所有权，改变的只是货币资本的使用权，这种使用权的改变，对经济过程形成了多层次的调节关系。

第一，通过信用中介职能，把暂时从再生产过程中游离出来的闲置资本，转化为职能资本，在不改变社会资本总量的条件下，通过改变资本的使用量，扩大再生产规模，扩大资本增值。

第二，通过信用中介职能，可以把不当作资本使用的小额货币储蓄集中起来，变为可以投入再生产过程的巨额资本，把用于消费的收入，转化为能带来货币收入的资本，扩大了社会资本总量，从而使社会再生产以更快的速度增长。

第三，通过信用中介职能，可以把短期货币资本转化为长期货币资本。在利润原则支配下，还可以把货币资本从效益低的部门引向效益高的部门，形成对经济结构的调节。

2. 支付中介职能

商业银行通过存款在账户上的转移，代理客户支付；在存款的基础上，为客户兑付现款等，成为工商企业、团体和个人的货币保管者、出纳者和支付代理人，商业银行成为债权债务关系与支付的中心。

支付中介职能的发挥，大大减少了现金的使用，节约了社会流通费用，加速了结算过程和货币资本的周转，促进了社会再生产的扩大。

3. 信用创造功能

商业银行在信用中介职能和支付中介职能的基础上，产生了信用创造功能。

商业银行是能够吸收各种存款的银行，利用其吸收的存款发放贷款，在支票流通和转账结算的基础上，贷款又转化为存款，在这种存款不提取现金或不完全提现的情况下，新增加了商业银行的资金来源，最后在整个银行体系，形成了数倍于原始存款的派生存款。商业银行不可能无限制地创造信用，更不能凭空创造信用，它要受以下几个因素的制约：

（1）商业银行的信用创造要以存款为基础。就每一家商业银行而言，要根据存款发放贷款和投资；就整个商业银行体系而言，也是在原始存款的基础上进行创造，信用创造的限度，取决于原始存款的规模。

（2）商业银行的信用创造，要受中央银行的存款准备金率、自身的现金准备率及贷款付现率的制约；创造能力与其成反比。由于这些制约因素的存在，使存款的派生能力受到一定的限制。

（3）创造信用的条件，是要有贷款需求，如果没有足够的贷款需求，贷款就发放不出去，就谈不上信用创造，因为贷款才派生存款；相反，如果收还贷款，就会相应收缩派生存款，收缩的程度与派生的程度相一致。

因此，对商业银行来说，具有最重要意义的仍然是存款，只有吸收的存款越多，才有可能扩大贷款规模，实现经营目标。商业银行创造信用的实质，从整个社会再生产过程看，是信用工具的创造，并不是资本的创造。它的进步意义在于加强资本周转，节约流通费用，满足经济过程中对流通和支付手段的需要。

4. 金融服务职能

随着经济的发展，工商企业的经营环境日益复杂，银行间的业务竞争也日益激烈。银行由于联系面广，信息比较灵通，特别是电子计算机在银行业务中的广泛应用，使其具备了为客户提供信息服务的条件，咨询服务、对企业"决策支援"等服务应运而生。工商企业生产和流通专业化的发展，又要求把许多原来属于企业自身的货币业务转交给银行代为办理，如发放工资、代理支付其他费用等。个人消费也由原来的单纯钱物交换，发展为转账结算。现代化的社会生活，从多方面给商业银行提出了金融服务的要求。在激烈的业务竞争压力下，各商业银行不断地开拓服务领域、借以建立与客户的广泛联系，通过金融服务业务的发展，进一步促进资产负债业务的扩大，并把资产负债业务与金融服务结合起来，开拓新的领域。在现代经济生活中，金融服务已成为商业银行的重要职能。

三、商业银行的发展趋势

在市场竞争日益激烈的条件下，商业银行为求得自身的发展，会不断调整其业务，实施创新。战后商业银行在这种环境刺激下，其组织、经营体制都出现了深刻的变化，形成了国际化、综合化、电子化的发展潮流。

1. 银行业的集中、合并与国际化

二战后银行业的经营环境出现了明显的变化，市场的开放使其竞争日益激化，国际金融体系的建立使其竞争趋向国际化。这种环境变迁导致了二战后银行业的集中化趋势与银行业的合并。从二战后到20世纪90年代，先后出现过三次大的银行业合并浪潮，从美国、欧洲到日本，银行业的集中化与合并浪潮一浪高过一浪。尤其是进入21世纪以后，由于监管与控制的放松，银行业集中化与合并的步伐更加快了，出现了全球金融业的重新整合。

在美国，出现了化学银行与大通曼哈顿银行的合并；第一银行与第一洲际银行的并购；美国第一银行与第一芝加哥银行的合并；美洲银行和国民银行的合并。最令人震惊的是花旗集团公司（Citicorp）（花旗银行的母公司）与旅行者集团（Travelers Group）宣布合并，成立新的花旗集团（Citigroup），其总资产在2006年已超过了8 500亿美元。2008年9月，美国银行宣布以500亿美元的价格收购全美排名第三的投资银行——美林集团。

在日本，有较早的第一银行和劝业银行的合并，成立了第一劝业银行；有三井银行与太阳神户银行的合并，成立了樱花银行；还有协和银行与琦玉银行合并为旭日银行。进入 21 世纪以后，又有三菱银行和东京银行宣布合并，组成东京三菱银行，并成为当时世界上最大的商业银行。

在欧洲，同样出现了合并的浪潮，香港汇丰银行收购英国米兰银行组成汇丰银行持股公司；巴林银行被荷兰国际集团收购；劳合银行与英国信托储蓄银行合并组建"劳合-信托储蓄银行集团公司"；2005 年 6 月 12 日，意大利最大的银行联合信贷银行与德国第二大银行裕宝银行达成收购协议，是欧洲银行业最大一宗跨国银行并购交易。

银行业的集中与合并使银行的规模日益庞大，经营的领域与范围也日益增大，银行的经营朝国际化方向发展。竞争的激化，监管与控制的放松，促成了银行业的集中与合并，形成垄断竞争的新局面，其经营业务也日益朝多样化方向发展。

2. 银行经营的综合化与全能化

商业银行的经营范围一直是银行经营模式的争论问题，在银行经营史上，一直存在着分业制经营与合业制经营的争论与不同的体制。所谓分业制经营，是通过立法对各种金融机构的业务范围进行具体的分工。有的从事长期金融，有的从事短期金融，有的专业从事证券业务，有的专业从事保险、信托等业务，而分业制的核心是实行银行业与证券业的分离，银行业与证券业之间业务不能交叉，以防止资金与风险的交叉。在分业制条件下，商业银行只能从事短期工商业贷款业务。英国与美国以及战后的日本在较长一段时期里都是实行分业制经营的，商业银行不得参与证券包销、代理，不得参股证券公司，不得向证券业融资，从而形成了一种严格的职能分工。

相比之下，欧洲大陆的德国、奥地利、瑞士等大陆法系国家则推行一种全能型的银行经营模式，即合业经营模式。在合业制模式下，商业银行可以不受限制地经营存放款、投资、证券、信托等金融业务，甚至还可以从事不动产及工商业的投资经营。这类银行被称为"全能银行"（universal banking）。全能银行概念源于德国，这类银行不仅经营银行业务，而且还经营证券、保险、金融衍生业务以及其他新兴金融业务，有的还能持有非金融企业的股权。全能银行可购买企业的股票，甚至成为企业的大股东，直接干预企业的经营决策。全能银行成为一种"百货公司"式的银行。

商业银行的分业制经营与合业制经营在战后一直存在着不同看法，对风险与效率的分析也各持己见。但自 20 世纪 90 年代中期以后，商业银行经营模式开始出现转变，分业制经营模式开始被突破，出现了银行经营全能化的趋势。

英美等国商业银行自 20 世纪 90 年代开始突破短期工商信贷的限制而涉足长期抵押贷款市场，并通过不断的创新向一系列新兴业务扩展。而最为重要的是银行业开始向证券业的渗透，打破了分业的最主要防线。由于证券市场的迅猛发展与资金的分流，银行传统业务受到极大挑战，为了摆脱困境，银行业急需发展新的业务以拓展市场，向证券与投资方向发展成了银行的根本选择。各国监管当局也正是在这种冲击的局面下放松管制，推行了自由化经营的政策，从而激发了20世纪90年代以来的金融业的融发展。主要的事件如下：①1986年，英国金融当局重新允许商业银行进入投资银行领域，从事证券业务；②1987年，加拿大金融当局取消了银行、证券业的分业限制，并在随后通过法案允许银行业、信托业、保险业的业务交叉及机构复合；③1986年日本推出金融改革方案，允许银行业与证券业的业务交叉，1993年，日本正式通过了《金融制度改革法》，推行"金融大爆炸"式的改革，打破了银行业与证券业之间的经营界线，在东南亚金融危机中，日本金融业遭受重创，但合业经营的体制没有倒退；④美国自1986年开始推行金融业的改革与自由化进程，放宽了银行业与证券业之间业务交叉的限制，并于1996年通过法案废止了于1933年通过的实行分业经营的《格拉斯－斯蒂格尔法》，彻底扫清了金融业合业经营的障碍。2009年以后，金融业的融合多元发展更加蓬勃。

3. 银行业的电子化

电子化是现代科技在银行业中应用的结果，在计算机及信息处理技术飞速发展的今天，银行业务，甚至其发展模式都受到了极大的影响。银行业技术的创新方兴未艾，而电子技术发展及其对经营方式的转化影响是目前最主要的变革。

电子技术发展可大大提高银行的经营效率与业务能力，并引导出新兴的业务项目。目前最主要的电子自动化服务项目有自动柜员机（ATM）、售货终端机（POS），以及电子转账系统，更现代化的网络银行也正在蓬勃发展之中。这些技术的开发与应用使银行与客户之间，银行与企业之间，以及银行与银行之间的资金往来、划拨、结算更加迅速、安全、便捷，大大提高了银行业的经营效率，并使银行业的经营成本进一步降低，以此吸引更多的客户与企业进入银行系统。进入21世纪，网络银行业务成为银行业发展的一个新潮流。商业银行开始积极利用网络技术拓展业务，依托网络平台的结算系统也迅猛发展。网络银行的出现和发展，促进了网络支付结算体系的发展，便利了经济交易活动，进一步改变金融业的经营方式与面貌，影响到整个金融和经济生活的过程。

第三节 | 商业银行的立法与管理

一、商业银行立法与管理的必要性

商业银行是一种特殊的金融性企业，别的企业很少像商业银行这样受到有关部门严格、仔细地关注，以决定其经营是否符合各种法规和条例。金融业作为一个特殊的行业，其特点是金融机构本身存在着一些不稳定的因素。

首先，金融机构的资金来源与运用同一般企业不一样，它的资金来源于社会公众和企事业单位，其经营主要靠负债来增加其资产，这就意味着金融机构在财务上要有高水平的资产负债比率。

其次,作为金融机构,其资产与负债基本是不匹配的,负债与资产之间要有比较合适的比重搭配。

再次,银行本身有一个偿付能力问题,由于银行吸收了存款,作为债务人对存款者有偿付责任。一旦公众对银行失去信心,就会出现支付危机。

最后,金融机构作为中介机构,通过吸收存款再放贷出去,银行透明度不高,存款人无法取得足够的有关银行风险的信息,这也是一个不稳定因素。此外,金融机构在营运过程中还存在着风险。这些风险主要有:信用风险,贷款发放出去可能到期得不到偿还;流动性风险,到期不能偿付负债;收益风险,负债的成本可能超过资产的收入;市场风险,资产现值可能低于购买时的价值;经营性风险,机构本身的运转和控制系统不健全、调度失灵;管理风险,管理者可能不称职。

国外学者对金融内在脆弱性问题作了系统阐述,形成了"金融脆弱性假说"或者说是"黑天鹅假说"。金融脆弱性假说认为私人信用创造机构,特别是商业银行和其他相关的贷款人的内在特性使得无法摆脱周期性危机和破产浪潮,银行部门的困境又被传递到经济体的各个组成部分,产生经济危机。商业银行是整个金融体系的主体,在社会经济中的联系面广,影响力大,由于其自身存在着一些不稳定因素和风险,一旦出现一家银行的倒闭,不仅损害客户的利益,而且容易引起连锁反应,冲击其他部门的正常经营活动,进而影响整个社会经济的稳定和发展。所以,对具有特殊作用和特殊性质的商业银行,首先要建立一个健全、完备的法规体系,以法律为依据,实行严格的依法管理和监督。通过监管,使银行能按规定进行业务活动,在经营管理上能保持稳健,减少风险,保障存款人的权益,从而保持整个银行业及金融制度的稳定。

二、《巴塞尔协议》关于商业银行的监管规定

1974年,十国集团中央银行行长倡议建立巴塞尔委员会[1],其成员包括十国集团中央银行和银行监管部门的代表。自成立以来,巴塞尔委员会制定了一系列重要的银行监管规定,其中影响最大的就是《巴塞尔协议》。这些规定不具法律约束力,但鉴于其合理性、科学性和可操作性,许多国家的银行监管部门也自愿地遵守了巴塞尔协定和资本协议。

在国际债务危机的背景下,巴塞尔委员会于1988年7月通过了《关于统一国际银行的资本计算和资本标准的协议》(简称《巴塞尔协议》)。该协议主要包括资本的分类、风险权重的计算标准、1996年资本与资产的标准比例和过渡期的实施安排与各国监管当局自由决定的范围等四个部分。首先该协议将银行的资本划分为核心资本和附属资本两类,对

---

[1] 巴塞尔银行监管委员会(Basel Committee on Banking Supervision)简称巴塞尔委员会,原称银行法规与监管事务委员会,是由美国、英国、法国、德国、意大利、日本、荷兰、加拿大、比利时、瑞典10大工业国的中央银行于1974年底共同成立的。该委员会作为国际清算银行的一个正式机构,以各国中央银行官员和银行监管当局为代表,总部在瑞士的巴塞尔。每年定期集会4次,并拥有近30个技术机构,执行每年集会所定目标或计划。

各类资本按照各自不同的特点进行明确界定。其次是风险权重的计算标准，报告根据资产类别、性质以及债务主体的不同，将银行资产负债表的表内和表外项目划分为0%、20%、50%和100%四个风险档次。该协议确定了资本对风险资产的比重不低于8%（其中核心资本对风险资产的比重不低于4%）的标准。

20世纪90年代爆发的金融危机特别是亚洲金融危机促使巴塞尔委员会修订银行监管要求。1997年9月推出的《有效银行监管的核心原则》（简称《核心原则》）已经确立了全面风险管理的理念，共提出涉及银行监管7个方面的25条核心原则。尽管这个文件主要解决监管原则问题，未能提出更具操作性的监管办法和完整的计量模型，但它为此后巴塞尔协议的完善提供了一个具有实质性意义的监管框架，为新协议的全面深化留下了宽广的空间。新协议推出的最低资本要求、监管部门的监督检查及市场原则等三大支柱，都在《核心原则》中形成了雏形。

2010年9月12日，巴塞尔委员会宣布，各方代表就《巴塞尔协议Ⅲ》的内容达成一致。根据这项协议，商业银行的核心资本充足率将由目前的4%上调到6%，同时计提2.5%的防护缓冲资本和不高于2.5%的逆周期准备资本，这样核心资本充足率的要求可达到8.5%—11%。总资本充足率要求仍维持8%不变。此外，还将引入杠杆比率、流动杠杆比率和净稳定资金来源比率的要求，以降低银行系统的流动性风险，加强抵御金融风险的能力。

三、商业银行的监管机构及措施

各国对银行的监管都设有专门机构，但由于各国金融制度不同，对银行进行监管的机构也不尽相同，大体上有以下几种情况：

（1）由中央银行负责对银行进行监管，如英国的英格兰银行。

（2）在另一金融决策机构领导下由中央银行对银行进行监管，如意大利银行就是在"部际信贷储备委员会"的领导下，对银行进行监管。

（3）中央银行与另一监管机构紧密配合共同对银行进行监管，如德国联邦银行就是与联邦银行监督局密切配合共同对银行进行监督。

（4）由财政部设置的专门机构进行监管，如日本在大藏省专门设有银行局和国际金融局，加拿大设有银行总监。

（5）由几个机构联合进行监管，法国对银行的监管就是由财政部、国家信贷委员会、法兰西银行和银行管理委员会四个机构共同负责的。

（6）由几家不同监管机构分别进行监管。在美国，除了在各州都有州银行委员会对非联储系统会员银行的州立银行进行监管外，在联邦一级就有好几家机构分别有权对银行进行监管，如财政部的货币监理官负责监管国民银行，联邦储备委员会负责监管会员银行和银行控股公司，联邦存款保险公司以前有权监督检查所有参加该保险系统的商业银行。1989年通过《金融机构：改革、复兴与实施法案》后，联邦存款保险公司原来管的银行存款保险改由新成立的银行保险基金管理与监督。

在对商业银行的具体管理上，各国家和地区都颁布了银行法。著名的商业银行法有《英国银行法》《法国银行法》《德意志联邦共和国银行法》《日本国普通银行法》《新加坡银行业法令》以及《香港银行条例》等。我国于 1995 年 5 月 10 日八届人大十三次会议通过了《中华人民共和国商业银行法》，并于 1995 年 7 月 1 日起施行。2003 年 12 月 27 日，为了适应新的形势，十届人大六次会议通过了《全国人民代表大会常务委员会关于修改〈中华人民共和国商业银行法〉的决定》，自 2004 年 2 月 1 日起施行。2015 年 8 月 29 日第十二届全国人民代表大会常务委员会第十六次会议通过了《关于修改〈中华人民共和国商业银行法〉的决定》第二次修正，并于 2015 年 10 月 1 日开始施行。商业银行法规定的管理措施主要有以下几个方面：

（1）对商业银行开业的规定。国家对所有新建银行的开业都要进行严密的审查。任何银行或金融机构必须向金融主管当局提出申请。经审查同意批准取得营业执照后才可营业。审查的重点是：银行必须具有最低资本，银行的业务范围及其经营人员的资格。我国商业银行法规定，设立全国性商业银行的注册资本最低限额为十亿元人民币，设立城市商业银行的注册资本最低限额为一亿元人民币，设立农村商业银行的注册资本最低限额为五千万元人民币，同时注册资本应当是实缴资本。此外，还要有具备专业知识和业务工作经验的董事和高级管理人员，有健全的组织机构和管理制度，有符合要求的营业场所，安全防范措施和与业务有关的其他设施。

（2）对商业银行资本适宜度的规定。银行资本是否适度和充足是衡量一家银行经营管理是否稳健的一个尺度。资本适宜度是指银行资本应保持既能经受坏账损失的风险，又能正常营运，达到盈利的水平。通过资本必须与银行的资产或负债保持一定的比例来限制银行的业务规模。如果这一比率过低，银行就只有通过增加资本或减少业务来达到规定的比率。1987 年的《巴塞尔协议》，要求签字国银行的资本对其经加权计算的风险资产的比率达到 8%。我国《商业银行法》规定，商业银行的资本充足率不得低于 8%。

（3）对商业银行资产流动性的规定。要使银行的资产能够灵活周转，随时可以满足客户提取存款或要求提供贷款的需要，以及限制银行不得把过多的资金使用在长期贷款和投资上，必须要明确规定银行的一部分资产要具有流动性，即银行必须按规定的比率经常保持一部分现金和随时可以在市场上变成现金的资产。因此，各国金融监管当局明确规定银行所持有的具有流动性的资产必须要在其资产总额中占有相当的比例，这就是流动性资金比例，这是金融监管当局为防止银行资金周转不灵而采取的一项极其重要的预防性措施。我国《商业银行法》规定，商业银行实行资产负债比例管理，流动性资产余额与流动性负债余额的比例不得低于 25%。

（4）对银行业务活动范围的规定。在美国、日本及很多实行专业化金融制度的国家里，商业银行与其他金融机构都各自有其专门的业务经营范围。在一些特别强调长短期资金融通业务应当分离的国家中，商业银行一般主要从事短期资金融通的业务，而不涉足长期信用、信托投资、住房建筑、证券买卖等业务。自 20 世纪 90 年代中期以来，尽管不少实行专化金融制度的国家在金融业务方面的限制有所放宽，金融业务可以适当交叉，但传统的专业分工界限还基本没有取消，专业金融机构还不能随意打入传统上不属于自己业务范围内的其他金融领域。我国《商业银行法》规定，商业银行在中华人民共和国境内不得从事信托投资和证券经营业务，不得投资于非自用不动产，不得向非银行金融机构和企业从事直接投资。

（5）对商业银行贷款的限制。银行发放的贷款不宜集中在少数借款人身上，因为这样风险太大，万一这些借款人出了问题，就会直接牵连银行。为了使银行贷款的风险分散，银行发放单一巨额贷款时，应当把单一贷款与银行的资本挂钩，规定一个比率以限制银行发放单一巨额贷款。我国《商业银行法》规定，对同一借款人的贷款余额与商业银行资本余额的比例不得超过10%。

此外，各国金融监管当局对银行发放与该行有关人员的贷款一般限制都很严。在美国，银行不得以优惠条件向其董事及职员提供贷款，银行不得以优惠利率支付他们的存款利息。我国《商业银行法》规定，商业银行不得向关系人发放信用贷款，向关系人发放担保贷款的条件不得优于其他借款人同类贷款的条件。

（6）对商业银行参加存款保险制度的规定。随着银行业的发展，银行业务竞争的加剧，商业银行在业务经营过程中难免会发生风险和出现破产倒闭现象。为了保护存款人的经济利益，不少西方国家相继建立了存款保险制度，并要求商业银行加入并认缴股份。美国是西方国家中由联邦政府出面建立存款保险制度最早的一个国家。美国联邦存款保险公司成立于西方经济与金融大萧条时期的1933年。凡参加这一存款保险体系的投保商业银行，在其倒闭清理时，每一私人存款账户可以从联邦存款保险公司得到一定金额的偿付，最高保险额为10万美元。日本的存款保险机构由大藏省、中央银行和银行业协会在1971年共同出资设立，接受金融厅（过去是大藏省）监管，对所有日本的银行及其在海外分支机构中所有居民与非居民的日本存款予以保险，最高保险额为1 000万日元。我国2015年建立存款保险制度，我国的存款保险实行限额偿付，最高偿付限额为人民币50万元。目前已经涉及偿付的有几家城商行和农商行。

各国银行法还都规定，商业银行应该履行接受、配合金融主管部门检查的义务；报送金融统计、报告的义务；等等。金融管理当局通过非现场检查、现场稽核、社会监督等措施对商业银行也可以进行有效的监管。

第四节 商业银行的业务构成

一、商业银行的资产负债结构

商业银行的资产负债结构是指一家特定的商业银行在某一时点上对外部实体的债权指

标与债务指标的总和。根据会计学原理，资产负债表实际上是一张资金平衡表。我们先来考察一个简单又基本的会计等式：

$$资产 - 负债 = 净值 \quad 或者 \quad 资产 = 负债 + 净值$$

在一张银行的资产负债表里有两大项目：一个是资产项目，代表对资金的运用；另一个是负债项目，包括负债与净值。净值在银行术语里又称"资本账户"。负债项目说明了银行的资金来源。下面是一张典型的商业银行资产负债表（表7-1）。

表 7-1　商业银行的资产负债表

资产项目	%	负债项目	%
现金资产	12.8	资本账户	6.8
库存现金		存款	72.8
中央银行储备		活期	
同业存款		储蓄	
应收现金		定期	
放款	54.8	借款	12.4
工商业放款		其他负债	8.0
其他			
投资	19.4		
政府债券			
其他公债			
其他资产	13.0		
总　　计	100.0	总　　计	100.0

每一个具体项目均占有一定的数额与百分比，代表银行在某一时点上的资金来源与运用状况。资产项目与负债项目的总额相等。

1. 资产项目

现金资产是银行资产中最富流动性的部分，基本上不能给银行带来直接的收入。法律对其持有量有着严格的规定。它包括库存现金、交存中央银行的存款准备金、同业存款及各种应收票据。这里，同业存款是指银行之间或其他金融机构之间的相互存款，目的是能够顺利办理支票与票据交换、托收、汇款等事宜。资产项目下的同业存款账户指的是本银行存于其他银行的款项。

放款无疑是银行资产中最重要的组成部分，亦是银行最主要的盈利资产。放款分为工商业放款、消费放款、农业放款、不动产放款等。银行的盈利来源是借款人根据与银行签订的借款合同上规定的固定或可变利率,到期支付给银行的利息。银行的投资主要是在证券上,多为政府公债、市政债券和高等级的企业债券。政府公债信誉好,具有相当的流动性、安全性、盈利性以及一些免税规定,对银行很有吸引力。例如在美国,货币监理官把证券分三类:第一类为政府债券,银行投资这类证券不受任何限制;第二类为世界银行、美洲开发银行、亚洲开发银行等发行的债券;第三类为公司债、外国政府公债和外国公司债等。第二类、第三类证券,购买同一债权人所发行的债券不得超过股东权益的10%,银行可以代客买卖或承销第二类证券,但不可以承销或代客买卖第三类证券。我国的《商业银行法》规定,商业银行可以买卖政府债券,但不可以从事信托投资和证券经营业务。

其他资产包括银行拥有的一些不动产。房地产一般规定自用,如我国《商业银行法》规定,商业银行不得投资于非自用不动产。

2. 负债项目

资本账户包括银行成立时所招募的股本,再加上储备金和未分配利润。资本意味着股东产权,代表股东对银行资产要求权的账面价值。银行的资本规模大,说明银行本身的规模也较大,这对增强存款人对银行的信任、吸收存款有着重要作用。

存款分活期、定期、储蓄三种,是商业银行主要的资金来源,对于这三类存款,存款人的意图、存款期限、利率的规定都有显著不同。商业银行是唯一能够同时接受活期、定期和储蓄存款的金融机构。商业银行的借款,是指商业银行通过对外借款来筹集资金。在美国,银行可以向联邦资金市场借款,也可以直接向中央银行以票据贴现方式借款,大银行还可以通过海外分支行借入欧洲美元。我国规定,中央银行可以向商业银行发放贷款、商业银行可以向同业拆借,或者通过发行金融债券的途径借入业务发展所需款项。其他负债包括银行承兑券、应计税金、应付账款等。在财务报告中,资产负债表是一张重要的会计报表。理解资产负债表的大致结构,有助于进一步理解商业银行的运作规则、主要业务以及一些重要的管理原则。

二、商业银行的业务

商业银行经营的业务种类繁多,随着时间的推移,金融商品和金融服务的种类将越来越多。国外的一些大型商业银行被称为"金融百货公司",反映的也就是这一点,从资金的吸收借入到具体运用,商业银行的业务大体上可分为负债业务、资产业务、中间业务和表外业务三大类。

1. 负债业务

负债业务主要是指吸收资金的业务,对自有资本的管理也包括在内。自有资本可分为资本金和为扩大经营而追加的投资,资本金是银行最原始的资金来源,一般由银行发行的股本构成,追加投资包括新招募的股本即"扩股"和股息资本化(按规定从每年支付的股利总额中提取法定公积金)。这里着重介绍商业银行其他的主要负债业务。

(1) 活期存款。活期存款的存款人有权随时取款支付给第三者而不必事先通知银行,银行为此提供清算服务。存户支取存款时必须使用银行规定的支票，因而又称支票存款。活期存款账户对资金的划拨和使用比较安全方便，减少了货币流通的时间和费用。西方国家一般禁止对活期存款支付利息，近年来管制有所放松，银行开始对活期存款支付较低的利息。我国目前尚无这类规定。在发达的市场经济中，交换过程是通过支票的结算完成的，接受支票的人通常并不凭这张支票提取现金，而是将支票所示金额转存于自己的活期账户上，也就是说，支付行为并未采用现金，而是通过转账来完成。一张支票作为若干次支付工具的时候，商业银行就具备了信用创造和扩张能力，这种信用扩张功能将在下一节作详细的介绍。

（2）定期存款。定期存款通常规定了存款的数量及期限，一般利率固定，如果需要提前支取，客户将会蒙受很高的罚息。定期存单一般不能像支票一样流通与转让，只是到期提取存款的凭证。定期存款是货币所有者获取利息收入的重要金融资产。

商业银行在竞争中为了争取更多存款，常常采用一些变通的手法来满足存款人对存款的灵活性、流动性需要。以美国为例，商业银行开办了定期存款公开账户（open accounts）和大额可转让定期存单（CD）等业务。前者可以继续存入存款，相当于零存整取账户，而且通常自动展期，除非存款人或银行任何一方提出终止的通知。购买大额可转让定期存单的一般为较大的公司、企业，存单一般在10万美元以上，有期限和利率的规定，需要的时候，大额可转让定期存单可以在二级市场上出售，利率一般与货币市场利率相近。存单一般为无记名。

（3）储蓄存款。储蓄存款一般是个人或非营利组织为了积蓄货币和取得利息收入而开立的存款账户。储蓄存款不使用支票，而是使用存折或存单，手续比较简单。

储蓄存款有活期和定期两种，活期储蓄存款存取无一定期限，只凭存折便可提现，存折一般不能转让流通，存户不能透支款项。定期储蓄存款类似于定期存款，须事先约定期限。它的利率较高，是个人投资获利的重要对象。但是定期储蓄存折不可以转让流通与贴现，因而不具有流动性。

（4）借款业务。商业银行除了通过吸收存款获得资金外，还可以向中央银行、其他商业银行或企业借款，也可以从海外金融市场借款。向中央银行的借款一般为贴现贷款，向其他金融机构的借款为同业拆借，海外金融市场的借款为海外融资；而银行向企业的借款一般以证券回购协议（RPS）形式进行。回购协议指银行向企业协议售出证券，并承诺在某一日期按原定协议的价格购回这些证券，同时支付利息。

在我国，根据《商业银行法》的规定，借款业务一般可分两大类：第一类是商业银行发行金融债券或到境外借款；第二类是同业拆借。对于第一类借款，商业银行应当依据法律、行政法规的规定报经批准，未经批准擅自发行金融债券或到国外借款者将承担法律责任。同业拆借应当遵守中央银行规定的期限，拆借的期限最长不超过4个月，禁止利用拆入资金发放固定资产贷款或用于投资。拆出资金限于交足存款准备金、留足备付金和归还中央银行到期贷款之后的闲置资金。拆入资金用于弥补票据结算、联行汇差头寸的不足和解决临时性的周转资金需要。按照规定，拆入资金比重不得超过全部资金来源的 4%，拆出资金的比重不超过全部资金来源的 8%。

2. 资产业务

银行的资产业务代表了银行对资金的运用，也是银行赖以取得收入的最主要方面。当然一部分资产业务如现金资产业务是无收益的，但又是必不可少的，因此要妥善安排以期实现收益最大化。这里着重介绍资产业务中两个最重要内容：放款与投资。

（1）放款业务。放款的种类，可以根据不同的标准进行多种方式的划分：

① 根据客户申请贷款的数量，可将放款分为"批发放款"与"零售放款"。前者主要针对工商企业与金融机构而言，用于资助工商企业或不动产的经营；后者主要针对个人，包括个人消费贷款，个人购买或储存证券的贷款等。

② 根据借款者或按借款目的划分，贷款可分为工商业贷款、不动产抵押贷款、农业贷款、消费者贷款、对金融机构的贷款等，从字面上看，其意义不言而喻。

③ 按归还限期划分，放款可分为短期、中期与长期三种。短期放款规定在 1 年之内归还，用于支持企业短期流动资金需求或季节性资金需求；中期放款一般期限为 5—7 年，通常在放款期限内分期偿还本息；长期放款一般指归还期限 10 年以上，主要是银行发放的不动产抵押贷款。

④ 按有无担保品划分，放款可分为抵押放款与信用放款。抵押放款需要一定的担保品，目的是尽可能地减少银行的风险。抵押品可以是库存货物，可以是土地或建筑物，也可以是有价证券，这需视贷款目的而定。信用贷款主要发放给那些信用等级高，而且银行对其资金状况十分了解的客户，这类放款有利于银行与客户之间保持良好关系，进一步拓展各类业务。

⑤ 按费用定价方法划分，可分为固定利率放款与浮动利率放款。固定利率放款，顾名思义，客户还本付息时根据与银行商定的利率。浮动利率贷款分为两种情况：一种是对资信状况极好又与银行有长久合作关系的客户，一般实行优惠利率，即在银行贷款标准利率的基础上向下浮动；另一种情况是在市场利率不稳定的条件下为了使双方都避免一定的利率风险，在基础利率的基础上下浮动半个到一个百分点。

经过分类，我们对商业银行林林总总的放款业务有了一个大致的概念，对于其中一些在放款业务中比重较大或一些需要进一步详细解释的业务，有必要抽出来具体阐述。

① 工商业贷款（commercial and industrial loans）。工商业贷款在贷款总额中所占比重最大，在我国，工商业贷款是商业银行最主要的贷款种类。工商业贷款亦是"批发"贷款业务的主要部分。工商业贷款可以分以下几类：

第一类是短期流动资金贷款，又称季节性流动资金贷款，是指发放给工商企业用于满足超过一般流动资本需要量的临时性、季节性贷款。这类贷款具有自偿性，也就是说，季节性贷款发放后会直接增加企业的库存，并且随着产品销售、应收账款的收回而得到偿还。20 世纪 50 年代以前，这是银行发放的主要贷款种类，目前该类贷款在商业银行贷款中仍占重要部分。

第二类为长期流动资本贷款,这是为了满足工商企业长期流动资本周转需要而提供的贷款。这种贷款不能像短期流动资金贷款那样可以自动清偿,而只能用企业的收益或所借新债来偿还。虽然银行在长期流动资本贷款中可取得较高收益,但是由于其周期长,易于遭受市场风险和利率风险,银行在决策时除了要考虑自身的资金实力,更要作充分的调查与分析,还将向客户提出一些附加条件,如要求提供担保品、规定保持一定的财务比率、定期抄送企业财务报告、定期接受银行检查等。

第三类为项目放款,这种放款数额巨大,通常用于风险大、成本高的建设项目,如冶炼、矿山设施等。银行在发放这种贷款时,要承受多种风险,如信用风险、建设延期风险、利率风险等,在国外投资时还要承担国家风险。银行可以要求母公司为子公司项目提供担保,从而由母公司来承担风险;对于大型项目通常由多家银行组成辛迪加贷款,使单个银行的风险仅限于本行所参加辛迪加贷款的那部分资金。

② 消费者贷款(consumer loans)。消费者贷款属于"零售"贷款的范畴,又称消费信贷,是银行对消费者个人发放的、用于购买耐用消费品或支付其他费用的放款。该业务在西方十分普遍,工薪阶层购房购车均可申请银行贷款并分期归还。我国的这类业务也发展很快。消费者与银行可以直接发生借贷关系,也可以通过某一商业企业间接发生借贷关系,即银行可以贷款给商店,商店再赊销商品,消费者根据协议向银行或商店分期付款。

消费者信贷按用途可分为汽车贷款、住宅贷款、教育与学费贷款、旅行贷款等,可分期偿付,亦可一次性偿付。在美国有80%属于分期偿付贷款,以汽车贷款、住宅贷款和高档耐用消费品贷款为主,一次性偿还的消费者贷款主要是指一些劳务性债务,如医药费等。另外,个人信用卡亦属于消费信贷,这是银行提供给消费者贷款的特殊方式。

③ 抵押贷款(mortgage)。抵押贷款是以特定的担保品作为保证的贷款,如果借款人不依约履行债务,银行有权处置其用于保证的担保品。事实上,抵押品只能作为还款的次优来源,因为要取消借款人对抵押品的受惠权,须经过一系列法律程序,成本很高,而且银行出售抵押品时难保不遇到市场风险,可能会低价脱手。但无论如何,尽管抵押品未必能确保贷款如期归还,当借款人破产清算时,银行可据此比一般债权人享有优先受偿权,也就是说尽可能地减小了银行的贷款风险。

西方商业银行抵押放款的种类较多,有票据贴现放款、票据抵押放款、商品抵押放款、不动产抵押放款及证券抵押放款。

票据贴现放款是指顾客将未到期的票据(如银行承兑汇票、商业期票、商业承兑汇票等)提交给银行,由银行扣除从贴现日起至到期日止的利息而取得现款。票据到期后,由银行向票据债务人收回相当于票面额的款项。这是一种特殊贷款,事实上,银行对顾客付款时预扣了贷款利息。

票据抵押放款指以各种票据为抵押品的放款。放款期限不得超过票据到期期限,放款期限到达时,借款人应偿还贷款、赎回票据,否则银行有权在市场上出售该票据。

商品抵押贷款,顾名思义,就是以各种商品或商品凭证(如商品提货单)等作为抵押的放款。借款者如不能按期归还借款,银行有权处置抵押品来受偿。为了防止借款人不能如期还款或在出售商品时遭受价格损失,放款额一般为商品市价的30%—50%。

不动产抵押放款是以土地和建筑物为担保品的放款,这是一种典型的长期放款,主要包括住宅贷款、商业不动产贷款、工业不动产贷款、农业不动产贷款等。由于定期存款的增加以及不动产贷款收益较高等缘故,在美国,不动产抵押贷款的比重已升至贷款总额的30%左右,我国银行的住宅抵押贷款比重也达到30%以上。但由于不动产抵押贷款的审批复杂,且对房产较难精确估价,因而放款成本高,加之不动产流动性差,各国法律对其均有一定限制。

证券抵押放款是以股票和债券为抵押品的放款。证券抵押放款分两种类型:一类是银行对个人或工商企业发放贷款时要求持有对方的一定数量的有价证券作为抵押,这类个人或企业大多将借款用于其他途径,而不一定购买证券;另一类是贷款给证券商或证券经纪人,他们以证券作抵押向银行借款纯粹是为了证券投机。

(2)投资业务。商业银行的投资主要指的是证券投资。投资与放款相比,具有较强的主动性、独立性,不像放款那样有时迫于客观因素或人情的影响。而且由于投资证券的流动性较强,即变现能力较强,加上购买证券时,银行不是唯一债权人,风险较小。以上种种,使得商业银行乐于进行证券的投资。西方商业银行投资的证券主要有以下几大类:

第一类是政府债券,即国债,由中央政府发行。这种证券较安全,信用风险低,流动性较强,亦有较好的收益,还可作为中央银行再贷款的抵押,所以很受商业银行的欢迎。政府债券分为短期债券(1年以内)、中期债券(1—10年)、长期债券(10年以上)三种。银行的短期债券持有量较大。

第二类为政府机构债券。政府机构债券是中央政府以外的其他政府部门或有关机构发行的债务凭证,一般来说,有政府提供担保,因而该类证券的信誉较好,商业银行也愿意接受。政府机构债券期限较长而收益高于政府债券,商业银行投资于这种债券主要为了获利。

第三类为地方政府债券,又称市政债券。这是由地方政府发行的,为发展地方经济筹集资金的债券,由于其免征国家所得税与地方所得税,虽然利息看起来较低,但税后利润颇高,很受商业银行重视。

第四类为公司证券,包括公司债券与公司股票。商业银行对公司债券的兴趣不是太大,因为公司债风险较大而且期限一般较长,又不可免税。对于公司股票,不同国家有不同规定,多数国家禁止商业银行投资公司股票,但日、法、德等国是允许的,有些国家如英、美等国,允许商业银行以资本金的一定比例用作股票投资。我国《商业银行法》规定商业银行不得从事股票业务。

第五类为金融债券,这是商业银行为贷款筹集资金而发行的债务凭证,同业间可以相互持有。日本一般规定只有长期信贷银行才可以发行金融债券;在我国,商业银行发行金融债券需经政府金融管理机构批准。

第六类为混合证券。这种证券由企业发行,既有债券的性质,又有股票的性质,包括股息固定的优先股,可转换为股票的债券,可调整利率的债券以及商品价格证券。

3. 中间业务和表外业务

传统的中间业务是指银行不需动用自己的资金,代理客户承办支付和其他委托事项而收取手续费的业务,可分为国内业务与国际业务。而表外业务(off-balance sheet)虽然也属于金融服务的概念,不改变银行的资产负债结构,但其增加了潜在的资产收益与风险,因而具有特殊性。商业银行的中间业务主要有以下内容:

(1)结算业务。结算业务是各经济单位之间因交易、劳务、资金转移等原因所引起的货币收付行为。这种结算按地点,可以分为同城结算与异地结算两种。同城结算是指收款人与付款人在同一城市或地区的结算,主要通过支票进行结算,如收付双方不在同一银行开支,则结算要通过票据交换所进行。票据交换所是银行同业间为提高支票结算效率而设立的机构,而现在一种更先进的系统是一种票据交换的自动转账系统,结算速度更快。

异地结算是指收款人与付款人不在同一地区的结算。异地结算有汇兑、托收和信用证结算三种方式。汇兑是指付款人将现款交付承汇银行,由银行将款项支付给异地收款人的一种结算。而托收则由收款人开出汇票,并连同有关的单据一起交付给托收银行,委托其代为收款。而信用证结算业务则主要在国际贸易结算中使用,它是指一种由银行提供付款保证(开证)的结算业务。在国际贸易过程中,银行根据买方的申请,开给卖方保证支付货款的书面凭证,以解决买卖双方身处异地互不信任的矛盾。在信用证内,银行授权卖方在符合信用证规定的条件下,签发以该行或其指定银行为付款人的汇票,并随附信用证规定的装运单据,按时在指定地点收取货款。这是在国际贸易使用最为广泛的一种支付方式。商业银行在为客户办理信用证的过程中,收取客户的一定押金或其他担保,手续费是办理信用证业务的最主要收入来源。必须注意,信用证业务是独立于买卖合同之外的,并不涉及货物买卖,而纯粹是银行的一项单据业务。

(2)代收业务。在国际贸易的支付过程中,卖方开出汇票,委托银行向买方收取货款的行为称作托收。而对于银行在这一过程中的行为就是代收。代收业务的对象还包括支票、票据、有价证券等。代收支票款项是客户收到其他银行的支票,委托自己的开户行代为收款;票据代收业务是指银行接受客户委托,负责收取票据款项;有价证券代收业务是客户把有价证券交存银行,委托银行代收利息与股息等。

(3)信用卡业务。信用卡是银行发放消费信贷的一种工具。发卡银行为消费者提供"先消费、后付款"的便利,并允许一定的善意透支。消费者在商店购买物品或接受服务以后,由计算机系统提供清算,银行汇总向顾客收款。现在特约商号一般都通过销售终端机(POS)与发卡单位联网,持卡人购物或消费后,货款将自动从持卡人的账户中转入特约商号的账户中。这样大大方便了消费者,也减少了现金在流通中的数量。

世界上最大的两个信用卡组织为美洲银行与30多个国家银行组成的维萨集团(发行

Visa Card)和美国联合银行信用卡协会组成的万事达集团(发行 Master Card)。我国也于 2002 年推出了银联卡(China UnionPay)。除信用卡之外,还有些其他银行卡,如方便转账的记账卡、自动办理提款和转账业务的自动出纳机卡等,依据电子资料处理系统,使顾客得到最大限度的方便。

(4)租赁业务。租赁业务是指以收取租金为条件而出让物品使用权的经济行为,一般可分为经营性租赁与融资性租赁两类。经营性租赁是出租人将物件反复出租给承租人并收取租金的行为。而融资性租赁则是由银行或租赁公司根据企业要求,筹措资金购买企业设备,租给企业并收取租金。待租赁期满后再将物件作价出售给企业,这是一种带有融资目的的租赁活动,商业银行一般介入的就是这种融资性租赁。

(5)信托业务。信托业务是指商业银行接受个人、企业或社会机构的信任委托,代为其管理、运营和处理所托资产,并为其谋利的活动。信托业务涉及信托贷款与信托投资,银行只是通过信托业务收取相关的手续费,而经营收入归委托人或指定的受益人。信托业务可分为个人信托、公司信托与公益信托。信托关系中发生的委托关系使信托财产的处置权从委托人转到了受托人手中,银行按委托关系来经营与运作信托资产。目前世界上多数国家的商业银行都设有信托部,介入信托业务。我国自 1994 年实行分业制经营,商业银行已退出了信托业务领域。

商业银行还有一类特殊的中间业务,即表外业务。它是指银行在资产负债表上没有反映,但能为银行带来额外收益并同时承受额外风险的业务。表外业务与中间业务同为收取手续费的业务,都不反映在银行的资产负债表中,但两者的性质是不同的。中间业务不涉资产负债及其风险,而表外业务虽不直接改变资产负债表,却是一种潜在的资产负债活动,并产生相应的风险。目前商业银行主要的表外业务有以下几类:

(1)贸易融通类业务。贸易融通类业务主要有银行承兑业务与商业信用证业务。银行的承兑业务是由银行为客户开出的商业汇票提供承兑服务,即承诺兑付,经银行承兑后的票据,可贴现流通,承兑银行成为票据的第一支付人,承兑行再向客户收取款项。银行提供承兑业务可获得收入,但其同时也必须承受客户的信用风险,一旦客户支付困难,银行将无法收回已支付的款项。商业信用证即在国际贸易中由银行开出一种支付保证书,在前文已有介绍。

(2)金融保证业务。金融保证类业务主要由备用信用证、贷款承诺、保函业务以及贷款销售等构成。

备用信用证是银行应客户要求为其开立的信用保证书,属一种信用担保。当客户与其受益人达成某种协议,表明客户对受益人员有偿付义务,客户为确保自己的信誉,可要求银行为其开立备用信用证,保证客户在未能按协议进行支付时,由银行代客户向受益人进行偿付,银行为此支付的款项变成了向客户的贷款。银行开立备用信用证,提高了客户的信誉,银行据此可收取手续费。备用信用证与商业信用证的不同之处在于:商业信用证业务中银行承担的是第一支付人的责任;而在备用信用证业务中,银行只承担了支付的连带责任,只有在客户无法履行支付义务时,才由银行代为支付。

贷款承诺是指由银行向客户作出承诺,保证在未来一定时期内,根据一定条件,随时应客户的要求提供贷款。银行提供这种承诺的同时,要按一定比例向客户收取承诺费,即使在规定期限内客户并未申请贷款,也需交纳承诺费。在通常情况下,贷款承诺只是提供一个信贷额度(line of credit),在此额度内,银行根据企业要求进行贷款,但承诺是一个非正式协议,是可以撤销的,还有一种贷款承诺称作票据发行便利(note-issuance facilities),它是银行与客户之间的循环融资保证协议,银行保证客户在一定时期内以一定的利率发行商业票据、筹集资金,如果票据未能全部售出,银行将购入其未售出部分,予以融资。

保函业务是一种较简单的担保业务,银行为客户的融资或其他活动出具保函,提供信用担保,并收取担保费,一旦客户到期不能履约支付,银行具有连带支付责任。

贷款销售或资产证券化业务则是指银行可将贷款以证券方式转售给第三方,以提高资产的流动性,银行也可为"售出后贷款"提供收取本息的服务。转售贷款可分为保留追索权的贷款与无追索权的贷款销售,它们代表着不同的风险与收益水平。

(3) 金融衍生工具交易业务。金融衍生工具(financial derivatives)是一种交易合约,其价值取决于作为合约标的物的金融工具的价格变动状况。目前主要的衍生金融工具有远期合约、期货合约、期权合约、认股权证、互换协议以及可转换证券等。

远期合约(forwards contract)是一种较简单的金融衍生工具,它指买卖双方在未来某一确定日期,按照确定的价格买卖一定数量的某种资产的协议,目前较普通的是外汇市场上的远期合约,用以防止汇率波动的风险。远期合约的买卖双方即为多头与空头,其协议价格即为远期合约的成交价格。一般地说,远期合约是一种必须交割的交易合同。而远期资产实际的市场价格会影响合约双方的盈亏。

期货合约(futures contract)是在远期合约基础上发展起来的标准化买卖合约。它与远期合约一样是约定在未来某一日期以某一确定的价格买卖一定数量的某种资产(金融工具)。但期货合约是一种标准化的合约,资产的种类质量、交货地点、方式都是统一的、标准化的,只有价格是可变的,而且期货交易是在交易所集中进行的,参与交易的机构较多,其合约往往大部分都是相互冲销的,实际交割的合约比例极低,大致为1%—2%。因此,期货合约更多地体现的是一种投资或投机活动。

期权合约(options contract)是一种权利的买卖。它赋予购买者在未来一定期限内,以协定的价格向期权合约出售者买入或卖出一定量的商品或金融资产。期权的买入者要获得这个权利,必须支付费用,即期权合约费用。期权买入者在规定的期限内可行使权利,买入或卖出金融资产,也可以在价格不利时放弃该权利,从而损失期权费用。期权买卖双方的权利与义务是不对称的。它需通过合约的具体讨价还价来加以调整。

互换协议(swaps agreement)有货币互换协议和利率互换协议两种形式。货币互换可以分为外汇市场互换与资本市场互换两种。外汇市场互换是指交易双方按照既定的汇率交换两种货币,并约定在未来一定日期按照该汇率相互购回原来的货币。外汇市场货币互换一般期限较短,不需支付利息,但售出看跌货币的一方要向售出看涨货币的一方支付一定的手续费。资本市场的货币互换与外汇市场相同,只是其交易的期限较长,约5—10年,因而需支付购入币种的利息。利率互换是指交易双方将自己拥有的债权(务)的利息收入(或支付)同对方所拥有的债权(务)的利息收入(或支付)相交换。交易双方的债权(债务)的本金价值是同等的,但利息支付条款不同,而通过互换交易,可以满足双方对调整各自资产或负债结构的需要,如将浮动利率资产转换成固定利率资产,或将固定利率资产转换成浮动利率负债。互换交易可调整银行的资产负债结构,并据此规避市场汇率与利率的风险。金融衍生工具交易本身也具有一定的风险,因而各国金融监管当局对交易的态度有所不同,但总的趋势是逐步开放与自由化。这对我国商业银行发展表外业务有着直接的借鉴意义。

第五节 | 商业银行的存款扩张机制

当某人存入1元通货,会形成几元的存款,这看似无中生有的事情在商业银行体系中的确存在着。为了解开这一困惑,我们有必要先来看看商业银行存款来源的种类。

如前所述,商业银行是唯一能同时接受活期、定期和储蓄存款的金融机构。现代商业银行的最大特点就是接受工商企业的活期存款,因此活期存款是商业银行体系中占支配地位的现代货币的重要组成部分。这些存款构成了银行的负债,也就是银行存款来源的第一类:原始存款。

银行存款来源的第二类则是在原始存款基础上产生的派生存款,主要通过放款、贴现和投资业务转化而来。这种存款与原始存款最显著的差别就在于:派生存款是一种概念上的货币,仅仅是以银行账簿上一笔分录为凭的财产权利,它不是像通货那样的实体物质。原始存款是进行信用扩张与派生存款创造的基础,因此各国中央银行几乎都要采用一定手段来控制派生存款的数量及程度,即规定存款准备金率。

事实上,派生存款是来源于这样一个过程:银行在其经营管理活动中,只需保留一部分现金备付,大部分现金用于放款,客户取得银行贷款之后并不立即提取现金,而是转入其在银行的活期存款账户。这时候,一方面放款增加了;另一方面,增加了活期存款,派生存款因此而产生。为了清楚地了解这一过程,我们可以来看一个例子。这里有两个假定条件:第一,法定准备金率为20%,银行将法定准备金以外的部分全额贷出;第二,客户得到的贷款全部转存入其活期存款账户,不存在现金漏损于银行体系之外的现象。

假定A银行有10 000元存款,由于该银行相对20%的法定准备金还有8 000元剩余,这8 000元全部用于放款。A银行的T形账户如表7–2所示。

表 7–2　A 银行 T 形账户

资产		负债	
法定准备金	2 000 元	存款	10 000 元
贷款	8 000 元		

这 8 000 元贷款被客户存入 B 银行其活期存款账户中，B 银行同样按照 20% 的存款准备金率提取存款准备金，剩余部分用于放款。则 B 银行 T 形账户如表 7–3 所示。

表 7–3　B 银行 T 形账户

资产		负债	
法定准备金	1 600 元	存款	8 000 元
贷款	6 400 元		

当这笔 6 400 元的贷款转存于 C 银行的活期存款账户时，依此类推，同样的情况发生于 C 银行，C 银行的 T 形账户如表 7–4 所示。

表 7–4　C 银行 T 形账户

资产		负债	
法定准备金	1 280 元	存款	6 400 元
贷款	5 120 元		

这样，整个商业银行体系的活期存款按下表继续派生下去，直到这 10 000 元原始存款全部转化为法定准备金为止。在表 7–5 中可以清楚地看到这一过程。

表 7–5　活期存款派生过程

银行名称	存款额	法定准备金	贷款总额
A	10 000	2 000	8 000
B	8 000	1 600	6 400
C	6 400	1 380	5 120
⋮	⋮	⋮	⋮
总计	50 000	10 000	40 000

我们得到这样一个序列：

$$D = R[\,1+(1-r)+(1-r)^2+(1-r)^3+\cdots\,] = \frac{1}{r} \cdot R$$

其中：D 代表存款总额，r 是法定准备金率，R 则是原始存款。存款总额为 $(1/0.2) \times 10\,000$，即 $50\,000$ 元，所以这里的货币乘数 d 为 $\frac{1}{r}$，即 5 倍。由此可以得出结论：货币乘数是每一个单位准备金变动引起的存款变化率。

但事实并非如此简单，我们毕竟在举例之前作过几个假设。假设的条件在现实中往往是不能充分存在的。当客户没有将所有收入存入银行体系，或者需要提取现金——而事实上正是如此，那么总有一部分现金流通于银行体系之外，也就是说，出现了现金的漏损，那么我们又如何来分析货币扩张的功能呢？另外还有银行超额准备金的存在以及客户将活期存款转为定期存款的问题。让我们来看看存在这些因素的时候，货币乘数 d 是如何变化的。

一、现金漏损

现金漏损是指一部分通货流出银行系统被公众持有，那么现金漏损额占存款总额之间存在一个比例，这一比例用 K 表示，叫现金漏损率。假定这一漏损率为 5%，如前例，银行除了提取 20% 的法定准备金之外，还要保留 5% 的现金以应付客户提现，显然，这里有 25% 的存款不能用来发放贷款，则活期存款的货币乘数 d 不是 $\frac{1}{r}$，而变成：$d = \frac{1}{r+k} = \frac{1}{0.2+0.05} = 4$。

二、超额准备金

超额准备金是商业银行从存款中留下的、法定准备金以外的现金，用于支付客户意外的提现与借款。超额准备金与存款总额的比例我们称作超额准备金率一般用 e 表示，它对货币乘数的限制也起了一定作用。在计算的时候，我们不妨将它加入法定存款准备金率，假定 $e = 15\%$，$e + r = 15\% + 20\% = 35\%$，如果说法定存款准备金率为 35%，对计算结果是没有影响的。则 $d = \frac{1}{r+k+e} = \frac{1}{0.2+0.05+0.15} = 2.5$。

三、活期存款转化为定期存款

一个企业不会只拥有活期存款账户，总会把一些暂时不用的资金从活期存款账户转入定期存款账户。在前面两个因素的分析中可以看出，由于现金漏损和超额准备金完全脱离了存款创造过程，所以我们可以将 k 和 e 简单地加入分母，而定期存款则不然。中央银行规定，对于定期存款也需交纳一定的法定准备金，只不过这一准备金低于活期存款的准备金。定期存款也参与存款创造，但要扣除作为法定准备金的部分。假定中央银行对定期存款规定的准备率 r_t 为 3%，活期存款转为定期存款的比例 t 为 50%，那么我们可以得出结论，分母中应该加上一个乘积，即活期存款转为定期存款的比例乘以定期存款的法定准备率。

则 $d = \dfrac{1}{r+k+e+t \cdot r_t}$，$d = \dfrac{1}{0.2+0.05+0.15+0.5 \cdot 3\%} = 2.41$。

上述三个因素均限制了存款货币扩张乘数 d，由于它们在 d 上施加的影响，d 从原先的 5 下降到 2.41。

第六节　商业银行的经营管理原则与方法

一、银行资产的经营管理原则与方法

对一家商业银行而言，追求最大限度的盈利是其存在的主要意义所在。那么，商业银行的盈利来源是什么？了解银行的资产与负债业务之后，不难得出结论，盈利无非来源于各种生息资产收益与各种手续费，从中要扣除各种存款及负债的利息支出以及银行各项管理费用。这一差额就是银行的盈利。银行是经营货币的特殊企业，主要靠负债来从事经营，由于它关系到众多存款人和工商企业的利益，银行资产的安全性与流动性备受人们关注。对其资产的安全性、流动性、盈利性的安排成为资产管理的焦点。

1. 商业银行经营的三原则

（1）安全性。是指银行资产可按期收回本息的程度。对银行资产而言，风险主要有三类：第一类是信用风险，当借款人不能履行借款合同到期偿还本息，或者银行投资证券时，证券发行人违约，证券到期未能还本付息，此时银行可能遭受一定损失；第二类风险称市场风险，指当市场情况发生变化，出现一些不可控的因素与突发事件时，银行可能遭受的风险，如汇率意外变动时，放款货币搭配不当将可能造成损失，另外，证券市场上一些不可预见的突然变动，也会影响到证券价格；第三类为利率风险，银行发放贷款之后，当利率发生变化时会带来利率风险，同样这对证券投资产生类似的影响，当市场利率上升时，证券价格，尤其是固定利率证券的价格必然下跌，此时抛出证券会造成损失，若此时不抛售证券，等待市场利率下跌，这笔资金又存在"机会损失"，即从事其他投资或放款可能带来的收益。

既然存在这三类风险，盈利资产的比例就应该有一个合理的控制。我们将资产总额与资本账户的比率称为"杠杆率"，"杠杆率"显然是衡量一家商业银行风险大小的重要指标。让我们来看一个简化的 T 形账户（表 7-6）。

表 7-6　资产负债表

单位：百万美元

资产		负债	
现金	25	资本账户	10
投资	30	存款及其他负债	120
放款	75		
总计	130		130

某银行在某一时点上的资产负债情况如表7—6。其"杠杆率",即资产总额与资本账户之比为13。假设由于经济不景气或者管理失误,投资贬值了300万元,放款出现坏账损失700万元,则资产损失达1 000万元,恰好等于资本账户,资本账户则化为乌有。因此将商业银行的"杠杆率"保持在一个合适的数值上,不盲目追求利润,这是至关重要的。

（2）流动性。是指在资产不发生损失的条件下,银行及时支付的能力,包括客户提现,以及满足必要的贷款。一方面,客户提现时,银行无权拒绝；而另一方面,一些信誉良好、与银行合作历史较长的老客户或是存款大户提出借款的时候,如果出现流动性困难很可能会影响双方合作关系,在银行业竞争激烈的情况下,这是极为不利的。为了防止这种情况的发生,银行必须掌握一定数额的现金资产与流动性较强的其他资产。现金资产包括库存现金、法定准备金及存放同业等,银行的现金资产称为第一准备,是满足银行流动性需要的第一道防线。第二道防线是短期证券票据及短期放款,这些资产一方面能在较短时间内变现；另一方面又有一定收益,如果有很好的到期时间搭配,将足以满足银行资产的流动性需求,这类资产称第二准备。银行在充分考虑到资产流动性与安全性的基础上,再去尽可能地扩大收益才是明智的做法。

（3）盈利性。是指商业银行在正常经营状态下的盈利能力。任何商业银行,无不把追求最大限度的盈利作为其经营活动的内在动力。银行的盈利是业务收入扣除业务支出的净额,它的大小取决于资产收益、其他收入及银行各项经营成本费用的大小。显然,努力提高资产的盈利能力、通过提供更多更好的银行服务获取服务收入以及降低经营成本,有助于提高商业银行的盈利水平。

2. 商业银行的贷款理论

对于资产管理有过一系列的理论,尽管这些理论产生的年代与金融环境各不相同,但有一点是共同的,这些理论都认为银行的收入主要来源于对资产的运用,如何运用资产,银行是可以主动决定的,而存款的主动权把握在客户手里,因此银行管理的重点在于管理资产。

（1）商业贷款理论。这在英国银行业中被称为"真实票据论",是在18世纪英国银行管理经验的基础上发展起来的。主要内容为：银行资产的分配应根据资金来源的流转速度决定,银行的资产与负债必须保持期限对称关系,如银行吸收的短期存款只能用来对企业流动资产发放短期贷款,这种贷款应具有自偿性。所谓自偿性,就是在生产商品或购买商品时所代理款项可以用生产出来的商品或商品销售收入来偿还。当然对于长期放款应有较长期的稳妥的资金来源。这种理论的出现与20世纪初银行存款以短期为主、金融市场特别是证券市场不发达、资产多样化程度低的现实是相适应的。但是这一理论有着明显的不足：首先,它强调对商业交易放款,忽略了商业交易以外的如消费信贷、企业添置生产资料放款,不仅影响本身收益,也不利于经济的均衡与长期发展。其次,经验证明,存款人提现的概率基本稳定,存款余额一般保持在一个正常数值,过分强调自偿性实际上将提现概率作了不切实际的设想。另外,当短期放款的借款人发现其商品找不到买主时,放款仍是不能自偿,即便有了买主,买主的付款也可能是从银行借来的,整个银行系统的流动性并未增加。

（2）可转换理论。1918 年，美国的莫尔顿在《政治经济学》杂志中提出这一理论。该理论认为，随着银行业务向综合化发展，市场变得发达，如果有价证券能在市场上及时出售，商业银行持有有价证券并不会降低资产的流动性，相反会使流动性有所提高。活期存款或短期存款有一部分会长期沉淀在账户上，商业银行也可以据此发放长期贷款，因此资产与负债的期限严格对称是没有必要的。主张将活期存款用于中长期贷款或有价证券投资，出售证券补充资产的流动性。这种理论也有一定缺点：当银行纷纷出售有价证券换取流动性的时候，有价证券将供大于求，也许最后只能由中央银行来收场。支持长期信贷的部分资金来源于活期或短期存款余额，那么资产与负债偿还期的不对称性应保持在何种较为安全的程度，这一程度的确定有很大难度。

（3）预期收入理论。这一理论是由普鲁克诺于 1949 年在《定期放款与银行流动性理论》一书中提出的。这是对可转换理论的发展。该理论认为：只要借款人经营活动正常，其经营收入与经营时间可以预先作出估算，这样，商业银行就有可能事先安排资金抵补与筹措长期贷款相应的负债，同时，如果银行采用分期收回贷款的方法发放长期贷款，那么长期贷款本身也就具有事先可以预期的一定流动性。这种理论强调的是借款人的预期收入，由于其背景是第二次世界大战结束后的美国，由战时经济转入和平经济，根据该理论，商业银行的放款种类增加了，中期商业放款，对消费者分期付款的放款以及房屋抵押放款都积极展开，使银行的放款构成发生了很大变化，成为支持经济增长的重要因素。这种理论的主要缺陷在于它把资产经营完全建立在银行主观预测的基础上，增加了银行的风险。当资产期限过长的时候，不确定性会增加，尤其是当利率水平波动较大，债务人未来的偿债能力可能发生很大变化。

（4）超货币供给理论。这一新的银行资产理论出现于 20 世纪六七十年代。该理论认为，根据传统的观点，只有银行是能够利用信贷方式提供货币的机构，但是随着货币形式的多样化，能够提供货币的非银行机构越来越多，银行信贷市场面临很大的竞争压力。因此银行资产管理应该超越狭隘的单纯提供货币的界限，并提供更多的服务。根据这一理论，银行在发放贷款和购买证券提供货币的同时，积极开展投资咨询、项目评估、市场调查、委托代理等多种配套服务，使银行资产管理向深度和广度发展。而容易出现的问题是：银行介入了过于广泛的业务范围之后，加大了银行的经营风险，使银行有可能在自身不熟悉的业务领域遭受损失。

3. 商业银行的三性关系

介绍了几种资产管理理论之后，我们再来考察资产安全性、流动性与盈利性的关系。总体上看，银行资产的安全性与流动性呈正相关关系，流动性强的资产必然具有很强的安全性，较安全的资产亦往往具有较大的流动性及可变现能力，两者是正比例关系。相互矛盾的是安全性与盈利性、流动性与盈利性。处理好这三者的关系是银行经营管理的首要任务。绝对最佳的方案是不存在的，人们只能通过各种方法进行协调，尽量在保持资产流动性与安全性的基础上扩大收益。

（1）协调盈利性与安全性的关系。在商业银行的各种资产业务中，盈利性最高的当然要数信用放款。信用放款仅仅凭着借款人的信誉或同银行的长期合作关系贷出资金，对银行来说具有很大风险。相对于信用贷款，抵押贷款的风险较小，因为银行掌握一定的商品、房地产、证券等抵押品，借款人一旦违约，银行有优先受偿的权利。票据贴现以及证券投资的风险也较信用放款小，但是无论抵押放款还是票据贴现与证券投资，收益均小于信用放款。从安全性的角度来看，信用放款的比例应控制在一定范围之内，与其他放款和投资的比例要科学合理地安排。

长期放款与投资的收益当然大于中短期放款与投资，但后者较前者安全，能够在较短时间内回收资金，不可控制的影响因素相对少一点，因此对放款与投资的期限搭配要合理，不能盲目追求盈利而将资金大量投放长期放款或投资，否则一旦出现问题，银行资产的安全性将大打折扣，影响银行的信誉与生存。

另外，为了防范汇率风险，放款使用的货币要合理搭配以免造成损失；放款与投资要相对分散，如果过分集中于某一地区、某一行业、某一企业、财团或个人，则风险较大，安全性难以得到保障。

（2）协调盈利性与流动性的关系。商业银行的无息或低息资产指的是库存现金、中央银行存款以及存放同业，还包括一部分变现能力极强的短期有价证券。这部分资产的比例如果过高，势必造成资金的闲置，银行将因此遭受"机会损失"。库存现金没有利息但保证兑现，可以维护银行的良好信誉与形象，中央银行存款与存放同业虽然只有微利，但为客户办理转账或汇款时是必不可少的；属于第二储备的短期有价证券补充满足银行资产的流动性需求，还可带来一些收益。这些资产应达到一个合理的最低限，使收益不至于因部分资金闲置而受到影响。这就需要银行管理人员对负债情况进行精确统计推算出通常的提现与转账情况，并充分考虑企业的季节性与临时性需求，在此基础上确定一个最低的无息或低息资产界限，减少流动性风险，尽量扩大盈利。

二、商业银行负债的经营管理原则与方法

在银行的资产负债表上，负债部分是由资本账户与各种存款借款构成的，管理资本账户与各种存款与借款均有其相应原则。

（1）银行资本管理的主要任务是确立资本的结构与资本的适度水平。资本的结构包括股权资本与负债的比例，利润留存及新增股权的比例，而确定银行资本的适度水平，主要考虑银行管理部门的要求及一些基本风险防范要求。这些决策与银行的经营规模、发展战略以及盈利性、安全性、流动性要求紧密相连，而且直接关系到股东的分红状况，因此资本管理的总原则就是根据银行的战略计划及年度利润计划订出合理增长目标，制定适当筹资计划，充分适应银行的管理能力、风险程度、市场状况和金融管理当局的要求。

（2）对存款与借款的管理主要任务是维持适度的流动性。也就是说，无论是在正常的

情况下应付存款人的存取,还是货币当局调整货币政策导致资金供求状况发生变化,银行对客户的提现要求和对外还款都不应出现流动性困难。

对存款的规模和种类的管理十分重要。存款的规模变大,则其边际成本会上升,因为资产的平均收益率在一定时期受政府利率管制、银根松紧、资金供求状况等因素控制,吸收存款规模失当可能导致损失。存款的种类划分源于存款人的各种偏好,如利率、期限、服务等,种类的分散有利于流动性提高。

另外,对不同规模存款客户的比例控制有利于防止流动性业务支出的大幅度波动,使银行付现能力保持在一个正常水平。发行大额可转让存单(CD)也是增加银行负债流动性的一个方法,由于大额可转让存单可在二级市场上出售,银行可以减少部分流动性风险。

对于借入款项,银行要事先安排好还款的金额、期限,尽量减轻集中还款的压力;如果联系存款的增长规律,可以争取用存款的增长来应付一部分借款的流动性需求。另外,借款应向多头拆借,将拆借对象分散化,力求形成一部分可以长期利用的借款余额。20世纪70年代,负债管理被认为是西方银行管理中最重要的方法。负债管理的正统理论是"存款理论",要求银行资金的运用必须限制在存款的稳定的沉淀额度内,在资产管理被认为是银行经营战略重点的时候,该理论一度盛行,70年代后的购买理论和销售理论在很大程度上否定了它的保守性。购买理论和销售理论主张银行主动寻找资金来源,通过购入资金保持或增加资产规模,或努力推销金融产品,扩大银行资金来源和盈利水平。根据这两大理论,负债管理的方法主要有两种:

(1)储备头寸负债管理。这是通过增加短期负债向银行有计划地提供流动性的管理方式。负债管理的这一方法,通常是依靠借入的短期资金来抵补第二准备金,满足存款提取和增加贷款之需。例如在美国,当一家银行面临提现额增加或对有收益资产投放资金不足时,它会购买联储资金,而当储备暂有盈余则出售联储资金。这样提高了资金的运用效率,减缓了银行体系由于储备突然减少而带来的震动。但是有个例子值得人们警惕,美国的大陆伊利诺伊银行用这种短期借入资金作为较长期资金来源,管理上出现问题并为公众所知,在联储资金市场上难以借到资金,结果面临破产。

(2)贷款头寸负债管理。这种方法被用来持续扩大银行资产负债规模,这一方法又称为真实负债管理或纯粹负债管理。首先通过不同利率取得购入资金以扩大银行贷款;其次增加银行负债的平均期限,减少存款的可变性,从而减少银行负债的不确定性。银行发行大额可转让定期存单就是对这一方法的具体使用。对于采用这种战略的银行来说,资金借入不应该有较大风险,如果借入资金的供应来源缺乏必要的弹性,银行的整个负债管理机制将有崩溃的危险。仅仅设想当中央银行抽紧银根之后的情况就可以想象到这一点。

三、资产负债管理的原则与方法

在银行经营的发展过程中,先后提出了资产管理理论和负债管理理论,事实上这两个部分是不可能相互独立的,两者之间存在着必然的联系。为了更好地经营管理、运用资金、银行界、实业界和理论界日益注重资产和负债的联系方面，提出对资产和负债进行联合管理。

资产负债联合管理的基本思想就是对资产和负债作通盘考虑，不忽略任一方面，从而选出最佳的资产和负债结构组合，以达到盈利性、安全性和流动性的要求。资产负债联合管理理论是以资产负债表各科目之间的"对称原则"为基础来缓和盈利性、安全性和流动性的矛盾。所谓"对称原则"，主要是指资产项目的利率、期限与负债项目的利率、期限要对称，以此为原则不断调整资产结构和负债结构，在保证安全和充分流动的前提下，追求利润最大化。各个商业银行，由于环境不同与资本数量的差异，对于盈利性、安全性与流动性的认识也就不同，具体的经营目标和任务不同，进行资产负债联合管理的方法和指标也有差异。但是，所有的资产负债联合管理方法在原则上，有共同特点：

（1）资产负债联合管理，无论哪一种管理方法，其目的都是通过对资产结构和负债结构的调控，抑制、减少各种经营风险；以谋求利益的稳定增长。

（2）对收益的实现状况评估的基准使用两个指标：资本收益率和资产收益率。

（3）维持适当的流动性是必须的，金融监管当局对商业银行的流动性均作了规定，主要通过规定自有资本占风险资产的一定比例来控制。

（4）根据各国经验，设立资产负债管理委员会，其地位在行长之下，各营业部门之上。由该委员会制订联合管理的目标和策略，并对执行情况进行跟踪调查研究以发现问题，及时解决，改善资产负债联合管理机制。

资产负债管理的方法主要有：

（1）资金总库法。资金总库法是指将各种资金来源汇集成一个资金总库，按照谨慎的安全性原则排列资金使用的先后顺序（图7-1）。显然，银行对安全性的注重超过盈利性。

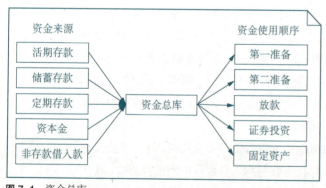

图7-1 资金总库

对于资金总库法，很重要的一点是建立一个流动性标准并据此来确定资金运用顺序，这一标准并未明确给出，而是建立在经验、判断和高层管理人员直觉的基础上，对盈利水平会产生很大影响。而有个事实是千真万确的：银行真正的长久的安全性是建立在它取得足够收益的基础上。另外，它忽视了贷款的流动性，贷款本身的还本付息使资金具有一定的流动性，这一点未予考虑，疏忽了业务的发展过程，也疏忽了资产与负债两者在提供季节性和周期性的资金流动上的相互作用。

（2）资金转换法。这一方法的最大特点，就是区别对待不同的资金来源，分别处理，更加注重流动性，将更多的资金用于放款和投资以增加盈利。该方法认为一家银行所需的流动性数量与其获得的资金来源有关，试图根据资金来源的流动速度或周转量和对法定准备金的不同要求来区分不同资金来源与运用（图7–2）。资金转换法把不同存款的流通速度作为确定盈利性与流动性的依据，这被认为是损害了效率。因为某一存款的流通速度可能与总存款没有关系，如活期存款总额一般总是保持在一个稳定的数额，这部分资金可以用于较高收益的用途。与资金总库法相同，它忽略贷款的流动性，将资金来源与资金运用对立起来，强调了负债，对资产分析不够。这是不太现实的。有时银行为了自己的信用，对合理的贷款申请不能轻易拒绝，资产项目也有一定刚性，不能完全根据负债自由决定。

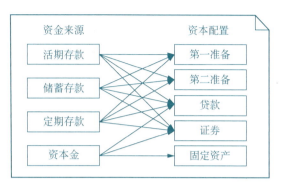

图 7–2　资金转换

（3）线性规划法。为了更准确地制定业务经营管理战略，许多大银行采用复杂的数学规划法。线性规划法是指在一定的资金流动性与法令限制的先决条件下，用于确定各项资产负债的量，使银行利润最大化的方法。明确了各项资产的收益率之后，根据各自的约束条件的限制求出一组最合理的资产组合方式。这种方法涉及管理人员对各种约束条件的看法，取决于制订模型所需资料的质量。一旦预测失误，可能反而增加经营成本，可操作性受到影响。

（4）缺口管理法。现在，资产负债管理通常被看作是规避利率风险的手段。所谓利率风险，是指当利率变化时银行收益变化的可能性。缺口管理是一种重要的方法。缺口指的是一家银行所持有的可变利率资产超过可变利率负债的额度，即：

缺口 = 利率敏感资产 – 利率敏感负债

如何控制这一缺口是银行经营部门决策的重要内容，这得看他们愿承担多大的风险及对利率的预测。对缺口的决策有三种模型，如图7–3所示。

从图7–3中我们可以看出，三种经营模式的主要区别在于对各类资产和负债所持有的比例。下面我们分别来看这几个模型。零缺口模型意味着账面收支相抵，在计划内收益的变动最小，因为无论利率是升是降，风险将由不同种类的资产和负债分别承担、相互抵消。许多地区性小银行一直想达到这种状态，其实，零缺口未必可以消除利率风险，资产利率往往与负债利率不是同步运动，贷款利率可能因为管理上的原因慢于市场利率变动，市场利率上升时，零缺口模型阻碍了银行的利润增大，有可能削弱银行的竞争力。保守的做法未必是最安全的。

图 7–3　缺口管理

正缺口模型是指浮动利率的资产与固定利率负债的比例相对较大，这在利率上升的时候，对银行的好处是显而易见的：资产收益因利率上升而增加较多，而负债成本却增加有限。在利率循环周期的谷底，银行经理如果能准确预测利率将上涨，则这种方法获得的利差收入将大大增加。

负缺口模型与正缺口模型刚好相反，银行持有的浮动利率负债与固定利率资产的比重较大。这种模型适用于预期利率将下降的时候，有助于减轻银行的利息负担。

根据利率的变化调整资产负债结构，这是采用缺口管理的积极方式。缺口的正负、大小与准确的利率预测紧密相关，一旦出现失误，银行的利率风险将放大，可能遭受损失。因此预测利率一定要力求准确，联系市场状况、法律政策规定和顾客心理通盘考虑。在一个完整的利率周期里，如能准确把握利率从低谷、扩张、顶峰与收缩的动态过程并不失时机地制订战略，将会使银行的利差收益放大。

第七节 | 商业银行经营管理的基本内容

一、信息管理

进入信息时代，银行信息在银行的经营决策、管理行为中起着越来越大的作用，对银行信息的管理，也就成为商业银行经营管理的重要内容。银行信息，是指与银行经营活动有关的，反映客观经济事物特征的经过加工整理的消息、数据、知识的总称。例如，关于金融市场的价格涨跌、供求状况、货币的投放与回笼情况，对外贸易现状，其他银行的业务情报，最新的经济政策及最新经营管理理论等，都在银行信息的范畴之内。

获得信息的途径很多，银行部门通过其信息网加强系统内外联系。银行信息的传递可以通过各种公文和刊物，或是通过电报、电话与计算机网络系统。为了开展各项银行业务，银行也会主动调查搜集相关信息，如召开专题会议、特约调查、抽样调查等。首先确定与业务有关的调查目的，制定调查搜集信息的范围与内容，然后进行实际调查与搜集，占有资料和数据之后分析、鉴别和校验，进行初步加工整理，为业务决策服务。信息反馈是信息管理的重要环节，决策层将各项任务、指令发出后所产生的实际效果应及时返回决策层，以便不断地修订、改善原来的计划和检查任务的完成情况。

银行信息的交流功能、预测功能和咨询功能决定了它在现代银行管理的重要地位。随着最先进的科学技术的使用，各国银行的经济信息网络无不向着更科学更完善的方向发展。

二、资产管理

资产业务是对银行资金的具体运用，资产管理最重要的部分是对贷款的管理。

（1）认真进行对借款人的信用风险评估。西方流行的"5C 原则"在某种程度上可以度量借款人的还款意愿和能力。5C 指的是品格（character）、能力（capacity）、资本（capital）、担保（collateral）、环境条件（condition）。

（2）发放贷款前对贷款项目要进行科学的评估和论证，在充分确定了项目的可行性之后才能发放贷款。贷款发放后，要及时进行检查，运用现场调查和报表分析等方法检查贷款去向、项目运营情况、贷款回收的物质保证、收回进度等，促使借款人努力提高效率，改善经营管理。

（3）建立贷款责任制，用制度规定银行工作人员在贷款管理中的责、权、利关系，主要内容包括：贷款审批权限、贷款考核制度、确立奖惩办法等具体制度。

（4）建立贷款资料积累制度。通过对以往贷款资料的核查对照，有助于银行发现问题及时解决，如借款人一向的资信状况、放款的行业与地区差异等。

三、负债管理

商业银行的负债管理主要涉及几个方面：

1. 自有资本金的管理

自有资本金是成本最低、使用最安全的负债项目，对其进行管理最基本的一条，就是使资本金的利润率不低于市场利润率。银行应明确自有资金完整无缺并随业务经营发展而逐步增加的目标，每年从实现利润中提取一定比例的资金转为自有资金，建立自有资金的管理制度，设置相应的专用科目来反映自有资金变化情况以加强监督。

2. 存款管理

在资金成本一定的条件下，银行吸收存款的多少反映其信誉及实力，因此通过对经济形势和社区金融状况的分析，银行提出相应的"吸储计划"是第一步，一般采用的是扩大计息范围、增加存款种类、提供额外金融服务等方法来吸收存款并稳定存款。第二步是提高存款的运用效率与降低资金成本。银行的信用特点之一就是积少成多，续短为长，短期存款的运用效率由于那部分稳定积淀的余额而提高，因为那部分余额可用作较长期的收益较大的放款。在国家放松银根的条件下，银行应在法律允许的范围内提高存款的运用效率，反之，则要调整方向、采取措施防止资金积压。银行的资金成本包括利息支出和各项费用，当利息支出相对稳定的时候，降低资金成本主要在于各项费用开支的精打细算，妥善安排。

3. 借款管理

银行借款主要包括向中央银行借款、向同业拆借及发行金融债券。首先要准确统计借款的到期时间与金额，事先筹集资金以备还款之用。其次，在借款项的使用方面，应充分考虑到其流动性需要和盈利能力以及安全性，这一点与放款和投资用款项的要求没有差别。另外要搭配好借款的金额与期限，力求形成一部分较为稳定的可以长期占用的借款余额。

衡量资产负债管理有一些内部监控指标，这是商业银行在追求安全性、流动性基础上的盈利最大化的自发要求。20 世纪 90 年代末，为了满足我国银行商业化改革和市场化经营的需要，中国人民银行于 1994 年和 1996 年先后制定了商业银行资产负债比例管理监控标准。2004 年修正后的《中华人民共和国商业银行法》要求商业银行的贷款余额与存款余额的比例不高于 75%。2005 年，在新的形势下，银监会正式颁布《商业银行风险监管核心指标》，更加重视通过资产负债管理来实现商业银行风险管理的目标。根据新的风险管理办法，商业银行风险监管核心指标分为三个层次，即风险水平、风险迁徙和风险抵补。

风险水平类指标包括流动性风险指标、信用风险指标、市场风险指标和操作风险指标，以时点数据为基础，属于静态指标。

（1）资产流动风险指标。主要包括流动性比例、核心负债依存度和流动性缺口率三个指标。

① 流动性比例 = 流动性资产余额 / 流动性负债余额 ≥ 25%

② 核心负债依存度 = 核心负债 / 负债总额 ≥ 60%

（核心负债包括距到期日三个月以上〔含〕定期存款和发行债券以及活期存款的 50%）

③ 流动性缺口率 = 90 天内表内外流动性缺口 /90 天内到期表内外流动性资产 ≥ −10%

（流动性缺口 = 90 天内到期的表内外资产 −90 天内到期的表内外负债）

（2）信用风险指标。主要包括不良资产率、不良贷款率、单一集团客户授信集中度、单一客户贷款集中度、全部关联度等指标。

① 不良资产率 = 不良资产 / 资产总额 ≤ 4%

不良贷款率 = 不良贷款 / 贷款总额 ≤ 5%

② 单一集团客户授信集中度 = 最大一家集团客户授信总额 / 资本净额 ≤ 15%

单一客户贷款集中度 = 最大一家客户贷款总额 / 资本净额 ≤ 10%

③ 全部关联度 = 全部关联授信 / 资本净额 ≤ 50%

（3）市场风险指标。主要包括累计外汇敞口头寸比例和利率风险敏感度两个指标。

① 累计外汇敞口头寸比例 = 累计外汇敞口头寸 / 资本净额 ≤ 20%

② 利率风险敏感度 = 利率上升 200 个基点对银行净值的影响 / 资本净额

（4）操作风险指标。主要指操作风险损失率。

操作风险损失率 = 操作造成的损失 / 前三期净利息收入加上非利息收入平均值

风险迁徙类指标衡量商业银行风险变化的程度，表示为资产质量从前期到本期变化的比率，属于动态指标。风险迁徙类指标包括正常贷款迁徙率和不良贷款迁徙率。

（1）正常贷款迁徙率 = 正常贷款中变为不良贷款的金额 / 正常贷款。

① 正常类贷款迁徙率 = 正常类贷款中变为后四类贷款的金额 / 正常类贷款

② 关注类贷款迁徙率 = 关注类贷款中变为不良贷款的金额 / 关注类贷款

（2）不良贷款迁徙率包括次级类贷款迁徙率和可疑类贷款迁徙率。

① 次级类贷款迁徙率 = 次级类贷款中变为可疑类贷款和损失类贷款的金额 / 次级类贷款

② 可疑类贷款迁徙率 = 可疑类贷款中变为损失类贷款的金额 / 可疑类贷款

风险抵补类指标衡量商业银行抵补风险损失的能力，包括盈利能力、准备金充足程度和资本充足程度三个方面。

（1）盈利能力。其指标包括成本收入比、资产利润率和资本利润率。

① 成本收入比 =（营业费用 + 折旧）/ 营业收入 ≤ 45%

② 资产利润率 = 税后净利润 / 平均资产总额 ≥ 0.6%

③ 资本利润率 = 税后净利润 / 平均净资产 ≥ 11%

（2）准备金充足程度。其指标包括资产损失准备充足率和贷款损失准备充足率。

① 资产损失准备充足率 = 信用风险资产实际计提准备 / 应提准备 ≥ 100%

② 贷款损失准备充足率 = 贷款实际计提准备 / 应提准备 ≥ 100%

（3）资本充足程度。其指标包括核心资本充足率和资本充足率。

① 核心资本充足率 = 核心资本 / 风险加权资产 ≥ 4%

② 资本充足率 =（核心资本 + 附属资本）/ 风险加权资产 ≥ 8%

四、财务管理

银行财务管理是指根据金融方针、法规制度，对财务活动进行计划、组织、调节和控制等一系列管理活动的总称。凡是对银行固定资产以及伴随着银行货币信用业务活动而产生的一切收益、开支和内部经营成果和管理都属于银行财务管理的范围。有一系列主要的财务比率来衡量银行的财务管理状况，如流动比率、盈利资产比率、资金结构比率、营业费用比率、单位货币税后获利能力比率、利差净额比率等，管理人员通过计算这些财务比率，分析其决定性因素，再与同业其他银行的平均水平相比较，可以找到自己的优势和差距以及造成优势和差距的原因，改进工作具有明显的针对性。进行财务管理，目的就是为了稳定和扩大资金来源、合理运用资金、增强盈利能力、节约支出、降低成本、确保资金和固定资产的安全。

五、内部管理

银行的内部管理包括银行组织机构的设置、银行稽核与银行经营状况考评。

合理的银行组织机构设置，是开展各项银行业务的先决条件。不同的管理机构的人事安排和部门安排以及权力的配置，银行分支机构的规模和地区分布会形成不同的银行组织形式。我国的国有商业银行是典型的总分行制度，在市、县设立分支机构或办事处。银行内部根据职能可分为：第一，决策机构，如计划统计、金融研究等；第二，执行机构，如信贷、储蓄、会计；第三，监督机构，如审计、稽核等。

银行稽核是指银行所有者掌握的内部监督体系，主要为了发现业务和财务上的弊端，维护金融法规制度，堵塞漏洞，提高效率，健全和改进工作制度，促进增收节支。稽核的主要对象是计划管理、负债业务、资产业务、中间业务、外汇业务、会计账户等。稽核一般配备专门人员，银行董事、经理不得兼职。

银行的经营状况考评主要指对经营资金和经营成果的考评，目的是及时总结经验，不断提高经营管理水平。一般来说，每家银行根据自己的规模、资本金多少、所处社区的环境以及考察期的政治经济环境都会有一套考评经营情况和利润的指标。纵向对比是指在一个特定时间数列里，对银行本身的发展状况和规律性有个大致的了解；横向对比则是与同业相同指标计算数值平均值的对比，联系这些指标的决定性因素，分析银行的经营实绩。

第八节 | 我国银行体制的改革与企业化经营

自中共的十一届三中全会以后，我国的经济体制改革逐渐展开并向纵深推进，金融体制也进行了一系列的改革，银行体制的改革是这一系列改革的重心。

一、专业银行的成立及其业务转变

我国银行体制在计划经济时期的根本特征是"大一统"银行，即中国人民银行一统天下，既经营存贷业务，又从事货币发行、代理国库等央行业务。而这种格局已不能适应改革开放以后的经济体制了，尤其是多元化的经济成分。因此，银行体制的第一次重大改革就是打破"大一统"的金融体系，建立起一个以中央银行为核心，以国家专业银行为主体，多种金融机构并存与共同发展的新的金融体系。其中，中国工商银行、中国农业银行、中国银行和中国建设银行为四大国有专业银行，它们均是直属于国务院的经济实体，成为特殊的国有企业，其在业务上接受中国人民银行的领导与管理。国有专业银行在国家规定的业务范围内，依照国家的经济和金融政策、法令及规章制度，行使职权，进行自主性业务经营。专业银行也独立地进行经济核算，与国有企业有着相同的经营特点。国有专业银行在业务上，都具有经营存款、放款、结算、汇兑等业务，其业务种类与范围大体上相当于综合性的商业银行。但四大专业银行按照一定的范围实行业务分工。工商银行的业务重点在城市与城镇，农业银行的业务重点在城镇与农村，而中国银行的业务重点则在于外汇业务，中国建设银行则侧重于固定资产业务。这种业务的分工是在传统计划经济体制下产生的，它仍然把专业银行作为国家银行的一个分支机构来对待。各专业银行并不追求自身的独立利益。

但随着经济结构的调整与市场体系的发展，专业银行各自面临的市场都在发生变化，原有的业务分工局限性越来越明显，各自的市场份额在变化，业务的发展潜力不同，风险与负担也不同。这些都使得各专业银行试图打破原有的分工限制，而扩大业务，这导致了各专业银行之间的业务出现交叉，并因此而形成了银行间的业务竞争。专业银行业务的扩展与交叉使它们之间的分工界线越来越显模糊，四大国有专业银行的经营业务逐步趋同，演变成了类似的商业银行。因此，我国的国有专业银行与真正意义上的专业银行（special business bank）不同，其经营业务的专业性日益消失，而只是普通的商业银行。

国有专业银行与企业之间的关系也有着特殊性。在国有专业银行真正商业化之前，其名义上虽然是独立自主经营的法人实体，但实际上仍负有一系列非商业经营使命，必须承担大量的政策性贷款，如国家重点工程项目开发投资，国有企业的营运与扶持贷款，农产品收购贷款，等等，这意味着国有专业银行具有双重职能，并非真正的商业银行。

从国有专业银行自身的结构与地位看，它本身也不具备独立法人地位，它没有明晰的、独立的产权结构，与行政机构没有实质性分离，权、责、利没有相关，银行经营在很大程度上仍受行政机构支配，并没有产生相应的责任与风险体系，因而其与企业之间的关系尚未形成真正的资金交易关系。

专业银行的性质与地位决定了其业务的性质，但这种非商业化的业务与市场化改革及企业的转轨改制极不适应，它使得国有专业银行的经营效益不断下降，资产质量不断地降低，并形成了大量的不良资产，这迫使国有专业银行在市场经济条件下走向改革、实现真正的商业化与企业化。

二、国有商业银行及其企业化、股份化经营

我国的专业银行自 1984 年以来业务交叉已不局限于某一领域，而且都办理工商信贷业务，都有创造支票存款的功能，因而都具备了商业银行的功能。但它们身兼两任，并不是按照安全性、流动性、盈利性三统一的原则在经营，由于实行利润留成，它们有追逐利润的冲动，但却没有承担风险的自我约束机制，因而不能算真正的商业银行。

随着改革的不断深入和国民经济的迅速发展，专业银行体制显露出了一些难以避免的矛盾和问题。专业银行既要实行企业化经营，又承担着政策性信贷业务；既要严格把握信贷政策，又很难从"倒逼"机制中解脱出来。同时，专业银行存在着自身的利益要求，又难以从根本上确立效益目标；既要严守国家的信贷限额，又对扩张信贷总量的内在冲动缺乏有效的抑制。在建立社会主义市场经济体制的过程中，进一步深化金融体制改革，把专业银行办成真正自主经营、自负盈亏、自担风险、自我约束的商业银行已是势在必行。金融体制作为社会主义市场经济总体框架的重要支撑和宏观调控体系的重要组成部分，其改革已进入了攻坚阶段。1994 年颁布的《国务院关于金融体制改革的决定》勾画了社会主义市场经济条件下的金融宏观调控体系，金融组织体系和金融市场体系的基本轮廓，明确指出国家专业银行要尽快转为国有商业银行。根据这一决定，原有的国有专业银行加快了改革进程，在银行经营管理体制和业务领域方面逐步向商业银行转变，成为国有商业银行。进入 21 世纪以来，银行上市的步伐开始加快，未上市的银行也不断推进股权多元化进程，力图通过股权结构改革推动经营机制的转型。

向商业银行转变不仅仅是银行具体业务制度和管理办法的变化，而是体制和机制的根本性改革。为顺利实施向商业银行过渡，需要从思想观念、经营运作、组织机构和内部管理等多方面进行综合配套的调整和改革。改革的目标是把我国商业银行建成与国际经济、

金融运行体制相接轨,既符合商业银行经营管理的一般原则,又适应于现代市场经济体制要求的商业银行。

我国商业银行的商业化改革与企业化经营,涉及了体制结构、经营组织到业务创新等一系列方面。

第一,我国商业银行向现代商业银行转变,需要推进其体制结构的改革。其中最核心的问题是产权制度的改革。商业化与企业化要求我国商业银行按照现代企业制度结构来建设,使银行真正转化为具有独立法人地位的、与行政脱离关系的公司组织,并逐步将其建成股权多元化的公司企业,国家可以根据需要保持控股、持股或参股的地位,也可根据需要从企业中退出,使银行从经营体制上转化为真正的企业。

第二,实现银行的企业化、股份化经营,首先要使其成为分开上市公司,然后才是其经营机制的进一步转化。需要转变的是原有的国有银行的经营方式与管理模式。这就需要推进商业银行的现代化经营方式,促进其努力开发适应新兴市场的金融工具,建设一套商业银行自主经营、自担风险、自负盈亏、自我约束的经营原则,确立一个独立法人体系下各级分支机构独立核算、分级经营与统一管理控制相结合的现代银行经营组织体系。进一步推进国有银行的数字化、网络化经营发展,拓展普惠金融、绿色金融、数字金融的市场空间。

本章小结

1. 现代银行业是在传统金融业基础上发展而来,银行业最早出现于文艺复兴后期的意大利城市,后逐渐发展到欧洲与北美。近代工业革命及工商业的发展是商业银行发展的温床。商业银行的发展经历了一个从传统到现代的过程。商业银行的组织自17世纪末在英国最早出现股份制银行,此后即迅猛发展,战后商业银行的发展,更体现出了集中化、全能化、国际化的趋势,电子技术的发展更加推进其向现代化方向进步。

2. 商业银行在发展过程中,逐步形成了其独特的经营组织体系,主要的形式有总分行制、单一行制、连锁制银行与银行控股公司,目前世界上绝大多数国家的商业银行采用总分行制。随着经济国际化与金融业的跨国发展,其经营组织进一步向综合化、集团化、全能化方向发展。

3. 商业银行作为以追求利润为目标的综合性金融企业,既具有与一般企业相同的经营特征,又具有与一般工商企业不同的特征。作为金融企业,商业银行具有信用中介职能、支付中介职能、信用创造功能与金融服务功能。银行职能的演变和发展与金融创新相关,它朝综合化、全能化方向发展。商业银行作为金融企业,不仅可以提供信用,而且还能创造信用,它的经营活动涉及其资金的风险控制与对社会经济的影响,为此产生了对商业银行的监管。这种监管涉及银行的开业与歇业、资本充足要求、银行资产流动性要求、银行业务范围的限定,以及银行存款保险制度的确定。

4. 商业银行是经营综合性金融业务的机构。商业银行的负债项目主要由银行资本、存款账户、借入资金及其他借款所构成；其资产项目，即资金的运用主要由现金类资产、放款、投资及其他资产的构成。银行资产总额等于其负债总额加银行资本。

5. 商业银行的业务由负债业务、资产业务与中间性业务所构成。负债业务由资金来源部分业务构成，资产业务是指资金使用的业务，中间业务是指商业银行以中介人的身份代理客户办理各种事项并收取手续费的业务。中间业务一般不需银行垫付资金并承担风险。表外业务是那些在银行资产负债表中没有反映，但能给银行带来额外收益与额外风险的业务。它可以分为贸易融通类、金融保证类和金融衍生工具三类业务。

6. 商业银行不仅是一个信用提供者，而且还是一个信用创造者。它的存款扩张机制可以使银行体系产生存款的派生能力。商业银行存款扩张能力的大小，主要受法定存款准备金率高低的影响，除外，还要受商业银行的现金漏损率、超额准备金率，以及活期存款转定期存款比率的影响。

7. 商业银行经营管理遵循的基本原则是安全性、流动性与盈利性，三者之间的关系体现了商业银行经营中风险与收益的平衡，经营管理的目标就是要在风险得到控制条件下追求收益的极大化。商业银行经营管理的基本指导思想，经历了从商业贷款理论、证券转换理论、预期收入理论，到超货币供给理论的发展。从管理方法上，经历了从单纯资产管理，到单纯负债管理，到资产负债联合管理的过程。资产负债管理强调的是资产与负债之间的平衡与联系。其主要的方法有资金总库法、资金转换法、线性规划法与资产负债的缺口管理法、资产负债的比例管理是目前金融监管当局推出的一系列监控与管理指标。

8. 我国的国有银行在过去一直是处于双重地位的国家专业银行，在进一步开放与市场经济体系发展的条件下，国有专业银行只有向商业银行转化并实行企业化、股份化经营，才能在市场竞争条件下生存与发展，而国有商业银行的改革涉及了产权制度与经营机制转变等一系列的问题。

复习思考题

1. 商业银行发展中的基本组织形式有哪些？
2. 在过去的几十年中，商业银行的经营体制发生了哪些重要变化？
3. 现代商业银行的基本职能有哪些？
4. 商业银行的信用创造功能是如何形成的？
5. 商业银行作为经营实体，其功能与一般工商企业相比，有何异同？
6. 为何要对商业银行的经营活动实施监管？
7. 现代商业银行的创新有何特征？
8. 商业银行的产权制度及结构有何特征？

9. 商业银行企业化经营的必要性是什么？
10. 请你具体地分析说明商业银行资产负债的结构。
11. 商业银行资产业务的重点是什么？
12. 商业银行业务发展与创新的主要趋势是什么？
13. 为什么商业银行的存款必须实行法定存款准备金缴存制度？
14. 请你用自己的语言分析说明商业银行存款货币的扩张机制。
15. 如何理解商业银行经营管理的安全性、流动性、盈利性原则？
16. 什么是商业银行的资产负债管理？其主要方法有哪些？
17. 什么是商业银行的资产负债比例控制，其基本的作用是什么？
18. 请说明商业银行贷款管理的主要方法。
19. 商业银行经营管理的基本思想经历了什么样的发展变化？

第八章　中央银行

本章要点

　　中央银行是现代各国金融体系的中枢，担负着货币发行、流通管理、利率调控等主要职能，对各国货币金融体系的稳定与发展起着极为重要的作用。中央银行制度是现代金融业发展的产物，同时也对金融业的发展产生着越来越大的影响。中央银行的货币政策功能对一国的宏观经济调控发挥着关键性的作用。本章主要探讨现代中央银行的产生与发展；中央银行的职能；中央银行的独立性及其与政府的关系；中央银行的货币供应机制及宏观经济调控机制。

第一节 中央银行概述

一、中央银行产生的经济条件

18世纪后半期到19世纪前半期，资本主义银行业随着资本主义工商业的发展迅速地建立起来，在资本主义发展最早的英国，1776年已有银行150多家，到1814年则发展到940家，增加了5倍多。随着银行的增多和资本及银行业务的扩大，在货币金融领域产生了一系列需要迫切解决的问题，主要有以下几个方面：

1. 银行券的发行问题

最初，每家私人商业银行都有发行银行券的权力，因当时是实行金本位制度，因此，只要自己能够保证所发行的银行券随时可兑换金属货币，就能稳妥经营。但一方面，由于资本主义竞争的加剧，危机以及银行经营不善，许多银行无法保证自己所发银行券的兑现；另一方面，一般银行限于资金力量、信用和分支机构的限制等问题，所发银行券只能在当地和较近地区流通，这在客观上要求有一个资金雄厚并有权威的银行发行一种能在全国流通并保证随时兑现的货币。

2. 票据交换问题

随着银行每天收授票据数量的扩大，由各行自行轧差当日清算已成为问题，客观上要求有一个统一的票据交换和债权债务的清算机构，来为各个商业银行之间票据交换和资金清算服务。

3. 最后贷款人问题

随着资本主义生产发展和流通扩大，商业银行的贷款规模也不断扩大，期限延长，由于资金来源不足，常常发生商业银行支付能力不足而产生挤兑和破产的事件，于是有必要适当集中各家银行的一部分现金准备，在某家银行发生支付困难时，予以必要的支持。

4. 货币与金融管理问题

随着银行业和金融市场的发展，需要政府对之进行必要的管理，由于这方面的专业性和技术性很强，这种管理是一般的政府机关所不能胜任的，必须要有专门的机关来对全国的货币金融活动作必要的管理和监督。

为了解决以上问题，需要建立一个发行的银行、清算的银行、银行的银行和政府的银行，即中央银行，经过两百多年的发展和完善，才形成了现代的中央银行。

二、中央银行制度的建立和发展

中央银行体系是在商业银行发展的基础上产生的。最早的中央银行，产生于18世纪的下半叶，它们往往不是完全意义上的中央银行，而是兼有商业银行与中央银行性质的混合体。最早具备这种职能的银行有瑞典银行和英格兰银行。随着银行体系的发展与对货币发行体系管理的要求，中央银行的职能独立化趋势加强，从而导致了现代中央银行制度的正式形成，英格兰银行是现代中央银行的鼻祖。1833 年，英国国会规定英格兰银行钞票为无限清偿货币，这是使英格兰银行成为英国中央银行的决定性的一步，到 1913 年美国联邦储备体系的建立，中央银行制度才有了进一步的完善。

随着英格兰银行发行权的扩大、地位的日益提高，许多商业银行把自己的现金准备的一部分存入英格兰银行，商业银行之间票据交换的最后清偿以及其他的债权债务关系也通过英格兰银行来划拨冲销；在 1825 年以及以后的历次经济危机中，英格兰银行对其他商业银行提供贷款，充当了"最后贷款人"的角色；在经济繁荣时期，商业银行大量对工商企业办理票据贴现，但由于资金来源限制，便将手中未到期的票据向英格兰银行要求再贴现，英格兰银行作为中央银行的地位就这样确立了。

1913 年 12 月 23 日，美国国会通过了联邦储备条例，这是美国集权和分权的政治矛盾斗争的产物，也是中央银行制度史上一个划时代的创举，联邦储备体系设有联邦储备局，它是一个领导机构，有委员 7 人。联邦储备体系的业务机构为联邦储备银行，它是区域性的中央银行，全国分为 12 个储备区，每区设一联邦储备银行，共有 12 个联邦储备银行，下设 25 个分行。联邦储备银行的资本额最低为 400 万美元，由会员银行按其资本及公积金总数的 6% 认购股票。联储银行以调节区内金融、为公众服务为准则，不以营利为目的；它发行钞票、代理国库、主持清算、保管会员银行的存款准备金、对会员银行贷款和再贴现，并进行公开市场活动。

早期的中央银行都是由普通的商业银行自然演进而成的，一开始它们是普通的商业银行，在其发展和竞争的过程中，变成实力最强、与政府联系密切、信誉卓著的银行，逐步演变为中央银行。在第一次世界大战及其之后，各国中央银行纷纷限制和停止银行券的兑现，提高贴现率，禁止黄金输出，中央银行大量增发银行券以供政府战费支出，引起通货膨胀、物价上升、经济混乱。为医治战争创伤、稳定币值，1920 年在比利时首都布鲁塞尔举行国际金融会议，会议规定，中央银行应脱离各国政府政治上的控制，按照稳健的金融政策活动，这成为指导第一次世界大战后建立中央银行制度的理论基础。1922 年在瑞士的日内瓦会议上，建议各国，包括新成立的国家设立中央银行，并把稳定币值作为中央银行的重要任务之一。

1921—1942 年，各国改组或新成立的中央银行有 43 家，这一时期中央银行制度发展较快的原因主要有：①布鲁塞尔会议和日内瓦会议的推动；②新国家的产生；③国际联盟和美国的援助；④重建币制的需要；⑤规定中央银行独享货币发行权并以金银、外汇、证券或票据作准备。从 20 世纪初到第二次世界大战结束，是中央银行发展最快的一个时期，这一时期的中央银行都是人工创设型的，即由各国政府建立的。这一时期中央银行活动的重点有两个方面：一是为稳定币值，中央银行独享货币发行权，禁止对政府发放贷款；二是为稳定金融机构，建立了集中各商业银行准备金并严格管理的制度。

第二次世界大战后，一系列新国家（包括社会主义国家）的产生，各国需发展经济，医治战争创伤和美国在政治经济上的霸主地位的确立，使各国货币信用政策用来作为干预经济生活的主要杠杆，从而开始了中央银行国有化的进程或加强了国家对中央银行的控制，各国中央银行成为国家机构的一部分。此外，第二次世界大战后的中央银行制度还有以下特点：①货币政策运用的发展。货币政策的三大工具（存款准备金、再贴现、公开市场业务）不但法令化、制度化，且在运用上实现联合化、交叉化；并出现了选择性货币政策工具、直接信用管制工具和道义劝告等政策工具；货币政策的中介指标由市场利率转向货币供应量；有的社会主义国家还采用现金计划和信贷计划作为货币政策工具。②各国中央银行的国际合作。随着世界经济一体化进程的加快，国际贸易差额日益扩大，各国之间贸易战、货币战的加剧，造成国际货币金融的混乱和动荡，为此，战后建立了新的国际货币体系——布雷顿森林体系并相应建立了一系列国际金融机构，大多数国家的中央银行代表国家参加了这些机构，由此开始了全球性中央银行的国际合作。现在布雷顿森林体系虽然已经解体，但这些国际金融机构依然存在，各国中央银行的合作不但未中止，且进一步得到加强。

三、现代中央银行制度的形态

中央银行制度的形式在不同的国家是不同的，它是由各国的社会制度、经济管理体制、商品经济发展水平、金融业发达程度、历史习惯等因素决定的，一般有以下几种形式：

1. 复合的中央银行制度

复合的中央银行制度是在一个国家内，没有单独设立中央银行，而是把中央银行的业务和职能与商业银行的业务职能集中于一家银行来执行；或者虽分设中央银行和专业银行，但中央银行兼办一部分专业银行业务，如20世纪60年代中期之前的苏联和东欧各国、80年代初期之前的中国等。

2. 单一的中央银行制度

单一的中央银行制度，即在一国内单独设立中央银行，它又分为两种形式：①一元的中央银行制度。即在一国内只设一家中央银行及众多的分支机构，世界上大多数国家都属于此类中央银行制度。②二元的中央银行制度。即在中央和地方设立两级中央银行机构，中央级机构是最高权力或管理机构，地方级机构也有其独立的权利。属于这种类型的国家有美国、德国等国。

3. 跨国的中央银行制度

它是参加货币联盟的所有国家共同的中央银行，而不是某个国家的中央银行。一般均是不发达的发展中国家，在地域上相邻，在贸易方面与某一发达国家有紧密联系，希望本国货币能与该发达国家的货币保持固定平价，促进经济发展，制止通货膨胀，简化组织机构。如西非货币联盟、中非货币联盟、东加勒比海通货管理局等。还有一些发达国家为了联合起来争取在世界经济格局中的有利地位，从经济一体化走向货币一体化，如欧洲联盟及欧洲央行，它们发行共同的货币欧元、执行统一的货币政策和外汇制度，监督各国金融制度。各国有自己的银行法律；中央银行对成员国的银行没有监督义务、不规定上交存款准备金、不承担"最后贷款人"的义务，只执行中央银行的部分职能。

4. 准中央银行制度

有些发展中国家和新兴工业化国家设置类似于中央银行的机构，执行中央银行的部分职能。具有这样类似中央银行的机构的国家有新加坡、斐济、伯利兹、马尔代夫、利比里亚、莱索托等。例如，新加坡有两家类似中央银行的机构，即金融管理局与货币发行局：前者负责金融管理和监督，并拥有贴现政策、公开市场业务等货币政策工具，可对商业银行的贷款发布指示，规定必须维持的清偿能力的条件等。后者负责发行货币，发行货币要求有100%的外汇作准备金。

一般来说，商品经济发展水平高、信用发达的国家大多趋于单一的中央银行制度，因为这种制度比较完善；经济与信用制度欠发达的国家则实行跨国的或准中央银行制度；市场经济为主的国家多数是单一的中央银行制度，中央计划经济为主的国家多数是复合的中央银行制度；实行联邦制的国家，多数是二元的中央银行制度，中央集权制国家多数为一元的中央银行制度。

第二节 | 中央银行的性质、职能与作用

一、中央银行的性质

中央银行是代表国家进行金融宏观管理和调控的特殊金融机构，这一性质不是一开始就有的。中央银行在它产生的初期，还不是国家干预经济的工具。这是当时与处于自由资本主义时代，资本主义国家对经济发展采取自由主义政策相适应的。第一次世界大战后，普遍的通货膨胀使各国感到利用中央银行稳定金融的重要性。在20世纪30年代后，资本主义国家为缓和和减少危机，开始运用货币政策对经济生活进行直接或间接的干预。第二次世界大战后，加速了中央银行的国有化进程，使之成为干预经济的工具，中央银行开始作为国家干预经济生活的重要工具，这是国家垄断资本主义的新发展。从这里可以看出，中央银行是货币经济发展的产物，经营货币和信用活动是其作为银行所固有的性质，作为国家管理机构的性质是外加的，它的管理经济的性质是国家干预经济的产物并随着后者的加强而不断深化。

中央银行的性质决定了它与其他金融机构比较有下列特点：

（1）中央银行作为银行，其货币信用活动的对象主要是金融机构和政府，它原则上不经营普通银行业务，不以营利为目的，盈余上交国家。

（2）中央银行主要代表国家制定和推行统一的货币金融政策，监督全国金融机构的活动，其领导人由国家任命，它是一个国家机关。

（3）中央银行吸收存款不付利息，因为它不是为了营运周转而吸收存款，而是属于保管、调节的性质；同时为金融机构及政府服务也不收费。

（4）中央银行的资产保持较大的流动性，以便随时兑付存款，保持调节功能。

（5）中央银行仍然是一个银行，它仍办理一些银行业务，如对各银行和金融机构的存贷款业务、清算业务、发行业务，对政府办理国库业务、对市场发行和买卖有价证券业务等，还有经营业务收入。中央银行的宏观管理和调控主要是通过上述业务活动来实现的，中央银行是单纯凭借政治权力行使职能，不仅仅靠行政管理手段，而且在依据市场经济规律的基础上采用各种经济手段，如利率、再贷款、存款准备金、公开市场业务等来贯彻金融政策和实行金融宏观调控。

二、中央银行的职能

1. 服务职能

服务职能是中央银行向政府和银行及其他金融机构提供资金融通、划拨清算、代理业务等方面的金融服务。中央银行的产生首先开始于为政府和商业银行服务。

为政府服务的项目主要有：

（1）经理国库。中央银行专设机构，为政府开立各种账户、经办政府的财政预算收支划拨与清算业务，执行国库出纳职能，为政府代办国债券的发行及还本付息事宜。

（2）临时的财政垫支。中央银行原则上不应向财政垫支，但当国家财政收支出现暂时性收不抵支时，中央银行亦需对政府融资。其方式：一是提供无息或低息短期信贷，并有数量限制；二是购买政府债券或对政府债券贴现，也有一定时间和数额限制。

（3）代表政府参加国际金融活动。例如，保管金银、买卖黄金外汇、参加国际金融组织、出席国际金融会议、与外国中央银行磋商等。

（4）充当政府的金融顾问和参谋。为政府制定金融政策提供资料、可供选择的方案及建议。

为金融机构服务的项目主要有：

（1）主持全国金融机构之间的清算事宜。主持票据交换所，通过各金融机构在中央银行开设的往来存款账户进行票据清算和资金划拨。中央银行办理票据清算业务不收取费用。

（2）充当"最后贷款人"。当商业银行发生资金短缺，周转不灵时，可向中央银行请求贷款，其方式主要是票据或国库券的再贴现和再抵押放款。

2. 调节职能

中央银行通过改变基础货币供应和调整法定存款准备金率、再贴现率、公开市场业务等手段起到收缩和扩张货币供应量的作用，从而实现社会总供求的平衡。

3. 管理职能

管理职能是中央银行为维护金融体系的健全和稳定，对金融机构的设置、业务活动及经营情况进行检查督导，对金融市场实施管理控制。主要包括：（1）制定金融政策、法令。（2）管理银行等各种金融机构。包括对在本国境内设置、撤并、迁移金融机构进行审批、注册登记及对金融业务活动进行管理。（3）检查、监督各金融机构的活动。检查监督的内容包括：业务活动范围、清偿能力、资产负债结构、存款准备金交存等。检查监督方式主要是对各种业务账表和报告的查对、稽核、分析、发现问题等。

三、中央银行的作用

中央银行的主要作用可以分为以下几个方面：

1. 稳定货币与金融

主要包括货币供应量、金融机构和金融市场三个方面的稳定。中央银行是一国唯一能够发行纸币的机构，而纸币一方面直接构成流通中货币量的一部分，另一方面，它又是基础货币的一部分，它与作为基础货币另一部分的各金融机构在中央银行的存款相互转化，共同成为商业银行等存款机构创造存款货币的基础。中央银行可根据国内外经济金融形势和货币政策的要求，在国家法律规定的限度内，通过对自己资产规模的调节来影响其负债的数量，也就是影响基础货币的数量，从而实现对全国货币供应量的控制，进而实现社会总供求平衡和物价稳定。同时，通过对金融机构实施严格的监管，通过货币政策干预金融市场，引导金融业务活动保持良好的运行状态，保持金融稳定。

2. 调节一国经济，促进经济持续、稳定、协调的发展

调节国民经济包括总量调节和结构调节两个方面。在总量调节方面，由于货币资金是生产的第一推动力和持续推动力，因此，在一般情况下，中央银行适当扩张信用，经济趋于繁荣；中央银行收缩信用，经济发展就受到控制。在结构调节方面，中央银行参与国民经济重大比例关系的制定和执行；通过自身的业务活动，如调整再贷款的投向和利率杠杆的运用、确定信贷支持的重点来引导商业银行资金投向和投量；通过向其他有关部门反映情况、提出调整方案，从而促进产品和产业结构的优化和社会经济结构的合理化。

3. 集中清算、加速资金周转

中央银行作为票据集中清算的中心是在货币发行与集中保管存款准备金的基础上发展起来的，由于各家银行在中央银行开立往来存款户，它们每日营业终了将各自票据交换的差额，通过在中央银行开立的账户相互划拨清算，从而简化手续。节约现金使用和加速资金周转。

4. 推动国际金融合作

中央银行参与国际金融谈判、国际金融机构重要业务活动以及代表国家保管外汇储备与加强各国间的金融合作。

第三节 中央银行的主要业务

一、中央银行的资本结构

中央银行的资本结构在各个不同的国家是不同的，按照资本金所有权形式可归纳为以

下几种情况：

（1）全部资本金为国家所有，这种国有化的中央银行在世界上占绝大多数。

（2）公私合资。即国家与私人合资建立股份制中央银行，国家股比重一般在50%以上，如日本、比利时、墨西哥、奥地利、土耳其等国。

（3）全部股份为私人所有。如意大利即是，但只能由金融机构等法人认股。

（4）全部股份为银行所有。如美国，联邦储备银行的资本属于参加联邦储备银行的各会员银行，即各会员银行认购其所参加的联邦储备银行的股票，数额相等于本身实收资本和公积金的6%（实际只缴纳3%）。

二、中央银行的负债业务

1. 货币发行

当今世界各国中央银行均享有垄断货币发行的特权，货币发行是中央银行重要的负债业务。中央银行的纸币是通过再贴现、贷款、购买证券、收购金银外汇等投入市场，从而形成流通中纸币，以满足经济发展对货币的需要。虽然它是中央银行对社会公众的负债，但对纸币持有者来说，他并不认为他拥有对中央银行的债权（因为纸币已不可兑现），而是认为拥有社会财富，持币人不是持纸币到中央银行索偿，而是到市场上换取商品和劳务，因而中央银行的这种负债事实上成为长期的无需清偿的债务，从而成为其对经济进行宏观调节的成本最低的一种资金来源。

2. 代理国库和吸收财政性存款

中央银行代理国库和财政收支使国库（财政预算）存款和行政事业单位的经费存款均存入中央银行，同时政府、事业单位与金融机构之间的相互划拨转账也通过在中央银行的存款户进行。这就向中央银行为政府融资提供了条件，对这种国库存款和行政事业单位的经费存款，中央银行一般不予支付利息。

3. 集中金融机构的存款准备金

集中准备金是中央银行制度形成的重要原因之一。各商业银行既然吸收存款，则必然要准备一部分现款以备储户随时提取，这种准备金称为存款准备金。存款准备金的一部分以商业银行库存现金的形式存在；另一部分以商业银行在中央银行存款的形式存在。后者又分为根据国家法令占客户存款总额一定比例的法定准备金存款和超过这一金额的超额准备金存款两部分。中央银行将这些准备金用于商业银行资金周转不灵时对其贷款，这样，可以节省各个商业银行所保留的存款准备金，充分发挥资金的作用。中央银行通过法定存款准备金制度，来控制全国各商业银行的放款规模，从而赋予存款准备金新的重要意义。中央银行负责规定商业银行交存存款准备金的比率，并督促各银行按期如数上交存款准备金。

4. 清算资金

企业之间因经济往来发生的债权债务关系通过一般银行办理转账结算，这种企业间的债权债务关系就转变成了银行间的债权债务关系。而银行间的债权债务关系则由中央银行通过各银行开设的账户转账结算，这样可以免除两地间现金运送，便于地区间资金转移，加速商品流通。这样，每个商业银行或其他金融机构就必须在中央银行的存款账户上准备足够的拟用于清算的资金。

5. 其他业务

中央银行的主要负债业务除上述四项外，还有国际金融机构负债、兑付国库券基金等。

三、中央银行的资产业务

中央银行的资产业务一般由以下几项构成：

1. 再贴现和贷款

中央银行对商业银行办理再贴现贷款业务，要求注意这种资产业务的流动性和安全性，注意期限的长短，以保证资金的灵活周转。中央银行对政府的贷款，各国都作了规定。如德国银行对政府需要的专项贷款规定了最高限额，对地方政府贷款的数额按人均贷款额计算。

2. 金银外汇储备

中央银行的资产，应以随时可以出售而且又可以避免损失为原则，所以，黄金、白银和外汇储备就是中央银行的一项重要资产业务。从纸币发行史看，黄金、白银、外汇储备始终是稳定纸币的重要储备，也是用于国际支付的国际储备。中央银行买卖金银、外汇是为了集中储备、调节资金、调节货币流通、稳定汇率和金融市场。

3. 证券买卖

中央银行握有证券和买卖证券的目的不在于营利，而是为了调节市场银根松紧和货币供应。中央银行一般以经营政府证券为主，必要时也可持有少数企业证券，对中央银行可以买卖哪些证券，各国一般均有规定，如日本法律规定，日本银行可以从事商业票据、银行承兑票据、公债等买卖。我国央行也在货币市场买卖国债调节货币供应量。

四、中央银行的货币发行

1. 货币发行的原则

（1）垄断发行。货币必须由中央银行垄断发行的理论依据是：一个国家在一定时期发行多少货币，必须根据经济发展的需要来确定，否则就会造成货币流通的混乱，对经济带来不良影响。中央银行垄断发行货币的意义在于：第一，统一票面，方便商品交易；第二，防止发钞银行倒闭，引起金融动荡和经济混乱；第三，有利于货币流通的正常和稳定；第四，有利于加强中央银行的金融宏观调控能力和国家货币政策的贯彻、执行。

（2）发行准备。在现代不兑现纸币制度下，纸币的发行在客观上要受到国民经济发展水平的制约，为了保证纸币发行量不超过经济发展的客观要求，保持纸币的稳定，中央银行发行纸币不能仅靠国家信用，而必须建立某种准备金制度，如金银、外汇、证券等。

（3）供应弹性。中央银行要根据经济情况，不断向市场注入或抽回货币，使市场的货币供应随国民经济情况的变化而伸缩，具有一定的弹性。

2. 货币发行制度的发展

（1）中央银行银行券从可兑换金银到不可兑换金银。这是金属货币制度向纸币制度演变的结果，演变的原因主要在于：第一，纸币比金属货币便于流通、保管、运送、清点、鉴定，便于商品和劳务交易；第二，贵金属的供给受资源约束。

（2）纸币的发行由金属准备向保证准备发展。过去曾规定中央银行发行纸币必须有100%或一定比例的贵金属作准备；现在允许中央银行发行货币可由证券甚至国家掌握的商品等作保证。

（3）纸币发行由保证准备向货币供应量管理发展。在纸币发行的保证准备制度下，中央银行以政府的公债券作为准备发行钞票，这样容易助长政府搞财政赤字大量发行国债，且以此向中央银行换取纸币，从而造成通货膨胀。为解决这一问题，不少国家通过法律控制纸币发行数量，并实行钞票发行的最高限额制。后来，人们又认识到，不但钞票是购买手段和支付手段，使用支票的银行存款也是购买手段和支付手段，于是由单纯控制钞票发行发展到包括钞票和银行存款在内的货币供应量的管理，并通过中央银行的货币政策来调节货币供应量，从而调节和控制物价水平和国民经济。

五、中央银行与清算制度

1. 票据交换制度的产生与原理

（1）票据交换制度的产生。集中票据交换，办理全国银行清算是中央银行的主要业务之一。在私人商业银行的发展过程中，随着企业、个人支票业务的发展，各家银行都会收进客户交存的别家银行支票，当时，私人银行每天都要派人出去，向别的银行收取（或送交）支票和现款，这种方式耗费大，又不安全。18世纪在英国伦敦有个伦巴第街，是金融业集中的地区，各家银行派去清账的职员常常到伦巴第街上一家小酒馆里，边吃东西，边议论。一天，两家银行的收款人在这个酒馆里议论并达成协议，相互轧抵该收的款项，后来其他银行的收款人也照此办理。一些银行负责人认为这个办法好，于是经过协商，达成一致意见，于1773年在伦敦成立了第一个票据交换所。不久，其他各国相继仿效。

（2）票据交换原理。在多家银行参加票据交换下，各行应收差额的总和一定等于各行应付差额的总和。如表8-1所示。

表 8-1　票据交换　　　　　　　　　　　　　　　　　　　　　　　　　　　单位：万元

应付行应收行	A	B	C	D	应收总额	应付总额
A	0	100	150	90	340	/
B	50	0	75	40	165	125
C	160	80	0	70	310	5
D	100	110	90	0	300	/
应付总额	310	290	315	200	1 115	
应收总额	30	/	/	100	/	130

表 8-1 中，A 银行应向其他 3 家银行共收款 340 万元，应向其他 3 家银行共付款 310 万元，两数相抵，应收差额为 30 万元。余类推。4 家银行相互间的收付关系，通过票据交换，仅由各行向票据交换所支付应付差额或收取应收差额并提出他行票据即可清算完毕。

（3）票据交换所。票据交换所是同一城市（包括郊区）内各银行间清算其各自应收应付票据款项的场所。它现已是中央银行业务部门中的一个重要机构或为中央银行领导的机构。票据交换所一般每天交换一次或两次，各行交换后的应收付差额即通过其在中央银行开设的往来存款账户进行转账收付。任何银行和金融机构都必须参加票据交换，否则，中央银行将采取措施予以制裁。

2. 建立全国清算网，办理异地资金转移

票据交换所只能解决同一城市或地区内各银行的票据交换和资金结算问题。各城市和地区之间由于社会公众通过银行汇票、支票等结算办法形成的转账结算及相应银行间资金结算则必须由中央银行来统一办理。解决异地资金转移，各国的清算办法差异较大，一般有两种类型：一是由各金融机构内部自成联行系统，最后各金融机构的总管理处通过中央银行总行办理转账结算；二是将异地票据统一集中传送到中央银行总行办理轧差转账。以下介绍比利时的银行清算系统：比利时由中央银行建立了全国的清算中心，一个地区的票据交换在地区内进行；跨地区的资金清算由全国清算中心进行交换。不论是跨地区的交换还是地区清算的差额，均于每天集中于全国清算中心，计算当天整个票据交换的应收或应付差额，一并与参加清算系统的各银行的总行集中清算。清算的手段有两种：一是自动化清算系统（CEC 清算系统），即一个分支机构收到他行票据，通过本系统，传入总行，由总行将参加清算的票据入磁带，拿到 CEC 的清算系统进行处理，经分类、清理后转换成持票人对方开户银行的磁带，提交对方进行账务处理。这一系统处理的票据占全国清算票据的 90% 左右。二是手工操作（传统）系统，这是为了控制大额资金，防止计算机可能发生的错误，对每笔超过 25 万比利时法郎的大额资金清算，一律采用手工操作的计算机处理，通过这一系统处理的票据占 10% 左右，但清算的资金却占 80%—90%。他们每天下午 4 时开始全国清算中心的轧算，半小时即可轧清。参加清算中心的成员行都派出各自的代表固定在清算中心工作，随时处理收受的票据。清算终了所轧差额，于当天通过中央银行的账户转账结算。为了解决清算资金不足，开办了隔夜拆借市场，由中央银行信贷部主持，每日下午 4：30 时举行，根据当日清算差额，计算出各行头寸余额，当场公布拆出资金的最大额度和拆入资金需要量，相互拆借的利率根据资金供求关系在中央银行规定的当日拆放利率的基础上上下浮动，当利率浮动到高限时，若资金仍不能满足拆入行的资金需要，则中央银行可提供隔夜贷款，以解决当日清算差额的需要。

第四节 中央银行与货币扩张机制

一、没有中央银行介入下的货币扩张机制

在仅有商业银行而没有中央银行介入的金融体制下，商业银行创造存款货币的基础是它自己的贵金属储备，因为当时虽然商业银行也发行银行券，但在金本位制度下，这些银行券是要随时兑现的，此外，由于在非现金流通的同时，还存在着现金流通，因此，社会公众手里必须保持一定数量的现金（金属货币和银行券），银行为了应付客户提取现金，就必须保持一定数量的银行券及其后盾——贵金属；为了应对联行清算以及其他业务上的需要；银行也要保持一定数量的现金。因此，贵金属储备、现金漏出率和超额准备留成率就成为仅有商业银行的金融体制下存款货币扩张的约束条件。

二、中央银行介入后货币扩张机制的变化

在中央银行产生之后，国家把发行银行券的权力逐步集中到中央银行，而商业银行则失去了这一权力，在这一情况下，商业银行创造存款货币的前提条件——基础货币就成为只有中央银行才能创造的一种中央银行的负债，这种负债是中央银行的资产业务所创造的，它主要表现为银行外现金、商业银行的库存现金以及商业银行在中央银行的存款，现金现在表现为中央银行垄断发行的银行券，在金本位时期，它可以兑换贵金属，金本位制崩溃后则不能兑现，变为纸币化的银行券。现在，商业银行为了应付客户提现和保留超额储备的现金准备，已不是它自己发行的银行券，而是中央银行发行的纸币了（在中央银行的存款只是中央银行纸币的转化形式），从理论上来说，商业银行这种现金准备的来源只能是中央银行对它的贷款或吸收客户的原始存款。因此，在中央银行产生之后，货币扩张机制的第一个变化是货币扩张机制在数量上从受制于商业银行的贵金属储备转变为受制于中央银行资产业务的规模。货币扩张机制的第二个变化是商业银行创造存款货币除了要保持一定数量的现金以应付客户提现和保持一定的超额准备金之外，还要把一定数量的现金作为法定存款准备金上缴到中央银行的法定准备金专户或者在中央银行的一般存款账户保持法定的准备金余额，这样，商业银行创造存款货币的能力就进一步受到削弱。中央银行规定商业银行要上缴法定准备金的初衷是为了保证客户根据与银行的协议在规定的时期提取现金，以维护金融业及经济的稳定。但后来发现这种法定准备金制度除此之外还能影响商业银行创造存款货币的数量，遂用此来作为对金融进行宏观调控的重要工具，中央银行可以根据经济状况和货币政策的需要随时调整法定存款准备率来影响商业银行的存款创造规模。

三、货币扩张机制与中央银行的宏观调控

中央银行的介入使货币扩张机制置于中央银行的宏观调控之下。在现代货币的扩张机

制中,由于基础货币的供给掌握在中央银行手中[1],法定准备金率的制定权和调整权也掌握在中央银行手中,中央银行还可以运用利率、再贴现、公开市场业务等工具影响现金漏出率和超额准备金率,因此可以说,货币供给是在中央银行的控制和调节下进行的,商业银行的货币扩张也是在中央银行的调控下进行的,这与中央银行产生之前货币供给由商业银行在金属货币流通规律的作用下自发地进行是有很大区别的。虽然,中央银行对基础货币的控制是有效的,但人们对中央银行体制下的货币供给机制仍在进行努力探索与研究,以揭示货币供给量的形成机制。

第五节 | 我国的中央银行及其改革

一、我国中央银行的产生和发展

1. 中国历史上的中央银行

(1) 户部银行和交通银行。中国的中央银行萌芽于20世纪初,由于当时货币紊乱,银元、铜钱、钱钞、银票以及外国银元同时流通,成色折合繁杂,为整理币制,于光绪三十年(1904年)由户部奏准清政府设立户部银行,额定资本白银400万两,由国内各界认股。1905年8月在北京开业,1908年户部银行改为大清银行,经理国库、发行纸币。同年,经清政府批准,成立交通银行(邮传部),发行纸币、经理铁路、轮船、电报、邮政部门的一切款项收支。清政府垮台以后,大清银行改组为中国银行,它和交通银行一起由北洋政府控制,其部分地承担了中央银行的职责。

(2) 孙中山时期的广州中央银行。1924年8月,孙中山在广州组成中央政府,曾设立中央银行。1926年,北伐军攻下武汉,同年12月,在武汉又设中央银行,由于战事,这两地中央银行的历时都很短。

(3) 国民政府的中央银行。1927年,蒋介石在南京成立国民政府,制定了《中央银行条例》,于1928年11月1日成立了中央银行,总行设于上海,额定资本2 000万元,全部由政府拨款。负责经理国库、发行钞票,并在全国各地设立分支机构。中国银行、交通银行与中央银行三行均有发钞权。1935年成立了"中国农民银行",也有货币发行权。1942年7月1日,全国货币发行权归于中央银行,并统一经理国库和统一外汇管理。

(4) 中华苏维埃共和国国家银行。1931年11月,中华苏维埃共和国临时中央政府在瑞金成立,并决定成立国家银行。1932年2月,中华苏维埃共和国国家银行正式营业,该

---

[1] 也有人认为基础货币是一种内生性变量,不是由中央银行单独决定的,但基础货币则是由中央银行所创造出来的。

行享有发钞特权,并代理国库,代理发行公债及还本付息,隶属国家财政人民委员部,银行下设放款贴现委员会,1935年10月转移到陕北,同年11月改为国家银行西北分行。

2. 新中国的中央银行

(1) 中国人民银行成立。1948年12月1日,解放区的华北银行、西北农民银行、北海银行合并,在石家庄成立了中国人民银行,1949年2月总行迁入北京,其他各解放区银行合并并改组成人民银行的各大区行,并按行政区划,分省(市)、地(市)、县(市)设立分行、中心支行和支行(办事处),支行以下设分理处或营业所。同时,接管了四大家族官僚资本银行,取缔了帝国主义在华银行的特权,整顿改造了民族资本主义银行,将全国的农业、工业、商业短期信贷业务和城乡人民储蓄业务全部集中于中国人民银行,并代理财政金库,发行全国唯一合法的人民币,并管理金融行政,执行中央银行职能。

(2) 中国人民银行"一身二任"。中国人民银行既是中央银行,又是专业银行,新中国成立后的30多年中,尽管中国农业银行、中国银行、中国人民保险公司等专业金融机构与人民银行时分时合,几上几下,但它们独立存在的时间都很短:这一方面是学习苏联模式的结果;另一方面,也带有根据地银行的某些痕迹。它也是高度集中的计划经济体制产物,它有利于国家集中有限的资金用于国民经济建设,也有利于加强国家的宏观调控。其缺陷主要是政企不分,官商作风浓厚;性质不明,不讲经济效益;统一核算,吃"大锅饭"。

(3) 中国人民银行专门行使中央银行职能。1983年9月17日,国务院作出决定,中国人民银行专门行使中央银行职能,不再兼办工商信贷和储蓄业务,以集中精力做好货币发行工作和金融的宏观管理与调控。中国人民银行专门行使中央银行职能,具有重要的原因:第一,"一身二任"使中国人民银行在执行中央银行职能和办理专业银行业务时往往左右为难、顾此失彼,削弱了对国民经济的宏观管理;第二,1979年后,随着多种金融机构的恢复和建立,需要有一个超脱的专职中央银行加强对它们的领导和管理;第三,在"一身二任"时,中国人民银行往往用货币发行弥补信贷收支差额,使货币供应量难以控制;第四,它也是适应我国经济管理体制改革的需要,是从对使用价值的直接控制转变到通过价值形式的间接控制,从以行政手段管理经济转变到以经济手段管理经济的需要。这种金融宏观间接调控模式的建立和运转要求有专职的中央银行来行调控职能。

二、中国人民银行的职能

根据《中华人民共和国中国人民银行法》的规定,中国人民银行是中华人民共和国的中央银行,中国人民银行在国务院领导下,制定和实施货币政策,防范和化解金融风险,维护金融稳定。中国人民银行就年度货币供应量、利率、汇率和国务院规定的其他重要事项作出决定,报国务院批准后执行。中国人民银行在国务院领导下依法独立执行货币政策,履行职责,开展业务,不受地方政府、各级政府部门、社会团体和个人的干涉。中国人民银行履行下列职责:

(1) 发布与履行其职责有关的命令和规章;

（2）依法制定和执行货币政策；
（3）发行人民币，管理人民币流通；
（4）监督管理银行间同业拆借市场和银行间债券市场；
（5）实施外汇管理，监督管理银行间外汇市场；
（6）监督管理黄金市场；
（7）持有、管理、经营国家外汇储备、黄金储备；
（8）经理国库；
（9）维护支付、清算系统的正常运行；
（10）指导、部署金融业反洗钱工作，负责反洗钱的资金监测；
（11）负责金融业的统计、调查、分析和预测；
（12）作为国家的中央银行，从事有关的国际金融活动；
（13）国务院规定的其他职责。

三、中国人民银行的业务

根据我国《中国人民银行法》的规定，中国人民银行办理下列业务。
（1）中国人民银行为执行货币政策而运用下列货币政策工具：
① 要求银行业金融机构按照规定的比例交存存款准备金；
② 确定中央银行基准利率；
③ 为在中国人民银行开立账户的银行业金融机构办理再贴现；
④ 向商业银行提供贷款；
⑤ 在公开市场上买卖国债、其他政府债券和金融债券及外汇；
⑥ 国务院确定的其他货币政策工具。
中国人民银行为执行货币政策，运用前款所列货币政策工具时，可以规定具体的条件和程序。
（2）中国人民银行依照法律、行政法规的规定经理国库。
（3）中国人民银行可以代理国务院财务部门向各金融机构组织发行、兑付国债和其他政府债券。
（4）中国人民银行可以根据需要，为银行业金融机构开立账户，但不得对银行业金融机构的账户透支。
（5）中国人民银行应当组织或协助组织银行业金融机构相互之间的清算系统，协调银行业金融机构相互之间的清算事项，提供清算服务，具体办法由中国人民银行制定。中国人民银行会同国务院银行业监督管理机构制定支付结算规则。
（6）中国人民银行根据执行货币政策的需要，可以决定对商业银行贷款的数额、期限、利率和方式，但贷款的期限不得超过一年。
（7）中国人民银行不得对政府财政透支，不得直接认购、包销国债和其他政府债券。

（8）中国人民银行不得向地方政府、各级政府部门提供贷款，不得向非银行金融机构以及其他单位和个人提供贷款，但国务院决定中国人民银行可以向特定的非银行金融机构提供贷款的除外。

（9）中国人民银行不得向任何单位和个人提供担保。

四、中国人民银行的货币发行制度

1. 什么是货币发行

流通中货币包括现钞和存款货币，但存款货币是商业银行和其他金融机构在中央银行发行现钞的基础上产生的负债，因此，从中央银行的角度来讲，它发行的是现钞而不是存款货币。虽然中央银行通过它的资产业务也创造了其他金融机构存入中央银行的存款货币，但这种存款货币与社会公众在商业银行等存款机构的存款货币有本质的不同，前者只是各金融机构相互之间用以代替现金来进行债权债务清算的工具[1]，它是基本上与商品流通不发生直接关系的基础货币；后者则是流通中货币的主要部分。因此，中国人民银行的货币发行应当是仅指人民币票券（包括金属辅币）的发行。未来人民币有可能全面转型为数字人民币。

2. 人民币发行的准备

人民币是在信用关系的基础上产生的执行货币职能的价值符号，它是一种信用货币，因此它已不能兑换贵金属，从而也就不需要把贵金属作为发行人民币的准备。现代纸币所体现的信用关系已经从发行银行对持币人的负债，转变为国家（社会）对持币人的负债，因为中央银行是国家银行，其货币发行也代表了国家。从理论上说，人民币发行是没有准备的，但事实上，中央银行通过对货币供应量的调控来保证货币的价值与经济的稳定，货币的供应是以经济增长的需要为基础的。为此，人民币的发行需要坚持经济发行的原则。中国人民银行发行人民币主要通过以下几大类资产业务：一是对商业银行的贷款，通过这种贷款，商业银行就获得了现金，具体表现为库存现金和在人民银行的存款，然后商业银行依靠这些现金（基础货币）再向企业和个人发放贷款，这样人民币就从商业银行流到社会公众手中[2]，因此，当人民币通过这个渠道发行时，是否坚持了经济发行的原则，即是否与商品流通相适应，取决于商业银行对社会公众的贷款是否取得经济效益，是否能按期归还，人民币发行的商品准备不是有多少商品才能发行多少人民币，而是根据货币是生产的第一推动力和持续推动力的原理，发行的货币在经济周转的过程中必须通过新创造的商品的销售而回流，如果不能回流，即不能实现商品到货币的惊险跳跃，那么摔死的不仅仅是商品生产者和经营者，整个社会都会因币值下跌、物价上涨而吃苦头。二是中国人民银行通过购买金银外汇和政府债券而发行人民币。金银外汇作为一种国际支付手段和国际储备资产，我们可以把它看作是国外商品的代表，因此，一般说来，为收购金银外汇而发行的货币

---

[1] 其中也有一部分是各金融机构用来购买商品与劳务的准备金。
[2] 由于存款货币创造机制的作用，人民币在商业银行流向社会公众时，还会产生存款货币的扩张。

是有物资保证的,但是既然它是商品的代表就不是直接的商品,如果一国的金银外汇储备过多而没有转化为国外的商品供应,那么也可能造成该国为此而投放的货币因缺乏现实的商品保证而贬值,国外的以及我国 1994 年以来的现实经济生活证明了这一点。至于买国债而投放的货币,如果国家投资于有经济效益的建设项目,一般说来也是有商品物资作保证的,但规模不能过大,不能超过国家的财力及社会闲置资源的数量。

3. 人民币发行的程序

中国人民银行对人民币发行的管理是通过划分发行库与业务库来组织实施的。发行库即发行基金保管库,发行基金是人民银行保管的尚未进入流通的人民币票券,它不是货币,而是为调节市场货币流通准备的票券,不代表任何价值量。业务库是各商业银行基层行处为办理日常业务、收付现金而设置的金库,业务库保存的钞票是业务收付的备用金,是流通中货币。每日营业终了,每个商业银行基层行处必须将超过库存限额(由上级行和同级人民银行核定)的钞票送存人民银行发行库,这就是现金回笼;商业银行业务库存不足支用,可以开出支票,从人民银行发行库将发行基金调入商业银行,这就是现金投放。中国人民银行根据信贷收支计划和现金收支计划,提出发行和回笼计划,据此确定基层行的发行和回笼计划,并据以确定向发行库领取发行基金的限额。人民银行的人民币钞票发行程序如图 8-1 所示。

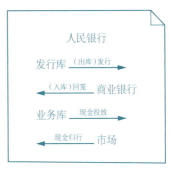

图 8-1　人民银行人民币发行程序

五、我国中央银行的改革

1. 中央银行宏观金融调控体系的建立

随着中央银行体制的建立,我国逐步建立了一套新的与市场经济体制相适应的宏观金融调控体系。

(1)改革信贷资金管理办法,建立起以间接调控为主的货币供应量控制方法。从 1998 年 1 月 1 日起,中国人民银行取消了对国有商业银行的信贷限额控制,推行在间接调控下的资产负债比例管理体制,从而取消了对商业银行贷款的计划控制与行政干预。中央银行只是应用各种经济杠杆,如利率、汇率、贴现率、公开市场业务等来调节货币供应量,维持货币市场供求的平衡。

(2)建立存款准备金制度。1984 年,我国建立了存款准备金制度,由于主要着眼于中央银行掌握足够数量的信贷资金,因而 1984 年规定的比率较高(储蓄存款 40%、农村存款 25%、企业存款 20%),但过高的存款准备金比率迫使人民银行要大量通过再贷款把资金返还给专业银行,于是,从 1985 年起将存款准备金比率统一调整为 10%。为抑制通货膨胀,1987 年从 10% 调到 12%,1988 年调到 13%。为刺激投资,扩大内需,1998 年存款准备率又下调到了 8%。2007 年后,存款准备金率又上调到了 23%,2013 年后,存款准备金率下调到了 20%。2018 年以来,人民银行 12 次下调存款准备金率,截至 2021 年 12 月,金融机构平均法定存款准备金率为 8.4%。

（3）发挥利率的杠杆作用。银行存贷款利率的适时调整，有利于促进社会总需求与总供给的平衡。例如，在 1988 年通货膨胀严重时期，通过对定期储蓄存款实行保值，起到了稳定经济和金融的重要作用。此外，通过差别利率，对经济结构调整发挥了重要作用。但是，当前高度集中的利率管理体制影响了中央银行利率政策的有效性，使商业银行存贷款利率对中央银行基准利率变动的反应呈刚性；优惠利率的范围过宽（达 30 余项），对象选择不当（以商业为主要对象），这些都是与国家产业政策和市场经济的要求不相适应的。2017 年后，中国人民银行在改革高度集中的利率管理体制方面也已迈出了步伐：一是对各商业银行和非银行金融机构赋予了一定的利率浮动权；二是在深圳、温州等地试行了以人民银行存、贷款利率为中心的、以管理存款利率上限和贷款利率下限为重点的利率管理体制，为整个利率管理体制的市场化奠定了基础。

2. 进一步改革和完善宏观金融调控体系

（1）建立财政投融资体系，提高中央银行吞吐基础货币的主动性。建立财政投融资体系，就是要通过信用手段把一部分无偿和有偿征集的财政资金低息用于社会基础设施的建设，建立财政投融资体系后，财政不再向中央银行借款、透支，中央银行也不再以基础货币发放政策性贷款，而是通过在证券市场上买卖政府债券间接支持财政筹资，从而保证中央银行吞吐基础货币的主动权。当前，我国已成立了政策性投资开发银行承担国家重点建设和基础设施的投资、贷款任务，其资金来源是：国家财政基本建设基金拨款；社会保障基金结余；发行国家担保债券等。

（2）国有银行的公司化、股份化改革。要把专业银行真正建成具有自主经营、自负盈亏、资金自求平衡、自担风险、自我约束、自我发展的机制的国有商业银行，在银行内部用资产负债比例管理和风险管理代替贷款限额管理，各商业银行与财政为税收关系，总行与分支行是借贷关系，各级商业银行的分支机构要在执行国家的信贷政策和产业政策的前提下把安全性、流动性和盈利性作为经营管理的原则，实行行长负责制，各行有充分的经营管理的各个方面的自主权。

（3）在原城市信用社的基础上，在不改变其法人地位和集体性质的前提下，成立独立法人的城市商业银行；原有的农村信用合作社在条件成熟时改制成立了农村商业银行。还批准成立了一批股份制的村镇银行。

（4）中央银行在宏观调控中进一步发挥市场机制的作用。第一，进一步发展和规范同业拆借市场。建立跨地区、跨系统的资金拆借市场，进而形成全国的资金拆借中心，在此基础上，通过全国金融市场报价信息系统形成全国统一的资金市场。它应主要解决弥补头寸不足的短期资金需要，并与联行清算相结合。第二，开拓票据承兑、贴现市场。要逐步实现结算工具票据化，采用卫星通信网络，实施电子联行，办理异地资金的快速划转，为扩大票据的使用和流通提供现代化的技术保证，专业银行要进一步扩大票据承兑和贴现业务，人民银行要增加再贴现贷款规模，允许各银行间开展转贴现业务。使票据贴现市场成为有效的短期金融市场之一。

（5）发展中央银行的公开市场业务。1994年起，中国人民银行在上海证券交易所开辟了公开市场业务操作室，开始吞吐中央银行融资券和国债以调节市场货币流通量。这样做的优点是：可衔接货币政策和财政政策的松紧搭配，当实行松的财政政策，大量发行国债时，中央银行可以用买进或者卖出国债以及买卖数量多少来配合松的或紧的货币政策。其不足之处是目前我国国债的规模较小且各专业银行和中央银行的国债持有量较少，国债市场的完善也还需要有一个过程。为解决这一困难，近年来中国人民银行也发行了一部分自己的融资券并以此作为买卖的对象，以代替吞吐国债。除国债和自己的融资券外，中国人民银行还可以通过买卖外汇的方式来调节货币流通量，这一方式可同时调节人民币汇率，可衔接货币政策和对外经济政策，例如，当国内通货膨胀严重时，中国人民银行在上海国家外汇交易中心可以出售外汇，以提高人民币的对外价值，压缩出口和促进进口，以减少国际收支顺差和外汇储备；同时又回笼了人民币，可产生较强的反通货膨胀效应。反之，则买进外汇，促进国际收支顺差，增加市场货币供应量。由于1994年外汇管理体制改革后，中国人民银行、各金融机构及一些企事业单位均拥有较多的外汇资产，故中央银行买卖外汇这种公开市场操作方式也是可行的。

（6）改革利率管理体制，形成以中央银行基准利率为核心的市场利率体系。在以前的金融改革中，我国利率水平的逐步提高对动员储蓄起了很大的作用，但并没有改变利率管理体制上高度集中的现状，在对企业贷款方面，利率不反映或不完全反映资金供求状况，利率变动对企业贷款需求没有什么影响，使得利率在资金配置和调节投资结构方面不能发挥应有的作用，造成不可估量的资源浪费。利率市场化是一国金融改革不可逾越的阶段，因此，我国应尽快着手利率市场化改革：第一，逐步放开直接融资（主要是各类债券）的利率限制，由发债主体自行决定；第二，形成全国统一的同业拆借市场利率，中央银行以再贴现率、公开市场业务等手段影响该利率；第三，中央银行只控制市场的基准利率（LPR），其他利率可全部放开；第四，逐步推行复利计算法。

（7）科学测定货币供应量，加强全社会信用规划管理。第一，中央银行要加强对国民经济形势的分析研究，科学地确定货币供应量（现金加存款）和贷款总额的增长目标，并据此制定全社会信用规划，在坚持间接融资为主的条件下，对间接融资与直接融资统筹安排，综合平衡，并通过再贷款、存款准备金、利率等经济手段和法律、行政手段加以实施。第二，要加强金融信息系统建设。完善货币供应量统计监测制度和金融计量模型，建立和完善人民银行货币政策预警系统，为人民银行宏观调控提供科学依据和信息反馈。

（8）加强中央银行再贷款管理。各大区人民银行和各商业银行总行首先必须在本地区内及本系统内调剂超额准备金的余缺，在这样做还不能解决问题时，才能向人民银行总行借款，人民银行则利用特种存款和中央银行融资券，在地区和系统之间调剂头寸余缺，以提高资金的利用率，减少基础货币投放。此外，人民银行应减少对金融机构的信用放款，积极推行再贴现和证券抵押贷款，实施货币市场的回购与逆回购操作，以保证基础货币的投放与回笼。

本章小结

1. 中央银行是现代各国金融体系的中枢,而中央银行的产生则晚于商业银行,它是因为统一货币发行、票据清算、再贷款与金融管理的需要而形成的。目前世界上绝大多数国家实行中央银行制度,少数国家与地区实行类似于中央银行的体制。

2. 现代中央银行的职能可概括为发行的银行、政府的银行和银行的银行。中央银行作为特殊的金融机构,它不从事工商信贷与其他金融业务,也不以营利为目标。它的管理与调控职能主要来自法律的授权。

3. 现代中央银行的制度属性与经营特点决定了它与政府的关系具有特殊性,尤其是在货币政策制定上,中央银行要有相对的独立性,它不能完全听命于政府。其独立性主要表现在资本所有权、理事会成员的任命、与财政部的资金往来关系,以及货币政策的决定等方面。现代各国中央银行与政府的关系可分为完全独立型、相对独立型、完全从属型三种。

4. 中央银行的经营活动形成了相应的资产负债结构,中央银行资产业务的规模直接影响到它的基础货币流通量,并进而影响货币供应总量,中央银行对基础货币的控制能力较强,作用效率较高。

5. 我国中央银行的发展经历了一个较长的时期,到 1983 年中国人民银行才真正成为中央银行,行使中央银行的相关职能,但我国中央银行体制仍在完善之中,其独立性不强,随着改革深入,其独立性将会逐步增强。

复习思考题

1. 为什么现代金融体系中必须要有一个中央银行?
2. 中央银行的基本职能及其特点是什么?
3. 为什么要强调中央银行的相对独立性?
4. 请分析中央银行的资产负债结构对基础货币供应量的影响。
5. 中央银行在资金清算体系中的作用是什么?
6. 请说明中央银行体系中的货币扩张机制。
7. 美国联邦储备系统的机构设置有何特色,对我国有何参考意义?
8. 我国中央银行的发展与主要功能是什么?
9. 中央银行与财政部的资金关系是怎样的?
10. 我国中央银行的改革方向是什么?

第九章 货币需求

本章要点

　　货币理论是经济学中最古老的命题,现代经济学更关注货币理论是因为它构成了货币政策的基石,对货币市场的供求关系变动与均衡状态的分析确定,对于一国宏观经济均衡水平的认定及其相关政策的走向有着十分重要的影响。在货币经济学理论中,货币需求理论更受到经济学的关注,因为对货币需求的分析研究,直接影响到货币供给政策的决定性。在货币需求量决定的分析研究中,从早期的货币数量理论到今天的货币需求决定理论,分歧和争论从未间断,从货币概念、流通速度,到市场条件、计量方法等每一个方面,都出现了分歧对立和激烈的争论,以至于在货币理论和货币政策领域出现了众多不同的学说和流派,并影响到了货币政策的应用和发展。今天影响最为广泛的学说是以凯恩斯主义货币学说为基础的干预主义学说和以新自由主义货币学说为基础的货币主义市场均衡学说。

第一节 货币需求与货币需求量

自从近代古典经济学诞生以来，各种经济学流派和理论观点对于货币需求都有着特别的研究与表述，货币需求理论构成了主要的理论基础。从古典经济学派开始，到凯恩斯主义经济，货币主义学派，以及现代新自由主义经济学，都作出了它们相应的研究与检验，从而推动了货币需求理论的发展。这对现代各国货币政策的制定与宏观经济调控产生着越来越大的影响力。我国经历了 40 多年的改革开放，社会主义市场经济体制已经基本确立，市场经济的运行机制已经开始发挥作用，货币市场的供求关系及其均衡问题也已经出现，货币政策及其宏观调控已经成为重要的政策体系，对于经济发展与稳定影响深远。因此，了解货币需求理论对我国的货币政策及宏观经济调控有着重要的意义。

一、货币需求

货币需求是指一定时期里商品生产与交换过程中所需要的货币量，一国市场经济活动包含的一系列过程，可以概括为一系列的交易活动，都会产生对应的货币需求量，因为货币是交易的媒介。如果存在非市场交易性质的经济活动，如企业内部的调配部门间产品的划拨，是不需要货币中介的。根据交易的性质，需要说明的问题就是一定时期市场上货币的需要量是如何决定的。这个问题一开始看起来很简单，似乎只要了解掌握了一国一定时期的交易量，所对应的货币需要量也就知道了。但实际上问题并不那么简单，市场交易的性质、货币流通的速度等问题一直在困扰着货币需求量的确定，并因此而形成了越来越多的方法和学说派别。

从另一个角度看，货币需求可以是由一定条件下社会公众的持币愿望所决定的，人们持有货币的愿望与人们可支配的收入和所拥有的财富是有直接联系的。那么，人们对于货币需求愿望即持币愿望又如何加以计算呢？这也会引入更多的影响因素，如人们的收入水平不同；人们所拥有的财富量不同；人们的生活水平和生活质量不同；人们的消费支出观念不同；人们的文化教育水平及其生活的环境不同等，都会影响到人们的支出消费行为和持币愿望，这些因素之间还存在着相互影响，如何来确定计量也很困难，因为这种因素的复杂性和计量困难，也导致了货币理论学说的学派纷争和观点对立。

二、货币需求量的决定

现代主流的经济学在 20 世纪 30 年代以后进行了一系列的理论观点假设和实证检验，试图通过实际经验与检验分析来确定提出的一系列判断。例如最重要的假设就是人们的货币需求愿望是由人们的基本持币动机决定的，而人们的持币动机可以假设为三种基本的类型：一是社会公众（包括公司企业与家庭）对货币的需求主要出于商品交易的动机；二是人们持币出于预防性动机，即应对一些计划外的支出；三是持币用以投资于各种资产的投机性需求。对于持币的人们来说，追求收入与财富的增加是他们从事经济活动的一般动机，货币只是这种收入与财富拥有的表现形态。现代新自由主义经济学进一步假设，对货币的需求从根本上看是人们出于交易与资产选择的需要，而投机或资产选择的需求事实上也是从交易需求中派生出来的，所以市场交易活动其实决定了货币需要量的基本要求。现代经济学的货币需求量因素争论远不止这些，讨论的范围和复杂程度还在加大。现在对于影响货币需求量的除了商品交易外，还有金融投资活动和金融资产选择产生的影响，金融投资活动的规模变化如何影响到货币需求量，也产生了不同的学说观点。在经济全球化发展影响下货币需求是否会受到国际经济活动以及交易规模的影响，产生货币的国际需求因素，也有着不同的分析和看法，在一国货币国际化条件下，如美元，其需求量似乎也会受到国际交易和流通规模的影响，这对于正在走向国际化的人民币似乎也有着同样的影响。

一定时期的货币需求量，是货币供应政策的基础，那么什么是一定时期的货币需要量呢？从传统的货币理论看，一般确认货币流通是为商品流通服务的，因此，符合商品流通量客观需要的货币量就是必要的货币流通量，即客观的货币需要量。用马克思的货币需要量公式表述，即为：

$$M = PQ/V \qquad (9\text{–}1)$$

其中：P 为商品的价格水平，Q 为流通中的商品数量，V 为货币流通速度，M 为货币的需要量。

这个货币流通量，事实上是指在金属货币流通条件下，货币具有内在价值，一定价格水平的商品流通量只能容纳一定的货币流通量，这就是货币的必要量，当实际的货币流通量大于或小于必要的货币流通量时，就会发生金属货币的退出流通与进入流通，以维持两者之间的均衡。从古典经济学到近代的新古典主义经济学，都确认市场的商品交易量确定了货币的需要量，其他的因素如金融和投资都不会产生重要影响。

但在纸币流通条件下，因为纸币本身无价值而不能发挥自动调节功能，这使实际的货币流通量与货币必要量之间可能发生偏离，如果实际的货币流通量大于货币的必要量，就会发生过多货币滞留流通领域而导致物价上涨，这就是通货膨胀；而实际情况如相反，货币流量的不足又会造成通货的紧缩与物价下跌，这就是通货紧缩。

那么，在纸币流通的现代经济中，货币必要量又如何界定呢？因为在纸币流通条件下，纸币本身没有自动调节功能，不管实际货币流通量为多少，等式两边总是平衡的，只不过物价水平或商品流量会发生变动。在这种条件下，要确定货币的必要量，必须有一定的约束条件。而这些约束条件体现了一定条件下货币政策目标的倾向与选择，如要求物价水平稳定，适度的经济增长率等。这样，货币必要量实际上已掺进了强烈的政策倾向色彩，它已不是一个绝对的值，而是具有弹性区间的值域，根据不同的政策目标，货币必要量也会发生变化。根据传统的货币理论，货币必要量就是为了满足市场交易需要，维持价格稳定的货币需要量；而从凯恩斯主义的理论出发，货币需求不仅基于交易的需要，而且还有投机与财富选择的需要，货币必要量不仅要考虑交易性需求，而且要考虑社会资源的充分有效利用，即资源充分就业的货币需要量，这一政策目标导致了货币供应量的扩张主义倾向。而货币主义的必要量则建立在最终产品价格水平稳定的基础之上，货币供应量的增长率只需考虑国民收入的增长率与人口的增长率，这有利于经济的稳定与货币物价的稳定。

今天，经济学面临对市场经济活动调控时最大的争议与分歧就是货币政策的操作应用，它面临着操作目标、基本手段、方法工具等一系列问题。在确认政策目标、手段、效果时，面临的一个问题就是实际的货币需求量是如何确定并计算得出，当引进金融市场交易和资产持有因素时，计算变得更复杂且不一致，导致货币政策目标的混乱，实证过程的困难和目标的分歧使得货币需求量的计算各行其是，结论也各不相同，这影响到货币政策的操作更倾向于政治化的决策。

显然，对货币必要量的分析与认识，已经构成了货币政策选择的重要倾向，而今天市场经济的实践也说明，一国宏观经济调控和货币政策选择对一国经济的稳定与长远发展产生着日益重要的影响。

对于货币需要量的理论分析确认，已经历了一个长期的演变过程，从最早的古典经济学时期已经产生了两种重要而且对立的理论派别，争论焦点：是否存在着一个客观的货币需求量，以及如何客观地分析计量实际的货币需求量。

第二节 古典经济学的货币需求理论

19世纪以后古典经济学发展起来的货币学说中最著名是货币数量论。货币数量论是一种关于货币数量与商品价格之间关系的货币理论，后来又把货币数量与收入水平关系作为主要依据。它的基本命题是：货币数量是由一定时期流通的商品数量或收入规模所决定的，货币价值与货币数量成反比，商品价格与货币数量成正比。这一时期的货币数量决定中都没有考虑利率的影响。

研究货币数量和货币价值的决定是和研究货币本质密切相关的，换言之，货币本质论是它的理论基础。货币本质理论基本上可分为货币金属论和货币名目论两大派。货币金属论的基本观点认为，货币是一种贵金属商品，它具有内在实体价值；货币名目论则认为，货币是一种没有内在价值的观念的存在，是一种价值由政府、法律等人意志规定的，用以流通商品的符号。

货币金属论产生于16世纪至18世纪上半叶，这一时期是资本原始积累时期，这一时代占统治地位的经济理论是重商主义理论（即认为货币是唯一的社会财富），这时期流通中的货币是金属货币，信用货币尚不发达。随着资本主义经济和商品货币关系的发展，工商业资产阶级为了反对重商主义，提出了货币名目论学说，这一时期大致从古典政治经济学产生到它最终确立为止。

货币数量论可以同货币金属论相结合，也可以同货币名目论相结合，而货币数量论主要流行于货币名目论盛行的时代。它是一种依附于货币名目论的货币本质理论。货币数量论分为古典货币数量论和现代货币数量论。古典时期的货币数量论主要有以下几种理论。

一、现金交易理论

现金交易理论的基本观点认为货币在社会经济生活中主要是一种交易、支付工具，因而货币均衡的要求就是全社会货币交易，支付总额应等于全部出售商品的总价格。同时，由于货币具有一定的流通速度，因而货币的交易、支付总量又应等于流通中货币数量与每一单位货币用于购买的平均次数的乘积；而用于交易的商品的价格总额则等于这些商品的总量乘上其平均价格。

穆勒第一个表达了现金交易理论基本公式为：

$$MV = PT \qquad (9\text{-}2)$$

其中：M 为货币量，V 为货币流通速度，P 为商品平均价格，T 为商品量。

美国经济学家费雪的《货币购买力》一书是现金交易理论的代表作，它几乎包含了现金交易理论的全部内容，并完整表述了货币数量的交易方程式。费雪论述的是金本位制下的货币流通，把纸币看成是代用货币。其注重的只是货币的流通手段职能，并认为货币价值只是在流通中和商品交易量相比较而决定。这种货币的价值就是货币的购买力，即特定货币量可以购买到的商品量，它是商品价格水平的倒数。

对 $MV = PT$ 这一公式，费雪认为有以下几个要点：①假定 V 和 T 不变，则 P 随 M 正比变动；②假定 M 与 T 不变，则 P 随 V 正比变动；③假定 M 与 V 不变，则 P 随 T 反比变动，而在以上三个关系中，第一个关系最为重要，因为只有这个关系才构成货币数量论的基本框架。

费雪还扩大了穆勒的交易式，即将 $MV = PT$ 扩大为 $MV + M'V' = PT$（9-3）。

其中：M 为流通中现金量，V 为现金流通速度，M' 为存款通货量，V' 为存款通货的流通速度。费雪承认，当 M 增长时，其他因素 V、V'、M' 及 T 也会变动，从而加速或减缓 M 对 P 的影响，例如，当 M 增长后，价格上升，并作用于利率引起利率上升，但起初利率上升不如价格上升快，从而使企业家利润增加，增加借款，商品生产规模扩大，商品数量增加，但这种增加会受到资源约束。一旦利率上升超过了价格上涨率之后，借款扩张就停止，利率也随之下跌，生产收缩，货币数量减少，价格下跌。费雪将这种经济循环、P 水平的往复波动比作一种钟摆运动，它会自动实现平衡。而在以上各个因素中，最主要的是货币量的增长，它发动了整个经济及价格的循环运动。又正是在这个运动中，M、M'、V、V'、T 等因素相互调整并接近于 $MV + M'V' = PT$ 这样一种趋势。但是，这些因素本身不过是公式以外的先行原因的结果。他指出：交易式本身只是一个等式，并未指明因果关系。因此，反对数量论的人力图把它说成只是无意义的自明之理，但一旦对其中包括的各个变量之间的关系作出解释，并确定其中最基本的因果联系，式（9–3）就具有极大的经济意义。

但他的理论也有很大的缺陷：第一，他把货币的交易媒介职能看成是货币的唯一职能，认为货币只是一种被普遍接受的商品，它的出现只是为了解决物物交换的困难，这种把交易看成是货币需求的唯一原因的观点是极为片面的，因为货币事实上在支付、结算和信用关系中发挥着巨大的作用，作为财富的形式，它也是人们选择资产的重要对象，而交易方程则完全忽略了货币与资产之间的联系。第二，在商品运动与货币运动的关系上，交易方程片面强调了货币运动的主导性和推动作用，且用货币量的变动去解释经济循环，其实，生产与商品流通是第一性的，而货币流通是第二性的，是商品运动决定货币运动，而不是相反，两者的关系是不能颠倒的。第三，在货币流通速度上，未分析货币的储藏手段问题，不能运用现金余额方法来分析货币需求，而认为货币量无一例外都是进入流通过程的，从而影响价格水平，这使得其对 V 的分析带有很大的不确定性。

二、现金余额理论

现金余额理论不是从货币供给量或货币流通量的角度，而是从货币需求量或货币保有量的角度来分析货币数量的一种理论。其主要代表有马歇尔、庇古（Arthur Pigou）、凯恩斯等，由于他们几乎都在英国剑桥大学接受教育和从事学术活动，所以表述这种学说的方程式又称为"剑桥方程式"。该学说第一次从个人保有现金余额数量的角度来分析货币需求量，并以此作为对数量论的重新解释。人们保留现金余额的原因是不仅在人们的收入与支出间存在时差，而且在其他资产形式和货币的转换之间也可能会出现成本大于收益的情况以及不可预见的偶发事件。现金余额说认为货币余额保有量与货币流通量及价格水平呈反比例变化，而与货币价值呈正比例变化。用公式表示，即为：

$$R = \frac{KY}{M} \tag{9–4}$$

式（9–3）又被称为庇古方程式。其中：R 为单位货币的币值，M 为货币供应量，Y 为全部财富，K 为用货币形态保持的财富与总财富之间的比率，即现金系数，KY 为货币需求量（即货币余额保有量）。因为币值（R）是商品价格（P）的倒数，因此式（9–3）也可改写成：

$$\frac{1}{P} = \frac{KY}{M}$$

即：$M = KPY$。

因为现金交易方程式为 $MV = PT$。亦即：

$$M = \frac{1}{V} \cdot PT$$

由此可知 K 与 V 是倒数关系，即：$K=\dfrac{1}{V}$。

V 虽然被现金交易理论看作是一个固定不变的常数，但实际上它是一个变化较大但不易把握的量，它受到公式以外许多因素的影响和制约，所以 V 的界定是一件难度极大的工作，这样，交易方程式的客观准确性就要受到影响。

货币保有率是人们的持现系数，即一定时期人们的持现率，它和人们选择以通货形式保有财富的意图、愿望直接相关，而人们的这种愿望、意图又是其他一系列变量的函数，一般来说，一定时期人们的收入水平是其中决定性的因素。也就是说，一定时期人们的收入水平决定了人们的持现愿望，其他的因素是次要的。

那么，在收入水平已定的情况下影响人们保有现金余额的因素还有什么呢？现金余额理论认为，人们愿意保有多少现金余额在手边，主要是看持币是否有利可图而定。这样就使货币产生了资产的性质，它是一种图利的工具。人们要对保有现金与把现金投入流通两者进行权衡比较，以确定究竟在手边保留多大比率的现金量。超出意愿保有量以上的现金则用于投资或消费；反之，则收缩投资和消费。占有太多的现金余额，会因此失去投资获利的机会，相反又会带来交易的不便，失去购买的良机。而人们这种最佳保有量的选择又最终受到收入（或财富）总量的制约。由此可见，在现金余额论者看来，货币需求量是人们进行资产选择的结果，而不是出于交易的需要，这是现金余额论与现金交易论在货币需求分析上的重大差别。这也导致了货币需求因素分析上的一个重大突破，它为以后货币需求的金融投资动机理论奠定了基础。

货币作为资产并非现金余额说的创造和新认识，重商主义、古典学派和马克思主义经济学的货币理论都认识到了这一点，马克思还深刻分析了货币向资本的转化机制，但资本理论并没有涉及社会上每一个人都将货币作为一种资产握有时会形成货币的需要，因而在分析货币流通量问题时，没有把货币看作是资产选择的可能结果。但是，货币不论是购买什么样的金融资产，或者保留多长的时间，最终都是要转为购买商品的，变成商品的购买力，所以，从这个意义上说，货币不论在什么样的资产形式上保持，只是货币购买商品支出的递延，或者说只是货币流通速度（指购买商品的速度）的减慢。因此，货币供给量不等于货币流通量，因为货币供给量中总有一部分要为买卖非实物资产服务或在一定时期内退出流通。货币流通量总是小于货币供给量。对物价水平有影响的不是全部货币量，而是货币存量中除了沉淀在人们手中（包括为买卖金融资产服务的货币量）的现金余额之外的流通中的货币量，持现比率也是在流通量的基础上形成的。

如将货币供给量看作是货币当局一定时期的货币投放量，它并非等同于实际的货币流通量，有一部分货币可能处于一种闲置的状态。这个分析判断当然也引发了直至今日的激烈争论，即金融活动是否会产生货币需求，金融活动的货币需求量是否会影响到实际的物价或通货膨胀。

现金余额说提出了关于不可能在流通与非流通货币之间划出一条明确界线的思想，因此，广义的流通中货币，近似于现行所定义的 M_2，应包括正在支付、转手的货币（"飞翔的货币"），也应包括保留在人们手边准备支出的货币（"栖息的货币"）。货币绝大部分可能处于后者，即栖息的状态。所不同的是，现金交易说注重的是"飞翔的货币"；而现金余额说注重的是"栖息的货币"。货币流通速度的变化实际只是影响这两部分货币在货币总量中的比重，如货币流通速度越快，"飞翔的货币"就越多，"栖息的货币"就越少；反之，则相反。就像如今有一种观点把货币看作是"笼中的老虎"或是出笼的老虎，它的流通状态不同，因而对于市场物价的影响也就不同。

现金余额理论的局限性在于：第一，现金余额只反映个人的货币需求，而不包括法人的货币需求；第二，在对人们保留货币因素的分析中没有引入利率因素，即还没有考虑金融市场的作用；第三，没有联系社会再生产过程来分析货币需求；第四，没有在货币需求分析中考虑政府干预的因素，即货币政策目标的影响。因此，它随后就被一种分析更现实的收入数量理论所代替。

三、收入数量理论

传统的数量论从笼统的货币总量出发，分析货币流通量对价格水平的影响，而没有将货币总量进一步区分为各种不同的用途，未涉及生产领域，不重视生产投资在物价决定中的作用，未重视利率的作用，并假定货币流通速度不变。这些简单化的假设影响到了其分析推论的合理性与可靠性。

收入数量说形成于 20 世纪初，代表人物是美国经济学家熊彼特。这一理论对传统货币数量论的改造，是从国民收入而非货币总量出发，来分析货币数量和收入水平之间的变动关系，并分析了货币数量变化对价格水平变动的影响过程。其特点是由收入 - 支出分析出发，从流通领域深入到生产领域，将收入 - 支出方法进一步转化为投资 - 储蓄分析，并提出利率是调节投资与储蓄关系的杠杆，并以此出发论述货币对价格变动的影响。这一理论对于以后形成的凯恩斯经济学产生了较大影响。

收入说认为交易说的 MV 所计量的支出大部分结果并不创造实际收入。例如，某人买一幢老房子，其对社会经济的影响与他建设一幢新房子的情况不同，在后一场合，所有的受雇人员都取得了更多的收入，而在前一场合，只是房子与货币在不同的所有者之间的交换。收入说理论把他们的研究分析从商品生产和劳务直接有关的那些交易转化为所有交易所产生的收入量，并仍使用交易方程式的基本变量表述方法，而方程式则变为：

$$MV_y = P_y T_y \tag{9-5}$$

其中：M 为货币供应量（同前述概念完全一样），P_y 为该时期内所有最终产品的物价指数，T_y 为该时期内生产的最终产品的实际数量，V_y 为货币的流通速度。式（9–5）与交易方程式一样明白清晰，变量关系确定，但它把商品流通量变成了国民收入指标，把同收入无关的纯粹财务交易剔除了，这个公式的缺点在于 V_y 比 V 更难把握，在实践中，只能使用倒

推法来计算 V_y，如已知 $P_y T_y(\text{GDP})$ 和 M，便可推知 V_y，这是一种经验性的推算。因为 V 是变量，故 V_y 与 V 之间没有固定的比例关系，以后的实证研究表明，在长期变化中，它们可能的变动方向是相同的，但并不存在固定不变的关系。

收入数量论对传统数量论的修正与发展主要有以下几个方面：

（1）传统数量论以供给自动创造需求，储蓄自动转化为投资以及生产资料充分利用和劳动力充分就业为假定前提，从而得出价格水平随货币流通量等比例同方向变动的结论。收入说则在货币量和价格水平变动之间引入了信用扩张和收缩的作用分析，认为信用的扩张加速了货币流通速度，使价格产生向上的压力，在价格上涨后，利率也跟着上升，但由于利率上升滞后于价格上升，使企业利润增加，从而刺激生产和信用扩张，导致价格进一步上涨；但到了由于投资超过储蓄，使借贷资本供不应求时，利率上升将会超过价格上升，这时，这一过程就会逆转。

（2）收入说已注意到资源充分利用与否在货币量对价格水平的影响关系中具有重要作用。凯恩斯认为：投资（I）＝储蓄（S）状态，正是生产饱和状态，这时价格水平与货币量等比变化。在生产资源尚未充分利用以前（非充分就业），由于银行信用创造增加的货币量使消费者收入－支出增长，刺激生产进一步扩大，但一旦达到生产资源利用的饱和程度（充分就业），货币流通量增加将促使价格上涨，形成通货膨胀。

（3）收入说分析了货币流通和经济循环和产业波动之间的关系。例如，维克塞尔把利率分为两种：一是货币利率，即市场利率；另一种是自然利率，即"借贷资本之需求与储蓄的供给恰好相等的利率"，即所谓的均衡资本利率，当两种利率一致时，整个经济的投资等于储蓄，则货币是中性的，不会对经济产生影响。因为这时货币供求处于均衡状况，它既保证了经济的均衡，也保证了物价的稳定。但在现实生活中，这两种利率是经常背离的，这种背离大多是由于自然利率的变动引起的。收入论者认为自然利率应等于资本平均利润率，故随着生产技术的改善，自然利率将随着资本利润率的上升而上升；但由于市场利率停滞不变，故由于资本利润率上升必然促使投资增加，使生产要素价格上升及生产要素的生产者或所有者的货币收入增加，因这时市场利率相对较低，这部分收入就转向消费而不储蓄，结果造成消费品价格上涨，然后，资本品的价格也随之上涨，然后再引起投资的增加。这种循环一直要持续到市场利率与自然利率相等时为止。反之，若市场利率高于自然利率，就会导致一种经济收缩过程，这一收缩过程也要到两种利率相等时为止。

收入数量理论的分析已经注意到了，商品流通和交易量及其价格与货币需要量之间的关系涉及市场内部的种种交易形态与结构，变化关系十分复杂，简单化地假设和处理两者的变动影响，会影响到分析结论的准确性。而推导出收入变量，如国民收入，可支配收入等，可以解决一系列不可获知的市场交易变化量，从而更接近反映货币需求量变化的真实变量，将收入变量作为货币需求函数是一种进步，解释市场物价、利率等变化也更为合理。这也为后来的凯恩斯经济学革命奠定了基础。

第三节 凯恩斯经济学的货币需求理论

我们现在面临的经济结构和市场组织可以称为是后凯恩斯时代，即新自由主义经济时代，而凯恩斯主义的经济时代是战前到战后半个多世纪的历史，其结构特征是经济自由主义与政府干预相结合的市场混合体。多数的经济学说和经济政策都是在此背景下产生的。凯恩斯主义的货币需求理论是其经济学说的一个部分，它也反映了其经济干预主义倾向的本质。

一、凯恩斯对货币数量论的进一步修正

凯恩斯在《货币、利率与就业通论》一书中表述的货币理论并未完全背离和推翻古典的货币数量理论，而是对传统数量论作出了比收入数量论更为彻底的修正和改造。其改造主要表现在以下几个方面。

1. 对传统经济学基本假定条件的批判

传统经济理论认为商品总供给会自动创造总需求，两者必定相等，所有卖者必然都是买者，假定一国的生产力突然增加 1 倍，则所有商品的供给量也增加 1 倍，但购买力也同时增加 1 倍，每个人的购买量也增加 1 倍。因此，货币的供给在任何情况下都有相应的需求，从而经济总是处在资源充分利用和充分就业状态，因此产量是固定的，货币量增加必定引起价格水平的等比例上涨。20 世纪 30 年代的资本主义经济大危机迫使凯恩斯不得不重新考虑这一假定条件。凯恩斯认为当时西方世界持续萧条的原因是有效需求不足，消费和投资支出不足，导致资源闲置，开工不足，失业增加，并提出："有失业存在时，就业量随货币数量作同比例改变；充分就业一经达到后，物价随货币数量作同比例改变。"因此，他提出了"流动性陷阱"理论，认为货币数量论不具普遍合理性；当货币供给量增加后，利率下降到一定程度，由于人们普遍预期利率上升和证券价格下跌，故纷纷抛售证券，保持货币，这时货币需求无限大，从而阻碍了有效需求扩张和物价上涨。因此，凯恩斯将实际有效需求作为收入的决定因素，并因此决定了货币需要量和利率水平。

2. 对传统两分法的彻底改造

传统两分法将价格分为两种，即个别价格和一般价格。个别价格由生产成本、供求关系等决定；一般价格水平则由货币数量及其流通速度等所决定，并假定充分就业、产量不变，从而总需求与货币数量呈正比例变化。凯恩斯采取了与之相反的研究方法，不从货币

出发，而从产量、就业出发研究物价，并从宏观的角度进行分析。这样，他就不是像传统的做法那样，以就业和产量不变为前提来观察货币流通量，相反，他在讨论产量及就业量如何决定中引入了货币因素，从而创立了新的货币理论。凯恩斯认为，物价决定于边际成本中各生产要素价格和生产规模（就业量），但这只是从总供给方面来看的；同时，还必须考虑总需求改变对成本与产量的影响，凯恩斯在对总需求的研究中引入了货币数量因素，即货币流通量在利率因素的影响下可以作用于实际均衡国民收入量。

3. 引入生产成本与利率因素改造传统数量论

他认为传统数量论的毛病在于假定无货币贮藏，K 或 V 为常数，以充分就业、产量不变为常态，于是价格水平和工资单位都与货币数量成正比。他认为应以非充分就业和产量可变为常态，货币需求和流通速度也是变量。这样，他认为货币量变动不会直接推动价格水平，而必须通过成本、生产要素报酬、生产规模及利率这些因素的相互作用间接、曲折地作用于价格水平。其作用机制可表述为以下两个方面：

（1）是成本要素报酬与产量的变动关系可以体现在货币—价格的作用机制中。他认为一般物价水平一部分决定于工资单位，一部分决定于就业量。货币量的增加是通过工资的支出影响价格水平，假定货币量与总需求同比例增长（货币流通速度不变），当货币量增加时，若还有失业现象，则物价丝毫不受影响。因为就业量随总需求同比例增长；但充分就业一经达到，则随货币量增加，工资与物价也就会上升。

（2）是有效需求的变动与货币量的变动不成同一比例。凯恩斯认为，流通中货币数量的改变对于有效需求量的主要影响，在于货币数量可以左右利率，而利率是影响货币投机需求的主要因素。因为货币量变动后引起货币需求也发生变动，从而引起有效需求的变动，由于货币需求的存在，使货币供给量与有效需求的变动不成同一比例。如果货币需求（流动性偏好）增加，即贮存货币增加，意味着 V 下降，从而阻碍了储蓄和投资，以及充分就业的实现。因此，为了减少流动性偏好，刺激储蓄和投资，必须分析货币需求的决定因素。

凯恩斯认为影响货币需求的主要因素是收入和利率，这是对古典经济学和新古典经济学理论的突破。他认为，一定的国民收入水平和利率水平决定了一定的货币需求量，要么减少货币保有（货币需求），促进货币流动，刺激消费和投资支出；或者相反，对收入和利率如何调节，这就是凯恩斯要分析研究的主要问题。他除了分析决定收入变动的因素外，还分析了利率变动的作用，他认为降低利率会产生两方面的作用：一方面会增加货币的投机需求，使储蓄和投资减少；另一方面会刺激投资，增加收入，也会增加货币的交易和预防需求。总之，利率降低的结果是使货币需求增加，从而能压缩总需求，这样说来降低利率是一种宏观紧缩政策，具有反通货膨胀效应，而不是相反。但是这需要一定的条件：首先它需要一个发达而规范的金融市场；其次，它需要一个社会资源未充分就业的环境。

不过，若将提高利率作为一种反通货膨胀的手段也还是有值得推敲的地方（这种手段在我国中央银行的货币政策实践中曾多次使用过，但往往作用甚微）。提高贷款利率固然对压缩投资需求有一定的作用，但在我国当前的体制条件下，这种作用也是有限的，提高存款利率是否能压缩消费需求呢？首先，对于大多数中低收入阶层的人民来说，消费品需求的机会成本弹性是很小的，而对高收入的人来说，他们也不会在乎那一点存款利息，因此，这种压缩消费需求的作用也是不大的。其次，如果居民把大量的现金都存进银行，固然减少了对消费品的需求，但银行却因此可以发放3倍（假设货币乘数为3）的贷款，社会购买力不但没有减少，反而增加了。

概括起来，凯恩斯的经过修正了的货币数量学说可用图9-1所示。

凯恩斯认为，在货币数量决定公式的几个变量中，货币的作用通过利率可能被V或K所吸收，而不是全部作用于价格水平。因此，凯恩斯与传统数量论者的分歧在于货币量是怎样影响物价水平的，而不是货币量能不能影响物价水平，所以，凯恩斯在分析方法到结论上仍然是一个货币数量论者，只是对于利率的作用机制加以特别重视。

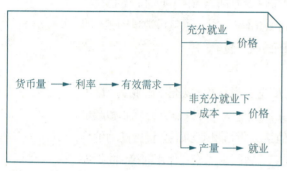

图 9-1　修正了的货币数量学说

二、凯恩斯的货币需求理论

凯恩斯经济学说中的货币需求理论主要由货币需求动机论和货币需求函数表达两个部分。

1. 货币需求的动机

凯恩斯认为货币需求就是指特定时期公众能够且愿意持有的货币量，即人们的持币动机。他提出了一个人们具有流动性偏好的理论，即人们愿意持有高流动性的货币而不愿持有其他缺乏流动性的资产的偏好，正是由于人们这种流动性偏好心理的存在才形成对货币的需求。他认为人们之所以愿意持有货币，有以下三个动机：

（1）交易动机。交易动机是指人们为了应付日常的商品交易而需要持有货币的动机，其又可分为人们的所得动机和企业的业务动机。人们出于应付日常交易需要而必须要持有一定量的现金货币，作为一种流动性的要求。依据一般的观察，人们出于交易性动机的货币需求量是由其可支配收入量所决定的。凯恩斯认为交易动机的货币需求量是人们可支配收入的函数，个人家庭和企业的货币需求都受这一偏好支配。人们的可支配收入水平越高，出于交易动机的货币需求量也就越大。

（2）预防动机。预防动机是指人们为了应付不时之需而持有货币的动机。在日常生活中，人们必须要为意外的支出持有一定的货币量，意外支出量越大，出于预防动机的货币持有量也就越大。而人们意外支持的大小是由其收入水平决定的，收入水平越高，出于预防动机的货币持有量也就越大。

凯恩斯认为，出于交易动机和预防动机的货币需求有以下特征：第一，货币需求函数是较为稳定的，而且可以预计；第二，货币主要充当交易的媒介；第三，对利率变动不太敏感，因为这两种支出用途所保留的货币是经济主体在生活和生产中所不可缺少的，机会成本再大也得保持；第四，交易性货币需求是收入的递增函数，随着人们收入水平的提升，货币需求量也会随之提升。

（3）投机动机。投机动机是指人们根据对市场利率变化的预测，需要持有一定量货币以便满足从中投机获利的动机。为满足预防动机和投机动机所保持的货币相当于储蓄的货币，是非投资性的。用于投机目的的货币需求具有下列特征：第一，货币需求量难以预测。因为它随着人们对未来市场情况的估计不同而不同，由于市场行情和人们心理活动的变化莫测，故这种货币需求难以预测。第二，货币主要充当贮藏手段职能。凯恩斯假设经济体系中只有两种金融资产——货币和债券，人们在对金融市场作出预测的基础上，权衡具有流动性且有贮藏功能的货币所带来的效用与收益的债券带来的效用后，才决定他们是以货币还是债券作为自己资产的保存形式。第三，对利率极为敏感。现实生活中债券未来的市场价格是随利率的变化呈反方向运动的，所以凡是预计未来利率下降、债券价格上涨的人就会抛出货币买进债券，变为"多头"，以备日后债券价格真的上涨时以高价抛出，此时，货币的投机需求减少；反之则相反，成为"空头"，此时，货币的投机需求增加。第四，投机性货币需求是现行利率的递减函数。如现行利率走高，则预期未来利率下降，证券价格上升，人们就会用货币买入证券，实际持有的货币量减少；反之，持有的货币量增加。

2. 货币需求函数

凯恩斯经济学表述的货币总需求的函数式是：

$$M=M_1+M_2=L_1(Y)+L_2(r) \tag{9-6}$$

其中：M 为货币总需求，M_1 为货币的交易和预防需求，M_2 为货币的投机需求，L_1、L_2 均为函数符号，Y 为收入，r 为利率。

式（9-6）又可表述为：

$$M=(KY-HR)/P \tag{9-7}$$

其中：M 为货币需求量，K 为人们的持现系数，Y 为人们的可支配收入；H 为利率变化的持币反应率，R 是市场利率水平；P 为物价水平系数。

交易需求和预防需求是货币的最终需求，而投机需求是货币的中间需求，它是否会转化为交易性需求并无定论。除了受收入和利率等因素影响外，人们的货币需求还受其他因素的影响，如通货膨胀预期、经济周期变化预期以及机会成本等方面的影响。例如，当利率降至一定低水平时，由于利息收入太低，保留货币的机会成本太小，致使公众均愿持有现金而不愿持有证券，即人们的货币需求趋于无限大，货币当局便无法控制利率，形成利率陷阱，货币政策也就会失效，因为无论增加多大的货币供给量，都会被人们持有，此即后人称之为"流动性陷阱"，但这只是理论上的分析，在现实的经济生活中还没有出现过。在现实经济生活中出现过的是以下两种情况：一是在恶性通货膨胀下，相对于保持实物资产而言，人们保持货币的机会成本太大，故人们的货币需求趋向于零；二是在严重经济危机时期，由于支付手段的严重缺乏，人们的流动性偏好达到高峰，货币需求也趋于无限大。这些都是由于特殊原因造成的人们货币需求的极端情形。

凯恩斯主义经济学的货币需求理论对于传统的货币数量论是一种突破，它明确地提出了投机性金融动机对于货币持有量的影响，真正导入了利率变化的货币影响，使货币需求因数从古典和新古典时期的单一收入变量变成了收入和利率的双重变量，而且确认了收入变量与利率变量的相反变化方向。这一理论的分析与确认带有较多的经验与观察结论，在随后的分析实证检验中，也引发了激烈的争论，出现了判断检验的分歧，验证确认的过程直至今日尚未结束。

第四节 | 后凯恩斯主义的货币需求理论

20世纪50年代以后，凯恩斯主义的货币需求理论有了新的发展。新的凯恩斯主义经济学对货币需求动机及决定因素进行了分析，强调了利率对货币需求的多重影响，其中最著名的是鲍莫尔的"平方根理论"与托宾的"资本资产价格理论"。

一、交易性需求及"平方根理论"

20世纪50年代以后，美国经济学家鲍莫尔（W. Baumol）和托宾（J. Tobin）分别对利率与交易性需求不相关的理论提出了质疑，并证明了利率对交易性需求同样具有影响。货币需求的利率因素被肯定并多重化，这是对凯恩斯主义货币需求因素分析的拓展与延伸。

鲍莫尔的理论分析假定，每个消费者每间隔一段时期可获得一定的收入（Y），并在一定时间内将其均匀地支出，因而期初收入全部以货币形式持有，到期末花完，而平均的货币持有量为 Y_2，即期初与期末的平均值。因为持币是没有利息收入的，持币的机会成本为：$\left(\dfrac{y}{2} \cdot i\right)$。

而当消费者将收入转化为可生息资产时，其可获得利息收入，但投资活动也会产生交易费用（b），在此情况下，消费者持币还是投资，要对利息收入与交易成本进行比较与权衡，而一个最优的货币持有量，应当是利息损失与交易费用之和的极小值。

假定最优货币持有量为 L^*，期初的收入为 Y，每次消费者必须出售数量为（K）的债券以获得货币，则债券的出售次数为 Y/K，交易费用为 $b \cdot Y/K$；与此同时，平均货币持有量为 $K/2$，利息损失为（$K/2$）$\cdot i$。因此，总成本 C 即为：

$$C = \frac{Y}{K} \cdot b + \frac{K}{2} \cdot i \qquad (9-8)$$

为使 C 极小，消费者可通过选择 K 的合理售出额，求 K 的一阶导数，并令其等于零，得：

$$\frac{\partial C}{\partial K} = -b \cdot \frac{Y}{K^2} + \frac{i}{2} = 0 \qquad (9-9)$$

每次售出债务量 K^* 为：

$$K^* = \sqrt{\frac{2bY}{i}} \qquad (9-10)$$

K^* 为使总成本 C 极小的每次债券售出量，而最优货币持有量 L^* 则为：

$$L^* = \frac{K^*}{2} = \frac{1}{2}\sqrt{\frac{2bY}{i}} \qquad (9-11)$$

这就是鲍莫尔的平方根理论模型。它揭示了交易性需求随收入 Y 和债券交易费用 b 呈正向变动，与利率 i 呈反向变化。

根据鲍莫尔等作出的经验数据实证验证，交易性需求的收入弹性与利率弹性分别为 0.5 和 -0.5。

二、预防性需求及惠伦模型

另一美国后凯恩斯经济学家惠伦（E. Whalen）对于预防性货币需求动机作出了新的解释和修改。他指出，从预防动机看，人们持币是为了避免因流动性不足而造成可能的损失。其持币代价是，要么设法获得贷款来补足流动性，要么变卖手中资产以获得流动性，不然，企业或个人将会陷入破产境地。在计算这种流动性不足带来的损失时，设其为 b，设未来某一时间的净支出随机分布的均方差为 S^2，企业与个人持有的预防性货币余额为 L_{12}，当出现流动性不足的概率设为 $\frac{S^2}{L_{12}^2}$，这样，因企业与个人流动性不足而造成的损失的预期值为 $\left(\frac{S^2}{L_{12}^2} \cdot b\right)$。

从上述分析中可以看出，预防性货币余额越大，出现流动性不足的概率就越小，但由此造成的利息损失也就越大，其数量为 $(L_{12} \cdot i)$，因此，一个最小化的预防性货币余额应为：

$$C = L_{12} \cdot i + \frac{S^2}{L_{12}^2} \cdot b \qquad (9-12)$$

其一阶条件为：

$$\frac{\partial C}{\partial L_{12}} = i - \frac{2S^2}{L_{12}^3} \cdot b = 0 \qquad (9-13)$$

由此可知，最优预防性货币余额的惠伦模型为：

$$L_{12}^* = \sqrt[3]{\frac{2S^2 b}{i}} \qquad (9-14)$$

根据惠伦模型，预防性货币需求余额大小与出现流动性不足时的损失大小存在着一种间接的联系，而其与利率呈反向变化关系。因此，凯恩斯的货币需求函数应变为：

$$\frac{M_d}{P} = L(Y, i) \qquad (9-15)$$

三、投机性需求与资产组合理论

托宾（J. Tobin）则对于投机性货币需求动机的影响作出了分析，提出了利率与预期收益率共同影响人们的资产组合的理论，人们的收益风险偏好会直接影响到投机性的货币需求。

投机性货币需求分析引入了证券投资的预期收益率对人们持币量的影响，但持有资产的形式不仅要受预期收益率的影响，而且还要受风险因素的影响，主要是系统性风险的影响。托宾将马可维茨（H. Markowitz）等人开创的均值–方差方法引入到货币需求分析中来，开创了资本资产价格理论。

托宾指出人们可以选择货币和债券的不同组合来持有财富，人们在选择不同的资产组合时，不仅要考虑不同资产组合的预期报酬率，而且还要考虑资产组合的风险。对于理性投资者来说，它是一个风险规避者，它总是追求在风险既定条件下的预期报酬率极大化。因此，投资者对于风险与预期报酬率之间的权衡可用无差异曲线图9-2来表示。

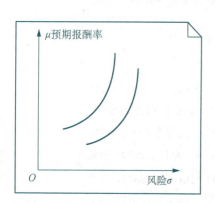

图9-2 投资者的收益–风险无差异曲线

从图9-2中可以看出，要使投资者对两个不同的资产组合感到无差异，必须使风险较大的组合同时具有较高的预期报酬率，反之亦然。再看投资者投资选择的组合，投资者可选择货币、债券或二者的组合来持有。当其以货币形式持有全部财富时，预期报酬率与风险均为零；当其全部以债券形式持有财富时，预期报酬率为 μ，风险为 σ，而当其选择 a 的比例（$0<a<1$）持有债券，（$1-a$）的比例持有货币时，其资产组合的预期报酬率 μ 为 $a\bar{\mu}$，风险 σ 等于 $a\bar{\sigma}$，因此，$\mu = \frac{\bar{\mu}}{\bar{\sigma}} \cdot \sigma$，$\mu$ 与 σ 呈线性关系，而我们得知机会曲线是从原点出发的直线，其斜率为 $\frac{\bar{\mu}}{\bar{\sigma}}$。

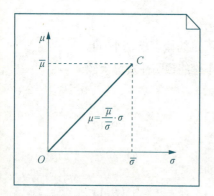

图9-3 资产组合的预期报酬率和风险

从图9-3中可看出，原点是完全以货币为资产的形式，C 点是完全为债券的资产组合，O 与 C 之间为不同的货币与债券的组合。

将无差异曲线与预期报酬率风险组合曲线叠加，就得到了最优的货币与债券组合(均衡点)。

从图 9–4 中看出,最优资产组合是一定货币与债券的组合,它体现了既定收益率下风险的极小,或风险既定条件下收益率的极大化。而投机性货币需求量则与利率(影响预期收益率)呈反向变化关系。

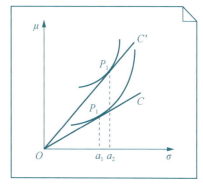

图 9–4　最优资产组合及其价格变动

第五节 | 现代货币数量理论

现代货币数量论的发源地在美国芝加哥大学,因而它又被称为芝加哥学派的新货币数量论,现代货币数量论是货币主义的理论基础。弗里德曼(M. Fridman)是这一学派的集中代表。他的理论学说是在传统货币数量论基础上的形成的,是对于传统货币数量理论的重新解释,他的核心思想就是收入水平是影响人们货币持有量的唯一因素。

一、弗里德曼的主要观点

1. 货币政策的有效性

因为货币需求函数是稳定的,从而货币政策是有效的。凯恩斯对货币数量论的修正主要是在货币流通速度问题上,凯恩斯认为货币流通速度易变,从而货币量对经济及价格的推动作用被弱化。因此,弗里德曼着重研究货币流通速度的性能,但是,因为货币流通速度是个难以测度的抽象概念,而货币流通速度的倒数现金余额保有量(货币需求量)则是一个确定变量的函数。弗里德曼在理论上找到了恒久收入(过去、现在和将来预期收入的平均值)代替当前收入作为货币需求函数中的主要变量。由于这种恒久收入具有较高的稳定性,因此,由它决定的货币需求函数也具有高度稳定性。弗里德曼并通过实证研究证实了这一结论。1963 年,他与施瓦兹女士合著的《美国货币史》发表了,在这本书中,他对美国 1867—1960 年近一百年的货币流通的长期变动趋势及在各个经济循环中的变动趋势的实际资料作了分析考察,得出了货币需求函数基本稳定的结论,虽然从长期来看,随着真实人均收入的增长,货币需求量有上升的趋势,但因为货币流通速度长期中趋于下降,货币需求函数长期中是趋于稳定的。

2. 货币供给的影响

影响价格水平的主动因素是政府的货币供给。弗里德曼认为货币需求函数长期中趋于稳定,而由政府外在控制的供给函数则多变,所以,影响价格水平的主动因素是货币供给而不是需求。假设人们持有的由货币供给决定的名义货币量大于在现行价格上相对应的实际货币需求量,即货币供给量大于货币需求量,则使公众持有的现金余额增加,人们会将超过其意愿持有的余额用以购买债券、股票、不动产和其他实物资产，从而降低利率、刺激投资，使产量或价格提高，或两者兼而有之。弗里德曼认为，他的货币理论，既不是研究货币量与价格水平之间的关系，也不是研究货币量与产出量水平之间的关系，而是关于货币量与名义收入之间关系的理论，即名义收入中包括的价格与产量的比例究竟如何分割，亦即在货币供给量变动时，有多少反映在价格水平的变动上，有多少反映在实际产量的变动上，它们的决定因素又是什么。

3. 货币流通速度的影响

在经济循环中，货币流通速度变化会加强货币量对价格和产量的作用影响。货币流通速度的实证研究表明，它在长期内呈稳定的下降趋势，而在每一次经济循环周期内，在扩张期货币流通会加速，而在收缩期则减缓，因此，货币流通速度不会下降到零，形成所谓"流动性陷阱"，即货币量无论怎样增加都会被公众持有，而不会对产量或价格发生无限的冲击作用。相反，在每一次经济循环中，它会按同一方向加强货币量的作用，帮助它影响价格或产量。例如，在繁荣时期，货币流通速度加速，从而加强了过多的货币量对产量或价格的推动作用，成为通货膨胀加速器；在衰退时期，货币流通速度减缓，加强了由于货币量的减少而对产量或物价的收缩作用，成为通货紧缩的加速器。综上所述，弗里德曼对货币需求的综合函数——货币流通速度的实证研究作出了重大的贡献；他强调了货币存量和货币政策的重要作用，提出了通货膨胀的根本原因在于货币量增长率超过国内生产总值（GDP）的增长率，主张国家需要通过控制货币供给量以及实施单一规则的货币政策，建立稳定的货币供给机制，这是对于货币理论的进一步发展和完善。这对于改革开放以来，长期受通货膨胀困扰的我国经济建设过程以及反通货膨胀理论对策极具借鉴意义。单一目标和多重目标，单一规则与相机抉择原则也成为今天货币理论与政策争论的核心。

二、弗里德曼的货币需求函数公式

弗里德曼的货币需求函数公式可以表达为式（9–15）：

$$\frac{M_d}{P} = f\left(Y \cdot W \cdot r_m \cdot r_b \cdot r_e \cdot \frac{1}{P}\frac{dP}{dt} \cdot u\right) \qquad (9-16)$$

其中：$\frac{M_d}{P}$ 表示实际货币需求量，Y 表示实际恒久性收入，W 表示非人力财富占个人财富总额的比率，r_m 代表货币的预期收益率，r_b 是固定收益证券利率，r_e 是非固定收益的证券利益，$\frac{1}{P}\frac{dP}{dt}$ 是预期物价变动率，u 是反映主观偏好、风尚及客观技术、制度等因素的综合变量。

人们保持多少现金货币，首先要受到他拥有的财富总额的制约，如果财富总额难以计量，也可用恒久性收入（因为现期收入在整个生命周期中是不平均的）来代替。一个人能够保持货币的最大数额不能超过他卖掉所有的财产、耐用品、债券等等所获得的货币总额。

非人力财富（物质财富）可以买卖，它很容易转化为现金，因此，非人力财富的规模与货币需求成反比；人力财富要转化为现金收入则较困难且不大稳定（失业），因此，人力财富的规模与货币需求成正比。人力财富与非人力财富之间的替代虽然也可以发生，例如个人会出售他的一部分非人力财富用于进一步提高自己或子女挣钱能力的教育上；或者忽视教育而积累非人力财富，但这种替代在范围上是有限的，所以，非人力财富占财富总额（或恒久性收入）的比率也是货币需求的函数之一。

保持货币的机会成本是指从持有债券、股票上获得的收入，如果任何其他资产的收益上升，则货币需求就下降。一个人若拥有相对于其收入过多的货币，则货币的边际效用（流动性）就会递减，在其他资产收益上升时，将货币转化为其他资产（如债券、股票）将是有利的；反之，则相反。这些其他资产的收益由两部分组成：一是它们带来的利息（或股息），二是在证券市场上买卖的预期资本损益。由于证券价格与市场利率成反比，因此，预期利率变化的幅度也可用于预测资本损益的幅度，当然在方向上是相反的。因此，其他资产的收入是持有货币的机会成本，因为如果持有的是货币而不是这种资产，则这种收入就是放弃了的东西。虽然各种资产的收益率都是独立的变量，但某种资产收益率的变化也会引起其他资产收益率的变化。例如，当债券收益率上升时，将会吸引人们出售股票去购买债券，从而引起两种证券相对价格的变化，这种相对价格的变化将一直继续到各种资产的收益率相等为止，因此，我们可从中选取一种具有代表性的资产收益率，用它来代表"利率"，纳入货币需求函数。在物价上涨时，持有货币的收益率下降；在物价下跌时，持有货币的收益率上升。因此，预期物价水平变动的幅度可用来测量持有货币的预期收益率变动幅度，在其他条件不变的情况下，持有货币的预期收益率越高，货币持有量将越多；预期收益率越低，则货币持有量越少。因此，预期通货膨胀率是货币需求函数中的一个重要变量。

同凯恩斯的货币需求函数公式一样，弗里德曼的货币需求函数式表达的货币需求是指社会微观经济主体（个人或企业）的中间需求和最终需求，它不像费雪方程式、剑桥方程式和马克思的货币流通规律那样，表示的是全社会宏观的最终货币需求。宏观的货币需求与微观的货币需求在货币需求的目的（动机）、职能、数量、决定因素等方面有着重大的区别：

（1）从全社会看，所有货币都是用作流通手段这一最终目的的（即交易需求）；但从个人或企业看，货币还有其他中间需求：诸如预防意外事故、投资于有价证券、储蓄等获利需求（即资产需求）。

（2）从个人或企业来看，作为预防不测而保留在手边的货币，以及投资于有价证券或存入银行的货币都是执行贮藏手段职能的货币；然而从全社会看，所有的货币最终必定要用作流通手段的，因为不论是证券的发行者或银行，其发行证券或吸收存款的取得的货币必定用于支出购物或发放贷款，而借款者也必定用借入的货币来购物；至于作为预防不测而保留手边的货币则迟早也要支出购物或交换劳务。

（3）个人、企业的微观货币需求量和全社会宏观的货币需求量在数量上也是不相等的，因为在社会商品价格总额一定的条件下，由于持币机会成本或其他因素的变化，使社会微观经济主体的意愿持币量发生可大可小的变化,从而导致货币流通速度的变化,最终影响货币需求量。

(4)弗里德曼的分析意图也不同于马克思对货币流通规律的分析。他主要打算解释公众为何愿意在手中保有某种特定的名义货币量,从而由此说明货币量变动对价格及真实经济波动的影响。而马克思则主要说明实物经济运行对货币的客观需要量。

弗里德曼在他的函数式中,并不区别交易的货币还是投机的货币,因为他认为货币本身并不根据他们说是为了某一目的或另一目的所持有而有所区别,而是把它们包括在货币总量中,用同一函数式来表达。在实际分析货币需求的影响因素时,它区分了收入变量和利率变量的作用,并通过实证检验来作出判断。

弗里德曼对货币需求影响因素的实证分析及其结论与凯恩斯主义的货币需求因素出现了一系列的差异,如资产的货币替代性,货币需求函数的稳定性等,但最为重要的差异是在利率对于货币需求的弹性大小,弗里德曼的理论认为利率的变动对于货币的需求量几乎是没有影响的。

弗里德曼假设货币需求函数是由恒久性收入和利率水平两个要素决定的,从这一点看,它与凯恩斯主义的货币需求理论是一致的,他也是一个"凯恩斯主义者"。但在这两个因素的影响作用大小上,弗里德曼提出了个人的恒久性收入是货币需求的决定性因素,而利率是一个不敏感的次要因素,利率的变化会引起资产收益率的改变但对货币现金的持现率影响不明显,利率的货币需求影响甚至可以"忽略不计"。

那么利率变化的不敏感性有无依据呢,能否获得证明呢?弗里德曼对此作出了依据历史数据进行回归验证的分析,得出的结论完全支持了他的上述结论。他用了美国1960年之前60多年的个人可支配收入作为收入变量数据;用商业银行间的短期拆借利率作为利率变化数据,将商业银行的放贷和票据提现金额,接近于今天的 M_2 概念,作为货币流通量数据,经验回归的相关性是,收入增长率与货币流通量的增长率的相关关系为1∶1.394;而利率变化率与货币流通量增长率的相关率为1∶-0.152。从中可以看出,收入变量与货币流通量之间保持着较高的相关性,而利率变量与货币流通量之间仅有极低的相关性,其比率几乎是可以忽略不计的。因此,货币主义者据此而认为利率或金融变量对于货币需求量的影响是极为微弱的,实际的货币需求量变化主要是由可支配收入变量所决定的。货币主义者以此提出的货币政策就是一种叫作"单一规则"的货币政策,也即货币供应量政策只需要依据国民收入水平变动而进行调整就可以了。他们从根本上反对凯恩斯主义经济学提出的"相机抉择"的货币政策。但在此后的单一规则货币政策实验中,货币主义者的理论分析以及政策实验也遇到了较大的挑战,货币流通量的计算遇到了"货币失踪"问题,单一规则的货币政策也因无法解决面临的困境而失去了它的价值。

最新的讨论与分歧还是在新自由主义经济学和新凯恩主义经济学之间展开的,围绕的问题核心在于以下:一是收入水平变化因素是如何影响货币需求量的,通过什么样的途径;微观市场的变化与宏观变量因素之间如何连接。二是金融变量因素除了利率变化的影响外，是否还有其他的途径影响到了货币需求量。

其一，在分析收入水平变化如何影响货币需求量的过程中，问题的分析焦点就是人们消费支出的比重已经是否具有稳定性，人们的市场预期是否会影响到消费支出，这种影响趋势势必会影响到实际的货币需求量；这个争论与分歧本质上仍是凯恩斯主义与货币主义收入与货币需求是否存在稳定关系的延续，新凯恩主义经济学只是引入了更多的市场微观因素来确认投资、消费、就业等变化的不稳定性，有周期性，实际市场货币需求量的周期变动可以通过市场物价和就业的周期变动加以证实。

其二，在金融变量和利率因数的论证过程中，也延续了利率影响货币需求程度的争论。新凯恩主义理论学说对于资产选择的收益率影响货币及其资产结构的理论加以完善，指出了资产的选择导致资产结构的变化，它影响到了货币流通的速度和货币资产的比重，所以金融交易的市场规模和结构会引导货币的流通领域与流通速度，并影响到市场的物价和通货膨胀，这势必体现出金融活动变量对于货币需求量的冲击影响；这一理论还提出了国际金融市场交易和货币国际化对于货币流通范围和货币流通速度的可能影响，从而进一步加大了对于货币需求量的影响。新凯恩斯主义学说的核心命题是收入变化与货币需求量之间的关系不稳定，不确定，其中可能的影响因素不能排除金融交易活动的影响。这一思想引导了今天货币需求学说变化的新趋势，也导致了更大范围的一场理论争论，这对于实际货币政策的运作也具有重大影响。

第六节 货币流通速度与稳定性问题

一、货币需求量与货币流通速度

货币需求量是人们手中愿意保持的货币数量，即在流通中暂歇、准备随时或短期内投入流通的货币数量，在数量上，它等于货币总量减去正在交易支付中转手的货币（所谓"飞翔的货币"），再减去贮藏货币后的差额。如果货币流通速度越快，则处于"飞翔的货币"越多，在贮藏货币量不变的情况下，流通中"栖息的货币"就越少；反之，则越多。显然，货币流通的速度会影响到货币的需求量。

货币流通速度问题也是现代的货币需求理论和传统的货币需求理论的关键区别。传统的货币理论认为货币需求量是指作为商品流通媒介的货币必要量，这些货币中的绝大部分是处在两次商品交易中间的间歇状态的货币，所以它必定也是被各个社会微观经济主体所持有的。因此在传统理论的货币需求中只有交易需求，而现代的货币理论指出了货币需求中除了交易需求外，还有投资和投机需求，但后者是中间需求，如果把这些中间需求纳入最终需求中去，即把这些中间需求的货币作为最终需求货币的流通速度减缓或加速的因素而纳入最终货币总量中去的话，那么，两种货币需求理论之间就没有什么区别。

现代货币需求概念的真正意义在于它为我们研究货币流通速度指明了方向和途径。传统的货币必要量公式应用到货币政策实践中去的最大困难在于确定货币流通速度，因为传统的货币数量理论认为货币流通速度是稳定不变的，它只是作为商品交易的工具和价格的代表，除了在较短时期内有可能受冲击发生变化外，其流通速度是保持稳定不变的。

但实际上货币流通速度是一个容纳量极广的综合性变量，影响的因素极为复杂。从市场交易机制看，由于微观经济主体所意愿保持的货币数量占他们的财富或收入总额之比是货币流通速度的倒数，影响人们持有货币的因素也就是影响货币流通速度的因素，而人们持有货币的多少可以到他们的经济利益中去寻找，在市场交易中影响人们持币的利益动机是较为多元复杂的，有增加的因素，也有递减的因素，也有一些相互抵消的因素，这种结果导致其变化复杂多元，不能假设其稳定不变，与收入水平保持在一个稳定不变的比率上。

现在的问题就变成了这种变化趋势如何，有无稳定的规则可循。新的学术理论在这个问题上也存在着争论与分歧。

二、货币数量论与货币流通速度

货币数量论认为，在其他条件一定的情况下，货币量在多大程度上能影响价格水平主要取决于货币流通速度，货币流通速度加快会使价格上涨和货币加速贬值；反之，则相反。因此，货币数量论者非常重视对货币流通速度的分析研究。

在货币数量论的初创阶段，多数理论学说对货币流通速度问题重视不够，一般都认为它是一个稳定的常数。从理论方面来说，这时的货币数量论从萨伊定律出发，认为货币不过是面纱，人们需要的是商品，而不是货币本身，从而不重视人们的货币金额需求，认为货币供给与货币需求（用于商品交易）必定相等，是同一数量的正反面，这样，当然就不会重视货币流通速度的问题了。

现金余额理论的产生引起了人们对出于非流通状态货币的重视，从而也引起了对货币流通和货币贮藏的重新认识。那么，"在一个国家中，'积极流通'的货币变成了什么？它以什么状态存在着？所有的作者都说铸币及纸币似乎处在中间地带被使用，在这里它们不属于任何特定的人……上不着天，下不着地，它们也处在收入者和支出者之间的中间状态，并且不属于它们两者中的任何一方。正如货币科学中流行的其他观念，这是一个错误，处在积极流通中的货币……全然处于个人握有之中，……所有的货币都是属于个人的储蓄货币"。这是当时新古典经济学的提出的经典问题。

广义的流通中货币应该是正在支付、转手的货币，也包括保留在人们手边随时准备支出的货币，从任一瞬间来看，绝大部分货币是处在后者状态的，但从一个稍长的动态过程看，这两种货币都是处在流通中的，应该都是流通中的货币，而且这两部分的比例随着货币流通速度的变化而必然会发生变化；一般来说，货币流通速度越快，"飞翔的货币"越多，"栖息的货币"越少；反之，则越少。

这两种流通中不同状态的货币对价格的影响也是不同的。一般地说，只有"飞翔的货币"才直接作用于价格水平，而"栖息的货币"只对价格有潜在的影响，是一种可能的影响因素，计算上十分困难。新古典经济学家魏克塞尔认为，在金属货币流通下，有一部分金属货币处于贮藏状态，它的存在是对货币流通速度从而对价格的有效的调节手段；而在信用货币流通下，则不存在这一调节机制，因为闲置手边的货币通过储蓄被银行借贷出去，从而大大加快了货币的流通速度。

那么，货币流通速度是不是稳定的呢？魏克塞尔反对传统的货币数量说认为货币流通速度稳定的观点，指出货币流通速度是会变化的，特别是它将随着经济的进步而加快。现金余额说完全是从个人资产选择的角度出发，个人的现金余额需求是个人财富、习惯等的函数，因而具有稳定性，这是当时银行信用制度和宏观经济调节机制不发达和不完善的反映。魏克塞尔则非常重视银行信用制度在宏观经济调节中的作用，他认为，在信用制度下，信用的作用会强有力地加强货币的流通。他把信用制度分为简单的信用经济和发达的信用经济两种形式。在简单的信用经济中，由于只有个人之间简单的商品信用和货币借贷，因而使加速货币流通的可能性被抑制在一个狭隘的范围内。而在发达的信用经济中，由于现代银行制度使债权债务的转换（非现金结算）以及借贷集中在金融机构，从而不再会出现原始货币窖藏的现象，大大加快了货币的流通速度。

凯恩斯在《货币论》中也论证了货币流通速度的易变性，他认为流通中的货币主要是银行存款货币，包括活期存款（收入存款和营业存款）和定期存款（储蓄存款）。其中收入存款是现金余额说所分析的现金余额，它和一个社会年货币收入总量的比即是现金保有率，用 K_1 表示，其倒数为 V_1。他认为："一般说来，我们可以预计，K_1 在一个给定的经济社会中的逐年平均值是一个相当稳定的量。"它是货币收入的稳定函数。但营业存款远不如收入存款那样稳定而规则，因为这种营业存款周转所根据的是企业的交易量，包括企业之间真实的商品劳务交易，也包括金融交易和投机交易，这些交易则异常多变，这就使 K_2 比 K_1 的可变性大得多，从而使活期存款和国民收入无法保持稳定和正常。

凯恩斯正是从货币流通速度的易变出发，以此来证明它会弱化货币量对经济和价格的作用。因此，弗里德曼认为，要证明货币政策的有效性，必须证明货币流通速度是稳定的，也就是要证明货币需求量是稳定的。他认为，恒久收入是货币需求函数中的主要变量，由于这种恒久收入具有较高的稳定性，因此，由它决定的货币需求量也具有较高的稳定性。接着，他便进行了实证研究，结果证明，由于恒久收入的稳定增长，货币需求量呈稳定上升趋势，从而证明了货币流通速度呈稳定下降趋势，即货币流通速度与恒久收入具有稳定的反向变动关系。从短期分析，由于恒久收入稳定，故货币流通速度也稳定。但除此之外，还有其他一些因素（如制度等）也影响货币流通速度。

但20世纪90年代以来的新凯恩斯主义经济学结合市场周期和经济国际化趋势，对于货币流通速度的稳定性也提出了质疑，认为货币流通速度长期趋于稳定和下降的结论存在着明显的漏洞。从现在的市场结构及其变化看，货币流通速度也存在着明显的加速和递减的不稳定性，他们结合金融危机的影响冲击过程对其进行了实证分析研究，得出的结论是，20世纪90年代以后货币流通的速度变得更加不稳定了，它又加速变化的趋势，但也出现了相反变化的趋势，这是由市场的交易方式和结构变化所决定的。

从我国的情况来看，在20世纪90年代之前，由于恒久收入的增长相对较慢，同时经济体制和结构长期稳定不变，所以，现金流通速度8次为正常的经验数据在长期中能保持有效。但改革开放之后，一方面由于恒久收入的大幅度增长；另一方面由于经济体制改革等制度因素的影响，使现金流通速度不断变慢，1990年为5.3次，20世纪90年代后期为3次左右。到2008年时又上升到4次。这种变化显然代表了市场及其背后多种因素的可能影响。收入的变化和消费支出的结构在变化，人们的持币愿望也可能发生改变，金融市场的发展与交易规模的扩大，这些都有可能影响到货币流通速度。在金融危机频繁爆发的今天，货币流通速度的波动变化更加明显。

现在应该可以看到，货币流通速度在长期内是不稳定的，也不存在周期循环的趋势。据有关资料反映，从1950—1980年，美国货币（M_1）流通速度基本上是逐年加快，平均每年增长3.3%；但从1981—2008年，货币流通速度变为逐年下降趋势（货币失踪）。有证据证明，狭义货币需求（M_1）的变动原因至少有一部分可以在银行系统的制度变化中找到，由于20世纪70年代较高的通货膨胀率和较高的市场利率，美国银行体系被禁止对活期存款付息并对定期存款规定利率上限，从而使活期存款下降，由于活期存款是构成M_1的主要部分，导致对M_1的货币需求下降，引起M_1流通速度加快；由于利率限制从20世纪80年代开始逐步放宽以至取消，故M_1的需求量又趋于增加，导致M_2的流通速度变慢。此外，电子计算机技术的进步和普及加快了非现金结算，无疑也是影响货币流通速度的因素。2008年金融危机爆发以来，M_2的流通速度又出现加快趋势，并影响到了流通货币的数量和物价的变化。

三、决定货币流通速度的因素

我们已经知道，货币需求量与货币流通速度呈负相关变化，因此，一切影响货币需求量的因素必然也影响货币流通速度。诸如价格、货币供给、非现金结算技术的普及程度、社会支付制度、交通和电信业的发达程度、经济周期、利率、金融深化程度、货币国际化、产业结构、科技水平、自然条件和文化传统等，可以说几乎所有的社会经济因素都可能影响货币流通速度，因此，货币流通速度是一个容纳量极大的综合变量，它们之间的影响有可能是同向的，也有可能是反向的，也有的是互相抵消的，实际的变化很不易预测与把握。正因为如此，所以货币数量论从交易说，即以货币流通速度为直接研究对象，发展到余额说或需求函数说，即以货币流通速度的倒数——现金余额持有比例为直接研究对象。因为后者至少在主要的制约因素方面比较容易把握。此外，今天更多的学说研究是从实证方面来对它进行考察，但流通速度的稳定性假设是已经过时了的，而新的变化趋势或规则的讨论仍然左右着不同的货币理论学说。

本章小结

1. 货币需求理论主要探讨一定时期一国经济中货币需要量问题。它是一定时期一国货币供应量的依据,对货币政策的形成具有极大影响,因而为经济学所重视。

2. 对一定时期货币需要量的阐述与说明,构成了货币需求理论。最早的货币需求理论是货币数量理论,它把一定时期的货币流通量决定因素定为流通中商品数量、物价水平与货币流通速度三个方面。货币数量论以交易规模为基本的分析依据,因而是一种古典的货币需求理论。

3. 现代凯恩斯主义经济学改造了货币数量论,提出货币需求的三个动机理论,并且把投机性金融交易活动引入了货币需求理论,从而改变货币需求的基本方程式。而现代凯恩斯主义则进一步发展了这一理论,它指出了利率不仅对投机性货币需求有影响,而且对交易性货币需求与人们对金融资产的选择具有直接的影响。

4. 货币主义作为现代货币数量论,是凯恩斯主义的对立面,它不仅对人们持币的动机作出了新的解释,而且对影响货币需求量的因素分析中,得出了收入水平与利率是两大基本影响要素,而利率的影响因十分微弱而可忽略不计,从而货币需求量又回到了收入水平这一传统的轨道中去。

5. 对货币流通速度的研究分析也与货币数量直接相关。传统的货币理论认为其是稳定不变的,而凯恩斯主义经济学则认为货币流通速度是易变的、不稳定的。而货币主义的研究则表明,货币需求量在长期中呈稳定上升趋势,因而长期中货币流通速度呈下降趋势,而只是在短期内,由于种种因素影响,货币流通速度呈不稳定状态。

复习思考题

1. 请说明货币需求理论发展的过程。
2. 传统的货币数量论的根本特征是什么?
3. 凯恩斯主义的货币需求动机是什么?
4. 什么是现金余额理论,其与传统数量论相比,有何重要进步?
5. 现代凯恩斯主义理论是如何表述货币需求函数的?
6. 资产组合理论对货币需求量的分析有何特点?
7. 货币主义者的货币需求函数有何特点,与凯恩斯主义有何区别?
8. 如何认识利率和金融变量对货币需求的影响?
9. 如何分析与看待货币流通速度的稳定性问题?
10. 影响货币流通速度的基本因素有哪些?

第十章 货币供给

本章要点

从货币市场的供求关系及其均衡运动看,货币供给应该是货币需求的相对应的经济变量。一国经济在一定时点上货币流通的存量,可以看作货币的供给量,也可以看作货币的需求量,供给量和需求量相一致时的存量就是均衡的货币流量,它影响到当时的市场利率和国民收入水平。研究货币供给是要分析探讨一定时期中一国经济活动中的货币量是如何被创造出来的,在一定时期中货币被创造的量是多少。而要说明货币的创造过程和创造的数量,就必须要依据一定的范围条件定义说明货币供给的层次、定义,货币供给的具体过程和决定的机制。在分析计量决定货币供给量的因素时,涉及了不同的体制结构和市场环境,还有不同的微观经济主体行为反应的判断,从而形成了不同的学说派别和观点,形成了货币供给的不同的计量模型方法,对于实际的货币政策形成也产生了重大的影响。

第一节 | 货币的供给及其特性

货币的供给量是与货币的需求量相对应的变量,货币供给量的决定涉及货币的投放、流通等过程,它被认为是具有一定的主观性的政策性变量。

货币供给量的变化对一国经济的总量规模以及运行质量状况有着直接的影响,因此,了解货币供给的过程及变化机制,剖析货币供给量的决定因素具有重要的意义。在这一部分我们将对货币供给的过程和货币的性质定义以及分类进行全面的分析介绍,其中包括了货币供应量的基本层次;各个层次货币的定义概念;货币的创造过程的特征;基础货币与货币供应总量的关系;货币供给决定的基本因素。

一、货币供给和货币供给量

货币供给是指经济主体创造出一定的货币供给量并把它投入流通的过程。货币供给量是指由政府、企事业单位和居民个人所持有的由银行体系所供给的债务总量,它是反映在银行资产负债表中的一定时点上的银行负债总额或资产总额[1]。与货币需求量一样,货币供给量也是一个存量概念,即某一时点的货币供给量。货币供给量包括存款量和现金发行量(一般从银行负债方界定),它是银行体系信贷收支的结果。现在也有人提出了货币市场和外汇市场的交易也在产生货币投放和货币创造的功能,使货币供给机制可以分为信贷渠道和货币市场渠道,货币供给机制更为复杂。

货币供给与货币发行是有区别的,货币发行是货币供给的一种连续的行为,货币供给主要从市场流通数量上来把握,看有多少货币在市场上流通;而货币发行是特指后者,其主要从货币来源性质上考察货币流通量。货币供给与货币流通也是有区别的,货币供给是由货币创造者创造货币开始到货币持有者持有货币为止。货币持有者在这之后的货币收付行为应是属于货币流通的范畴,否则,就会将货币供给与货币流通混为一谈。例如,个人对其名义货币收入所作出的选择是,存入银行、购买证券、保留手边或购买商品等,这不能看作是货币供给,因为个人不能创造货币。有人认为,只有实际的货币流通才影响收入、物价等变量和再生产过程,因此,把货币流通排除在货币供给的定义之外,从货币数量论的角度看是缺少理论和实际意义的。这就是引起了货币创造的外生论和内生论争论的原因与依据,两种不同的解释直接影响到了货币政策的走向,我们在后续的部分将对其展开分析。

二、货币供给量的层次

随着人们对货币供给量认识的深化,为了能分层次调控货币流通,从20世纪60年代

---

[1] 由于金融创新的加快,银行负债的界定和统计变得日益困难,美联储从20世纪末转向从银行的资产方统计货币供给量。

开始，美国联邦储备系统率先公布了不同层次的货币供给量，随后其他国家的中央银行也纷纷仿效。将货币量划分为不同层次的目的，在于考察不同种类的货币性资产对经济的影响，并选定与经济变动最密切的货币性资产作为中央银行实施控制的重点，为实现其货币政策目标服务。划分货币层次的标准是货币的流动性，即变现能力，因为流动性不同的货币对商品流通价格和其他各种经济活动的影响也不同。

以流动性为标准把货币划分为多少层次，这在各个国家是不同的，因为各国的经济环境和金融状况不同，充当货币的金融资产的种类也不同。我国对货币层次的研究起步较晚，目前尚无比较成熟的划分方案。

目前比较一致的看法是可将一国的货币层次划分为：

$M_0 =$ 现金

$M_1 = M_0 +$ 企业等经济主体的活期存款

$M_2 = M_1 +$ 储蓄存款 + 企业等经济主体的定期存款

$M_3 = M_2 +$ 财政性存款 + 其他存款 + 票据回购 + 近似货币资产

目前我国金融体系的货币层次划分方法同国际上一般的划分相类似，把现金单列为一个独立的层次，即 M_0，现金的流通主要用于个人与企业的商品交易，对货币量对于物价的影响最为重要。M_1 为高度流动性的货币类资产，包含了流通中的现金和银行体系中的活期存款，这个层次货币中既包括了商业银行的负债，也包括中央银行的负债。而这是两类性质不同的货币，中央银行的负债是基础货币，它基本上不同商品流通发生直接的关系，但它能以数倍的规模转化为商业银行和商业银行的负债，因此，这两种货币资产的扩张能力和对于物价的影响能力是不同的，它们之间存在着一定的扩张倍数。

M_2 是一种广义的货币，包含的货币资产内容更多。它既包含了现金等高流动性的中央银行资产，也包含了商业银行流动性较高的活期存款，还包括了流动性较低的商业银行定期存款。而 M_3 就是包含更为广泛货币性资产内涵的广义货币，也称为近似货币；它既包含了央行的现金资产，也包含了商业银行的活期存款和定期存款，还包含了一些票据回购等近似货币，其中一些是银行外其他企业机构的资产；但这些资产都具有一定的流动性和支付能力，对于市场交易和物价可以产生影响，因而归入了广义货币。

为什么需要有这么多的货币层次，它们对于现实市场的交易和物价究竟会产生何种不同的影响力？这是今天市场经济体系所必须要面对的问题。

为了准确反映货币流通量与市场物价之间的变化关系，中央银行必须选择流动性强，形成的购买力大，对经济活动（主要是产出与就业）和物价影响最为密切的层次作为控制的重点。现在主要国家央行和 IMF 都选择 M_2 作为货币供给量的观察与控制重点，主要原因如下：一是因为 M_2 的流通速度比较稳定，它的变化能较正确地反映购买力的变化。从二战后到现在的市场变化看，M_0 与 M_1 流通量与实际国民收入量的变化之间的关系越来越失去依存性，也就是说，经济产出量与货币流通量的变动失去了依存关系，使 M_0 与 M_1 货币层次的经济含义降低,导致央行改变货币观察的指标,而改用 M_2。二是因为 M_2 的流通数量与社会大众对现金、活期存款和定期存款的选择无关,而且 M_2 的总量主要取决于银行系统的存贷款规模,作为银行的货币性资产也较易为中央银行所观察控制。从战后以来货币物价产出变动的依存关系看,M_2 是与国民收入及物价变动关系最为密切的货币指标,因而考察 M_2 就成为主要的货币层次了。

在我国的改革开放初期,大多数人主张应把对货币供给量观察控制的重点放在 M_0 和 M_1 上,这是因为:

第一,因为 M_0 和 M_1 为央行资产和商业银行资产,而商业银行的存款较为观察控制,而在市场物价受到行政控制的条件下,货币流通量与物价之间也不存在直接的联系。但随着经济改革开放的深入与市场经济的发展,实际经济产出和物价受货币流通量的影响必然加大,只观察控制 M_0 和 M_1 已经严重脱离市场经济变化的实际,我国央行也在 20 世纪 90 年代后期开始将 M_2 作为主要货币流量来观察控制。

第二,把控制重点放在 M_0 和 M_1 是与当前中央银行的间接调控手段不完善相适应的,因为 M_0 和 M_1 较容易控制。但随着经济结构的变革与调控机制的转换,M_1 已不能准确反映货币供给的内在变化规模,而将 M_2 作为控制重点已是必然的选择。而 M_2 涉及央行和商业银行的全部资产,它与经济产出以及物价变动之间的关系较为密切,因而可使货币流通量指标带来直接的经济意义。现在,也有人认为应该采用更广义的货币指标 M_3 作为观察统计的核心指标,将社会融资量作为一种新的货币流量指标,可显示出货币与产出及物价之间的密切关系,但这个指标太过广泛,统计计量有一定困难,它对于经济产出与物价之间关系的反映太过复杂,含义不清,势必会给分析和决策带来困难。

三、货币供给的特性

1. 金属货币的供给特性

从表面来看,金属货币的供给是个外生变量,因为它受制于贵金属矿藏的有无、多少或开采条件等经济过程以外的因素。但贵金属的产量还取决于生产者的利益,例如,当贵金属产量大于流通中金属货币需要量而使贵金属贬值时,贵金属的产量就会减少;反之则相反。而且由于金属货币流通的自动调节机制的存在,贵金属货币的供给数量也不会影响到它的流通数量,不论供给多少,流通中金属货币的数量将始终与货币需要量相一致。金属货币因其自身的价值而具备自动调节流通量的功能,它不会因数量而被迫贬值。

马克思是金属货币供给的内生论者,他认为金属货币在其价值既定的条件下,它的供给量受制于商品流通对金属货币的需要量。费雪是金属货币供给的外生论者,他认为不是商品的价格决定货币的数量,而是货币的数量决定商品的价格。因为在价格上涨的地方,货币反而会流出,商品会流入;就一国内或一地区内来说,在金币贬值的条件下也不会有更多的货币铸造;相反,人们将现有金币熔化,改铸他物,并停开新矿。费雪的错误在于他只进行短期分析,在短期内,货币供给量(或流通量)有可能与商品价格负相关。但从长期看,它却必然会随着商品流通扩大和经济发展而增加。亚当·斯密则是金属货币供给的比较典型的内生论者。他认为:"无论在哪一个国家,铸币量都受到国内借铸币而流通的商品价值的支配;商品的价值增加了,立刻就会有一部分商品被送到有金银铸币的外国,去购买为流通商品所必须增加的铸币量。"实际上不管是一国相对较多的商品流出还是相对较多的货币流出,都是货币供给量适应商品流通量的反应机制,这正好说明了金属货币供给的内生特性。

2. 混合通货的供给特性

在货币史上,有过一段时间存在着金属货币与其他货币形式同时流通的状况。在混合货币流通体制下,价值符号(银行券或纸币)是作为金属货币的替代物出现的,这些价值符号的供给具有怎样的特性,对这一问题的看法有不同的观点。

(1)自然内生论。这种观点以斯密、图克、富拉顿等人为代表。他们认为信用货币是完全以商业流通的需要而发行的,因此它是不会过量的,因为它是通过对真实票据的贴现而发行的。但是这也不是绝对的,例如,政府为财政目的而发行的强制流通的纸币则有可能过量发行;又如,即便是企业,它们从利润动机出发对贷款的需求有时也会过量,也有可能由于效益不好而到期不能偿还贷款,从而使通过贷款发行的银行券失去物资保证,因此,对货币的供给完全不加以人为控制的观点是不可取的,也就是说,企业的交易、投资活动是可能造成市场信用扩张的,银行的信贷活动也是可能产生货币供给扩张的,这种扩张的动力来自于企业银行等经济部门,因此货币供给是存在内生性。

(2)控制内生论。这一观点认为货币供给的内生特性是通过调控主体的人为干预、控制才有可能实现,即货币供给量才能适应商品流通的需要,主要代表人物为桑顿。他认为中央银行拥有独享纸币发行的垄断权,通过中央银行的主动性政策控制就可以实现对货币供给的管理。这种观点与传统的货币名目论是一致的,把货币的供给量完全看成是货币当局政策意志的结果,实际流通中的货币量完全是人为控制的,不会受到市场经济主体和交易活动的影响。这种分析判断受到越来越多的质疑。

(3)货币供给的外生论。古典经济学家李嘉图是货币供给外生论的早期主要代表人物。他对货币供给内生论的三个主要论据一一作了批驳:首先,关于商业流通需要说,他认为商业流通需要的货币量是无法确定的,并且还有名义需要量与实际需要量的区别。其次,关于真实票据说。他认为真实票据说仍不足以保证货币供给的合理性,他举例说:"同样的 1 000 镑在 1 天之内可以解决 20 笔真实的交易。它可用于支付船价;卖船的人又可用它偿付制绳索的人;他又可以付给俄国的麻商;其余可照此类推。但其中每一笔既然都是真实的交易,每一方可能都开出了票据,而银行可能照章一一加以贴现,因此也许会有 20 000 镑加入流通,以履行相当于 1 000 镑的各项支付。"最后,对于当局政策控制的货币内生观,他也给予了否定。他认为由中央银行对纸币发行实行人为控制对市场的实际流通量控制是无济于事的,唯一的办法是恢复金本位制,恢复银行券对金币的自由兑换,在此基础上只要盯住金价和汇价,以调整银行券发行量,就足以将货币供给控制在均衡水平。

通货学派的货币供给外生论观点在 19 世纪 40 年代的英国货币政策实践中进行了尝试,

但结果并不理想。当时由通货学派的代表人物、英国首相皮尔起草了最早的"英格兰银行条例",其把英格兰银行划分为一个发行部和一个银行部,发行部以 1 400 万镑政府债券和黄金储备作保证发行银行券,即凡超过 1 400 万镑的银行券发行都必须以 100% 的黄金储备作保证,在 1 400 万镑以内的银行券发行则以政府债券作保证,发行部的业务是同社会公众进行银行券和黄金之间的交易,凡有 1 镑银行券流入公众手中,就有 1 镑黄金流入发行部的地下室;凡有 1 镑黄金流出发行部地下室,就有 1 镑银行券流回发行部。同社会公众的其他交易由银行部办理,银行部没有权利通过贷款发行银行券,它只能依靠吸收公众银行券的存入来发放贷款。这样,他们以为,银行券的发行量就被严格控制在金币流通量的范围内。但这样做的结果是银行券的发行不能随经济状况的变化而伸缩,在发生经济危机时,由于信用停顿,通货奇缺,尽管发行部的地下室里有大量的黄金储备,但银行部已濒临破产,因为它没有银行券来支付过去创造的数倍于银行券的派生存款和发放新的贷款,利率高到难以想象的程度,"以致达到了不是整个产业界必然破产,就是银行界必然破产的程度"。皮尔条例的失败不仅是通货学派及其政策主张的失败,而且也暴露了货币供给外生论的严重缺陷,政策决定的货币发行量与市场变化中产生的实际货币需求量发生脱节,导致利率的严重变形和对于经济产出的严重制约。这种政策实践对于今天我国在分析研究和制定市场经济条件下的货币政策不无借鉴意义。

3. 现代货币的供给特性

进入现代市场经济体系条件下,凯恩斯主义是第一个货币供给的控制内生论者,他认为,只要中央银行能控制其负债规模,商业银行的准备金总量便能在其控制之下,但按照现在的银行制度,中央银行有义务随时按照规定的贴现率办理再贴现,因此,中央银行能控制商业银行的真正工具是再贴现率。商业银行应当以均衡利率(指储蓄等于投资时的利率)来决定贷款数量,而价格水平则是最终的标准。此后,凯恩斯也看到了货币外生供给的可能性与现实性,因为他看到中央银行负债创造的规模可能由法律等规定调整或政府的政策行为变化而变化,实际上并不能完全由央行自主决定,这就可能外生因素的影响。因此,在《就业、利息和货币通论》的表述中,凯恩斯实际上已经转变为一个外生论者,他认为黄金之所以为信用货币所代替,就是因为黄金无法由政府根据经济发展需要而灵活掌握,因此货币应当是由政府根据市场实际变化而加以灵活掌握的东西,支付或货币当局可以通过发行货币来压低利率和刺激投资,这就是凯恩斯经济学的干预市场的理论依据。

货币主义学派的弗里德曼也是货币供给的外生论者,他认为信用货币是由三个因素构成的:第一,基础货币,它的供给是由政府行为所决定的;第二,存款准备率,这项比率主要决定于银行,但政府可以通过法律和银行一起影响这一比率;第三,社会公众所保有的货币在通货与存款之间的构成(现金漏出率),它主要取决于社会公众持币行为的影响。由此可见,纯粹信用货币的供给不是完全可由政府操纵的外生变量;其中只有现金货币和商业银行准备金具有较强的外生性,央行调控决定的影响较大,而市场流通的总的货币量还有其他的成分,其受市场主体活动的支配能力较强,央行并不能够随心所欲地来调节控制市场流通的货币量。这与今天的自由主义经济学说的论述是相一致的。

弗里德曼最终认定，名义货币供给量是外生变量，而实际货币供给量是内生变量；即使名义货币供给量，如果它不是通过政府透支、中央银行直接向政府购买国库券或贷款投入流通，而是通过中央银行向商业银行及其他金融机构贷款的话，那么，货币供给量最终还是决定于商业银行的信贷行为，归根到底是大众的货币需求量决定了商业银行的信贷量。因此货币的供给量从市场流通交易角度看，不可能是一个完全的外生变量。所以，我们并不能把弗里德曼看成是一个完全的外生论者。

今天，我们看到，新的凯恩斯主义和新自由主义经济学对于货币供给的内生性倾向上有一定的趋同性，但在具体的内生性决定因素和外生因素的决定作用方面存在着差异和对立，在内生性决定的形成机制上也论述不一。而纯粹的货币供给外生论是已经被放弃了。

我国的经济发展在改革开放前基本上是一种集中计划体制的斯大林模式，货币供给机制是高度行政管制下的计划模式，现金投放量和信贷投放量这两个层次都受到计划指标的直接控制，也就是说，计划部门以及金融当局事先已经决定的货币投放量，包括现金投放量完全得到实施贯彻，成为实际的市场流通货币量，货币供给量在市场流通过程中是不会发生变化的，或者是不可控的，现金投放量和信贷投放量是可测也可控的，它体现了行政决策的意愿，这样的货币供给量形成机制自然就是外生决定的，这似乎也符合马克思主义经济学的观点学说。直到今天，货币供给的外生决定论仍然占据重要地位，与理论传统和政治体制及其决策方式是有直接关系的。但它与市场经济条件下货币供求以及利率的均衡关系是不相适应的，与新的市场条件下货币政策的调控也是不能相容的。

从今天市场经济体制下货币供求的机制看，货币供给的实际参与主体有三个部分，它们都对货币供给量的形成产生影响。

（1）中央银行。它是实施货币政策调控的金融行政管理当局。中央银行的业务活动包括了现金投放、银行准备金管理、信贷规模调控、外汇准备管理、利率及其调控，央行的业务活动会形成央行资产和负债，而央行资产与负债的规模则反映了基础货币投放量的规模；央行的资产种类较多，一般分为货币现金、存款准备金、贴现、债券、外汇储备等几大类，而且这些资产种类与规模是可以互相调节变化的，从而可以影响到基础货币的投放规模。

（2）商业银行。它是存贷款业务的经营机构，也是社会的金融中介结构。商业银行也可以影响货币供给量，这是通过商业银行的存款创造机制实现的，这个机制就是一种信用创造能力，因此银行业也是货币供给量的影响因素之一，这种因素也就是一种内生性的货币供给机制。

（3）企业和社会公众。它持有银行存款和获得银行贷款的个人与机构。社会公众也是影响货币供给量的因素之一，这是市场经济体制下的特有产物。企业和社会大众对于货币信贷的影响是如何形成的，其主要是通过存款和贷款意愿产生影响。在市场发生周期性波动时，企业与社会大众的投资、消费意愿会发生改变，他们的持币意愿也会发生变化，这就必然地影响到银行的信贷规模量，市场低迷时企业与公众收缩贷款投资，就会影响到银行的信贷投放量，从而减少货币的供给量，反之则增加货币的供给量。因此，企业以及社会大众也是货币供给量的内生决定因素之一。

货币供给的过程和机制包含着现金、狭义货币、广义货币等不同层次的问题，涉及不同的影响因素，我们再次分层加以分析说明。

第二节 | 现金货币（通货）的创造

我们首先来分析现金货币的创造过程，现金货币也称为通货，即流通中的货币，它是货币供给量的第一个层次。在完全信用货币流通的条件下，通货定义可以有广义和狭义之分，广义的通货是指现金和活期存款之和；狭义的通货仅指现金（纸币和硬币）。本章所论述的通货是指现金，它是由中央银行发行在外的由社会公众所持有的现金货币。

一、现金货币的创造过程

我们现在来分析说明现金货币是如何被创造出来并投入到流通中的。

我们先来美联储的现金创造与投放过程。美联储（美国的中央银行机构）现金通货的创造过程大致是这样的：首先由美国财政部所属的印制局印制出钞票，然后把它们出售给联邦储备系统，即先由中央银行购入，并同时相应增记财政部在其存款账户上的存款，作为对购入钞票的支付，财政部在发行现金货币时同时就增加了其央行账户上的存款，即印钞就是存钱。随后，当某家商业银行或其他金融机构需要通货时，只要它们在中央银行有准备金存款，就可向中央银行提取钞票，后者则减少它们在中央银行的准备金存款。然后通过公众向商业银行提取存款或借款，央行所发行的通货便进入流通中了。这一货币投放机制通常被称为货币的信贷投放渠道，除了信贷渠道外，现在还有一个货币市场渠道，央行通过在货币市场上购入资产，如债券、票据、外汇等，同时投入现金货币，这也可以形成货币现金的市场投放。我国的货币现金创造和投放机制也类似于美联储，中央银行基本上通过上述两条渠道实现货币的发行投放，我国目前的货币投放主渠道是银行信贷渠道，其次是货币市场渠道。因为货币市场规模有限，可交易的证券票据等资产规模较小，因而央行的介入规模也就较小。

从上述货币创造和投放的过程，我们可以得到以下两点重要启示：

（1）发行钞票（现金货币）是中央政府财政的一项重要收入。也有将其称为"铸币税"，或者说是发行收入。在中央银行印制现金货币并通过信贷渠道或货币市场渠道投放出去以后，中央银行以新的现金购入银行或公众的资产，央行发行的通货构成了对公众的负债。中央银行发行货币获得资产的成本就是现钞的印刷费及发行费用，所得到货币购买力是负债所得，它构成了发行收入，各国发行货币收入都计入财政账户，构成财政收入。

但现在各国的货币发行体制都可能出现为了财政收入而发行货币的问题，这可能导致货币的超发和通货膨胀，各国央行为此都依法确定发行权利和标准，尽量避免货币的超发和出现通货膨胀。这也引出了一个相关的货币发行体制的问题，即中央银行的独立性问题和货币发行的决定权控制问题。中央银行的独立性体制有可能在较大范围内遏制超发货币和通货膨胀的趋势，为各国金融体制所推崇。

（2）这笔政府的原始存款是中央银行开展资产业务、投放基础货币的基础，可以说是基础的基础。因为若没有这笔钞票，中央银行就不可能对政府和金融机构发放贷款和创造它们在中央银行的存款；当然商业银行和其他金融机构更不可能对公众发放贷款和创造存款货币了。因此，这笔钞票可说是金融体系的第一推动力，这样，金融宏观调控的权力主要就落到了政府手中。如果我们设想在美国之外的另一国，钞票不是由政府印制，而是由中央银行印制，情况又如何呢？那么，相反的就是：钞票的发行不是形成政府的收入，而是成为中央银行的一种资金来源，在这种情况下，中央银行不是负债决定资产，不是先有资金来源后有资金运用，而是中央银行可以通过资产业务来创造自己的负债，中央银行基础货币的创造数量可以不受政府的控制而把金融宏观调控的大权掌握在自己手中。

那么，不论在上述何种情况下，当第一张钞票未投入流通时，商业银行在中央银行的准备金存款是怎样来的呢？回答是第一笔准备金存款来自中央银行对商业银行的贷款，正像公众的第一笔存款来自商业银行对公众的贷款一样，当这种贷款用转账方式支付时，它就产生了在中央银行或商业银行的存款；当这种贷款用现金支付时，第一张钞票就投入了流通。

二、我国中央银行的现金货币创造过程

此外，中央银行还通过对政府贷款、买入金银、外汇和证券将通货投入流通，其过程与上述情况大致相同。

我国目前的货币发行与现金投放体制，与市场经济国家的中央银行货币发行体制十分类似，一个最重要的货币投放渠道就是商业银行的存款准备金投放机制，央行通过向商业银行提供准备金贷款，就实现了货币投放，进入商业银行系统的贷款是一种基础货币，它通过商业银行的存款创造体系可以向社会公众提供多倍的货币，形成货币创造。中央银行也可通过货币市场直接购入各类资产实现货币的投放。

我国目前流通中通货的数量如果说是 M_2，它的流通量与现金货币量并不相同，M_2 形成要依据现金货币的投入量，即基础货币的投放量，也要取决于社会公众想要持有多少通货，社会公众可以随时把他们的活期存款变成通货，中央银行的货币政策并不直接控制流通中货币（M_2）的数量，而是主要通过控制商业银行的准备金数量来控制存款货币的供给。一般地说，如果为了限制通货的供给，中央银行不向商业银行提供追加的通货，那么，商业银行将不能满足支付活期存款的法定义务，而被迫停止提供信贷资金相反；同样，中央银行也不可能随意增加通货供给的数量，因为一般它不直接把通货送到社会公众手中，即使它可以这样做，社会公众也可以把他们认为多余的通货存入银行，商业银行的存款资金和

准备金增加，实际的流通货币就会减少。因此，流通中的货币（M_2）是一个内生变量，它的数量并不完全取决于中央银行的意志，而与社会公众的需要与市场预期相关。

中央银行的通货创造实际上是一个现金的投放机制，它通过银行信贷和货币市场渠道实现基础货币的投放，这个通货的投放量要受到市场流通需要量的影响制约，它不能随意投放，为了财政收入而投放货币。作为央行投放的通货，它是一种基础货币，它与流通中的货币（M_2）并不是等量的，通过商业银行的信用创造和社会公众的持有，它可以实现多倍扩张，形成流通中的货币量。

我们下面再看看流通中的货币量是如何形成的。

第三节 狭义货币（M_1）的供给创造

我们在上文已经分析考察了商业银行的存款创造机制，发现商业银行是通过转账支付条件来实现货币资金在银行体系内转存转贷，从而创造出多倍于一定数量现金存款的贷款来，这种货币扩张的能力，即原始存款与派生存款之比，我们称之为货币乘数。货币乘数越高，信用货币的创造能力越强；通过这一过程创造出来的是基于信贷扩张的信用货币，如果仅考虑银行体系的活期存款，这种货币就是狭义货币 M_1。

一、M_1 的创造过程

M_1 的创造过程决定了狭义货币的供给量，M_1 主要由两个因数决定：一是现金存入数量；二是银行系统的货币乘数，即存款创造能力的大小。现金存入数量是由央行的基础货币投放量决定的，如果现金流入量已知，那么狭义货币 M_1 就由银行体系的货币乘数来决定。

而影响货币乘数大小的因素，主要看存款在银行体系中的漏出因素。一般说主要的货币漏出因素有三项：一是中央银行的法定存款准备率；二是商业银行的超额准备金率；三是公众的现金提款率。存款在周转过程中的漏出比率越高，存款的乘数就越低，货币的创造能力也就低。例如，中央银行如果提高法定准备率，商业银行被迫多缴存法定准备金，贷款能力就下降；如果商业银行增加超额准备金存款，也可以降低信贷的提供能力，这是出于银行自身意愿；如果公众或企业持现意愿提高，在所获得贷款中提取更多的现金，则银行体系的信贷扩张能力也就下降。显然，中央银行的意愿决定了法定准备金的比率；而商业银行的信贷扩张意愿与社会公众的持现意愿也在影响信贷的扩张能力，狭义货币 M_1 创造具有内生性特点。

二、M_1 的货币供给模型

我们再来考察狭义货币 M_1 的货币供给模型。

前面在讨论存款货币创造在数量上的限制因素时,我们只考察活期存款范围内的货币乘数,它只能称为"活期存款乘数",即活期存款可能产生的倍数。如果我们要考察总的货币乘数,则至少应考察 M_1 和 M_2 这样两个层次。而在本节中,我们将考察 M_1 的货币乘数模型,M_2 的货币乘数模型将在下节中考察。

M_1 包括现金和活期存款之和,即 $M_1 = C + D_d$。其中 C 为现金,D_d 为活期存款。

基础货币 M_b 是银行准备金(R)和现金(C)之和,即 $M_b = R + C$。

因此,若用 K_1 代表 M_1 的货币乘数,则得到:

$$K_1 = \frac{M}{M_b} = \frac{D_d + C}{R + C}$$

用分子、分母同除以 D_d,可得到:

$$\frac{(D_d + C)/D_d}{(R + C)/D_d} = \frac{1 + \dfrac{C}{D_d}}{\dfrac{R}{D_d} + \dfrac{C}{D_d}}$$

$$M \text{的供给量} = M_b \cdot \frac{1 + \dfrac{C}{D_d}}{\dfrac{R}{D_d} + \dfrac{C}{D_d}}$$

从上式可知,M_1 的货币乘数主要取决于银行法定准备金率和现金漏出率,而现金漏出率又包括公众提现率和超额准备金率。由于中央银行可以决定 M_b(基础货币)的供给量和法定准备金率,同时又可以通过利率、货币政策、金融市场以及行政手段(如现金管理制度等)等影响公众的现金漏出率,还可以通过利率、基础货币供应及行政手段(如规定备付金率等)来影响银行超额准备金率,因此,中央银行在 M_1 的供给中起着重要作用,但不是货币供给的唯一作用因素。

在狭义货币 M_1 的供给中,中央银行是难以决定一切的,因为在货币供给决定机制中除了中央银行以外,还有两个经济主体,即商业银行和社会公众以及企业,他们的行为分别决定着超额准备金率和现金漏出率的变化,从而也对货币供给发生重要影响。

一方面,中央银行也不能随心所欲地决定基础货币供给和法定准备金率。从市场经济体制的角度看,货币市场的供求关系变化要体现经济产出的变动和利率水平,还有物价通胀水平,法定准备率的变化必须体现市场供求关系变动的要求,而不能相反,或完全由主观意志决定。

另一方面,商业银行的信贷意愿和社会公众的持现意愿更多地受市场经济周期变化影响,央行并不能完全加以控制决定。商业银行从事商业化的经营,追求收益与利润的最大化,信贷规模和资金的提供能力直接影响到银行的收益能力,在利益驱动下,银行有扩大信贷能力达到极限的动机,但其也要受到市场周期波动产生的风险约束,它必须在收益与风险的均衡范围内决定信贷提供规模。金融行政当局现在也可通过一系列的行政手段直接控制银行的信贷规模，这可以理解是一种风险的外部控制，均衡点被强制收缩；而同时货币信贷的创造能力也被控制了，内生性转化为外生性了。从公众和企业的角度看，他们的持币行为是直接受市场周期变化影响决定的，市场经济体系不应该考虑持现比完全由行政当局决定的假设，这就是说由市场影响决定的行为，公众持现比或体现率与市场周期呈相反的趋势，即经济上升时持现减少；经济下滑衰退时持现比上升，这就成为影响信贷货币供给量的内生性因素。

第四节 | 广义货币（M_2）的供给创造

一、M_1 供给创造的弗里德曼 – 施瓦茨模型

M_2 是广义货币的统称，目前各国的中央银行以及 IMF 对此都存在着统计口径上的差异，但基本上是大同小异，主要在证券票据的包含范围上有所不同。我国也在 20 世纪 80 年代中期开始分层设置货币定义和统计口径，M_0 就仅仅包含了现金；M_1 是现金加上银行系统活期存款的较小口径的狭义货币；M_2 是现金加上银行系统货币存款和定期存款，再加上其他存款和证券公司的客户保证金存款的较小口径广义货币定义。作为较大口径的广义货币 M_2，它的扩张能力、流通速度，以及对于利率和物价水平的影响是不同于其他口径货币的。对于 M_2 广义货币的扩张能力和乘数效应，我们通过 M_2 的货币供给模型来加以分析，这个传统的货币供给模型也被称为弗里德曼 – 施瓦茨模型。

M_2 作为广义货币的特定概念，它包括现金及银行体系的所有存款（活期存款和定期存款），以及在其他金融机构的存款，货币存款的口径以及形式扩大了，与基础货币的关系变量也不同了，与市场流通中的货币需求量的关系也不同了，对于利率与物价通胀率之间的关系也不同了。

我们先来看 M_2 的货币乘数的决定；

若设 D_t 为定期存款，K_2 为 M_2 的货币乘数，则：

$$K_2 = \frac{M_2}{M_b} = \frac{D_d + D_t + C}{R + C}$$

将分子、分母同除以 D_d，得到：

$$K_2 = \frac{1 + \dfrac{D_t}{D_d} + \dfrac{C}{D_d}}{\dfrac{R}{D_d} + \dfrac{C}{D_d}}$$

上述模型与 M_1 模型的差别在于增加了存款的构成，将一些定期存款加以统计计量，

再分别计量定期存款占活期存款之比,反映出两种类型货币不同的存款准备率以及产生的货币乘数,以此计算出这一货币口径统计量对于货币供给量的实际影响。从上述模型看,M_2 的货币乘数不同于 M_0 和 M_1,M_2 的货币创造能力要高于狭义货币 M_1。

二、M_2 供给创造的托宾模型

20世纪60年代以后,由托宾等人提出并加以完善的一种货币供给新理论模型,我们称之为托宾货币模型,对于货币扩张机制给予了一种新的解释,他们反对货币供给外生论的观点,主张以最广义的货币供给量来代替狭义的货币供给量,他们主要分析货币供给量与利率等经济变数之间的关系,以及货币供给与货币需求之间的相互作用。

托宾的货币供给新理论模式可简单表述为:

$$M = [\, B,\, r_f(i),\, K_f(Y, i, o)\,]$$

其中:M 为广义货币供给量,B 为基础货币,r_f 为银行对准备金的需求函数,i 为利率,K_f 为公众的货币需求函数,Y 为收入,o 为其他因素。

上式表明,首先,基础货币是由中央银行供给所决定的;银行准备金的需求函数是由市场利率所决定的;公众的货币需求受收入水平、市场利率及其他因素支配。而市场利率、收入、货币需求、货币供给等变数之间又是相互制约、互为因果的。因此,他们认为,货币供给量是一个充分的内生变量,不是中央银行所能单独决定的。货币需求等因素的频繁变化使社会公众不断改变其现金的持有量,同时也使商业银行不断改变其贷款规模和准备金的持有量。因此,货币乘数是极不稳定的。例如,如果中央银行扩大基础货币供给,就会增加商业银行的准备金,从而增加其贷款数量,使货币供给量增加;但与此同时,市场利率会下跌,这又会使银行减少贷款,而公众则增加通货持有量,这又会使货币乘数变小,引起货币紧缩。所以实际的货币供给量变化有多重因素决定,而且这些因素之间相互影响干扰,产生的实际影响往往很复杂,要看市场多个因素变化的综合后果。所以,实际的货币供给量变化的计量是十分困难的,这一点,新自由主义的货币学说也持同样观点。

其次,托宾模型也指出了银行体系创造存款货币的能力,要取决于银行体系的意愿和有无足够的贷款和投资机会,这是中央银行所无法直接控制的。在银行体系所拥有的存款创造能力中,其需要依据其贷款提供能力才能实现,资金才能充分流动实现货币扩张。在实际的市场体系作用过程中,银行的信贷提供能力要受制于其贷款提供的意愿,也就是说,当前的市场形势是否让银行有意愿向企业和公众提供贷款,其中最为突出的就是信贷的周期问题,影响极为明显。我们已知经济周期的萧条和繁荣替代以及对于资金安全的影响巨大,在市场进入萧条时期,资金信贷风险加大,银行为求安全而趋向于收缩信贷,导致贷款意愿下降,货币扩张能力也就下降;而当经济周期进入繁荣时,银行通过信贷资金扩张获利的机会增加了,银行的信贷意愿必然上升,导致货币扩张能力上升。因此,经济周期的不同阶段,银行的货币创造能力是不同的。另一方面,银行的信贷提供能力还要受制于贷款和投资的机会。

贷款和投资机会的获得是企业与社会公众在市场上的决定行为与结果，这同样要受制于市场的周期与市场的预期。我们看到市场的周期变化导致了人们预期的变化，这也影响到了投资的意愿与投资机会的评估，经济周期处于上升和繁荣阶段，企业与公众的预期投资报酬率上升，投资于支出的意愿增加，从银行获得信贷的意愿也就上升，这就使得银行的信贷和投资机会增加，也就是说，信贷的投放机会因为企业与公众的投资意愿上升而增加了，货币扩张可以实现。相反，当市场进入萧条或下降周期时，投资机会减少而风险上升，企业与公众也就必然倾向于收缩投资，减少支出，货币信贷的需求量也就相应减少。从市场经济周期波动的实际看，经济周期和金融危机的影响导致企业投资与公众支出的周期变化是十分清晰且强烈的，银行系统的信贷提供量会出现大幅度的波动，货币乘数以及货币扩张能力显示出较强的顺市场周期特性。

因此，央行的货币调控影响对于 M_0、M_1、M_2 是不同的，主要的影响应该在于以 M_0 为核心的基础货币，因而货币供给的决定中充分体现了内生性因素的作用。

第五节 | 基础货币与货币供给量

一、什么是基础货币

从货币供给的定义构成看，现金货币来自中央银行，各种存款货币是商业银行的货币工具，各种货币层次之间存在着数量关系，它存在于央行与商业银行的资金贷放关系之中，而这种关系在货币供应量上体现为基础货币与货币供给量（M_2）之间的关系。

基础货币是由公众持有的现金和商业银行的准备金所构成，中央银行投放现金进入流通成为公众持现，给商业银行的货币贷放形成贷款准备金，它是商业银行存款货币扩张的基础。因此，基础货币又称为高能货币和强力货币，由于它是中央银行的负债，所以也可以称为中央银行货币，也就是说，基础货币可以创造出多倍的存款货币来。在基础货币中，公众持有的现金，商业银行是不能直接用来创造存款货币的，这是因为：第一，它不直接掌握在商业银行手中；第二，它是已经通过商业银行的信用扩张而投入流通的货币（能量已经释放）。银行外现金只有流入商业银行转化为商业银行库存现金或超额存款准备金存款时才能成为商业银行信用扩张的基础。

法定准备金也是不能由商业银行直接进行信用创造的基础货币，因为它必须保持在准备金账户上，商业银行是不能动用的。由此可见，中央银行投入的现金货币进入银行体系后，公众持现和法定准备金漏出的部分，而成为商业银行信用创造基础的只是商业银行的超额准备金存款和库存现金。这两者的数量关系变化会影响到货币扩张能力的大小，现金漏出比率越高，货币扩张能力即降低；现金漏出比率越低，则银行系统的货币扩张能力越大。

既然基础货币是由中央银行创造出来的，它不等同于现金但包含了现金，那么基础货币是怎样产生的呢？我们分析一下市场经济体系下的一般过程。

二、基础货币的产生与形成过程

1. 美联储的基础货币投放渠道

除了由财政部发行并存入中央银行的钞票之外，基础货币作为一种中央银行的负债，它是由中央银行的资产业务创造的。中央银行的基础货币投放是通过几条主要的渠道来实现的，它形成了中央银行的资产和负债表内容。各国中央银行的负债结构和资产账户有所不同，但基本的渠道相似。美联储的资产负债结构具有代表性，我们看到，美联储的资产账户构成有以下几项——政府证券、贴现贷款、其他储备资产；主要的负债有以下几项——流通中的现金、准备金存款、政府存款。

美联储可以通过向商业银行系统提供贴现贷款，或者在公开市场上买卖证券来增加或减少现金投放，通过准备金的贴现贷款变动来调节银行准备金存款量，实现对基础货币量的调节。美联储可以通过存款准备金账户渠道实现对基础货币的调控，它可以通过贴现向商业银行发放贴现贷款，银行系统获得贷款资金增加，可以发放的信贷资金量也随之增加。美联储也可以通过公开市场渠道投放基础货币，而且日益成为货币投放收缩的主要渠道。

公开市场货币渠道的运行过程不同于银行贴现贷款，它是中央银行在公开市场上的资产买卖活动，公开市场是一种银行和其他机构也可参与的证券交易市场，或货币市场，央行出售其资产获得现金货币，就实现了基础货币的回收；如果在公开市场上出售其资产，包括证券，或持有的债券、票据，就收回了流通中的现金，收缩了基础货币。一般认为，美联储的公开市场资产买卖业务对于基础货币的调节影响更为直接，更有效率，不管是买进卖出都能够确切地实现对于基础货币的投放与回笼。因此，公开市场业务就成为现在发达经济国家中央银行货币调控的主要手段，其前提或基本条件就是已经形成了一个规模较大且交易稳定的证券公开市场。

还有一个货币供给的市场渠道就是通过政府的财政借款渠道实现基础货币的增加，政府财政向央行的借款和直接向央行发行债券，就构成了央行的货币发行和基础货币的投放的增加，央行资产的购入必须通过货币发行实现，也就是通过"印钞"来实现资产购入，导致基础货币投放的扩张。而过度的印钞就是所谓的滥发纸币，会引发流通中货币量超出需求量，导致通货膨胀和货币贬值，现在各国央行都采取严格的措施控制货币的财政性发行。

西方国家的中央银行对财政借款一般都有明确的限制。美联储一般不向联邦政府财政提供贷款，法律禁止政府财政直接向央行借贷或向央行发行政府债券。欧洲中央银行也规定不能直接向政府财政提供贷款和直接购入政府债券。在遇到政府债务危机等经济情况下，也只能在一定比率内购入债券，这可以避免其基础货币的投放失控而引发通货膨胀。

2. 我国中央银行基础货币的投放渠道

从历史来看，我国目前中央银行的基础货币投放渠道有自身的特点，与发达国家央行的资产负债结构有一定的差别。

2008年以来，中国人民银行的资产负债构成和基础货币业务投放的渠道大致如下。其资产账户构成有以下几项：政府债券、银行准备金及贴现贷款、外汇黄金储备占款、其他资产。负债账户的构成有以下几项：财政存款、银行准备金存款、流通中现金、其他负债。从资产负债账户的构成看，各项资产比率对于基础货币投放的影响是较有中国特色的。

总的来看，我国央行目前的外汇黄金占款占资产总量的比重很高，成为基础货币投放的主要渠道，这是我国目前的外汇管理体制所决定的。1994年我国实行外汇制度改革，实行外汇市场有管理浮动，中国人民银行不再管制汇率而代之以有管理浮动，央行必须要在外汇市场上买进卖出外汇以稳定汇率，外汇占款一度成为中国人民银行基础货币投放的主要渠道，1994年中央银行收汇提供人民币累计3 105亿元，进出口贸易净结汇（顺差）165.1亿美元，其次，由于外汇市场上供大于求，人民币汇率稳中有升，以及我国利率高于国外，吸引大量外商直接投资和国外短期投机资本流入，1994年外资流入106.9亿美元，外汇储备占款达到60%以上；此后外汇储备占款比重一度下降到50%以下；2008年以后，由于巨额的贸易顺差收入和外资的净流入，导致外汇占款比重到达75%以上的历史最高水平，成为影响基础货币供给的最主要因素。2021年12月，我国的外汇储备达3.25万亿美元，形成的人民币现金投放量在20万亿元以上，外汇黄金占款在中央银行资产中占比达到56.89%，带来的货币扩张效应巨大。

在外汇体制改革以前，国家商业银行收购的外汇大都卖给中央银行，中央银行投放基础货币；外汇体制改革以后，要求外汇银行（13家）以自有资本买卖外汇，但在外汇银行自有资本比较短缺的情况下，其收购外汇的人民币资金则主要依靠中央银行再贷款。此外，由于外汇银行对企业无限制地结汇，迫使中央银行为了稳定汇率不得不在国家外汇交易中心（上海）无限制地买入外汇，从而扩大了基础货币供给，这对基础货币投放产生了无限投放效应，也影响到了人民币币值的稳定。

在此情况下，我国开始考虑调整汇率政策，加快汇率形成机制的改革，逐步推进汇率形成的市场机制，适当的市场汇率波动风险有利于抑制国外投机资本进入国内的炒作和"套利"投机，同时，汇率适当波动还可以对进出口贸易进行自动调节，以实现市场进出口和国际贸易收支的均衡，减少中央银行被动干预，有效地实现基础货币供给的调控。

再看央行对于商业银行的贷款与贴现投放。这是中央银行基础货币投放的主渠道，也就是通常所说的信贷渠道，一般情况下在M_1和M_2的供给中，通过商业银行信贷投放机制形成的货币量将达到60%以上，或者更高。这是一般市场经济国家货币供给体系运行的通常规则，仅有美联储在货币供给中较多地应用公开市场业务手段。我国的基础货币形成也在20世纪90年代中期开始展现出信贷为主渠道的特点，央行对于商业银行基础货币供给的调控初期采用的是直接的信贷计划指标控制制度；到20世纪90年代末期转化为信贷间接调控，同时注重应用法定准备金率和再贴现率的调控手段；2007年金融危机爆发以后，在继续应用法定准备金率和再贴现率调控的同时，央行加大了介入货币市场操作的力度，实施积极的货币政策调节，主要的政策工具有债券票据的买卖和央行票据的正回购与逆回购操作，这种货币投放回收的操作积极地介入了市场对流动资金的需要，同时也有效地实现了货币政策的操作，一般估计资金投放年达 3 万亿元以上，成为基础货币调控主要手段。

此外，应当尽快开办和扩大对国债的公开市场操作，使中央银行通过正向或反向的公开市场操作来抵消由于干预外汇市场所引起的对基础货币的过多投放。

在目前的货币市场运行情况下，中央银行基础货币投放的增加虽然对货币供应量有较大影响，但并不构成等比例（按照货币乘数）扩张的关系，因为直到目前中央银行对商业银行还在继续实行贷款额度管理办法，尤其在 2008 年金融危机以后信贷额度管理制度进一步加强，货币乘数的扩展机制在一定程度上发生变化，基本的货币供给计量模型已经无效。当中央银行投放的基础货币较多时，商业银行虽然有较多的准备金，但由于受到贷款限额的限制，使超额准备金不能最大限度地用于存款货币的创造，使货币供给量的增加受到了限制。例如，2010—2013 年，基础货币增长率分别为 25.7%、26.9%、29.1%；但 3 年中的银行贷款增长率分别为 17.5%、20%、19.1%。就此而言，当时我国的货币扩张机制已经变形，货币乘数已经不确切反映真实的货币扩张能力，直接计算央行的信贷指标额度也会遇到实际放贷超额的问题，因而在期末统计到的流通中货币量，将其看作是 M_2，其数量与预测的货币供应量或期望的货币供应量大相径庭，这也引发了人们对于货币流通量及其原因的争论与分歧。主要的分歧在于以下两个方面。

一是目前的流通中货币量（M_2）究竟是多了还是不足，它对于物价和通货膨胀究竟产生了什么影响；二是流通中货币量（M_2）的快速扩张与中央银行现金投放（印钞）是何关系，是否央行的货币超发导致流通中货币过多和通货膨胀的出现？这两个问题的答案实际上都存在于基础货币与货币供给量的关系之中，我们可以发现一些问题的关键所在。

一方面，我国目前为止的货币供给体制存在着极强的信贷额度管理制度，这意味着货币当局意图要直接决定流通中的货币供给量，法定准备金率与银行体系的存款创造机制事实上都被极大地削弱了，但没有完全失效，因此，货币乘数已经缩小了，但究竟是多少倍并不清楚。在这种情况下，货币供给量的创造与形成既有行政供给控制的因素，又有市场化信贷扩张机制的作用因素。货币供给量既不是完全的外生决定，也不是完全的内生决定，这种混合的体制导致认识上的必然分歧。

另一方面，我们看到了货币供给量（M_2）在近几年中的急速扩大，每年的增速在 30% 左右，M_2 存量与同期 GDP 的比率达到了世界上较高的水平的 3 倍以上，物价水平的上涨和通货膨胀也时时在影响着我国国民经济的稳定健康发展。对此，我们可能看到了货币供给量或流通中货币量的大幅增加，但原因往往被直接归结为货币超发，是央行的现金货币超发，这也引起了央行体系的一些不同看法与回应。货币当局认为并没有所谓的货币超发，流通中货币量（M_2）过多是由其他的因素造成的，如银行信贷过多等。但事实是基础货币或现金的投放的增加也是造成货币流通量过多的原因之一，但不是唯一的原因。应该是基础货币供给增加和货币金融体系扩张的作用机制共同造成了近期货币流通量的快速增长。

从理论体系上看，基础货币与货币供给量（M_2）之间究竟是一种什么样的关系呢？它是一种货币体系扩张变化的乘数关系。

三、基础货币与货币供给量（M_2）

从基本的货币供给体系看，基础货币与货币供给量的关系是一个乘数关系，乘数关系的形成有以下几个方面原因：

1. 基础货币与货币供给量在数量上的关系

基础货币与货币供给量在数量上的关系是一种乘数关系，也称为倍数关系，货币供给量等于基础货币与货币乘数的乘积。但这是货币供给量的最大理论值，它假设中央银行投放出去的全部基础货币都被商业银行和其他存款机构用来创造存款货币。而在事实上，可能会有一部分基础货币由中央银行直接投入流通而由社会公众所持有（现金），这部分由社会公众意愿持有的现金货币不会流入商业银行和其他存款机构，从而后者不能借以进行货币创造；其次，在商业银行所持有的准备金中，有一部分为法定准备金，它需要在一定时期保持在中央银行的存款账户上（如美国），或者专户存入中央银行的法定准备金账户（如中国），商业银行不能动用。最后，即便是商业银行的超额准备金，为了应付客户意外提现、发放大额贷款或其他必需的支出，商业银行也不能全部动用。因此，基础货币与货币供给量在数量上的关系，正确地说，应当是：货币供给量等于基础货币中商业银行实际用以进行货币创造的部分与货币乘数之积加上中央银行对社会公众直接投放的基础货币所形成的货币供给量。

2. 基础货币与货币供给量在外延上的关系

货币供给量是流通中货币的存量，它包括商业银行和社会公众持有的现金以及社会公众在商业银行和其他存款机构的存款。设 A 为金融机构在中央银行的存款；B 为商业银行和社会公众持有的现金；C 为社会公众在商业银行和其他存款机构的存款。则基础货币与货币供给量在外延上的关系如图 10-1 所示。

在其中，基础货币 $B = R + C$，而整个社会的货币供应量 $M_1 = D + C$，基础货币与货币供给量之间存在着一个倍数扩张关系，即货币乘数，而货

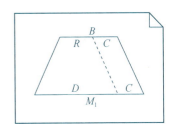

图 10-1　基础货币与货币供应量

币乘数的大小，则要受到来自社会各方面的影响。其中主要的因素是商业银行因素、企业因素和社会公众因素。这三个因素都是内生性的因素，并共同作用于货币供给量的形成。在基础货币量由中央银行直接决定的情况下，实际的货币供给量（M_1）形成机制是由众多内生因素共同决定的。商业银行体制通过信贷扩张能力对于货币供给量发挥作用，商业银行作为独立经济主体，其信贷扩张能力是由其信贷提供的意愿和信贷资金能力决定的，市场经济周期以及资金的风险水平对其信贷意愿有着决定性影响，行政机构的管制或引导性要求可以产生一定的修正影响，但不能根本改变这一机制。我国目前的银行货币扩张机制正是这种修正和扭曲机制的反映，信贷扩张机制出现了不规则的变化与调整，加大了货币

供给量预测与计量的难度。第二个因数是企业和社会公众的影响与作用,这是对于目前货币乘数产生影响的主要原因,测算和计量也十分困难。

企业与社会公众对于货币扩张机制的影响是货币供给内生性决定的典型特征,只有在市场经济体系运行较为完善的条件下才会出现。企业和个人作为独立的经济主体,其经营投资活动是为了追求最大的利润和控制风险,对于市场周期的变化必定会在投资与支出上做出反应,或扩大投资与支出,或收缩投资与支出,这一应对市场经济周期的投资支出调整行为具有顺周期的特征。也就是说,通常情况下企业与社会公众在市场经济进入衰退阶段时,它们会积极地作出收缩投资支出的调整,以求避免风险,这时企业与公众的信贷意愿也就下降,导致银行系统的信贷扩张能力下降,出现的情况是由资金头寸而缺少贷款人;货币供给量实际下降了;相反,当市场经济进入上升和繁荣的阶段时,企业与公众的投资支出行为变为积极,实际货币信贷需求增加,银行系统的货币信贷供给量实际增加,从而导致货币乘数上升和货币供给量增加。这种市场机制就是货币供给量形成的内生性机制,它在较大的程度上决定了实际的流通中货币供给量,中央银行的基础货币供给量虽然有影响,但并不能完全与市场经济周期相对立,进行逆周期调节。

第六节 | 我国的货币供给机制:从基础货币到 M_2

我国的货币供给机制从集中计划经济时期到改革开放时期,再到社会主义市场经济体制运行阶段,经历了几个阶段的变化。

一、信贷计划管理体制下的货币供给机制

1. 统存统贷下的货币供给(1955—1979年)

这是与当时高度集中的经济管理体制相适应的,当时,实行大一统的银行体制,全国的存贷业务统一由中国人民银行办理,人民银行的基层机构吸收的存款全部上交人民银行总行;而基层银行机构发放贷款所需资金,由人民银行总行统一核定最高限额,逐级分解下达。信贷计划指标额度决定着基层银行机构的贷款规模,从而决定着货币供给量。同时,银行通过现金管理和存款账户管理,也决定或影响着货币供给量在现金与存款之间以及各种存款之间的比例结构。

2. 存贷差额控制下的货币供给(1980—1984年)

在这种体制下,由上级行层层核定下级行的存差(存款大于贷款的差额)或贷差(贷款大于存款的差额)指标,在存差指标能完成或贷差指标不突破的前提下,多存可以多贷,这就使贷款的发放额与吸收存款的多少联系起来,这样可以控制贷款的规模,因为在当时

的体制下，银行通过贷款创造存款所需的现金可以不受本身业务的限制而向上级行申请拨入，因此，基层银行发放贷款的数量如不受计划指标或存款数量的制约，那么，它创造存款货币的能力将是无限的。在统存统贷下直接用计划指标与在存贷差额控制下通过和本身吸收存款的数量挂钩来约束基层银行机构的贷款规模的差别在于：前者银行的贷款规模可以不受本身资金来源的约束，而后者银行的贷款规模必须受其本身资金来源的约束，这样就调动了基层银行机构努力吸收存款的积极性。

这种制度的缺点是：如果某基层银行机构由于多吸收了原始存款（指客户用现金存入或他行转入的存款），便可以多发放贷款；但由于贷款可以创造派生存款（通过贷款转入存款户形成的存款），只要这种派生存款不因公众的商品交易而流出本行的存款账户，该行又可用这派生存款作为资金来源增加贷款的发放，这种循环存贷机制如不受其他因素的制约将会使基层银行机构的贷款规模无限扩大。由于当时银行的资产业务几乎是清一色的贷款，根据信用创造原理，货币供给量是银行贷款创造的，因此，贷款＝现金＋存款，移项得：贷款－存款＝现金。从全国来看，存贷差额实质上就是现金发行量。存贷差额信贷管理体制的设计者认为：只要控制住全国的现金发行，稳定币值的目标就达到了，这种观点否定存款也是货币，具有购买力，把金融宏观调控简单化，是不能实现稳定币值的货币政策目标的。此外，在中国人民银行集中央银行和专业银行职能于一身的条件下，人民银行的基础货币投放也是难以控制的，因为它没有从对社会公众的信贷业务中独立出来。

3. 间接调控体制下的货币供给机制（1985—1998年）

1983年9月17日，国务院颁发了《关于中国人民银行专门行使中央银行职能的决定》，此后，我国的二级银行体制便建立起来了。自1985年起，我国开始实行"统一计划、划分资金、实贷实存、相互融通"的信贷资金管理体制。在这种体制下，各个专业银行与人民银行之间的资金往来关系已不是如在大一统银行体制下那样的上下级银行之间存贷计划指标划拨关系，而是把资金"商品化"，即人民银行对各专业银行的资金往来采取实际的资金借贷办法：各级专业银行分别在人民银行开立账户，有存款才能发放贷款和提取现金，在资金不足时，可向人民银行申请再贷款，并允许各专业银行间可以互相拆借，以调剂资金余缺，各个银行已经分开资金账户，形成了资金信贷的市场调度。

这种体制的推行，对我国当时的货币供给机制产生了重大影响：第一，它使中国人民银行的基础货币供给与专业银行的信贷活动相独立，中国人民银行运用再贷款方式向社会注入高能货币，央行控制的是基础货币而不是信贷总量。第二，它保留了专业银行的存贷挂钩办法，并在此基础上建立了专业银行的营运资金和存款准备金缴存制度，以制约和调控其存款派生机制。第三，货币供给由基础货币与货币乘数共同决定的机制开始形成。

但这个体制在货币供给决定中形成了以下特点：①专业银行吸收的财政性存款必须在规定的时间内全额划转中国人民银行，作为中国人民银行的负债之一，由于它的作用与基础货币雷同，财政性存款的增加使专业银行的超额准备金减少，它如同现金流出银行和上缴存款准备金一样使各专业银行的信用创造能力受到抑制；反之，则相反。所以，财政性存款与活期存款之比如同现金漏出率、法定准备率和超额准备率一样，是货币乘数的一个重要决定因素。②专业银行的资产运用除受负债业务的制约外，还受制于信贷计划指标管理，1988 年央行针对通货膨胀的情况，开始实行贷款计划规模和资金双重控制的办法，从而导致基层专业银行不能充分运用超额准备金进行放款，从而使存款货币的派生机制受到了另一因素的制约。

4. 间接调控体制（2000 年后）

从 2000 年元月起，中央银行取消了对国有商业银行贷款的限额控制，实行间接化的"资产负债比例管理"，在此情况下，中央银行已放弃了沿用几十年的直接控制货币供应量（M_1，M_2）的方法，而转向利用间接工具，即基础货币调控与货币乘数调控的方法来影响社会货币供给量。在确定货币供给政策时，中央银行将主要根据国家总的发展政策与增长目标，综合考虑物价变动水平、经济增长水平、就业变动水平、投资水平等因素，来决定货币供给的政策目标。在间接调控模式下，要影响货币供给及流通量，中央银行主要借助于利率杠杆、再贴现工具、存款准备金制度、公开市场业务等手段来实施控制与操作。这种客观层面上的调控与操作，虽然也可达到调节货币供应量的目的，但其过程与传统行政方式已全然不同。这种间接的货币调控制度与市场经济国家的货币供给体系十分接近。但在 2008 年金融危机爆发以后，这个体制又出现了变化。

目前新的货币供给体制的主要特色是央行的双重控制：一方面，中央银行掌控并实施对基础货币的投放与回笼。我国央行直接控制了现金的投放量和各条渠道的投入比重，同时央行也在使用法定存款准备金率调节银行体系的存款货币的创造能力，保持着对货币乘数的控制，事实上到目前为止还保持了对于利率的直接控制，这是对于基础货币量的直接控制。另一方面，为了应对银行系统的信贷扩张和顺周期行为，央行在 2009 年以后又恢复了银行信贷指标的控制，实施对于信贷规模和货币供给量（M_2）的直接控制，这显然已经超越了市场经济体系下央行通常的间接调控，即只对基础货币进行调控影响而放弃对于货币供给总量进行调控的做法。恢复货币量直接控制的效果如何评估，这是一个需要面对经济体系运行质量和市场稳定性的问题。双重控制在短期内可能会产生较好的信贷货币控制效果，通过行政手段制造货币流通的闸门，短期内有利于控制货币物价和通货膨胀；但其必然的伴生效果是银行系统的自身调节功能丧失，无法面对市场经济周期波动作出反应，带来新的低效率和风险累积。

二、我国货币供给的决定因素

我们经济体制改革已经历了 40 余年，经济运行机制发生了重大变化，货币供给机制也发生了相应的变化，决定货币供给的因素也越来越复杂。同计划经济体制下行政命令式货币供给完全外生决定相比，体制转轨后企业与商业银行独立性的增强，公众投资参与力度的增强，都使货币供给的内生性大大增强，增加了货币当局调控货币供应量的难度。分析我国货币供给的决定因素，无法脱离制度背景，相对于急速的制度结构变革，要认识货币供给体系中的决定因素，必须以一定的经济结构状态为前提。

我国经济体制改革展开以来，货币供给机制及决定因素有两种较为典型的模式：一种模式是 20 世纪 90 年代末期以前的特殊的内生决定机制，另一种模式是 21 世纪初期以来的新的内生决定机制。

1. 第一种模式

在第一种模式下出现的是一种货币供给决定的"倒逼机制"，其作用形成如下：

（1）"企业—专业银行—中央银行"倒逼机制。从 1983 年开始，各级财政不再给企业拨付流动资金；有关部门和地方安排基本建设和技术改造项目时，不同时安排铺底流动资金；企业自己也不补充自有流动资金，而完全依靠银行贷款供应。而银行发放的流动资金贷款有相当一部分转化为固定资产投资、财政收入、企业收入和其他开支；企业流动资金使用效益不断下降，结果造成银行信贷资金大量滞存于企业生产、流通环节，特别是一部分银行吸收的短期存款被长期占压在企业的定额资产中，大量贷款不能到期归还，使货币供给超过经济运行需要。

我国实行经济改革后，扩大了企业的投资权，企业预算外资金迅速增加，多用于投资；同时，地方政府在财政"分灶吃饭""财政包干"等政策驱动下，也尽量上项目，增加投资。银行的固定资金贷款也大量增加，企业和地方政府的固定资产投资规模的扩大导致现金投放大量增长，据调查，每百元固定资产投资，通过购买建筑材料、支付土地赔偿费、劳动工资等直接支付的现金约在 40 元以上。同时，银行贷款增加的结果使存款货币超量增长。企业经济效益的下降和固定资产投资规模的超常增长造成专业银行的超负荷经营及效益低下，结果导致专业银行对中央银行基础货币需求的大量增加。专业银行通过争"基数"，留下农副产品收购资金"硬缺口"等方式倒逼中央银行，迫使其发放再贷款，为了使企业的生产正常运转和专业银行能开门营业，中央银行便不得不增加基础货币投放，从而扩大了货币供给量。

（2）"财政—专业银行—中央银行"倒逼机制。财政收入过程一方面表现为货币供给量（现金和企业存款）的减少，另一方面表现为专业银行准备金减少，从而表现为一个货币收缩的过程；反之，财政支出则表现为货币扩张的过程。因此，财政赤字的实质是货币的扩张大于货币的收缩，其对货币供给量的影响主要取决于财政赤字的弥补办法。

① 动用历年财政结余。我们知道，财政的历年结余是中央银行的资金来源之一，中央银行已运用出去，成为资产形式；或者可以这样说，财政结余作为中央银行的负债它本身就是中央银行资产运用的结果，因此，动用财政结余势必迫使中央银行压缩相应资产规模，如果中央银行可以压缩的资产规模小于财政动用结余的规模或根本无法压缩其资产规模，就会引起货币供给量的扩张。因为财政结余的动用必定相应的使货币供给量和银行准备金增加；如能相应收缩中央银行资产，就能相应收缩货币供给量或银行准备金。

② 政府债券。如发行政府债券可减少流通中货币供给量，则对货币供给不会产生影响；因为政府支出的增加正好为公众支出的减少所抵消。如企业用向专业银行贷款的资金和专业银行用向人民银行再贷款的资金来购买政府债券，则社会现有的购买力和货币量则不会减少，这样，财政支出增加的结果将使货币供给量增加。

③ 向中央银行透支和借款。财政向中央银行透支或借款所形成的支出会增加货币供

给量,但却不能减少相应的货币供给量。2009 年以来,我国财政一直有赤字,由于财政结余早已用完,债务收入也早已列入预算,弥补赤字只有靠向中央银行透支和借款,这无疑会导致货币供给量的过速增长。

(3)"外汇储备—中央银行"倒逼机制。一国在一定时期内,国际收支如果是顺差,则会增加外汇储备,中央银行为收购外汇就要增加基础货币投放,货币供给量扩张。这样,一方面使出口商品数量增加,从而大幅度增加外汇收入,并由于外资大量流入,使我国国际收支大量顺差,外汇储备急剧增加,目前的外汇储备已达到 3.17 万亿美元。另一方面,中央银行为了保持人民币对外的较低价值而不得不无限制收购外汇,投放大量基础货币,从而引起基础货币和货币供给量的更大增长。

2. 第二种模式

第二种模式下形成了较强的货币供给内生机制,给央行的货币调控带来了困难。

自 1998 年后,我国经济体制改革进一步深化,市场经济体系的建设有了较大的突破,企业制度的改革与现代企业制度的建设,银行经营体制的商业化改革等都使原有的倒逼型供给机制发生变化,这使货币供给的决定因素也发生了相应的变化。

从企业的投资行为及其影响力看,其强烈的扩张与倒逼机制已发生改变。随着现代企业制度的建设,企业已成为独立的市场主体,其投资风险约束大大增强,加上企业结构比重调整,国有企业比重大幅下降,企业已不是为计划指标而生产,政府对企业生产投资的扩张要求也大大减弱,甚至完全消失。作为独立的市场主体,企业必须根据市场的预期来决定生产与投资规模,而不可能一味地扩张追求规模。因此,倒逼机制也就不存在了。那么,企业的投资意愿与行为对货币供给还有无影响呢?显然是有的,企业对市场景气与萧条的预期会强烈地改变其投资行为与意愿,从而会影响到商业银行贷款扩张余数,即货币乘数,进而改变货币供给的能力。在近年,一个明显的事实就是企业的强烈的市场看淡预期与投资收缩,使中央银行消除通货紧缩的努力屡屡失效。

(1)从商业银行的贷款扩张机制看,也有着根本性的变化。2006 年以后,我国加快了国有银行商业化与企业化的改革,使国有商业银行成为独立自主经营的市场主体,中央银行不再下达贷款指标限额,银行经营自负盈亏,自担风险,要受到市场竞争的约束。与此同时,我国政策性银行的建立,使商业银行不再承担政策性业务,其不必从事不愿意的放款。这样,商业银行的贷款扩张机制减弱了,倒逼机制也就不存在了。商业银行的放款愿望从根本上说要根据市场的预期,而不是一味地扩张。在市场不景气,风险较大的情况下,银行的收缩及"惜贷"也极大地影响了货币供给量的增大,使货币当局的反通货紧缩措施显得一筹莫展。

(2)从财政扩张的角度看,其影响力已发生了变化。1995 年我国颁布了《中华人民共和国中央银行法》,该法规定了财政赤字不得向中央银行透支或由中央银行直接认购国债,从而切断了财政直接透支迫使中央银行增加货币供给的路径。财政赤字须依靠向社会发行国债来解决,从而改变了货币供给的财政性发行因素,增加了中央银行对货币供给的调控力。

当然,货币供给机制的变化并不意味着我国货币供给的完全外生决定。中央银行在调控货币供给量时，除了其有能力影响基础货币量与法定准备率外，商业银行与企业及公众的行为同样也在影响着货币的供给，我国货币供给决定的外生性大大加强，周期性的波动因数也明显增强。

三、投资体制与货币供给影响

我国的投资体制的特殊性和地方政府的经济扩张活动角色造成了对于货币供给量的特殊影响。

1. 我国的固定资产投资与现金、存款货币投放关系

在我国，投资扩张趋势与货币投放增长趋势基本是同步的。例如，2009年以来全社会固定资产投资年增长率一直维持在30%以上；年货币投放增长率（M_2）则达到了36%以上。这是因为：第一，固定资产投资作为国民经济系统的一个重要组成部分，它的变动必然会引起与其有关的部门和环节发生变化。例如，增加固定资产投资，首先，会引发对投资品（如钢材、木材、水泥、机械设备等）需求的扩张；其次，对投资品有效需求的扩张，又会引发投资品生产资料及其必备配套产品有效需求的扩张……如此循环下去。第二，增加固定资产投资还会直接增加全社会的有效消费需求，在我国每完成100元的固定资产投资额，就会形成40元的现金支出，它大部分形成消费基金，而消费基金的支出也具有乘数效应，例如，一个人支出100元，形成另一个人的收入，另一个人又会将这100元中的大部分，如80元用于消费支出（它取决于边际消费倾向）……如此循环下去。在货币流通速度不变的条件下，有效需求的增长必定意味着货币供给量的增长。第三，地方政府在投资形成中具有特殊的作用，它的投资行为看似企业行为，但实际上具有行政特色，投资的行政扩张较为明显。除了一部分财政资金和信贷资金外，还有一部分投资依靠直接融资作为资金来源，如地方债券和名目繁多的集资，这样，就把相当部分的预算外资金和信贷资金转化为投资支出，变成了货币供给量。

2. 固定资产投资与信贷投放关系

目前国内信贷是我国企业与地方政府固定资产投资的资金来源之一，2009年以来，其占到投资总额的50%以上，与预算内投资拨款相同。从总量上看，我国投资资金来源的一部分是企业自筹和预算外资金。但投资增长过大，固定资产投资的期限较长，投资必然依靠银行贷款来推动，导致企业与地方政府通过投资拉动信贷增长成为货币供给量增长的重要原因。

3. 固定资产投资与宏观金融调控

由于固定资产投资周期较长（指项目开工到建成投产的时间），在此期间内，它增加了大量的有效需求和货币供给量，但却不向社会提供任何有效产品和劳务，因此，固定资产投资规模过大或经济效益不好，必然引起通货膨胀。这一点已被我国经济生活的实践所反复证明。1992年以来，我国的投资扩张拉动货币供给扩张并引发物价上涨与通货膨胀的循环已经出现了三次，严重影响到了经济发展的稳定性。

在当前投资主体多元化和资金来源多样化以及缺乏利率弹性（指投资需求）的情况下，要有效地控制投资总量和结构，必须用国家产业政策、计划手段、财政政策和货币政策综

合调控,才能产生效果。从宏观金融调控方面看应着重以下两个方面。

（1）要正确处理直接融资与间接融资的关系。2009年后,我国金融市场发展很快,许多投资主体可以通过发债券、厂内招股、集资等手段获得资金来源。例如,2020年,我国当年计划外集资新增信托、债券、股票160 000亿元,直接融资与间接融资比例达到1∶3(以新增融资额计算)。这种情况对金融宏观调控产生了重大影响:①国家银行信贷总量已不是决定我国宏观经济的唯一金融因素;②目前我国对计划外直接融资缺乏有效的调控机制;③计划外直接融资主要为地方政府和企业的中观和微观经济决策服务;④直接融资项目建成后增大了对银行流动资金贷款的压力和降低经济效益。

因此,搞好直接融资与间接融资的综合平衡是加强和完善金融宏观调控,控制固定资产投资规模的重要方面。

（2）要切实加强对各种金融机构固定资产贷款的宏观管理。中央银行可以通过对银行和非银行金融机构固定资产贷款的总量、比例和投向的宏观调控,来控制信贷总量并保证其资产的安全性和流动性。商业银行和非银行金融机构的信贷资金通过各种途径流向固定资产投资,其主要形式有:①流动资金贷款被挪用于固定资产投资。其主要原因是有关金融机构对企业的流动资金贷款管理过松,没有严格执行贷款三查制度(贷前调查、贷中审查、贷后检查)。②金融机构承购包销债券、股票、信托等于变相扩大了固定资产贷款规模。我国中央银行明文规定商业银行不得承购企业债券,但一些商业银行名为代理,实为承购,使相当数量债券信托票据等占压在金融机构,这等于扩大了固定资产贷款规模。③拆借资金变相用于固定资产投资。主要形式有:由商业银行拆给非银行金融机构用于固定资产投资或贷款;商业银行直接将资金以"拆借"名义转给企业,在金融市场发行企业债券。这些形式都突破了银行贷款的规模控制。

由于以上情况的存在,使我国2009年以来信贷资金占全社会固定资产投资的比重比正常情况高出许多。为了实现有效的宏观金融调控,目前我国开始对固定资产贷款实行较为严格的控制:①加强了对商业银行拆借资金的管理。我国商业银行占用着大量低成本的中央银行资金,大部分拆出资金又成了非银行金融机构和企业扩大固定资产投资的重要资金来源,有的商业银行甚至用来炒房地产和股票,1993年夏天,中央着力对银行同业拆借市场进行清理整顿,收回了许多违章拆借的资金,使金融秩序大为好转。今后中央银行对商业银行拆出资金与占用中央银行贷款的比例、拆出资金的数量、期限、投向、利率等仍需进行严格的管理,以控制固定资产投资规模和信贷总量、结构。②加强了各类金融机构直接投资的管理。我国国有商业银行均为全资国有银行,它的直接投资实质上是国有资产的重新分配,应纳入全国投资计划进行综合平衡;我国国有商业银行资本金数量不足,未达到国际惯例的标准,一般说,无权动用资本金进行投资;况且,一般西方国家也从风险管理和市场竞争的观点出发,对商业银行的直接投资加以禁止或限制。我国1995年颁布的《商业银行法》对此已作出明确规定。对一些非银行金融机构而言,直接投资除不能超过资本金一定比例外,每年可投资额度应纳入固定资产贷款规模一起考核,以控制固定资产投资总量。③对非银行金融机构的信贷业务进行规范化管理。这一直是我国金融监管工作中的一个薄弱环节,必须明确各类非银行金融机构的资金来源和业务范围,加强日常监管与稽核检查。当然,随着体制的变革与市场竞争的深化,商业银行的经营模式也将发生改变,严格控制投资传统分业制经营有可能被综合制经营的体制所取代,形成一个全新的市场化的调控体系。

本章小结

1. 货币供给是指一定时点上经济活动中的货币存量,它是由经济主体的活动所创造并投入流通的,货币供给是一个存量概念,是银行体系资产存量的体现。

2. 货币供给的基本层次可分为 M_0,M_1,M_2,现金货币(M_0)的创造是由中央银行完成的,它构成了流通中货币的基础,即基础货币。基础货币由银行准备金加流通中现金构成,基础货币为高能货币,基础货币与货币供给量之间的倍数为货币乘数。

3. 基础货币是中央银行的货币负债,中央银行的任何资产项目的增减都会引起基础货币量的增减。正因如此,中央银行对商业银行的贴现贷款,政府的预算赤字,以及中央银行的外汇储备资产都会影响到其对基础货币量的控制,尤其是预算赤字的影响力最大。

4. 货币乘数是由法定准备金率、商业银行的超额准备率、公众的提现率决定,货币乘数的大小与上述"现金漏出率"呈反向关系。其中法定准备金率是由中央银行决定与控制的,而其他变量则受企业、银行等社会公众行为的影响。社会公众对市场的预期会极大地影响到货币乘数及货币的供给量,使货币供给过程体现出一定的内生性。因此,货币供给过程事实上是由中央银行、商业银行、企业与公众的行为共同决定的。而中央银行的行为又会受到外汇市场、财政预算赤字等因素的影响。

5. 我国的货币供给过程经历了从计划经济时期的行政控制到市场经济体制下间接控制的逐步转化,其间共形成了三种较具代表性的货币供给模式。随着市场化改革的深入,中央银行的行政控制力削弱,货币供给的内生性有所增强,这对我国未来货币政策及其调控提出了更高的要求。

复习思考题

1. 为什么研究货币供给时必须分析货币供给量的层次?
2. 什么是基础货币?它与货币供给量的关系是怎样的?
3. 我国中央银行的货币控制方式对货币供给量的影响是什么?
4. 决定我国货币供给量的基本因素有哪些?
5. 什么是货币乘数?影响货币乘数的主要因素有哪些?
6. 为什么中央银行对基础货币有较强的控制力?
7. 外汇市场及外汇储备的变化对中央银行的基础货币量有何影响,请结合实际说明。
8. 银行超额准备金持有量决定于哪些因素?
9. 如何认识财政收支状况对货币供给量的影响?
10. 从我国目前的体制现实,说明货币供给的外生性与内生性。

第十一章 通货膨胀与通货紧缩

本章要点

通货膨胀是各国经济发展中普遍出现过的现象，物价的持续性上涨和货币的大幅度贬值是其主要特征。现代各国的通货膨胀一般都是一种货币现象，是货币市场供求关系失衡导致的结果，它与一定时期一国的货币政策也存在着关系。通货膨胀产生的原因有多种多样，它与货币供给或流通量的关系存在着直接关联；现代各国的通货膨胀表现形式也存在差异；通货膨胀的影响与后果是不利于经济的稳定发展与货币供求市场的健康稳定，尤其是恶性通货膨胀会严重损害一国经济的健康发展和市场的稳定。因此，通货膨胀引起了经济学的重视，各国的货币政策也高度重视物价稳定和反通货膨胀问题。而通货紧缩则是通货膨胀的反面，表现为一国物价的持续下降和经济发展的停滞，它同样是与一国货币供求市场失衡以及货币政策调控有着直接的关系。

第一节 | 通货膨胀的定义与衡量

通货膨胀是与货币密切相关的经济现象，是各国先后都出现过的普遍性的问题。20世纪60年代以来，通货膨胀成为一种经常性的、世界性的现象，对各国经济发展与稳定带来了极大的危害，引起了经济学与政策制定者的高度重视。经济学对于通货膨胀的分析定义一直存在分歧，在对于物价上涨如何定义以及物价上涨与货币供给的关系上有不同定义，争论一直持续至今。

一、通货膨胀的两重定义

最新版的英国《经济辞典》对通货膨胀的定义是："通货膨胀是指价格总水平的持续上升，也可看作货币的贬值。"这个定义基本上仅仅反映了通货膨胀即物价上涨的概念，是单一式的定义。对通货膨胀更确切的定义来自新自由主义的宏观经济学："所谓通货膨胀，是一般物价水平采取不同形式（公开或变相）的一贯上升的过程。"这个定义包括以下三个要点：

第一，它是"一般物价水平"的上涨，也就是物价的总水平，即包括所有商品和劳务的平均价格水平变动，局部性的价格上涨不能视为通货膨胀。

第二，它是物价总水平的持续的"一贯上升"，而季节性、暂时性或偶发性的价格上涨并不能看作是通货膨胀。

第三，它包含了"不同形式"的物价上涨，在政府当局不采取物价管制的情况下，它是公开的物价上涨；而在政府对物价进行管制的情况下，则表现为供应短缺、黑市活跃、配给制等，显示出有公开的通货膨胀和潜在的通货膨胀。

以上是从通货膨胀的现象出发来对通货膨胀下定义的，马克思主义学派则从通货膨胀的成因出发来下定义，例如，我国1985年出版的《经济与管理大辞典》对通货膨胀的定义是："通货膨胀是由于纸币的发行量超过流通中所需的金属货币量而引起的纸币贬值和物价上涨的情况。"

从形成原因角度来确定通货膨胀定义可以更加深入地分析显示通货膨胀的本质特性，其更加接近于通货膨胀的来源与本质。但这样的定义近似于概念分析，形成多元化定义，因为通货膨胀的成因有多种多样，通货膨胀的定义也将是多种多样的，有人估计约有好几十种，缺乏概述性和通用性，这对研究通货膨胀本质以及应对政策将带来不便。

如果我们对通货膨胀的定义采用现象类的方式，那么以下两点，不管是东西方何种学派都是不会有异议的：货币的贬值和物价的持续上涨。但不管是何种通货膨胀的定义，都应把通货膨胀视为物价膨胀，而不能视为货币膨胀，原因是：第一，货币膨胀难以通过测量货币流量来反映，而只能通过测量物价波动体现；第二，货币供给量变动不仅作用在物价上，在一定条件下，它也可以作用在经济产出和就业变动上，若是后者，其可能并未引起物价上涨,因而不能视其为通货膨胀。因此,通货膨胀是一种货币现象,它导致物价持续的上涨和货币的贬值,它不是简单的物价现象,也不是简单的货币"膨胀"问题。

二、什么是"通货"的争论

马克思主义学说把"通货"理解为纸币。但经典的马克思主义理论所说的"通货"是指金属货币,而纸币则是货币的符号。这种理论认识是与当时的实际经济生活相符合的。但现实的经济运行状态表明,世界各国的黄金已经非货币化,代替贵金属流通的是各种形式的价值符号,我们在此并不需要去讨论这些价值符号的出现是否是"货币形式发展的新阶段",我们只是从考察通货膨胀的角度来规范"通货"的外延,如果能这样来界定,那么"通货"应泛指一切在流通领域内可当作流通手段和具有支付功能手段的货币形态,包括硬币、纸币、存款货币和其他形式的信用货币,是一切具有支付功能的流通货币。如果离开了对"通货"的界定和分析,就无法真正准确认识通货膨胀的出现和揭示通货膨胀的形成原因。因为将现金、通货、货币供给量混为一谈,就混淆了货币流量和物价通货膨胀的关系。比如把货币流通量(M_2)增加看成是印钞过多,是"滥发纸币";把物价波动直接看成是通货膨胀,都会产生混淆与误判,影响政策的合理出台与运作。

三、通货膨胀的衡量方法

对于通货膨胀有两种不同衡量方法:一种是内在的测量法,即货币量测量法;还有一种是外在测量法,即物价波动测量法。

内在的测量法是立足于把实际流通中的货币量超过货币必要量的差额作为衡量通货膨胀的尺度。在信用货币流通条件下,货币流通量会影响价格水平,价格水平再影响货币量。因此,货币量的多少应是以物价未上涨时的货币必要量为基础进行比较,如果由于物价上涨了,那么,货币必要量就会增加,这时即使货币供给量等于货币必要量,也不能认为不存在通货膨胀。在我国的实际经济生活中,人们往往把实际货币供给量超过计划货币供给量的程度作为衡量通货膨胀的尺度,这是一个比较模糊的尺度,因为:第一,计划的货币供给量不一定等于货币需求量;第二,由于货币量与价格的相互作用,即使实际的货币量与计划的货币量相一致,物价也可能已经上涨。一种更为变通的内在衡量尺度是用货币量增长率与国民收入或国内总产值(GDP)增长率相比较,它的优点是绕开了货币需求量难以计算的问题。

第二种通货膨胀的衡量尺度是外在衡量尺度,即用价格的上升幅度来衡量通货膨胀。那么应选择什么样的价格指数才能比较正确地反映通货膨胀的程度呢?目前通常使用消费物价指数(CPI)来反映物价水平与货币购买力变动,但它不能反映出物价变动对不同消费水平阶层的实际影响,而且由于其涉及商品范围较窄,不能正确反映一般物价水平的变动。目前也有用生产者批发物价指数(PPI)来反映通货膨胀的,但也有着较大的局限性。我们看到,PPI是一种生产企业投入品批发价格的变动指数,其对市场物价及货币的购买力变化存在间隔，物价变动的反映链条较长，反应速度相对缓慢，中间有可能产生抵消效应，使PPI与通货膨胀率之间出现脱节。

还有一种国民总收入消胀指数（以报告期价格计算的报告期国民总收入与按基期价格计算的报告期国民总收入之比），可以直接测算通货膨胀系数，但由于全部的商品与劳务的价格变动统计资料收集困难，时间上存在滞后，即使在统计制度最完善的国家，目前也只能每季公布一次。

目前我国通常是用全国零售物价总指数来测度通货膨胀率，另外，居民生活费用价格指数常被作为对通货膨胀衡量的一个补充指标。从货币供求关系的理论看，把零售物价总指数、生产者批发物价指数和国民收入消胀指数结合起来衡量通货膨胀，则更可靠和更全面一些。

通货膨胀的内在衡量尺度与外在衡量尺度从理论上说应该是一致的，因为两者在一定条件下具有因果关系。但在市场发生变动时两者实际上可能出现不一致，因为货币供给量或流通中的货币量计量有误差；在某种条件下（如大量资源闲置），货币量变动与物价变动的因果联系不能成立或不能完全成立；即使在货币供给量变动完全作用于物价的情况下也还有一个时滞的问题，实际的物价指数变动与货币流通量变动之间存在着非对称性。

那么，在这两个测量标准不一致时，究竟以谁为准呢？

内在尺度正确与否的关键是对货币需要量与实际的货币供给量的计算是否正确，而货币需要量的计算难度较大，因为货币需要量不仅同商品价格总额有关，也同货币流通速度有关，而货币流通速度是一个难以测度的受多种因素影响的复杂的变量。货币的供给量因为市场的内生性也有计量难度。因此，相对来说，外在尺度即物价指数能更及时地反映通货膨胀的出现和程度。但物价指数作为外在尺度要相对滞后于货币流通量的变化，因此，内在尺度可以作为预测通货膨胀的参考指标。目前各国通货膨胀的观察、反映、计量和测算都是依据物价指数变动进行的。

第二节 | 通货膨胀的类型与形态

通货膨胀的形成有多种直接的和间接的原因，因此可以从不同的角度对通货膨胀进行分类，在此，我们仅从直接成因方面来对通货膨胀进行分类。按照目前为止对于通货膨胀产生原因的解释，通货膨胀可以分为以下五类。

一、需求拉动型通货膨胀

需求拉动型通货膨胀理论最早来自凯恩斯的经济学理论分析。这个理论认为，不能认为只要总需求大于总供给就一定会发生通货膨胀,只有当这种总需求的增加直接引起商品价格上涨时才会引发通货膨胀。这种通货膨胀可以定义为需求拉动型通货膨胀。

需求拉动一般出现在经济周期中萧条后的复苏阶段,为了刺激经济增长和投资增加,货币当局增加货币的发行量,引发货币流通量扩张,这可能使得市场的总需求增加;如果社会上存在闲置资源,那么总供给也会随之增加。同时,由于货币幻觉(即把贬值后的货币价值看成与贬值前的货币价值相等)的存在,经济主体的实际支出减少,从而使物价的上涨要落后于货币量的增长。经济周期进入繁荣阶段后,政府如进一步增加投放货币,过了一些时候,当总供给的增长达到或接近增长的上限时(如资源瓶颈制约等),居民的货币幻觉也逐渐消失,货币流通量增加对物价的推动力越来越强,这时就会出现需求拉动型通货膨胀。当进入到这一阶段后,货币流通量的任何增加,从而导致的总需求的任何增加都会在一段时间之后直接表现为物价上涨和全面的通货膨胀。

总需求过大意味着货币供给过量,而货币供给过量的原因在于相对于有效需求而言,社会上存在着过大的货币供给量。因此,总需求膨胀既可能是消费需求膨胀,也可能是投资需求膨胀。我国近年来也出现了周期性的需求拉动型通货膨胀。对于我国需求拉动型通货膨胀的形成机理有两种不同的观点,一种观点认为,只有投资需求膨胀而没有消费需求膨胀,因为长期以来,我国国民收入积累率一直在30%以上;投资支出比重较高,遇到经济周期和市场下降时,实施投资拉动和扩张,如2008年的4万亿投资扩张计划,导致投资需求膨胀和物价的上升,引发需求拉动型通货膨胀。

另一种观点则认为,在我国不但存在着投资膨胀,而且也存在着消费膨胀。认为消费膨胀并不是指实际的消费额过多,而是指居民的消费增长额超出了可支配收入的增长。如果一定时期中居民的可支配收入增长速度低于国民收入的增长速度,而要拉动消费增长就要通过刺激性政策提升消费支出比重,引发消费支出增长超越可支配收入,在市场预期过分乐观的条件下也可以形成这种趋势。在西方市场经济国家,一般认为总需求大于总供给是由于投资大于储蓄,而不会考虑消费需求膨胀问题,从凯恩斯时代开始一直认为消费不足是市场经济的常态。而在我国目前的市场经济运行中,由于体制性因素,居民可支配收入增加的速度,赶不上国民收入的平均增长速度,消费需求的变动存在着不稳定的趋势。消费需求膨胀出现在两种可能的情况下。一是财政和金融支出的扩张导致投资膨胀和消费膨胀,在现行体制下通过各级财政的扩张支出和金融信贷的扩张活动可以引致消费性支出扩张,从而转化为现实的通货膨胀。财政赤字和扩张性支出,在近期内消除的可能性不大,形成的主要原因是财政支出增速过快以及支出刚性,这种支出按一定比率推动消费的扩张。信贷支出扩张导致的货币供给数量大大超过全社会货币需求量也是造成我国需求拉动型通货膨胀的重要因素,内外金融政策不协调引起的外汇储备剧增也是导致货币供给量剧增的主要原因。第二方面的原因在于市场的通货膨胀与货币贬值的预期,会加剧一定时期的消费支出扩张,引起市场阶段性的消费膨胀。

从今天市场经济机制的运行常态看,需求拉动型通货膨胀的出现需要一定时期的特定条件，如财政预算支出的过分扩张，市场周期性波动引起物价上涨和强烈的通货膨胀预期等因素刺激一定时期内消费支出的过分扩张。市场经济条件下的消费者一般不会出现这种超常规的消费扩张动机。

二、成本推动型通货膨胀

需求拉动型通货膨胀着重从需求扩张机制方面研究通货膨胀的成因问题，而成本推动型通货膨胀则着重从供给方面研究通货膨胀的形成问题。在市场经济体制的运行中，两者往往同时存在且互为因果，难以明确区分。

成本推动物价上涨和通货膨胀可能有以下三个起因：①生产成本上升，如工资含量的提高，从而导致产品价格的全面上升；②国外进口的设备、材料价格上升，从而带动国内相关产品价格上升；③需求拉动的通货膨胀导致各种产品和劳务涨价，造成企业生产成本提高，从而又进一步推动价格上涨。成本推动的通货膨胀理论是在20世纪50年代后期流行起来的，由于当时西方的紧缩性财政、货币政策经常达不到预期目的，紧缩需求的结果限制了供给能力，从而加重了通货膨胀的压力，使得一部分经济学家怀疑通货膨胀成因绝不单纯是需求拉动，因此，成本推动型通货膨胀是作为一种新的通货膨胀理论提出来的。

一个典型的成本推动型通货膨胀是指在一个封闭经济中，货币工资在劳动生产率和价格水平均未提高前，率先自动上升；或者其他生产投入品或要素价格因市场垄断力量的存在而上升，导致因生产成本提高而价格上涨。它的发生必须具备以下三个条件：①不完全竞争市场的存在；②工资增长幅度超过劳动生产率增长幅度；③有货币供给扩张的支持。我国在20世纪80年代初期，随着农副产品和消费品价格上涨、工资增长速度加快和收入攀比以及基础工业品调价等原因，形成了成本推动型通货膨胀；但进入20世纪90年代中期以后，货币供给失控的情况也出现过，产生了成本推动和需求拉动相互作用和影响的复杂局面。2008年金融危机爆发以后，货币供给扩张和成本推动机制又一次出现，并推动了物价的快速上升和成本推动型通货膨胀的形成。

成本推动通货膨胀与需求拉动通货膨胀的区别在于：第一，两者因果关系的不对称性。需求拉动可以在非成本推动下持续发生，而成本推动则不可能在失去需求拉动的条件下持续发生；需求拉动的结果必然造成成本推动，而成本推动的结果则不会直接引起需求拉动。第二，产生不同的紧缩效应。在需求压缩时，如果导致失业增加和产量下降，那么，这种通货膨胀就是成本推动型的；反之，则是需求拉动型的。但当两种类型相互交织时，这种区分方法也难以奏效。两种类型的通货膨胀具有密切的内在联系。首先，在同一时间对同一事件，既可看作成本推动，又可看作需求拉动，例如工资上升，既可看作是成本推动，又可看作是消费需求拉动；再如投资需求过大，既可看作是需求拉动，又可看作是成本推动（原材料、建材等价格上涨）。其次，两者相互影响且相互交织，往往难以区分。例如，工资上升推动物价，物价上升则必然导致货币投放增加，这种货币投放的增加超过了一定的限度就成为需求拉动，从而进一步引起工资和物价的上升。因此，两者往往交织在一起，难以区分。有人提出，为区别两者，可确定基期，哪种因素发生在前，即为哪种类型的通货膨胀，但在同一个通货膨胀的过程中，由于基期选择的不同，就会得出不同类型的通货膨胀的结论。而区别两者谁先谁后的难度也不亚于区分鸡与鸡蛋产生谁先谁后的难度。

三、结构型通货膨胀

结构型通货膨胀是20世纪70年代以后出现的新形态通货膨胀，它的形成与经济结构的矛盾变化具有直接的关系。总体上说，由于总供给结构的变动总是滞后于总需求结构的变动而引起的通货膨胀称为结构型通货膨胀，实际的结构型通货膨胀形成理论和表达形式有以下几种。

1. 鲍莫尔的不平衡增长理论及其通货膨胀模型

鲍莫尔把经济活动分为两个部门，一个是劳动生产率不断增长的工业部门，一个是劳动生产率保持不变的服务部门，两个部门的劳动生产率不同但这两个部门的货币工资增长率却是一致的，从而导致低效率的服务部门成本和单位产品价格的上升，而工业部门的成本和单位产品价格则保持不变。但由于服务部门产品价格的上升导致价格总水平的上升，形成了结构型通货膨胀。从产业升级变革、市场开放、经济国际化进程加速等变革过程看，其中充满了结构型的变革和效率拉动因素，产生通货膨胀的推动力。

2. 希克斯和托宾的两部门货币工资增长率趋同论及其通货膨胀模型

鲍莫尔理论的重要假设前提是劳动生产增长率不同的两部门却有一致的货币工资增长率，那么，其原因何在呢？对此，希克斯提出了劳动力供给的合同理论，托宾则提出了特殊的劳动供给函数理论。希克斯在劳动合同理论中提出了"持久性"概念，因为劳动力的买卖不同于转手即成的商品交易，要在合同期结束时才能最终完成，由此产生了对劳动供求及工资的特殊影响，即劳动供求关系的变动不能立即影响工资，因此，他认为在服务部门中工资的上升，不是由于劳动力缺乏，而是由于在服务部门的工人为追求公平的工资而造成的。此外，服务部门产品主要销售给高收入阶层，同时有的服务部门产品缺乏需求的价格弹性（例如理发），这样，也就为服务部门产品价格及其工人工资的提高提供了可能性。

托宾认为，工人关心相对工资胜过绝对工资，如果工人们工资比别人工资相对地下降，他们就会退出劳动；但如果实际工资各地都一律地下降，他们就不会退出任何劳动。因此，如果一部分工人为稳住实际工资而要求提高名义工资时，其他工人团体将倾向于随之提出要求提高名义工资，以维护收入差别的格局，形成一种看齐效应，这就导致了通货膨胀。他进一步认为，不是劳动供给决定工资，而是工资决定劳动供给，如果服务部门的工人工资低于工业部门，他们就会离开服务部门转向工业部门。他提出的劳动供给函数公式如下：

$$\frac{N_i^s}{N^s} = f\frac{W_i}{W}$$

其中：W_i 是团体 i 的货币工资率，W 是平均工资率，N_i^s 为 i 部门的劳动力供给，N^s 为总的劳动力供给，f 为函数符号。

3. 斯堪的纳维亚模型

假定开放型小国经济可分为两大部门：一是开放部门（E），另一个为封闭部门（S）。由于国际竞争的压力，E 部门技术进步较快，故劳动生产增长率快于 S 部门，E 部门作为世界市场价格的接受者（小国）具有与外国一样的通货膨胀率。S 部门的产品价格主要由 S 部门的产品成本状况确定。这样：①世界市场价格和现行汇率以及 E 部门的劳动生产增长率共同决定了 E 部门的单位劳动力产值增长率；②E 部门的单位劳动力产值增长率决定了 E 部门货币工资增长率；③S 部门的货币增长率追逐 E 部门的货币工资增长率；④S 部门的货币工资增长率和 S 部门的劳动生产增长率一起决定了 S 部门的通货膨胀率；⑤根据两部门加权平均得出国内通货膨胀率。

综上所述，一个开放经济的小国的国内通货膨胀率等于世界通货膨胀率减去国内两大部门加权平均的劳动生产率增长率之差。在开放条件下形成的通货膨胀也被称为输入型通货膨胀。显然，小国开放经济体较为容易出现输入型通货膨胀。

四、我国改革开放后的结构型通货膨胀

我国的结构型通货膨胀出现在改革开放以后，通货膨胀的结构性因素主要表现在：第一，基础工业滞后。加工工业的过快增长严重超过了我国能源、原材料等基础工业的供给能力，使生产资料价格大幅度上涨。第二，农业发展滞后。我国人口众多、土地资源相对不足，农业自然条件不理想加上对农业投入不足，制约了农业发展，随着人口增长和工业迅速发展，对农产品需求不断上升，导致农产品价格迅猛上涨。农产品价格上涨一方面导致以农产品为原材料的工业品价格上涨，另一方面导致职工工资上升并通过工资–成本链条引致物价总水平的上升。第三，对外开放的部门和外商投资企业的劳动生产率上升较快，工资和产品价格上升较多，其他的部门效率较低，工资和产品价格出现看齐效应，这种效率差异拉动工资物价，推动了结构型的通货膨胀。

五、市场预期型通货膨胀

从市场经济的周期性循环变化看，投资物价的周期波动导致通货膨胀的现实会影响到人们的价格预期，居民和企业形成通货膨胀预期，进一步影响物价变动与通货膨胀。在市场预期的影响下，企业按预期的通货膨胀率预先提高产品销售价格，居民按预期通货膨胀率努力争取更高的名义货币收入并加速货币支出，甚至政府也不得不预先增发货币，以应付物价上涨带来的货币需求量的增加。这种由通货膨胀引起更严重的通货膨胀叫作市场预期型通货膨胀。这种类型的通货膨胀可分为以下三种情况：

1. 企业和居民的通货膨胀预期低于实际的通货膨胀

在这种情况下，多余的货币量没有全部转化为物价上涨，而是导致货币流通速度减慢，因为公众普遍存在货币幻觉，总需求增长不快。例如，2019年，广义货币供应量增长率为15.2%，国内生产总值增长率为6.2%，而国内生产总值消胀指数只有105.6%。

2. 企业和居民的通货膨胀的预期同步或高于实际通货膨胀

这时，企业和居民尽快地抛出货币，购买商品，当银行存款为负利率时，他们还挤兑存款，从而使过多货币量全部转化为物价上涨，使物价上涨速度等于甚至超过货币量增长速度。例如，2009年，广义货币供应量增幅为39.4%，国内生产总值增幅为8.4%，但国民生产总值消胀指数却达到112%。这是因为在2008—2009年，大幅度的物价上涨和市场开放外商投资进入造成了公众的高通货膨胀预期。

3. 居民和企业预期价格下跌

在这种情况下，由于总需求减少，货币增长速度超过国内生产总值增长速度的缺口不会转化为物价上升，或者只有极少部分转化为物价上升。例如，2020年，广义货币供应量增幅为15.1%，国内生产总值增幅为5.2%，而零售物价指数仅上升2.1%。这是由于市场疲软和政府的反通货膨胀决心造成了公众的负通货膨胀预期。严重的物价持续下跌与负通货膨胀预期可以引发通货紧缩，加速市场的下滑和衰退。

五、经济体制转轨型通货膨胀

转轨型通货膨胀是指社会主义国家在经济体制改革的过程中，在由高度集中的计划经济体制向社会主义市场经济体制过渡的时期中所发生的通货膨胀。它的形成首先是由于价格放开，使传统计划经济下的受抑制的通货膨胀转化为公开的物价上涨，其中，主要是消费品价格的上涨，由于工资性支出的增加和农副产品收购价格的提高，从而导致人们收入的增加；其次是投资支出扩张使财政出现赤字，并向银行透支，银行增发货币，银行信贷同时也出现扩张，导致货币供给量增加，引发物价上涨和通货膨胀。

在经济体制改革转轨过程中，由于财政放权让利，地方政府和国有企业由于利益驱动导致投资扩张；而预算内尤其是中央财政支出比重较低，但国家对经济发展仍然承担较多的直接投资责任和各种转移支付，尤其是地方政府和国有企业从自身利益出发把资金都投向高利润的加工制造业，使交通、原材料、能源等部门成为"瓶颈"部门，迫使国家将大量资金投向基础工业和基础设施的建设，从而增大了财政赤字。

金融体制的改革也为强烈的社会货币需求向货币供给扩张的转化提供了可能性：商业银行和非银行金融机构的建立以及金融市场的逐步开放使一部分银行信贷资金按市场机制运转，国有商业银行已经具有扩张信贷的积极性和能力，扩张性的货币需求对于银行扩张信贷和货币供给来说既是条件又是机遇，由此形成了需求拉动型通货膨胀和成本推动型通货膨胀互为因果、相互推动的影响及混合交织过程，即一方面，物价上升和财政赤字需要货币的扩张，另一方面，货币扩张又因缺乏内在的合理的约束机制而拉动了物价的上升。这是转轨改革中的各国经济普遍发生的现象，并伴随着整个改革的过程。因此，它不是一个国家、一个时期的现象。因为它们有着共同的制度基础，那就是过渡期的新旧双轨体制。这种市场经济结构是我国目前面临的通货膨胀的终极的或深层的原因，正是从这种成因的根本性出发，我们才将它作为一种独立的通货膨胀类型来考察。

要把我国通货膨胀的体制性成因完整地加以考察，那就等于要将我国整个的经济运行及其体制基础完整地加以考察。我们这里重点分析金融方面的双轨制以及与金融信贷活动密切相关的财政支出体制。

金融体制改革使我国出现了金融领域中计划与市场并存的局面。中央银行虽然专门行使了职能，但独立性差，经济手段的调控还不能起到应有的作用，最主要的调控手段依然是行政性的管制手段。国有商业银行的企业化改革也没有完成，在管理上，主要的仍然是服从行政指令，缺乏自我约束和平衡发展的内在动力；但又有了追求利润的动力，这导致了银行体系在贷款过程中，考虑追求利润的最大化，对商业性贷款的风险控制受市场周期波动影响。市场经济进入扩张和快速增长期，银行扩张信贷投放，迫使中央银行扩大基础货币投放；商业银行也不断地突破中央银行的信贷限额管理，扩大信贷资金供给量，导致货币供给量过多和通货膨胀。因此，银行体系对政府的依赖性、中央银行调控乏力和管理体制上的漏洞、金融市场上各种违法的或不规范的交易行为等均助长了信用扩张和通货膨胀。

经济转轨以来出现的财政分权与地方政府的扩张性投资支出，也引发了财政赤字和信贷投放的扩张，地方政府的或有的隐性的债务大幅上升，也推动了货币供给量的增长和通货膨胀。

财政出现赤字，一方面，是财政体制中没有处理好中央与地方的分配关系以及权、责、利相结合原则的结果，导致中央财政刚性支出，预算安排面对的支出项目逐年增加，财政年年出现赤字，而在面对经济波动下滑与金融危机爆发的危急状况时，扩大投资拉动经济就业成为财政的紧迫任务，支出扩张带有强烈的政治性和行政色彩，引起财政支出无限制扩张和赤字上升。另一方面，地方财政同样面临着日常预算支出的赤字和紧急的危急应对性支出扩张，导致预算赤字和隐性债务的上升，这些都成为金融危机爆发以来财政赤字扩张重要推力。而在目前的体制结构下，无论用什么方式弥补赤字，都必然会增大通货膨胀的压力。

分析转轨型通货膨胀的意义在于使我们认识到克服通货膨胀是长期的，但不等于说在通货膨胀面前我们将无能为力，深化改革并尽快建立和完善社会主义市场经济体制是克服通货膨胀的根本途径。寻求经济增长与物价稳定之间的最佳结合点是必须处理好通货膨胀问题，这是我国经济持续发展与进一步改革面临的现实选择。

第三节 通货膨胀的影响与作用

通货膨胀对于一国经济的发展与市场的运行会带来何种影响，会带来什么样的后果，经济学对此产生了较为分歧对立的看法，认识分歧的原因较为复杂，形成了通货膨胀有害论、通货膨胀无害论，以及通货膨胀有条件的无害论，对于各国的宏观金融政策影响也不同。

一、通货膨胀对经济增长的影响

1. 发达国家通货膨胀对于经济增长的影响

新自由主义的理性预期理论认为，通货膨胀在形成初期可以刺激经济发展，因为价格上升在前，工资增长在后，这时社会公众预期的通货膨胀率要低于市场实际的通货膨胀率，因此公众要求的名义货币收入的增长速度要慢于物价上涨的速度，从而使厂商可以把利润中较大的部分用于投资，形成投资支出扩大效应。但在目前的市场运行状态看，由于工会的力量日益强大，人们对于通货膨胀的预期能力趋于提高，这种差距或时滞已经越来越小，其刺激投资的作用也越来越小。因此，当存在有效的通货膨胀预期时，货币供给扩张与通货膨胀对于经济增长的作用将被抵消。

而凯恩斯主义经济学则认为，在未达到充分就业的条件下，增加货币供给和通货膨胀可以刺激需求和投资，带来就业的扩大和产出增长，所以当一些国家经济出现衰退或者就业不振时，他们往往开出这样的政策药方，主张通过积极的货币扩张刺激投资和就业增加。最近的量化宽松政策出台，还能看到凯恩斯扩张与干预主义的影子。

新凯恩斯主义经济学理论认为，通货膨胀作为一种隐蔽的税收有利于政府集中财力、扩大积累与投资，从而有利于经济增长。

但以货币主义与理性预期学派为代表的新自由主义经济学则认为通货膨胀不利于经济增长，因为通货膨胀使资本存量贬值，这必然遏制社会公众积累的动力；通货膨胀使库存增加、流动资金周转缓慢和占用量增加，造成企业流动资金缺乏和银行信贷资金供不应求，导致银行贷款利率上升，从而抑制了投资；通货膨胀助长了人们的投机行为，使大量社会资本从生产领域转向流通领域，从而抑制生产；由于在通货膨胀下各种商品价格涨幅不一致，从而造成商品相对价格的更大扭曲和经济结构的失调，尤其由于20世纪80年代后的"滞胀"影响和近年来"科技革命"对经济增长作用的极大提高，通货膨胀对于经济增长的作用影响已经越来越小了，而它的副作用会越来越大。

2. 发展中国家的通货膨胀对经济增长的影响

自从发展经济学问世之后，对发展中国家经济问题的研究方兴未艾。关于发展中国家的通货膨胀与经济增长的关系，由于它们的国情不同于发达国家，故有其不同于发达国家的特点，关于这方面，西方经济理论界也有不同的观点。例如，刘易斯（William A. Lewis）认为，在发展中国家，一般存在着闲置的资源，尤其是土地和劳动力，但若增加货币供给以扩大对闲置资源的利用，固然可以增加就业、扩大土地利用面积，但若将资源投入资本品生产，人们的消费品需求缺口会扩大；而投入消费品生产，却缺乏资本设备等基础条件。因而在发展中国家增加货币供给所带来的结果可能不是经济的增长，而只是原有消费品分配比例的改变。

近年来也有的观点认为，新兴市场国家政府若用赤字财政政策来增加发展项目的支出，如果其支出能集中于速效的投资项目，或用于投资额较小、劳力使用较多的项目，则通货膨胀的压力就会在一个短暂的时滞之后，被产量的增长所抵消。因此，他们认为通货膨胀在一个特定时期内对就业、经济增长有促进的作用，但认为这需要一系列较为严格的条件，而一些发展中国家如果不具备这些条件，就不宜轻易采取通货膨胀办法去发展经济。

3. 国内理论界对通货膨胀与经济增长关系的认识

进入 21 世纪以来，伴随着市场经济体制改革的深入，关于通货膨胀与经济增长的关系在国内出现了分歧与争论。对立的观点主要围绕通货膨胀是否能够带来投资与就业的扩张而展开。

较有代表性的一种观点认为，通货膨胀对我国经济增长既有积极的影响，也有消极的影响。其积极影响是，通货膨胀与总需求扩大是相关的，扩张货币供给能够推动投资和对劳动力需求的扩大，因而对经济增长有利。通货膨胀也可能对经济增长带来消极影响，他们认为，如果总需求扩张不能拉动总供给上升，则会出现通货膨胀上升过快与经济增长过慢并存的局面，通货膨胀的政策并不能达到预期效果；如果成本推动价格上升而需求没有反映，则会出现价格上升而产量和就业无法增加的局面，市场价格的稳定和经济的持续增长就将被破坏。

主张采用通货膨胀政策的人认为，通货膨胀可以强制推动储蓄，是刺激积累资金发展生产加工业的最好办法；通货膨胀也可以重新分配社会各阶层的利益，对一部分没有其他附加收入或对社会贡献较大的人们可以增加其实际收入；通货膨胀还可以起到抑制消费，改善产业结构，最终可弥补物价上涨缺口的作用。

相反的学术观点认为，目前依靠实施通货膨胀政策难以达到预期的积极效果，虽然我国劳动力资源比较丰富，但资金仍然较为短缺，尤其是基础设施和高新技术产业相对落后，现在我国的市场机制并不完善，货币扩张难以使扭曲的产业结构实现自我调整。在这种情况下，过量地增加货币供给不但不会推动有效供给的增加，反而会造成物价持续上涨，使产业结构更加失调，经济环境更加恶化，从而危及我国的改革开放进程和社会稳定。

在传统的计划经济体制下，由于物价由国家严格控制，主要消费品由国家计划定量供应，且不存在计划外直接金融市场、外汇市场和房地产市场。在这种情况下，发生货币过多投放，公众名义货币收入增加的结果必然造成强制储蓄的增加。而改革开放四十多年后的今天，上述情况已经有了根本的改变，市场机制已经形成，当发生通货膨胀时，居民名义货币收入增加之后，其可能采取的对策是：第一，他可以购买自己所需要的任何实物，增加消费；第二，他可以购买股票、债券、外汇等金融资产，而依靠发行这些金融资产集资的公司则用以购买生产资料以扩大生产；第三，他也可以购买商品房等实物资产来实现保值和增值，从而增加了房屋开发公司对建筑、装饰材料的需求。由此可见，在当前投放的过多货币均可以直接作用于总需求，从而拉动物价上涨而不会通过强制储蓄为国家积累资金。相反，可能会造成存款贬值和挤兑，造成更严重的通货膨胀和银行信用危机，给我国经济的稳定和发展带来震荡。

在我国现行的市场经济体制下，流通中的货币（包括现金和银行存款）并不是直接由政府发行的，而是由银行发行和提供的，而且占货币供给总量大部分的存款货币是由商业银行和其他存款机构供给的，货币供给具有较强的内生性。在这样的格局下，通货膨胀也不可能增加中央政府的财力以加强其宏观调控能力，而只能加剧产业结构和地区经济发展的不平衡性。通货膨胀还可能使企业库存增加，流动资金周转缓慢，企业失去改善经营管理的积极性，并助长了乱涨价、变相涨价、以次充好等不规范经营。

此外，通货膨胀也可能使大量社会游资流向流通领域，炒作资产商品，引发物价的进一步上升；还可能助长金融投机，造成经济和金融秩序的混乱。

4. 通货膨胀与经济增长关系的理论依据问题

在国外进行的大量实证研究，试图寻找通货膨胀政策影响与后果的依据，这种实证研究发现，通货膨胀政策促进经济增长的事例是极少数的，因为它有严格的限制条件。通货膨胀之所以被有些人认为在一定条件下可以推动经济发展，其理论依据是货币的第一推动力作用或是货币转化为资本的可能性，但是，货币的第一推动力作用是有约束条件的。货币有没有推动力，关键是要看货币能否转化为资本，货币在资本运动中发挥什么作用，货币能否购买到进行生产所必需的生产资料和劳动力。在我国目前的市场经济条件下，由于生产资料的短缺，尤其是能源、原材料的供给短缺，货币供给增加要转化为生产资本是相当困难的；我国劳动力资源虽然丰富，但要使之成为合格的劳动力则需要支付一笔很大的培训费用；至于对高新技术产业，面对的是人力资源的极为不足。因此，在我国追加超量的货币投放并不能提供相应的社会产出来回笼这些货币，只可能带来物价上涨的结果。同时，我们还应当认识到，货币不是现实的生产要素，货币对生产的推动作用是指通过货币的职能作用实现的，即它可以在特定条件下把闲置的社会资源投入到生产过程，然后通过人类的劳动创造出符合人类所需要的社会产品。因此，真正能推动生产的是人力资本要素，并通过它来提高各种生产要素的使用效能。一种有效的生产关系和组织管理制度可以最大限度地调动每个人的积极性、创造性和主动性，在它的价值形式上，是由一定的货币量构成的，它一旦转化为生产资本之后，包含着生产的潜力，这些潜力能够在一定的活动范围之内，在外延方面或内涵方面按不同程度发挥积极的经济产出效率作用。单纯的货币供给扩张是难以实现经济增长和效率递增的。

二、通货膨胀对收入和财富分配的影响

在均衡性的通货膨胀中，即如果包括各种资产和债务契约的价格在内的一切商品和生

产要素的价格都与一般物价水平成比例地变动，所有人的货币收入和财富的市场价值也都与一般物价水平同比例地上升，那么，一切社会成员的利益均不受任何影响。但在现实的经济生活中，通货膨胀往往是非均衡性的，人们在通货膨胀过程中收入的增长和财富的市场价值的上升是不平衡的，由此就产生了通货膨胀的收入和财富分配效应。如果通过通货膨胀过程中的自动补偿——即这种收入和财富的增长必须是自动地来自通货膨胀过程（如工资与物价挂钩）而不能来自其他方面（如付出了更多的劳动）——所得到的货币收入和财富的增长快于物价水平的上升，那么，他就是通货膨胀中的得益者；反之，则相反。

如果一个社会在通货膨胀发生之前，社会财产关系及收入和财富的分配是不公平的，那么，通货膨胀可能会改善也可能会加剧这种不公平的状况；如果一个社会在通货膨胀发生之前，社会财产关系及收入和财富的分配基本上是公平合理的，则通货膨胀只能造成分配不公的负效应。

在通货膨胀下，债权人、出租者、工薪阶层、离退休人员和社会保险金领取者是主要的受害者。因为在通货膨胀下，他们基于通货膨胀自动补偿而增加的收入必然慢于一般物价水平的上涨；而由于他们一般都是中低收入者，其财富积累的数量很少，因此，由于通货膨胀而导致的财产增值也比较小。

在通货膨胀下，产品售价的提高一般都要快于其成本的上升，尤其在总需求膨胀造成了许多提价的机会和条件时，由此使得从利润中得到的收入增长要快于一般物价水平的上升。因此，各种流通领域中的投机者、企业承包者和承租者、个体和私营工商业者是通货膨胀的最大受益者。

通货膨胀的这种分配效应使我国居民业已存在的贫富差距更加扩大，对改革开放和社会稳定极为不利。

三、通货膨胀对资源配置的影响

通货膨胀的资源配置效应是指由于通货膨胀改变了各种商品和生产要素的相对价格，使原有的资源配置状况和方式发生变化。但是，对于通货膨胀究竟是使资源配置优化还是恶化，则应针对具体情况进行分析。

1. 资源配置的正效应

例如，在20世纪80年代中后期的美国通货膨胀中，由于对教育需求量的迅速增加，教师的货币收入增长率大大高于物价上涨率，使教师成为最吸引人的职业之一，从而吸引了不少知识分子从事教育事业，就读教育系科的学生骤然增加，使人力资源的配置得以优化（以前教师的数量较少）。

中国在1979—1981年的通货膨胀中，由于全国居民消费水平的增长幅度接近或超过了国民收入的增长幅度，使农业和轻工业产品的相对价格有了较大提高，这样，农业和轻工业在这3年中有了较大的发展，对于我国长期以来由于"高积累、低消费"和优先发展重工业政策所带来的重工业过重的畸形产业结构的调整，起到了积极的作用。

值得指出的是，虽然通货膨胀对资源配置也有可能产生正效应，但这些正效应并不是非要通过通货膨胀才能取得，国家完全可以通过调整相对价格体系或实施一定的产业政策来达到目的，利用非货币供给的政策可以避免出现通货膨胀的负效应。

2. 资源配置的负效应

2009年后出现的通货膨胀，对于产业结构的调整和升级非但没有什么积极的作用，反而带来一种阻碍落后产业淘汰的扭曲作用。通货膨胀引发物价水平上涨，一些传统的产业产能过剩缺少市场，面临被淘汰的局面，而通货膨胀带来产品相对价格上涨，使这些产业得以继续获利生存，迟缓了产业结构的升级与转型，造成经济资源的极大浪费。

四、通货膨胀对经济效率的影响

1. 破坏市场经济秩序、规则和经济核算的有效性

在正常的经济秩序下，人们在经济生活中相互达成各种有约束力的协议以从事经济活动并取得报酬，而它们都是通过货币来计值的。如果发生通货膨胀，就会破坏经济活动的秩序和规则赖以建立的基础，造成经济生活的混乱。各种财经制度和法律也是建立在币值稳定的基础上的。就会计制度而言，通货膨胀下的历史成本就不能正确反映企业的财务及经营状况；企业财务核算与评价也要以币值稳定为基础，如发生通货膨胀，企业的价值评估体系混乱，经营的有效性也无法准确体现，会降低市场经济的总体效率。

2. 削弱市场机制对经济结构的调节功能

市场经济运行依靠价格机制来实现资源的合理配置，通过价格的变化调节实现市场的均衡。但在通货膨胀作用下，由于相对价格体系被扭曲，市场机制的结构调节功能不能充分发挥，尤其是我国正处在建立和完善社会主义市场经济体制的过程中，通货膨胀不仅增大了价格体制改革的难度，而且使正在完善中的价格体系又被扭曲，各种失真的资源配置信息使企业作出错误的判断和决策，不该投资的投资了，该淘汰削减的没有淘汰削减，造成经济资源的巨大浪费和产业结构的进一步失调。

3. 抑制型通货膨胀对经济效率的负面影响

在抑制型通货膨胀下，由于价格不能完全自由上升以增加供给，造成消费品短缺，供给不足造成限量供应、排队，甚至"走后门"购买等，使居民为购买商品和劳务花费了大量的时间和精力；企业在生产中经常出现由于缺少原材料、能源而停产或通过强制替代降低了产品质量；有钱买不到东西也抑制了劳动者的工作积极性；由于"卖方市场"造成"皇帝女儿不愁嫁"，从而保护了那些高成本、低效率的企业及过时的生产方法和技术，使企业失去了改善经营管理、提高技术水平和产品质量的动力。

五、通货膨胀对一国汇率与国际收支的影响

在开放经济条件下，若一国的通货膨胀率高于主要贸易伙伴国，则该国出口商品换汇成本就会上升，当换汇成本高过汇价时，该国企业出口商品就要亏损；另一方面，由于进

口商品在国内市场售价的提高，进口会相应增加。外贸逆差导致外汇供不应求，因此，为平衡外汇收支和改善国际收支，该国市场汇率将会调整，出现本币贬值，或者不得不调整汇率（在非市场浮动汇率制度下），使本币对外贬值。而本币贬值、汇率下降的结果可以刺激本国产品的出口和抑制外国产品的进口，从而改善本国的贸易收支和国际收支。由此可见，通货膨胀可以引起国际收支失衡（逆差），并引起本币汇率下跌（市场的或人为的），而本币汇率下跌的结果又使国际收支恢复均衡，这就是通货膨胀的国际收支调节机制发挥作用的过程。当然这要求存在着汇率的市场调节机制。

在一国通货膨胀的过程中，当货币的对内贬值（物价上涨）与对外贬值（外汇行市上涨）不一致时，就产生了外汇倾销的可能性。所谓外汇倾销，是指发生通货膨胀的国家借助于货币对外贬值大于货币对内贬值，以低于世界市场的价格大量出口本国商品，实际上是一种借助于货币贬值的对外倾销。二战后国际贸易体系中曾出现过多次的倾销和贸易战。

首先，当一国实行外汇贬值和倾销政策时，别的国家为争夺市场势必作出相应的反应，结果导致各国之间展开激烈的"汇率战"，现在也有人将其称为"货币战争"，也即各国相继使用货币贬值工具实施对外倾销。

其次，国内通货膨胀越严重，本币越看跌，外汇持有者越不愿抛出外汇，购买外汇保值的倾向却越严重，外汇越供不应求，从而又对本币对外贬值增加了压力。

最后，根据相对购买力平价理论，在两国都发生通货膨胀的情况下，两国货币在报告期的汇率等于基期汇率乘以两国在报告期的通货膨胀率之比。设基期的汇率为 R_0，报告期的汇率为 R_1，I_a 为报告期 A 国的通货膨胀率，I_b 为报告期 B 国的通货膨胀率，则有：

$$R_1 = R_0 \cdot \frac{I_a}{I_b}$$

此式表明了一国的国内通货膨胀率与贸易伙伴国的通货膨胀率变化的相对幅度决定了汇率的走向。

六、通货膨胀对一国外债的影响

在一国发生通货膨胀时，债务人可以从通货膨胀中得到债务递减的好处，而债权人因通货膨胀受到损失，但这是用一国的本币作为借贷和清偿工具的情况。对于外债，情况就不同了，可以区分为下列几种情况：

（1）债务国发生通货膨胀，而债权国价格基本稳定。在这种情况下，如果清偿工具是债权国货币或第三种可兑换货币，那么，债权人无损失；至于债务人有无损失则要视具体情况而定，若债务国货币对外贬值，或债务人的收入或财产因通货膨胀受损，则债务人的债务负担就会加重，反之就不会加重；如果清偿工具为债务国货币，债权人就会吃亏，因为无论用它来向债务国购物或兑换其他货币，它的价值都降低了。

（2）债权国发生通货膨胀，而债务国价格基本稳定。在这种情况下，如果清偿工具是债权国货币，则债权人就会吃亏；若是用第三国货币清偿，则债权人是否吃亏要视债权国货币与第三国货币的汇率情况而定；如清偿货币是债务国货币，则债权人不吃亏。

（3）当债务国和债权国都发生通货膨胀时，则是以上两种情况的综合，如果两国的通货膨胀率相等，则原清偿货币的价值不变，债权人和债务人的债务负担或价值也不会变化；如变化幅度不同，则产生的影响也就不同。

第四节　通货膨胀的国际传递

在开放经济条件下，各国的经济体系日益融合形成经济的国际化，这导致了一国的通货膨胀可以出现国际传递。

一、通货膨胀国际传递的条件

通货膨胀是否会在国与国之间传递，主要取决于以下因素：

1. 汇率制度

在固定汇率制下，出口过度或国际收支顺差的国家为了维持固定的汇率，即不使本币升值，不得不由中央银行大量收购外汇，抛出本币，从而会造成通货膨胀；而在浮动汇率制下，该顺差国的中央银行可以不对外汇市场进行干预，即让本币对外升值，使外汇市场在新的汇率下达到供求平衡，从而可避免由于抛出本币收购外汇而造成本国的通货膨胀，通过央行的市场干预和汇率控制可以防止通货膨胀在国际的传递，但加剧了本国货币和经济结构失调的风险。

2. 汇率政策

如果一国为了在国际市场上加强出口商品的竞争能力而保持本币低估，则在该国出现国际收支顺差时，中央银行不得不收购外汇，为维持汇率稳定而抛出大量本币，增加了本国通货膨胀的压力。2008年金融危机后我国就出现过这种情况，这种情况属于汇率干预控制。

3. 货币政策

如果一国把控制国内的货币供给量和稳定本币的对内价值作为首要的政策目标而优先于汇率政策的话，那么，当该国发生国际收支顺差时，中央银行则宁可让本币对外升值也不愿收购外汇，从而可避免发生通货膨胀；相反，一国央行如果为了维持本国汇率而实施外汇市场干预，大量收购外汇投放本币，则它不可避免地带来本币贬值和本国的通货膨胀。

4. 经济状况与经济体制

这主要取决于国家的大小、国力的强弱和对外开放度的高低。一般来讲，开放度较高的小国受国际通货膨胀的影响要大一些；大国，尤其是国力雄厚的大经济体，如美国、日本，受国际通货膨胀影响的程度要小一些；对那些参加了地区性经济共同体或国际性经济联盟的国家来说，它们相互之间通货膨胀的传递就更加明显。

二、通货膨胀国际传递的途径

通货膨胀在国与国之间传递的渠道主要有以下四种：

1. 国际贸易传递渠道

主要包括"进口性通货膨胀"和"出口性通货膨胀"两种类型。前者的传递过程可以概括为：国外市场价格变化→进口商品价格变化→国内开放经济部门的成本和价格变化→国内非开放经济部门的成本和价格变化→国内一般物价水平的变化。后者的传递过程是当出口商品的国际市场价格上涨时，国内的出口商就会竞相抬价收购出口商品，导致出口商品的国内收购价格上涨，并导致出口替代商品价格上升以及国内部门成本和产品价格上升，最终使国内一般物价水平上升。

2. 国际资本流动传递渠道

主要是通过利率的变化和资本在国际的流动引起国内的通货膨胀。其传递过程为：若一国国内利率高，则货币供给量少和通货膨胀率就比较低；相反，国外利率低，货币供给量多和通货膨胀率高，由此会引起国外资本受高利率吸引流入国内，导致国内货币量增加、利率下降和通货膨胀率上升，通货膨胀借由资本流动渠道和利率差异在国家之间传递转移。

3. 人力资源国际流动传递渠道

主要发生于国内劳动力或专业人才短缺，国外劳动力或人才输入时，外籍工人或外国专家的工资较高，从而对国内工人或专业人员产生效仿作用，引起国内工资成本上升和物价水平上涨，人力资源流动和工资看齐导致通货膨胀的国际传递。

4. 工资物价的示范效应传递渠道

一类是指由于各国工会的国际联系，各国工会在工资谈判中相互效仿，增加了提高工资的压力；另一类是指消费的示范效应，即由于各国间的国际贸易渠道，低收入国家居民追求高收入国家的消费水平及高档商品的消费，产生"消费看齐"倾向，造成需求的急速扩张与物价水平的上涨，但此种效应随着开放的扩大而会逐步减弱。

第五节 | 通货膨胀的治理对策

通货膨胀的经济影响和后果是对一国经济和社会造成严重的冲击，带来一系列的社会后果。战后各国对于通货膨胀的治理和预防都予以高度重视。造成通货膨胀的原因是多方面的，其表现形式也是多元化的，所以对于通货膨胀的治理，不同学派也有着不同的理论与对策。其中最主要的对策有抑制总需求的对策与调节收入和支出的政策，还有刺激供给增加与加快经济结构调整的对策。对于转轨时期的经济体来说，加快推进经济体制改革，积极调整经济结构也是治理通胀的重要方面。

一、财政政策与货币政策

财政政策与货币政策是抑制控制总需求的政策，它是凯恩斯主义经济学治理通胀的基本对策，虽然受到了货币主义与合理预期学派的挑战，但其在客观经济调控中曾具有重要影响。目前新凯恩斯主义经济学仍然十分重视它。财政政策和货币政策操作对于我国当前的宏观调控和反通货膨胀政策也有着极大的影响。

我们对于财政政策和货币政策的作用机制与作用影响进行逐一的分析。

1. 财政政策

在面对通货膨胀影响和冲击的情况下，政府一般可以采取的应对策略是实施紧缩性财政政策，主要包括压缩财政支出和增加财政收入。压缩财政支出可以控制总需求支出的膨胀；增加财政收入主要是增加税收，即通过开征新税种、提高税率等方法来减少企业和居民的收入，借此抑制总需求膨胀。从财政支出与总需求的关系看，两者之间存在着因果关系，调控财政支出规模理论上是可以达到控制总需求的目的的。但在实际的财政政策作用过程中，这一政策的有效性面临巨大的挑战。紧缩财政支出会带来投资、进口、就业下降等多元社会影响；总需求的多元影响导致财政紧缩的实际作用有限，而且有可能引发通货紧缩和经济的衰退。在欧洲主权债务危机的处理中，也出现了财政紧缩的措施引发一些国家严重的通货紧缩和经济的衰退，这一政策的效果大打折扣。

在我国的经济转轨时期，实施紧缩性财政政策也遇到了一些困难：第一，在压缩财政支出时，各种局部利益的代表（区域、部门、企业和居民）的呼声会陡然增高，他们会采用各种抵制的对策，从而使紧缩性财政政策收效甚微或为时短暂。当前我国企业（尤其是国有企业）经济效益不佳，增加税收将使企业经营更加困难，甚至危及经济和社会稳定。第二，在国家预算内投资占全社会投资总额比重较小的状况下（不到三分之一），预算内投资的压缩对压缩投资总规模产生的作用有限，而且可能会造成由于重点建设项目缺乏建设资金而使投资结构恶化的趋势。

为了使财政支出的增长能随着通货膨胀的上升而自动下降，使财政政策能在通货膨胀时期起到逐步压缩总需求的作用，避免力度过猛的紧缩性财政政策对经济的不利影响，目前也可以实行一种财政支出增长率（G'）与经济增长率（GNP'）和通货膨胀率（P'）挂钩的政策。即公式：

$$G' = GNP' - K \cdot P'$$

（K 为常数）

例如，当 $GNP'=8\%$，$P'=10\%$，$K=0.15$ 时，$G'=8\%-0.15\times10\%=6.5\%$。

同时，通过对 K 值的灵活调整，对各种不同的财政支出实行区别对待，如对行政管理支出及与社会集团购买力有关的支出部分，通过提高 K 的值，实行"加速紧缩性财政政策"，大力压缩这部分财政支出；对生产性财政支出及科教文卫支出可保持 K 值不变或适当降低以实行"缓和紧缩性财政政策"，以促进经济结构调整和贯彻"科教兴国"战略。

2. 货币政策

在反通货膨胀中，货币政策的作用是通过减少货币供给量达到减少总支出购买力实现的。目前货币政策操作的主要手段包括：存款准备金率调控、再贴现政策、利率政策及信贷计划调控等。

从我国运用货币政策反通货膨胀的实践来看，一旦抽紧银根货币供给减少，立即造成企业流动资金紧张，需求下降的同时也使得供给出现大幅下降，有时甚至超过了需求下降的幅度，由此引发了企业之间的支付危机，引发银行的货币信用危机。其主要原因在于我国企业的资本金太少，企业经济效益差，信贷资金大量沉淀，在金融工具单一，金融管制较严且金融市场不发达、不完善的条件下，商业银行对中央银行资金的依存度很高，企业对于银行信贷资金的依存度也很高，一旦中央银行减少再贷款，商业银行的经营便会陷入支付困难，更无力开展信贷业务。货币信用危机又造成挤提存款、抢购货物，导致"信用非中介化"，大批社会资金脱离银行体系实行"体外循环"，使银行在经济中的调控作用进一步下降。

一旦商业银行减少或停止贷款，企业生产经营立即陷入困境，有效供给直线下降，失业增加，甚至有些企业被迫倒闭。这就不仅不能克服通货膨胀，而且由于供需缺口加大，反而会增加物价上涨的压力。

但是不论何种原因引起的通货膨胀（物价上涨）必然是以货币的超经济发行为实现条件，通货膨胀与货币超发是互为因果的。因此，作为反通货膨胀政策之一的货币政策在面对通货膨胀时采取的必然的选择就是实施紧缩政策。不过若在一开始就采取猛烈的"一刀切"的抽紧银根的举措，有可能造成生产下滑、失业增加、市场疲软甚至造成社会不稳定，尤其在中国当前的情况下更易造成这样的结果，其原因已如上述。因此，出路只能是采取逐步紧缩、区别对待的"软着陆"或"慢刹车"的紧缩性货币政策，这已为我国几次实行紧缩性货币政策的实践所证明。在 20 世纪 90 年代的通货膨胀中，我国采取了"急刹车"和"一刀切"的紧缩性货币政策，虽然较快地遏制了通货膨胀，但也付出了长达数年的经济萧条、市场疲软、失业增加的沉重代价，给国民经济长期发展目标的实现和加快改革开放带来危害。

2008 年金融危机爆发后，我国也一度推出了 4 万亿的投资扩张计划，大搞基建，固定资产投资猛增 70%，货币大幅度超发，致使经济发展过热。政府觉察到了这种危险性，提出了加强宏观调控的思路，实施了以财政金融整顿为突破口的宏观调控措施和以财政货币适度紧缩及调整结构为主要内容的反通货膨胀政策，由于吸取了前一次反通货膨胀的教训以及针对这次通货膨胀带有更多成本推动成分的特点，因此采取的是适度紧缩的货币政策，目前这一政策已初见成效：零售物价指数已下降到 3% 左右；固定资产规模得到有效控制；经济增长速度逐步回落；对外贸易连年顺差；国家外汇储备大幅度增长，适度紧缩的货币政策效果得到了较好的体现。

3. 以结构性调整为主的货币政策和财政政策

这种政策在反通货膨胀的过程中，不仅能压缩社会总需求，而且在经济结构调整和增加社会有效供给方面，都能发挥其重要的作用。银行可通过信贷和利率政策，财政可通过税收和预算政策来抑制经济结构失衡中长线生产部门的需求和生产，引导和鼓励资金流入短线生产部门，增加社会的有效供给。

目前的结构调整政策的重点在以下几个方面：

（1）适度控制固定资产投资规模，为新兴产业发展提供国内配套资金。由于国内经济高增长、高利率以及人民币汇率稳中趋升，2009 年以来外国资本大量涌入我国，这为我们这样一个劳动力众多和资本短缺的发展中国家提供了千载难逢的发展机遇。外资流入，或者直接带进了物资，或者带进了外汇，这些都是增加供给的因素，由此而扩大的固定资产投资规模是有物资保证的。但目前我国面临着投资扩张和适度紧缩的市场局面，需要通过控制投资规模引导外资，实现积极的产业扶持政策，搞好内外资本的协调配合。

（2）增加对于中小企业的投资信贷，刺激市场稳健增长。货币政策应对通货膨胀和实行结构性调节的双重要求，在信贷资金投入量上要有控制，在投向上要有特殊倾斜，主要是向一些高新技术产业、中小企业和民营企业倾斜，在总量上有所控制而在结构上有所刺激。

（3）适当调整国际收支政策。近年来我国的贸易顺差和国家外汇储备一直保持在较高水平，但外汇储备过度增加导致货币投放过多，不利于克服通货膨胀。可将一部分外汇用于国有企业技术改造，对引进外资项目发放外汇贷款或偿还一部分外债，这样既可提高经济效益，又可回笼一部分人民币。另外还需推进人民币汇率形成机制市场化的进程，引入市场调节力量来影响人民币汇率，以减少中央银行的基础货币投放。

二、收入调节政策

收入调节政策是指政府在通货膨胀时期用来限制货币收入水平和物价水平的经济政策。

在商品市场和生产要素市场面临垄断因素而引起工资、物价轮番上涨和出现结构性通货膨胀的情况下，要有效地克服这种类型的通货膨胀就要限制各种生产要素收入（其中主要是工资）的增长率，使之不超过劳动生产增长率。目前各国所采取的收入政策的主要措施有：

（1）规定工资和物价增长率的标准。例如，规定工资增长率与劳动生产增长率保持一致，对于每个部门由于劳动生产增长率与全国平均劳动生产增长率的差距引起的成本变动允许其通过价格浮动来消除。

（2）实行工资-价格指导体制。通过各种形式的政府指导与说服工作，使企业和工会自愿执行政府公布的"工资-价格指导线"（即工资增幅）。

（3）必要条件下实行的工资-物价管理，即在通货膨胀出现失控和奔腾爆发时对工资和物价实行强制性冻结，以缓解市场。政府可使用行政手段执行强制性的管制调控实现市场的稳定。

收入调节政策的缺点是会降低资源配置效率，并可能将公开的通货膨胀转变为隐蔽的或抑制的通货膨胀，此外，还可能影响劳动者的积极性。对于社会主义市场经济体制来说，也可以通过实行有选择的价格管制政策，通过结构性的价格调整，来克服引起通货膨胀的结构因素和成本推动因素，增加有效供给。

为了克服通货膨胀在分配方面的不利影响，有人提出了所谓"指数化"政策。所谓"指数化"是指在通货膨胀时期，将工资、租金、政府债券收益和其他各种收入与物价指数挂钩，使之能随物价变动而相应调整。它可以减轻人们在通货膨胀下收入和财富的损失以及预期，消除分配不公和通货膨胀动机。但对于我国来说，实行"指数化"，可能会产生以下问题：

（1）由于技术方面的原因，"指数化"可能不但不能将"非均衡性膨胀"转为"均衡性膨胀"，反而会引起工资-物价交替上升。

（2）目前我国还有近5亿农村人口，对农民实行指数化管理是一个难题。如果一定要搞，可以将农副产品收购价格与一般物价水平挂钩实行"指数化"，这样会更加强化农副产品价格与其他商品价格的联动效应，加速而不是抑制物价总水平的上升，并且对国家财政来说也是缺乏承受能力的。

三、供给管理政策

财政货币政策主要是克服需求拉动型通货膨胀和输入型通货膨胀，而收入政策主要克服成本推动型通货膨胀和结构型通货膨胀。但不论什么原因引起的通货膨胀最终的结果都是物价上涨（抑制性通货膨胀直接表现为商品供给不足）。物价上涨在竞争的市场环境下总是表现为与货币购买力相比的商品供给不足，因此，从长期来看，发展生产、增加有效供给是克服通货膨胀的根本性政策措施。

因为不论是内涵型扩大再生产还是外延型扩大再生产，都需要增加投资，而投资具有增加供给和扩大需求的二重性，因此，对于社会主义市场经济体制来说，要解决如何使反通货膨胀供给管理政策的供给效应大于需求效应，需要注意以下几个问题：

1. 改善产业结构

要以改善产业结构拉动新兴产业增长为重点，尽量减少需求扩张效应。通过消除产业部门中的"瓶颈"来增加有效供给。为了减少对"瓶颈"部门投资而增加的需求压力，要用相应的货币政策来配合。

2. 缩短政策的供给效应的时滞

努力缩短政策的供给效应的时滞，并使其需求效应滞后于供给效应。为达到此目的，可以通过诸如"优化劳动组合"和改善经营管理，将一部分隐蔽性失业人员转为实际就业，从而在不增加新的就业人员和工资福利费用开支的条件下，扩大生产规模、提高劳动生产率和增加有效供给，当整个就业人员的劳动生产率提高以后，其工资收入也可以相应提高，只要工资的增长率滞后于劳动生产率的增长率，并且不超过劳动生产率的增长率，就可以使有效供给的增加在时间上先于和在数量上多于有效需求的增加，从而抑制通货膨胀。

此外，改善投资结构，刺激高新产业产品的生产，迅速增加有效供给，可以缓和市场需求压力和降低人们的通货膨胀预期。

3. 鼓励技术创新

鼓励技术创新，提高单位资源利用效率。这样，可以不增加或少增加资源投入而扩大有效供给，要将科研成果迅速转化为生产力，促使经济增长从粗放型向集约型转变，可防止经济过热、克服通货膨胀，把"科教兴国"的伟大战略决策落实到每一个地区和单位。

总之，通货膨胀的成因是多方面的，克服通货膨胀需要运用各种方法，需要社会各方面的努力和配合，尤其在我国当前，与社会的经济、政治体制的改革密不可分。

四、经济体制改革与通货膨胀

通货膨胀是社会主义国家在经济改革过程中，不可避免的问题，是改革必须付出的代价。那么，经济体制改革与通货膨胀具有怎样的内在联系呢？

（1）价格改革与通货膨胀。价格改革的主要任务是：①相对价格体系的调整；②价格形成机制的转换。在相对价格体系的调整中，最主要的调价方式是保持原有相对价格偏高的商品价格，提高相对价格偏低的商品价格，从而使价格总水平上升，这是因为，第一，这种价格的上升必须有新增的货币供给来支持，甚至货币增加在先。第二，对老百姓来说，不论是国家计划调价引起的物价上涨还是市场供需缺口（有时两者是一致的）引起的物价上涨都是一样的。在价格形成机制转换的过程中，不仅市场供需缺口会拉动物价上涨，而且市场本身的不完善、经济秩序的不健全、微观经济主体行为的不合理都有可能扩大价格上升范围，推动物价上涨。

（2）企业改革与通货膨胀。在经济体制改革的进程中，逐步扩大了企业生产经营自主权，企业必须面对市场需要生产产品，由于生产产品所需要的能源、原材料等企业必须在市场上高价购得，在企业激励机制已初步形成的条件下，企业必然通过其产品售价的提高来转嫁这部分增加的成本，从而导致成本推动型通货膨胀。

（3）投资、信贷体制改革与通货膨胀。投资体制改革形成了投资主体和资金来源的多元化和多渠道，由于国有企业财产关系界定不明确和财政"分灶吃饭"体制，地方政府和企业的投资冲动非常强烈，给银行信贷造成很大压力；由于专业银行商业化改革的滞后（实质是企业产权制度改革的滞后)和中央银行金融宏观调控的不完善,其导致银行信贷的过度扩张与效益低下,形成需求拉动型通货膨胀。

(4)对外开放与通货膨胀。由于对外经济联系的加强,国际经济对国内经济的影响增大,从而通过国际贸易和国际金融等方面途径引起的输入型通货膨胀易于产生。

通货膨胀是改革开放不可避免的"阵痛",为了减少并早日结束这种"阵痛",必须加快和深化经济体制改革。

(1)深化企业制度改革,进一步明确国有企业的产权,硬化企业预算约束,纠正企业不合理行为。只有这样,才能克服国有企业和地方政府的投资扩张行为,使企业关心自己的资产积累,提高资产的利用效率,降低贷款需求,以逐步消除企业方面诱发通货膨胀的体制因素。

(2)建立和完善市场体系,消除垄断行为。包括发展民营经济和建立、健全劳动力市场,消除收入攀比,抑制(工资)成本推动型通货膨胀;建立、健全生产要素市场,提高国家宏观调控的效力。

(3)建立和完善宏观经济调控体系,其中金融改革尤为重要。要增强中央银行制定和执行货币政策的独立性;增强社会公众对中央银行执行稳定性货币政策的信心;进一步推进国有银行商业化改革,划分、理顺中央银行与商业银行的职能和关系;积极发展金融市场和金融体系,引入竞争机制,只有这样,才能从根本上消除通货膨胀的实现条件。

(4)进一步推进政治体制改革,促进经济体制改革的深化和经济生活的民主化,减少决策失误和宏观失衡,调动一切社会成员的积极性、主动性和创造性,从体制上加强群众对各级领导机构和各级领导的监督,打造优秀人才脱颖而出的良好的政治和社会人文环境,那么,我们就一定能建立一个没有通货膨胀、没有社会动荡、没有两极分化的美好的人类社会。

第六节 | 通货紧缩及其治理

在市场经济运行过程中,当出现与通货膨胀相反的情况,即一定时期里物价水平的持续下跌并伴随有经济增长率的萎缩下降,这就是通货紧缩。目前学术界对于通货紧缩的具体形态、程度的看法还有一些差异,主要是物价持续下跌的幅度应该有多大,物价持续下跌的持续时间应该有多长,物价的持续下跌是否必然伴随有经济成长的萎缩与萧条,这与对通货膨胀的讨论分歧一样,但肯定通货紧缩是通货膨胀的反面,是物价持续下跌与经济下行的综合体。

为什么现代各国在市场经济的运行中必然地会出现通货紧缩现象,它的形成原因是什么，它对于经济有着什么样的影响，这是我们需要作出分析和回答的问题。

一、通货紧缩的形成与表现

我们现在面对的市场经济周期波动，会出现经济的增长率加速上升的繁荣期和经济增长率加速下降的衰退期，与这一过程相伴随的是物价的上升与物价的下跌，即通货膨胀和通货紧缩现象的交替。人们对于通货膨胀的认识较为清晰，感受更为深刻；而对于通货紧缩的认识一般较为模糊，感受不深，也有人认为物价的下跌是好事。但实际上通货紧缩产生形成与通货膨胀一样长久，同样对于经济稳定发展产生较大冲击。

一般认为，19世纪20年代末发生于美国的经济大萧条同时也是一次严重的通货紧缩过程，期间物价的下跌幅度大，超过60%，持续的时间长达3年以上，对于市场和经济的破坏是十分惊人的。战后在凯恩斯干预主义经济学的主导下，通货紧缩表现并不明显，仅在20世纪80年代中期和2008年出现过较为明显的通货紧缩现象。

我国的市场经济发展是在改革开放以后，伴随着投资的开放和经济的快速增长，货币发行和供给体制也出现了转变，也出现了通货膨胀和物价上涨的问题，并经历了20世纪80年代中期、20世纪90年代中期和2008年后的三次通货膨胀，物价大幅上升，迫使国家实施宏观紧缩措施控制物价。但在宏观紧缩收到效果后，出现了国内物价下跌，经济增长率下滑的趋势，同时又爆发了东南亚金融危机，国际市场也出现收缩，1997年末开始我国的物价指数出现了连续三年的下跌，伴随着物价的持续下跌，我国国民经济的增长速度也出现了明显的下降，2000年时的GDP年增长率仅为2.1%，对于已连续十年以上的两位数百分比增长率来说，市场几乎已经进入了严重的衰退状态了。从物价持续下跌到经济增长率的大幅萎缩，可以判断我国的市场经济运行进入了通货紧缩的状态。这是我国改革开放以后经济运行所经历的第一次，也是到目前为止唯一的一次通货紧缩，这是一种全新的经济运行状况，引发了各方的关注。

通货紧缩为什么会在我国出现？我们可以发现，一些基本的条件形成和经济结构状态的变化是诱发的原因。在市场经济体制国家，经济衰退和通货紧缩的周期性出现早已是经济运行中挥之不去的过程，而且是经济周期过程中最经常出现而又最难以应对的现象，它构成了市场经济国家经济发展中最大的隐患。最严重的通货紧缩出现在20世纪20年代末和30年代初，连续4年的物价下跌导致经济负增长60%，美国的经济水平由此倒退超过30年，引发了20世纪30年代经济的大萧条。战后，在凯恩斯主义经济干预政策影响下，通货紧缩和经济衰退出现周期有所拉长、经济下跌幅度收缩的趋势，负增长变成增长率的下降，但通货紧缩一直是主要国家经济增长的主要威胁。

对于我国经济发展过程而言，在改革开放以后的40多年里，市场经济运行中存在着投资扩张和货币投放过快的问题，通货膨胀问题一直周期性的爆发，成为经济发展的主要威胁；从市场经济机制及其运行特点看，政府的干预和行政直接介入导致资源过多的行政分配和控制，财政支出和货币供给要直接配合或支持投资扩张与发展推进，各级政府的投资扩张冲动更加剧了信贷与货币供给的扩张，经济的刺激和拉动措施每当市场出现不景气时就会出台，这使得投资刺激和拉动与财政货币扩张之间出现了必然的联系，结果导致通货膨胀周期性的爆发，危害到市场经济的稳定与发展。

从市场经济的结构和运行特点看，西方市场经济国家经济运行面临的主要威胁是通货紧缩，我国目前的市场经济运行面临的主要威胁是通货膨胀，通货紧缩的威胁是其次的。

二、通货紧缩的影响与后果

通货紧缩导致物价的持续下跌，投资萎缩和市场不振，这往往使人觉得物价下跌是有利于消费者的，但实际上通货紧缩对于一国经济是极具杀伤力的，甚至对一国经济发展带来灾难性的破坏，即经济衰退。

（1）通货紧缩导致物价持续下跌，影响资产价格和投资收益，从而会影响到投资的增长和经济的持续增长。

在市场经济条件下，影响投资变化的主要因素有利率和投资收益率。利率在通货紧缩情况下一般会出现上升，利率变化方向与投资成本呈同方向变化，因此，通货紧缩必然导致利率上升，因为投资成本上升，在投资收益率不变的情况下，会引发投资的减少。在市场经济周期变化来临时，投资项目面临的利率变化成本影响程度有所不同，一些项目，如房地产投资、证券投资等，因为融资比重较高而成本变化影响大，受到的冲击就比较大，而一些融资比重较低的项目，影响比较轻。

通货紧缩对于投资收益率的影响广泛而直接，对投资的冲击较大。决定投资的最主要因素就是市场的预期收益率，通货紧缩直接影响到市场对于未来的收益预期和信心变化，投资项目的收益率决定，存在于市场的需求量和价格的水平，通货紧缩的预期既可能影响未来市场的需求量，也可能冲击产品的市场价格，最终直接影响到投资项目的投资收益率。因此，通货紧缩和市场衰退的影响冲击，从物价下跌开始，最终将影响到投资的收益率，引发投资的下跌和经济增长率的萎缩。从公司企业的角度看，市场周期的衰退和投资收益率趋于下降，导致企业的投资项目成本负担上升，利润率下降，公司的融资成本负担也会上升，资金筹措难度加大，这会使公司企业的投资意愿下降。

市场投资意愿的下降和投资的收缩，也必然导致市场的下滑和经济的收缩。

（2）通货紧缩和物价下跌，影响人们的消费信心和支出，从而引发支出的递减和经济的萎缩。

我们来看一个关于信心和预期的变化关系，人们的收入水平与消费支出之间的比率关系就是消费倾向，当期新增收入部分中消费所占比率是消费者的边际消费倾向；这个边际消费倾向具有何种特点，经济学给予了极大关注，但给出的定论并不一致。在战后相当长一段时间里被认为是随收入增长而递减的；但随后的实证研究却得出了长期内边际消费倾向不变的结论，只是在短期内才会有变动。什么样的经济变化周期才是一种短期，依据不同的分析目的短期的定义也是不同的，市场周期的长短期设定是已投资可否调整改变的期限。在市场周期变化的短期内，在没有投资变化的条件下，收入水平的短期变化也不会产生影响，这样，边际的消费倾向也应该是稳定的。但人们的消费支出受市场预期的影响，在短期内出现下滑，形成通货紧缩。

消费支出变化受市场预期的影响，是通过人们对于市场变化可能产生的收入影响预期而形成的，人们在市场形势出现变化后，对于其收入和支出能力的变化作出预期，这就会影响到人们的消费支出的信心，并作出收缩和调整，市场的消费行为就此发生改变，形成消费收缩，并成为通货紧缩的重要推动力。在市场经济中，人们的预期行为是不会凭空产生的，它依存于真实的市场周期之中，但其对于消费支出的影响会产生重要的通货紧缩冲击，并加深对通货紧缩的影响。一旦消费支出递减形成通货紧缩，它会进一步引致物价的下跌和经济增长的收缩，形成经济收缩递减的叠加效应。因此，严重的市场衰退和通货紧缩相互影响震荡，会产生较大的经济破坏力。

（3）通货紧缩产生的收入和财富的再分配效应，会严重冲击经济的结构和市场的秩序，产生通货膨胀的相反效应。

一国的通货紧缩对于现行的收入分配构成会产生实质性的影响，其影响程度与通货膨胀的作用正好相反。一般地说，通货膨胀导致货币购买力贬低可使固定工资收入群体蒙受损失，企业则因利润上升而获利；在通货紧缩情况下实际结果正好相反，固定工资收入的群体获得货币的购买力会上升，条件是通货紧缩没有影响到他们的就业岗位。通货紧缩对于财富的影响效应与通货膨胀也是相反的，通货膨胀会削减债务人的实际负担，而通货紧缩货币升值的结果会增加债务人的实际负担，如不考虑破产情况，债权人在通货紧缩情况下会获得财富升值的机会。因此，在市场面临通货紧缩时，往往会产生对于信贷和融资的极大遏制，使投资收缩更加严重。于此，我们可以看出，不管是通货膨胀还是通货紧缩，其对于社会财富和收入分配的影响效应，都会严重地冲击现有市场经济体制的稳定和秩序。

三、通货紧缩的防控治理

作为市场经济周期变化的一种必然现象，通货紧缩是一种购买力失速和经济萎缩的病症，它会破坏原有的市场物价体系和需求购买力，导致投资消费和经济增长的严重萎缩，经济增长失去动力。在市场经济的环境下，买方市场和需求购买力不足是一种经常性的状态，投资过度和市场需求购买力亢奋的状态是较为少见的。在面临通货紧缩的市场状态下，宏观经济调控和货币政策也需要做出针对性的应对，以控制通货紧缩发生的程度和延续长度，减少冲击损害。按照货币主义理论的对策，控制通货紧缩的对策就是实施通货膨胀，也就是说，用通货膨胀来对付通货紧缩。这个政策含义就是要增加货币的供给来遏制通货紧缩与物价下跌。但在实际的市场周期变化中，要判断通货紧缩并不容易，要控制好货币供给扩张程度更不易；物价的变动也存在着滞后现象，给货币供给政策调控带来困扰。现在，在应对通货紧缩的对策问题上，存在从需求角度刺激的政策和从供给角度的治理对策，效果也可能不同。

从需求管理出发的调控政策，着力点在于拉动与扩张需求购买力，从传统的凯恩斯主义经济学到现代的新凯恩斯主义学说，都肯定了投资和消费支出的扩张可以拉动需求，而要刺激投资和消费，实施积极的货币供给扩张就能达到这一目标，货币扩张或"量化宽松"的供给政策，通过一定的中间杠杆因素作用，如利率机制，可以对产出和就业产生刺激作用，同时对于物价也会产生一定的推动作用，这样就达到了遏制通货紧缩的目标了。我国在金融危机爆发后的反危机对策主要也是投资消费的拉动政策，货币扩张并配合财政扩张政策，来应对通货紧缩和经济下滑，其间还出台了一个"四万亿"的投资扩张计划，实施行政立项推动制度，配套性的投资数以十万亿计，对于当年的支出拉动是十分明显的，对于市场的通货紧缩产生了一定的遏制作用。但批评的声浪一波高过一波：一是质疑货币投放扩张能否形成真实的投资支出，企业等市场主体的消极避险行为可能导致货币在金融体系滞留，投资难以扩张；二是投资支出的扩大能否形成产出和就业的增加，主要是项目的合理性和有效性存在问题，形成大量无效投资支出。大规模的投资拉动和货币扩张会降低投资支出效率，遏制通缩的结果是导致经济增长陷入滞胀。

从供给角度出发的调控主要强调实施积极的结构政策和市场调节政策，提高产出的效率，增加总的供给，遏制通货紧缩的扩展。据新自由主义经济学及其供给学派的理论，支出仅仅依靠货币供给扩张是难以达到提高供给产出量遏制通缩目标的，货币流量的增加不能解决市场供给的结构问题和经济效率问题，引发低产出的通胀就会形成经济的滞胀。要有效遏制经济的下滑和物价下跌，需要提高产出的效率和供给的能力，调整市场经济产出的结构，削减无效的多余的产出能力，使市场形成健康的合理的产出能力，恢复市场自身的均衡能力，以此来消除通货紧缩。但供给能力的提升和产出效率的提高需要市场结构的调整，市场经济主体具有积极的调整应对能力，而且需要一个更长的时期来实现这种转型与效率变革。不然，短期内市场的剧烈波动无法应对，还要依靠短期的需求扩张拉动政策来调控和减缓市场的周期震荡。

本章小结

1. 通货膨胀是各国先后普遍出现过的现象，它是一国总体物价水平持续的、明显的上涨。通货膨胀可用各种指数来衡量，并进行分类。

2. 通货膨胀的成因，经济学家已经提出了一系列的理论分析，并形成了通货膨胀的不同类型。最主要的通货膨胀类型有：需求拉动型、成本推动型、结构型、市场预期型通货膨胀，在我国，还有与改革和转轨有关的转轨型通货膨胀。但无论何种原因，货币供给过量是形成通货膨胀的基本条件。

3. 通货膨胀的影响与作用是十分广泛的，它对于一国经济的增长与资源配置会产生直接的影响，它对于一国国民收入的再分配与财富的再分配也有着直接的影响。经济学家普遍认为通货膨胀具有负的经济与社会效应。它不可能换来社会经济长期与稳定的增长,也不可能促进就业的增加。

4. 对通货膨胀的治理涉及一系列的政策,它主要包括了抑制总需求的政策、收入政策、供给管理政策以及体制改革与转轨的政策,但无论是抑制总需求或是刺激总供给的政策,它都要受到公众对通货膨胀预期的影响,因此,要使中央银行实行稳定性的货币政策,增加社会公众的信心,是根本的措施。

5. 我国计划经济时期,一直实行价格与工资管制,物价上涨不明显。改革开放以来,价格-工资制度改革、企业制度改革、金融体制改革,使经济主体的运行机制发生了改变,而金融调控的方式仍保持了行政化结构,这种不适应引发了几次物价的波动与货币的贬值,改革过程中的通货膨胀也严重影响了我国经济的健康稳定发展,因此,从改革与转轨的角度来治理通货膨胀对于处于转轨时期的经济来说,也显得格外重要。

复习思考题

1. 如何去度量通货膨胀?
2. 通货膨胀的成因有哪些?主要的通货膨胀类型有哪些?
3. 通货膨胀最主要的社会经济后果是什么?
4. 哪些因素导致了结构型通货膨胀?
5. 我国20世纪90年代通货膨胀形成的主要因素是什么?
6. 如何认识通货膨胀与经济增长的作用?
7. 反通货膨胀的基本对策有哪些?
8. 如何认识"收入指数化"对治理通货膨胀的作用?
9. 我国控制通货膨胀的政策重点是什么?
10. 治理通货膨胀与通货紧缩有何关联?

第十二章 货币政策与宏观调控

本章要点

货币政策是一国宏观经济调控的重要手段之一，它的政策重点是通过货币供给量调控的手段，对于一定时期的货币信贷供应量施加影响，再通过货币信贷供应政策调控影响到利率汇率等政策变量，以此影响投资消费支出等经济变量，并最终影响到国民经济产出量和物价通货膨胀等状态。货币政策的这种调节功能是一种宏观经济的调控手段，是实施一国经济稳定、持续、健康发展的主要保障，货币政策的有效性目前在理论上、政策实践上都存在着争论和不同的认识。

在目前的市场经济条件下，经济的周期性波动需要实施宏观经济的调控，一国的宏观调控的基本任务是实现社会总供给与总需求的均衡，保证国民经济持续、稳定、协调发展，推动全社会进步。由于货币供给量的变化是能否实现社会总供求均衡的决定性因素，因此宏观调控的重点是货币供给量的调控——也可以称为金融调控。

金融调控是通过货币政策来实现的，而货币政策又是通过中央银行的体系来实施完成的。中央银行作为一国的货币发行机构，通过一系列行之有效的措施手段，控制货币供给量，保持货币流通与利率的稳定，可以为国民经济的持续稳定发展创造良好的金融环境。

中央银行对货币供给量的调控可以有两种模式，即：直接调控模式与间接调控模式。

（1）直接调控模式。中央银行确定货币政策目标之后，通过行政手段强制各类金融机构实现国家的货币政策，保持流通中货币量的稳定。

（2）间接调控模式。中央银行确定货币政策目标之后，通过市场机制和经济手段，影响银行和微观经济主体的行为，实现预定目标。

实行间接调控是市场经济的客观要求。在市场经济体制下，企业、商业银行均是自主经营、自负盈亏的经济实体，与中央银行不存在行政隶属关系，中央银行的行政干预方式是不合适也行不通的，同时由于金融机构多元化与融资方式多样化，中央银行也难以具体控制微观主体的经济活动和流通货币量，只有借助于各种经济杠杆进行间接干预与影响，才能实现预定的调控目标。我国目前的货币政策调控也正在从传统的直接调控向间接调控转化，功能作用在日益强化。

第一节 货币政策的目标

中央银行宏观调控作用的发挥，是与货币政策的制定、贯彻以及日常操纵紧密联系在一起的，货币政策是中央银行实现金融调控的核心。实施货币政策调控，首要的问题是确定货币政策调控的目标。

一、货币政策含义

1. 货币政策的概念

货币政策是指一国中央银行为了实现既定的经济目标，运用各种手段调节货币供给量或信用量，进而影响宏观经济的方针和措施的总称。

货币政策一般涉及三个方面的问题：货币政策目标、货币政策工具及实施操作。但因货币政策从确定目标到具体实施直至达到预定目标，其间涉及一系列作用过程，因此实际上还包括货币政策中间指标及传导机制，以及政策效果评估等。

2. 货币政策的任务

货币政策作为一国重要的宏观经济政策，主要有以下三方面的任务。

（1）维持适度的货币供应，不能因货币供应不当而影响国民经济的正常运行。

（2）为国民经济的健康发展创造一个良好、稳定的货币金融环境。

（3）对来自其他方面的经济干扰因素发挥抵消作用，即在经济过度膨胀、通货膨胀较严重的情况下，货币政策的任务是减少货币供给量，降低过旺的需求，保证经济正常、稳定发展；而在经济萧条或衰退时期，中央银行通过货币政策的实施，要增加货币供给量，刺激社会总需求，把经济拉出"低谷"。

3. 货币政策的内容

货币政策一般包含以下四点内容。

① 货币供应量政策。中央银行为控制货币信用规模而采取的各种方针与措施。通过货币供应量政策，一方面可调节社会信用总量即货币流通总量，适应经济发展需要；另一方面调节社会信用量的结构与投向，可影响经济的结构和质量，发挥资金最大使用效益。

② 利率政策。控制与调节市场利率。体现在两个方面的调控：一是利率水平，二是利率结构。

③ 汇率政策。调节外汇市场，控制国际资本流动，保持适度的外汇储备，使汇率不至于过度波动，影响经济的发展。

④ 其他政策。指信贷政策、利率政策、汇率政策之外的其他金融政策。

二、货币政策目标

一般是指中央银行实施宏观调控最终要达到的目标。货币政策作为一项宏观经济政策，它的目标要与整个国家的宏观经济目标相适应。

1. 货币政策目标的发展演变

货币政策目标的制订与一定时期社会经济发展状况相联系。从中央银行体系出现至 20 世纪 30 年代以前，各国中央银行货币政策的主要目标是稳定币值与汇率。主要原因是当时西方各国普遍实行金本位制度，货币具有自动调节货币流通量的功能，稳定币值自然成为中央银行货币政策目标的唯一选择。此外，当时崇尚市场调节经济，国家还不能对经济实行宏观调控，也就没有其他的货币政策目标。

1930 年以后到 20 世纪 40 年代中期，由于世界经济危机的影响，失业率剧增，成为影响经济发展和社会安定的重要原因，解决就业问题便成为当时压倒一切的中心任务。随着凯恩斯主义国家干预经济主张的盛行，主要资本主义国家也就相继以法律形式宣布充分就业是中央银行货币政策的主要目标。至此，货币政策目标已由原来的单一目标发展到双重目标：稳定币值与促进充分就业。

20 世纪 50 年代后，整个世界经济发展出现不平衡，许多国家为保持自身的经济实力和经济、政治地位，把发展经济、促进经济增长作为国家货币政策目标的重点。

20世纪70年代后,由于长期推行凯恩斯主义宏观调控经济的政策,各国均不同程度出现了通货膨胀,严重影响国际收支,特别是美国自70年代开始国际贸易不断出现逆差,以美元为中心的国际货币制度开始动摇,并且先后爆发两次大的美元危机。有鉴于此,一些国家将国际收支平衡列为一项货币政策目标。

综上所述,西方国家货币政策目标存在着渐进的发展过程,由单一目标适应经济形势变化逐步发展为四大目标:稳定币值、充分就业、经济增长与国际收支平衡。只是后来由于国际货币制度发生变化,黄金作为货币的价值实体的功能消失,许多国家的中央银行开始把稳定币值的目标改为稳定物价,并把稳定物价作为货币政策的唯一目标。

2. 货币政策目标的内容

货币政策目标一般包含以下四个方面的内容。

(1)稳定物价。指设法使一般物价水平在短期内不发生显著的或急剧的波动,即维持通胀率水平的稳定。这里的物价是指一般物价水平而不是某种商品的价格,某种商品价格发生变动,是市场竞争中经常出现的自然现象,并不能代表整个市场商品的价格体系发生了变动。事实上某些商品价格的自发调整会促进经济资源的合理配置,从而提高整个社会的经济效益。当然,在实际经济生活中,由于受多种因素的影响,某种商品价格发生变动,在一定时期内会带动其他商品价格发生变动,最终导致一般物价水平的上涨或下降,但这种物价水平的变化不会具有持续性。

另外需要说明的是,一般物价水平表明的是物价变动的一种趋势。一般物价水平上涨表明商品或劳务价格趋于上涨,一般物价水平稳定则表明商品或劳务价格趋于稳定。不论是上涨还是稳定,都不能说明任何商品的价格都是一成不变的,实际上商品相对价格总是在不断调整中的,有的商品价格在上涨,有的在下跌;有的上涨慢,有的上涨快。因此,一般物价水平只能反映物价变动的一般趋势。从长期看,物价水平变动总是趋于上涨的,但各国的物价水平上涨速度不一样。

究竟中央银行应把物价水平控制在什么幅度内才算实现稳定,这要依各国的具体经济状况及人们的承受能力而定。但不论哪一个国家,总是想把物价上涨控制在最小的幅度内,以利于经济发展。凯恩斯主义经济学提出了一个物价的自然上涨率理论,叫作自然通胀率,一般物价水平波动率在3%之内的就是自然通胀率,它意味着任何政策调控对于自然通胀率是不可能产生作用的,而是市场正常运行中经常性出现的波动。当物价波动率超出自然通胀率时,市场实际上已经陷入通胀或通缩的状态,货币政策的调控就具备了条件和必要性。

(2)充分就业。一般是指凡愿意就业者均可有一个适当的工作。换句话说,凡是有工作能力且有就业愿望的,都能在较合理的工资条件下随时找到适当的工作。考察一个国家是否达到充分就业,以失业率为衡量标准。按照传统西方经济学观点,计算失业人数时需把两种情况排除在外:一是摩擦性失业,即由于短期内劳动力供求失调而难以避免的摩擦造成的失业;二是由于工人不愿接受现有的工资水平而造成的自愿性失业。因为这两种失业在任何社会经济制度下都是难以避免的。需要说明的是充分就业并非指失业率为零。实际上每一个国家均会存在不同程度的失业率，一般认为3%左右的失业率为自然失业率，是政策调控难以影响的失业率，中央银行货币政策目标就是要使失业率降到接近自然失业率的最低水平。由于各国社会经济发展状况不同，可容忍的失业程度不同，如何衡量充分就业的标准也有所不同。

（3）经济增长。指一国在一定时期内所生产的商品或劳务总量的增加或者一国人均国内生产总值的增加，它反映了一国的经济发展水平和国民的实际生活水平，现在往往以剔除价格变动因素后的人均国内生产总值（GDP）作为衡量标准。从广义上讲，经济增长还包含有效利用现有资源与劳动力创造出更多的商品与劳务。货币政策的经济增长目标就是要通过有效地调控货币供应量来建立一个良好的货币信贷环境，以此来促进经济增长。而通过货币政策能否有效促进经济增长目标，是目前货币经济理论领域分歧与争论最为突出的焦点。

（4）国际收支平衡。国际收支是指一定时期内（通常指1年内）一国对其他国家或地区，由于政治、经济、文化往来所引起的全部货币收支。国际收支平衡是指一国对其他国家或地区的全部货币收入和支出大体相抵平衡的状态。货币政策的调控通过货币供给量和利率的变动会直接影响到货币汇率和资本的国际流动，从而起到调节一国国际收支平衡的作用。

国际收支平衡有静态平衡与动态平衡之分。静态平衡也称为古典式平衡，是指以1年的国际收支数额相抵为目标的平衡。因为它与人们的传统习惯吻合，判断简单，所以大多数国家采用这种平衡模式。动态平衡也称周期平衡、补偿性平衡，是指以一定时期（如3年、5年）的国际收支数额相抵为目标的平衡，与静态平衡不同的是它考虑到经济运行周期且兼顾国际收支结构的合理性。因此，这种平衡模式将会越来越多地被采用。

尽管西方国家先后提出了上述四种货币政策目标，但就一国某一时期来看，要想同时实现四大目标是非常困难的，通常实现某一政策目标的同时会干扰其他政策目标的实现。其中原因是四大政策目标本身之间的关系是错综复杂的，既有内在一致的地方，又存在着相互间的冲突。

3. 货币政策目标之间的矛盾冲突

货币政策目标之间的矛盾冲突包含以下四个方面的内容。

（1）稳定物价与充分就业目标之间的矛盾冲突。最先研究此问题的是英国凯恩斯学派经济学家菲利浦斯，他通过考察1861—1975年间英国失业率与物价变动间的关系得出结论：失业率与物价上涨率之间存在此消彼长的关系，即著名的菲利浦斯曲线（如图12-1所示）。

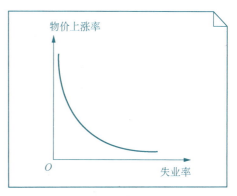

图 12-1 菲利浦斯曲线

他认为：一个国家要减少失业，必然要增加社会货币供给量，降低税率，扩大政府开支，以此刺激社会总需求的增加，而总需求增加后又会在一定程度上引起物价的上涨。相反地，若要降低物价上涨率，必须紧缩货币供给量，减少投资，从而减少社会总需求，这又会引起失业的增加。因此，一国的物价上涨率与失业率之间存在着一种相互替代的关系。要么保持高失业率下的物价稳定，要么维持较高通货膨胀下的充分就业，抑或在物价上涨率与一定的失业率之间进行相机抉择。中央银行只有根据当时的社会经济条件选择一个合理的组合点，它或偏向于物价稳定目标，或偏向于充分就业目标。

（2）稳定物价与经济增长目标之间的矛盾冲突。就现代市场经济的实践而言，长期中经济的增长大多伴随着物价水平的上涨，原因是经济的增长多数伴随着宏观经济政策的刺激，尤其是宽松的财政和货币政策导致货币信贷扩张，势必会引起不同程度的物价上涨，这一点从发达国家和我国改革开放以来的经济发展过程中均可得到证明。但理论界也有人持不同看法。一种观点认为适度的物价上涨可促进生产发展与经济增长。另一种观点认为随着经济的增长，物价会有上涨但终将趋向稳定。原因是经济增长主要取决于劳动生产率的提高和新的生产要素的投入，在劳动生产率提高的情况下，单位产品成本降低，物价必然会随之降低。但是，适度的物价上涨或通货膨胀在短期内固然能带来经济的较快发展，但从长期看，最终会造成投资过度膨胀，资源陷入短缺，阻碍一国经济的持续增长。

（3）稳定物价与国际收支平衡目标之间的矛盾冲突。在现代开放型经济社会里，某一国家的经济发展往往要受到国际经济变化的制约。例如，一国物价稳定时，若其他国家出现了严重通货膨胀，则使本国商品价格相对较低，引起商品出口增加，进口减少，增加顺差；反之则导致逆差增加。虽然这种贸易顺差或逆差状况可由资本的输出入加以弥补，但由此产生了稳定物价和调节国际收支均衡之间的矛盾冲突。

（4）经济增长与国际收支平衡目标之间的矛盾冲突。一般说来，经济增长会增加对进口商品的需求。同时由于经济增长带来货币支付能力的增强，又可能增加一部分本来是出口商品的需求。两方面作用的最终结果是进口的增长快于出口的增长。此外，要促进经济增长，必然要增加投资，在国内资金短缺的情况下就要设法利用外资。这种外资的流入可在一定程度上弥补贸易逆差造成的国际收支失衡，但并不能确保经济增长与国际收支一直保持一致共同的平衡。

由以上可以看出，货币政策目标之间存在矛盾，各国中央银行要依据本国的具体经济发展状况，在一定时期选择一个侧重点。例如，美国在不同时期出现不同的货币政策目标；德国曾深受通货膨胀之苦，为力求避免通货膨胀，联邦银行始终以"保卫马克"为己任，即以稳定币值为货币政策目标。而发展中国家货币政策目标的选择与发达国家不尽相同。发展中国家多数是农业经济社会或初级工业化社会，处在市场新兴发展阶段，在由农业社会向工业社会发展的过程中需要投入大量资金，资金紧缺是这些国家经济发展过程中普遍存在的现象。因此，在新兴市场经济国家经济的发展过程中，往往注重把经济增长作为货币政策的最终目标，为了达到这一目标，往往容忍一定幅度的通货膨胀，甚至较高的通货膨胀。结果导致一些发展中国家在一定时期内较高的经济增长率与较高的通货膨胀率并存的局面。但越来越严重的通货膨胀率最终会阻碍国家经济的进一步发展，这最终迫使这些新兴市场经济国家不得不把货币政策目标从促进经济增长转变为保持货币物价稳定，从而形成了稳定货币和物价的单一货币政策目标。

第二节 | 货币政策的中间指标

一、货币政策中间指标的选择

在货币政策体系与最终目标之间,还存在着一个中间性的指标体系,也可称之为操作性目标,最终目标一般也被称为经济目标。

货币政策的最终目标从总体上看是没有通货膨胀的经济增长,这也是各国的宏观经济政策目标。但考察货币政策目标实现与否,通常需要一个较长的历史时期。比如物价稳定以物价指数表示,经济增长以人均国内生产总值增长率来表示,而这些指标一般每年编制一次。中央银行在实施货币政策过程中要了解其效果如何,就要选择一些量化的、能用于日常操作的经济指标,作为实现货币政策的中介桥梁,即中间性指标。因此,中间指标的选择是货币政策的重要中间环节,它的准确与否关系到最终目标能否实现。一国的货币政策出台后,先要影响到中间性指标,如利率、信贷量、物价水平等,最后会影响到货币政策的最终目标,即物价和就业、产出目标。

中央银行选择中间性指标主要应考虑以下条件:

(1)可测性。包含两个方面:其一,中央银行能够迅速获得有关中间指标的资料数据;其二,这些资料数据便于人们分析和预测。

(2)可控性。指中央银行通过各种政策手段的运用,能对这些中间指标进行有效的控制和调节,能较准确地控制这些指标的变动状况与变动趋势。

(3)相关性。指所选的中间指标必须与货币政策的最终目标有密切联系,中央银行通过控制与调节中间指标,促使最终目标的实现。

以往传统的指标设置主要有基础货币、货币供给量、信贷流量等,但在市场经济发展的条件下,尤其是金融市场交易的广泛发展,各种新型金融工具的创新发展应用,基础货币、货币供给量等指标与市场化交易形成的货币信贷购买力之间出现脱节,货币流通量的内生决定因素日益突出,传统中间性指标开始失效,人们不得不寻找新的中间性指标来代替它,新自由经济学认为通货膨胀率或通货膨胀率加失业率是最合理可取的指标,但仍然存在着极大的分歧和争论。

二、中间指标的种类

根据以上三个条件结合各国中央银行的传统操作习惯,一般常用的有以下几个中间指标:

1. 利率

通常指市场利率，它与经济生活关系密切，往往是影响社会货币需求、货币供给的重要指标，它可以分为短期利率与长期利率。

以利率作为中间性指标的优点是：

（1）可测性强。中央银行随时都能观察到市场利率的水平及结构，在利率市场化条件下的变化波动可反映货币市场的供求关系。

（2）可控性强。中央银行可根据整个国家经济发展状况直接控制再贴现率或通过其他一些政策手段调节市场的资金供求，影响市场利率。

（3）相关性强。中央银行通过利率变动影响投资与储蓄，从而调节社会总供求。

但是以利率作为中间指标，也存在某些缺陷。主要表现为：利率本身是一个内生变量，它的变动与经济周期循环是一致的。当经济繁荣时，由于资金需求增加促使利率上升；经济停滞衰退时，利率随资金需求减少而下降。利率被用来作为政策性变量，也与经济循环一致。经济过热时中央银行需要提高利率降低通货膨胀，经济疲软时应降低利率刺激需求。于是，当利率发生变动时，中央银行很难区分究竟是内生变量还是外生变量引起的，也就无法判明自己的货币政策操作是否达到预期目标，所以利率作为中间指标，它的对于市场供求关系变化的反映准确性不高且容易受到干扰。

2. 货币供给量

这一指标同样符合三个条件而且对经济活动的影响更直接，中央银行也较易通过基础货币量控制实现货币量的调控。

首先，就可测性而言，货币供给量中无论是 M_0、M_1 或 M_2 都分别反映在中央银行或商业银行及其他金融机构的资产负债表内，通过一定的政策系统可以搜集资料进行计算和分析，获得即时的货币流量数据。

其次，就可控性而言，现金直接由中央银行发行并注入流通，通过控制基础货币和货币乘数，中央银行也能间接地控制 M_1 与 M_2。

最后，就相关性而言，M_0、M_1 和 M_2 都代表了一定时期的社会购买力，通过调控它们都可直接影响社会总供求。当然在现代经济生活中由于 M_0 的使用范围越来越狭窄，M_0 的这种相关作用已经很小，那么 M_1 与 M_2 哪一个指标与经济活动的相关性强，对此有不同见解。

此外，货币供给量与利率相比较，优点是不会产生内生变量与外生变量之间的相互干扰。作为内生变量，货币供给量的变动是顺经济循环的，即经济繁荣时，商业银行会增加信贷资金投放，增加货币供给量；当经济萎缩时，商业银行减少信贷资金投放，减少货币供给量。货币供给量作为外生变量则是逆经济循环的，经济过热时为防止过高的通货膨胀，中央银行应减少货币供给量；经济萎缩时应增加货币供给量刺激需求。

因此，以货币供给量作为中间指标，不会使政策性影响与非政策影响相互混淆，导致中央银行判断失误。目前许多国家都以货币供给量作为主要的中间指标。但随着金融市场交易的扩展和货币供给量的内生决定因素强化，中央银行调控货币供给量的准确性下降，难度上升,一些国家的央行开始放弃货币供给量这一中间指标。

上述两种指标离货币政策的最终目标较远,是中央银行货币政策间接作用的对象,一般被视为远期指标。从利率与货币供给量的相关作用机制看,中央银行也只能选择其中一个作为中间性指标而不可同时将其作为中间目标。

3. 基础货币

基础货币是指流通中现金及商业银行存款准备金的总和。基础货币直接由中央银行控制,实际上是中央银行的负债,所以可控性、可测性非常强。由于基础货币是商业银行存款创造的基础,中央银行调整基础货币量后通过商业银行存款创造机制直接引起社会货币供给量发生变化,从而影响整个社会的经济活动,相关性也是不言而喻的。因此基础货币是一种较好的中间指标。但在经济市场化发展和金融市场交易日益扩展的条件下,货币供给量的内生决定趋势日益强化,导致基础货币控制与货币供给量之间的脱节,中间性指标的显示功能趋于弱化。

4. 超额准备金

超额准备金能比较准确地反映市场银根的松紧情况。中央银行采取的各种政策手段都可以通过调节超额准备金来发挥作用。但是超额准备金数量多少取决于商业银行的意愿与行为,不易为中央银行控制,这会影响到超额准备金的中间性指标的显示功能。

以上几种指标离货币政策的最终目标距离不一,指标显示的功能也有差异,中央银行在实施货币政策过程中往往须根据市场的环境与条件来决定选择哪一类指标,或将几种指标有机地结合使用。现在也有学说认为可以直接使用通货膨胀率指标作为中间性显示指标,认为物价指数对于货币政策调整的反应更为敏感,但仍然存在着分歧与争论。

第三节 货币政策的工具

货币政策目标的实现要借助于一定的政策手段,即货币政策工具。中央银行运用货币政策工具影响中间指标,再由中间指标的变动最终引起宏观经济目标的实现。中央银行的货币政策工具按照其影响范围的不同,可分为一般性货币政策工具、选择性货币政策工具、直接信用控制及间接信用控制等工具。一般性货币政策工具是对整个国民经济产生普遍性影响的策略手段,其他货币政策工具是对某些领域有影响的策略手段,属于次要性的政策工具。

一、一般性货币政策工具

一般性货币政策工具包括中央银行可使用的传统的三大货币政策工具:再贴现政策、

存款准备金政策及公开市场业务。它们也被称为货币政策的"三大法宝",是在凯恩斯主义经济学的干预主义政策条件下形成的,目前仍有着极大的影响力和运行空间。

1. 再贴现政策

再贴现政策是中央银行最早拥有的货币政策工具,也是目前各国央行较普遍采用的一种数量型货币政策工具。

所谓再贴现政策是指中央银行通过调整再贴现率来干预和影响市场利率以及货币的供给与需求均衡关系,从而实现对货币供应量调控的一种货币政策工具。再贴现是指商业银行及其他金融机构将已贴现但尚未到期的票据向中央银行所做的票据转让,中央银行办理时收取的贴现率即为再贴现率。目前再贴现率指商业银行向中央银行的借款利率。

再贴现政策对社会货币供应量的调控是通过商业银行信贷资金数量的变化起作用的。当中央银行提高再贴现率时,商业银行借入资金的成本增加,迫使商业银行减少向中央银行借款。商业银行资金来源的减少,导致商业银行信贷资金投放的减少,相应缩减市场货币供应量。随着市场银根的紧缩,市场利率相应上升,社会经济主体对货币的需求量也会相对减少。反之,当中央银行调低再贴现率时,会引起货币供应量与需求量的增加。

再贴现政策的效果主要表现为:①中央银行通过调整再贴现率,影响商业银行资金成本,改变商业银行投资与放款决策,间接影响社会货币总供求与市场利率。②再贴现政策可产生告示效果。再贴现率调高表明经济过热,国家将采取紧缩政策;反之则表明国家将采取扩张政策。商业银行及公众可根据告示,采取相应措施。③中央银行在运用再贴现率政策时,可规定再贴现票据的种类,借以改变资金流向,调整产业结构。

当然,再贴现政策也存在一定的局限性。主要表现为:①中央银行运用再贴现政策缺乏主动性。再贴现政策实施后能否取得预期效果,效果有多大,主要取决于商业银行的行为,中央银行无法控制。商业银行如有多种融资渠道,它为了避开中央银行的干预,会选择其他途径借入资金,使再贴现率调节难以发挥作用。②再贴现政策只能影响利率水平,不能改变利率结构。③再贴现政策缺乏弹性,若中央银行经常调整再贴现率,会引起市场利率频繁波动,使商业银行及社会公众无所适从,无疑对经济发展是有害的。这些局限性表明再贴现政策不宜作为中央银行日常操作的货币政策手段,因此,再贴现政策的作用与影响力有减弱趋势。目前各国的央行使用再贴现率政策工具的强度都在减弱。

2. 存款准备金政策

所谓存款准备金政策是指中央银行在法律所赋予的权力范围内,通过调整各商业银行的存款准备金比率,以改变货币乘数,控制商业银行的信用创造能力,间接控制社会货币供应量的一种货币政策。

存款准备金政策是一种威力较大的货币政策工具。因为商业银行是以盈利为目的的金融企业,一般不会保持过多的超额存款准备金。当中央银行提高法定存款准备金比率后,商业银行原有存款准备金不足，必须减少超额存款准备金，会降低商业银行的放款能力。另一方面，法定存款准备金率调高之后，货币乘数缩小，引起商业银行信用存款多倍紧缩。相反地，当中央银行调低存款准备金率，哪怕调整很小的幅度，通过乘数作用，也会引起商业银行信用存款多倍扩张。

假设，商业银行原始存款为 100 万元，在存款准备金率为 20% 时，商业银行存款总额可增加到 500 万元（100/20%），商业银行新增贷款总额为 400 万元；若存款准备金率由 20% 提高到 25%，则商业银行存款总额减少到 400 万元，商业银行新增贷款总额减少到 300 万元。由此看来，存款准备金政策操作简便，效果显著，而且是一种一般性的影响广泛的货币政策工具。

但是存款准备金政策也存在着明显的局限性：①存款准备金政策缺乏弹性。由于存款准备金率的调整带来的效果较为激烈，而且中央银行也不易把握调整的时机与幅度，因此不宜作为日常控制货币供应量的工具。②存款准备金率的调整对整体经济和社会心理预期产生显著影响，不是一个理想的货币政策工具。③存款准备金政策对各类银行与各地区银行的影响不一致，货币政策实施效果不易掌握。虽然如此，当经济处于极端状况时，它仍不失为一种行之有效的货币政策工具。

3. 公开市场业务

公开市场业务，是指中央银行在金融市场上买进或卖出有价证券的行为。当整个社会资金紧缺或经济萎缩时，中央银行购入有价证券，实际上相当于向社会投放了一笔基础货币。这些基础货币若流入到公众手中，会直接增加流通中货币量；若流入到商业银行，通过信用创造机制，引起社会货币供应量数倍增加，市场银根放松，刺激需求，促进经济扩张。反之，当经济过度膨胀，通货膨胀现象比较严重时，中央银行卖出证券，引起社会货币供应量收缩。公开市场业务现已成为主要市场经济国家中央银行日常运用的重要货币政策工具。

与前两种货币政策工具相比较，公开市场业务的优点主要表现在：

（1）中央银行通过公开市场业务可以大致决定整个商业银行系统的基础货币增减量，使之符合货币政策目标的需要，促使经济稳步协调发展，这一行为类似于货币的投放与回笼。

（2）中央银行运用此政策时具有完全的主动权，可以根据经济与市场物价的变化，随时主动出击，这一点比再贴现政策优越。

（3）中央银行可以决定买卖证券的种类与规模，有针对性地对货币供应量进行微调。

（4）中央银行可根据金融市场的信息不断调整其业务，因而产生连续性效果，使社会对货币政策不会做出激烈反应。

由此可见，公开市场业务是中央银行进行日常宏观调控较理想的一种货币政策工具，然而要使公开市场业务有效发挥其作用，必须具备一定条件。

（1）中央银行必须具备强大的、足以干预和控制整个金融市场的资金实力，这是公开市场业务的前提条件。如果中央银行缺乏足够的金融实力，公开市场业务就不能有效发挥其作用，反而可能带来金融市场的紊乱。

（2）国内金融市场必须规范、完备。第一，金融市场已建成一个统一开放的全国性市场，信息可以快速传递，中央银行采取的措施可很快影响到全国。第二，金融市场有相当的独立性，不受国外金融市场的制约，便于中央银行独立执行货币政策。第三，金融市场证券种类及数量适当，便于中央银行根据制定的调控目标的不同，选择合适的证券买卖。第四，商业银行直接介入证券市场交易，拥有一定数量的证券资产。

（3）要有其他货币政策工具的配合。例如若缺乏存款准备金制度，这一工具也无从发挥其作用。

二、选择性货币政策工具

再贴现政策、存款准备金政策及公开市场业务三大货币政策工具都是通过调节社会货币供应总量以影响宏观经济，是总体的、一般性的政策工具。除此之外，中央银行还可以有选择地对某些特殊领域的信用进行调节，例如，消费信用控制、证券市场信用控制、不动产信用控制、优惠利率政策、进口保证金制度等，统称为选择性货币政策工具，也可称为结构性的货币政策，目标是对于某一部分或某一地区产生调控影响。

1. 消费信用控制

消费信用控制，是指中央银行对不动产以外的各种耐用消费品的销售融资予以控制。主要政策内容包括：①规定用分期付款购买耐用消费品时第一次付款的最低金额。②规定用消费信贷购买耐用消费品的借款的最长期限。③规定用消费信贷购买耐用消费品的种类。④用消费信贷购买耐用消费品时，对不同的耐用消费品规定不同的放款期限等。在通货膨胀时期，中央银行通过消费信用控制可起到抑制消费需求和物价上涨的作用，在市场物价出现下跌或通货紧缩时，央行可以采用相反的消费信用扩张手段来刺激市场消费。

2. 证券市场信用控制

证券市场信用控制，是指中央银行对有关证券交易的各种贷款进行限制，目的是抑制证券交易中的过度投机。主要内容包括：①规定以贷款方式购买证券时，第一次付款的额度。②根据金融市场状况，随时调高或调低保证金比率，以此影响证券市场投资的信用扩张程度。

3. 不动产信用控制

不动产信用控制，是指中央银行对金融机构在房地产方面放款的限制性措施。主要内容包括：①对金融机构的房地产贷款规定最高限额。②规定房地产贷款的最长期限。③规定第一次付款的最低金额等，以此可影响到房地产市场的投资热度和信用投放规模。

4. 优惠利率政策

优惠利率政策，是指中央银行对国家重点扶植产业采取较一般利率更低的优惠措施，借以优化资源配置，调整产业结构，我国央行采用较多的优惠利率主要有对进出口产业的鼓励，对高新技术产业的支持等。

5. 进口保证金制度

进口保证金制度，是指中央银行要求进口商预缴所要进口商品总额一定比例的存款，以抑制进口的过快增长。

三、直接信用控制

直接信用控制是指中央银行以行政命令或其他行政手段，直接对商业银行的信用活动进行控制。比如利率最高限制、信用配额、流动性比率管制与直接行政干预等。

1. 利率最高限制

利率最高限制，是指中央银行依据法令规定商业银行的定期及储蓄存款所能支付的最高利率。典型的就是美国《Q条例》。条例规定活期存款不付利息，定期及储蓄存款规定最高利率限额，目的是防止银行用提高利率的办法吸收存款和为谋取高利进行风险存贷。我国的存款利率到目前为止仍然受到行政控制。

2. 信用配额

信用配额，是指中央银行根据货币金融市场状况及客观经济需要，权衡轻重缓急后，对商业银行的信用规模加以合理分配和配额限制的措施。这种措施对于资金缺口较大、资金供求矛盾比较突出的国家来说，可以使有限资金得到更合理地运用，因此被广泛采用，我国央行还继续在间歇性地使用这种信用配额制度。

3. 流动性比率管制

流动性比率管制，是指中央银行规定商业银行的全部资产中流动性资产的比重，借以限制商业银行信用扩张的直接控制措施。为了保持中央银行规定的流动性比率，商业银行必须采取缩减长期放款、扩大短期放款和增加应付提现的资产等措施。

4. 直接行政干预

直接行政干预，是指中央银行直接对商业银行的信贷业务、放款范围、放款规模等加以干预或管制。比如直接限制放款的额度，直接干涉商业银行对活期存款的吸收等。这种控制与干预方式一般是在特殊条件下，如发生严重的金融危机情况下使用的。我国央行在2008年金融危机爆发后也使用过这种直接的行政管制手段。

四、间接信用控制

间接信用控制是指中央银行采取的一般性货币政策工具、选择性货币政策工具及直接信用控制以外的其他措施，主要有道义劝告及窗口指导。

所谓道义劝告，是指中央银行利用其在金融体系中的特殊地位和威望，通过对商业银行及其他金融机构发出口头或书面劝告的形式，影响金融机构放款与投资的数量与方向，使之符合中央银行宏观调控的意图。

窗口指导也是一种间接信用控制手段，主要内容是中央银行根据市场状况、物价的变动趋势及金融市场动向，规定商业银行每季度贷款的增减额并要求其执行。窗口指导曾是日本央行采用的一项重要货币政策工具,类似于积极引导和示范。

间接信用控制使用起来较为灵活,也有利于中央银行与一般金融机构保持密切合作关系。但若真正发挥作用,必须是中央银行在该国金融体系中有较高的威望与地位,而且拥有足够的法律权力和工具。

中央银行选择哪些货币政策工具来实现既定的货币政策目标,必须依据不同时期经济及金融环境等客观条件而定。

第四节 货币政策的传导机制

货币政策的传导机制是指一定的货币政策手段,是如何引起经济生活的某些变化,最终实现既定的货币政策目标的。它是一个作用发挥的系列过程,对这一过程的分析在理论界目前主要有两种理论观点,即直接作用与间接作用。

一、间接作用理论

这一理论以凯恩斯学派的货币政策传导机制理论为代表。凯恩斯在《就业、利息和货币通论》中认为:中央银行实施货币政策后,首先引起商业银行的存款准备金数量发生变动,继而导致货币供给量发生变化,通过货币供给量的变化引起市场利率发生变化,市场利率的变化导致投资发生增减变动,通过乘数效应,最终影响社会总支出与总收入,用符号表示为:

$$R \to M \to r \to I \to E \to Y$$

其中:R 为存款准备金,M 为货币供给量,r 为市场利率,I 为投资,E 为总支出,Y 为总收入。

具体地说,当中央银行采取宽松的货币政策,例如降低存款准备金率,降低再贴现率或买入证券资产后,商业银行超额存款准备金增加,贷款能力增强。而金融系统贷款的增加必然会增加货币供给量,市场银根放松会促使利率降低。利率的降低意味着资本边际效率的提高,促使投资增加,并通过乘数效应直接增加了社会的总需求,最终导致社会总收入的增加。若此时社会处于非充分就业状态,则货币供给量增加所带来的总需求增加会直接增加社会的产量、就业与收入,物价上涨幅度较小。当社会已达到充分就业状态时,生产资源与劳动力已趋于饱和,随着总需求的增加,物价水平随之同比例上涨,也就是说会引发通货膨胀。反之,若中央银行采取紧缩性的货币政策则会引起相反的效果。

从以上传导机制描述可看出,中央银行货币政策作用的大小,主要取决于三个方面的因素：

（1）一定量的货币供给变动能使利率发生变动的程度，即货币供给量变动后能否引起市场利率发生变化，能改变多少。

（2）一定的利率变动对投资的影响程度。

（3）货币乘数的大小。在这一传导机制中，利率是核心。货币供给量的增减首先影响利率，通过利率变化最终影响社会总支出与总收入。如果货币供给量增减后不能对利率产生影响，则货币政策失效。

上述分析，只显示了货币市场对商品市场的影响，并没有表现货币市场与商品市场相互作用循环往复的情况，因此称为局部均衡分析。现在一些学说对局部均衡理论进行了补充与发展，形成一种一般性均衡分析，其基本观点可描述为以下：

当中央银行采取宽松的货币政策致使货币供给量增加时，在总需求不变的情况下，利率会相应下降，下降的利率会刺激投资，引起总支出与总收入相应增加。但利率下降后，降低了存款人的存款意愿，借贷资金的供给会减少或不变。与此同时，商品市场上由于收入的增加又提出了更多的货币需求，结果使货币需求量超过货币供给量，造成下降的利率又重新回升，这是商品市场对货币市场的作用。接着上升的利率又促使货币需求下降，利率再次回落，循环往复，最终达到一个均衡点。这一均衡状态同时满足了货币市场与商品市场两方面的均衡要求。

二、直接作用理论

这一理论以货币学派的货币政策传导机制理论为代表。与凯恩斯学派不同，货币学派强调货币供给量变动直接影响总支出与总收入，它可以避开利率的中间作用。用公式表示为：

$$M \to E \to Y$$

这一理论认为，当中央银行采取宽松的货币政策时，商业银行存款准备金增加，即基础货币增加。商业银行体系在存款创造机制的影响下，货币供给量增加。在其他经济条件不变的前提下，利率会下降。但这只是暂时的，利率下降后由于资本边际效率的增加，刺激生产者生产更多产品，获得更多收入。随着收入增加与货币需求量的增加，利率开始回升，有可能重新恢复到原先水平。因此，货币政策的传导机制主要不是通过利率间接影响支出与收入，而是通过货币供给量的变动直接影响支出与收入。

上述两种理论尽管在具体分析时存在分歧，但有些基本的东西是公认的：货币数量变动后，会引起市场利率发生变化，正是由于利率的变化，企业家的投资欲望或个人的消费欲望就会改变。当投资和消费支出发生变化后，社会总支出与总收入自然会发生相应改变。这便是货币政策直接作用传导机制的一般模式。

第五节 货币政策的效果

所谓货币政策的效果是指中央银行实施一定的货币政策之后，最终实际取得的效果，即货币政策的有效性问题。从各国中央银行运用货币政策的实践来看，中央银行货币政策的效果有效力大小与收效迟早之分。

一、货币政策的时滞效应

货币政策从制定到获得主要的或全部的效果，需要经过一段或长或短的时间，这段时间即称为时滞。如果收效太迟或难以确定收效时间，则政策本身能否成立也就成了问题，也有货币主义理论认为政策的时滞效应可能导致出现反效果。

货币政策的时滞有内部时滞与外部时滞两种。

1. 内部时滞

内部时滞是指从经济形势的变化，需要中央银行采取行动到中央银行实际采取行动所花费的时间过程。内部时滞还可细分为两个阶段：①从经济金融情况发生变化，需要中央银行采取行动到中央银行在主观上认识到这种变化并承认需要采取行动的时间间隔，这一阶段称为认识时滞。②从中央银行认识到需要采取行动到实际采取行动的时间间隔，称为行动时滞。

内部时滞的长短，主要取决于中央银行对经济形势变化和发展的敏感程度、预测能力，以及中央银行制订政策的效率和行动的决心。如果在经济衰退发生之前或通货膨胀明显暴露之前，中央银行就采取扩张的或紧缩的货币政策，则内部时滞就不存在。因此内部时滞的长短与中央银行能否正确预测，能否提前行动高度相关。而这又与决策人员的素质、中央银行权力的大小以及经济体制的制约程度等问题紧密联系。

2. 外部时滞

外部时滞是指从中央银行采取行动开始直到对货币政策目标产生影响为止的时间间隔。与内部时滞相比较，外部时滞比较客观，一般情况下，它由社会的经济结构、金融市场条件决定，中央银行不能直接控制。例如，由于客观经济条件的限制，货币供应量的增加与利率的下降不会立即引起总支出与总收入的增加。就投资而言，企业必须对外部市场和经济信息有较强的敏感性，先作出投资决策，从意向产生到调查再到计划的形成，然后开始订购、运输、再投入生产等，每一步都需要时间。

时滞是影响货币政策效果的重要因素。如果货币政策产生的影响可以很快表现出来，则中央银行可根据期初的预测值，考察货币政策的生效状况，并对货币政策的调控幅度作适当的调整，从而能够更好地实现预期目标。若货币政策的时滞难以确定且无法预测，则货币政策实施过程中经济形势可能会发生较大变化，可能使货币政策效果违背中央银行政策出台的初衷,甚至可能使经济、金融形势进一步恶化。因此良好的货币政策应使政策的时滞降低到最低程度。

二、货币政策作用的条件及政策的配合

1. 货币政策作用的条件

货币政策效果的大小也就是货币政策在实现宏观经济调控中起多大作用的问题,中央银行通过对各类货币政策工具的运用,使基础货币与货币供应量发生变化,引起市场利率发生改变,继而影响投资与消费,从而影响社会总需求。只有当货币供给量的变化通过传导媒介影响到社会总需求的变化时,它对实际生产过程才会产生影响,这个传导媒介就是利率。因此,货币政策对宏观调控作用的大小,即效果的发挥,主要取决于以下条件:①货币数量变化对利率的影响程度;②利率变化对货币需求量的影响程度。

一般来说,在市场经济比较发达的国家,企业与各类金融机构都是独立的经济实体,以追求盈利为目的;商品价格由市场供求所决定,生产要素可以自由流动,金融市场交易较为发达,因此这几方面都有较强的影响,货币政策对经济的调控效果一般较好。但问题是这几个方面条件都有不稳定的特点,例如微观主体的预期就有可能给货币政策带来抵消作用。当中央银行预备采取长期紧缩性的货币政策,减少货币供给量,以提高利率时,微观主体预期中央银行会进一步提高利率水平,因而对实物资产的需求增加,并导致商品生产进一步扩大。这与中央银行实施紧缩性货币政策的目的背道而驰。此外,经济发展过程中客观经济条件的变化也会给这两方面带来不稳定性。比如,在实施扩张性货币政策中,生产领域出现了生产要素的结构性短缺。这时纵然货币的供给很充裕,但由于瓶颈部门的制约,实际的生产也难以增长,扩张的目标即无从实现。由此看来,货币政策的有效性存在一定程度的局限性。而在那些新兴市场经济国家,由于市场机制不健全,金融市场不发达,货币政策的有效性会受到较大的影响。

综上所述,货币政策要有效地发挥作用,需要有完善的市场机制;微观经济主体要真正成为自主经营、自负盈亏的经济实体,并以利益为导向;生产要素能够自由流动;中央银行要有一定的独立性;要有健全的法制、法规与之配套。但即使在这样的条件下,由于市场经济状况变化的复杂性,货币政策也会存在一定程度的局限性与滞后性。为了有效地进行宏观调控,各国都普遍重视货币政策与其他经济政策尤其是与财政政策的协调配合,以最大限度地减少货币政策的副作用。

2. 货币政策与财政政策的协调配合

财政政策与货币政策是一国重要的两大宏观经济政策。两种政策都可通过影响总需求进而影响总产出与总收入。货币政策通过利率调节投资,影响总需求,财政政策是对政府开支及税收进行调节进而影响总需求。但两者也有明显的区别,一般说来,在实现紧缩目标时货币政策比较有效,而在实现扩张的目标时财政政策比较有效。例如,为了抑制过度需求,降低通货膨胀,可以运用多种货币政策工具,紧缩银根,减少总需求,操作起来比较

及时、灵活。而财政政策却相反，要改变税收与政府开支，对许多国家来说，均需立法机构的讨论，且增税与缩减福利支出这类问题，较难获准通过。在实现扩张的目标中，财政政策的作用比较直接，财政政策通过降低税率可直接鼓励投资；扩大政府开支则往往导致货币供给增加并进而引起总需求的扩张，而且时滞较短。至于货币政策，如果要在比较萧条的情况下通过降低利率以实现扩张的目标，则比较困难。因为投资的积极性在这种条件下往往并非低的利率就能调动起来的。此外两大政策的另一点区别是：两者性质不同。从严格意义上说，财政政策是依靠行政力量强制推行，是针对特定经济主体的，为达到特定目标所采用的措施，主要用以解决经济结构问题；而货币政策则是依靠金融体系，进行一般经济总量的调控。由于货币政策与财政政策既有相同点，又有不同点。为了有效进行宏观调控，可以将两大政策配合使用。例如，为了扭转严重的经济过热或衰退，可采取双紧或双松的搭配方式；在并非极端的情况下，可采取紧的货币政策与松的财政政策或紧的财政政策与松的货币政策的搭配方式，以中和政策过强带来的消极作用等。

总之，我们既要看到货币政策的作用，又要看到它的局限性与滞后性，采取相应的政策配合，才能取得良好的政策效果。

第六节 | 我国的货币政策与宏观金融调控

我国社会主义市场经济的发展面临着新的增长环境和周期的影响，经济的发展离不开国家的宏观调控，宏观调控的核心内容是金融调控。近年来，我国宏观金融调控机制得到了明显改善，但仍显得脆弱且不稳定，具体表现为货币供应量的增长与经济的客观发展不相适应，经济增长仍要以数倍增长的货币为代价，市场波动和通货膨胀仍然时时威胁着我国经济的发展与稳定。因此，今后仍需进一步加强与完善宏观金融调控，重点是改善我国的货币政策及其效果。

一、我国货币政策的目标确定

货币政策目标是货币政策运行的最终目标。中央银行选择货币政策目标时，需要考虑本国的经济体制及实际经济状况。关于我国货币政策的目标，长期来存在着三种观点的争论：

1. 单一目标论

单一目标论，又分两种意见：一种观点从经济正常运行的前提是货币稳定与物价稳定的角度出发，强调保持币值与物价稳定的单一目标。另一种观点从货币是促进经济发展的第一推动力的角度出发，强调发展经济作为货币政策的唯一目标。

2. 双重目标论

双重目标论，即中央银行货币政策的目标不应是单一的，应当同时兼顾两方面的要求，既要稳定货币，又要促进经济增长。

3. 多重目标论

多重目标论，即在稳定货币的同时，努力达到促进经济增长，实现充分就业，保持国际收支平衡的多重目标，近年来面对金融危机影响的市场波动，货币政策被赋予多重的目标任务。

改革开放以来，我国的货币政策一直以双重目标为主流，即既要稳定物价货币，又要推动经济增长。但实践证明，稳定货币物价与推动经济增长存在着矛盾和不协调性。在我国生产力水平低，经济发展刚刚起步，市场经济关系尚未完全理顺，各部门、地方普遍存在投资冲动的情况下，经济发展往往呈现出一种"外延扩张"的道路，不可避免地迫使银行增加货币供应量，结果出现了较严重的通货膨胀，尤其在我国中央银行相对独立性不够强的情况下，此种现象尤为突出。而通货膨胀从长期看对经济的发展是极为不利的。出现通货膨胀，意味着货币供求失衡，社会总需求大于总供给。这时国民经济出现失控，国家将被迫进行国民经济的结构调整：实行紧缩政策，控制货币发行，减少贷款信用，压缩基建规模等，使国民经济大起大落，造成重大损失。由此可见，货币物价稳定是我国经济发展不可缺少的重要条件。在总结了经济体制改革的经验与教训的基础上，我国的《中国人民银行法》明确规定了我国货币政策的目标是保持货币币值的稳定，并以此促进经济的增长。这就意味着我国货币政策的首要目标是稳定币值，稳定币值的目的是促进经济稳步、健康、协调发展，经济的发展必须是在货币币值稳定基础上的发展。与此同时，也不能忽视充分就业与国际收支平衡对稳定币值、发展经济的影响。

二、我国货币政策中间指标的选择

中央银行运用各种货币政策工具，最终实现宏观调控目标是一个较长的传导过程。在此期间，须借助于中间指标，通过中间指标的变化来影响最终目标。中间指标的设立关系到货币政策的实施及最终取得的效果。我国中央银行在选择货币政策的中间指标时，也是以可测性、可控性及相关性为条件的。

长期以来我国中央银行一贯采取行政命令式的直接调控手段，选择的中间指标主要是信贷规模及现金发行量。但随着社会主义市场经济体制的逐步完善，经济体制改革的进一步深化，商业银行和企业的独立自主经营地位强化，这两种中间指标已日益显示出与市场经济发展的不适应性。

首先，就现金指标来说，在高度集中的计划经济体制下，它具备了货币政策中间指标的三大条件：现金指标的数据容易获得，并且通过中央银行严格的现金管理措施，使现金指标具有可控性。此外由于现金是专业银行信贷资金的一大来源，往往影响信贷规模的大小，也具备一定的相关性。但是经济发展到今天，随着专业银行向商业银行改革的逐步推行，各行之间业务交叉和开展竞争，现金管理将是一个难题；随着金融市场的发展和金融资产的多样化，控制现金只是控制了社会货币供应量的很小一部分，不能反映整个社会货币供应量，现金流量供给发行的多少，也不能真正代表社会货币供给量的多少。由此可见，随着经济的进一步发展，现金作为中间指标的可控性与相关性日渐降低，已不适宜再作为我国货币政策的一大中间指标。

其次，就信贷规模指标而言，我国之所以把这一指标作为一项主要的中间指标，原因是在计划经济下社会货币供应量是由银行信贷与现金两大"闸门"流出的，现金可由中央银行直接控制，通过信贷规模控制即人民银行年初下达贷款指标，层层分解，不得突破，它的可控性也相当强，在一段时期内的确起到相当有效的作用。但现实的问题是：信贷规模控制在实际执行过程中往往会出现偏差，例如，由于"倒逼机制"的存在，造成年初下达的指标屡屡被突破，不得不一次次修改，信贷规模控制近于失效。此外，由于融资方式多样化，大量资金绕过信贷规模流放于社会，控制信贷规模同样不能有效地控制货币供应量，并且存在一定的矛盾，它与宏观经济目标的相关性也在下降。随着近年来我国中央银行对商业银行贷款的限额管理指标也取消了，信贷指标管理控制也就失效了。

综上所述，现阶段需要选择与社会主义市场经济体制相适应的货币政策中间指标。从我国实际情况看，可以把货币供应量、利率、通胀率等市场性较强的指标作为货币政策的主要中间指标。这些指标对市场经济活动的反映较为敏感和直接，它们的变动会立即在市场经济活动中得到反应。在货币供应量各层次划分中，M_0 的口径太窄，M_2 包括了潜在货币成分，在我国金融市场发育尚不健全的情况下，潜在的货币与现实货币的界限是比较清晰的，可以把 M_1 作为货币政策中间指标的重点。M_2 是直接用于市场交易的货币购买力，与市场经济活动尤其是与物价水平的变动密切相关，因此，在目前条件下我国中央银行在控制 M_0 和 M_1 的同时，重点要把 M_2 作为主要的中间性政策指标，这符合我国市场经济发展的实际进程和调控要求。

在市场经济比较发达的国家除了选择货币供应量作为中间指标外，通常还以利率作为中间指标。但在我国现阶段，利率还不是主要的货币政策中间指标。主要原因是反映资金供求关系的市场利率尚未真正形成，企业与银行又都缺乏自我约束机制，导致利率变动不能起约束与激励投资和储蓄的作用，阻碍了利率作用的发挥。随着市场机制的健全，利率市场化的形成，利率也将作为我国货币政策的一项重要中间指标。

三、我国的货币政策工具选择

我国中央银行在高度集中的计划经济体制下，习惯上一直采用以信贷规模控制为主的直接调控模式。实践证明，这种直接调控模式缺乏弹性，约束机制差，实际效果也不好。随着市场经济体制的发展完善，金融工具与金融机构的多样化及金融市场的快速发展，我国中央银行的宏观金融调控也迫切需要向间接调控模式转化，实现以间接的经济手段为主，辅之以必要的行政手段与法律手段，以获得更高的政策调控效果。

现阶段我国中央银行适合运用的货币政策工具主要有以下几种：

1. 存款准备金政策

存款准备金政策是我国中央银行实行宏观管理的重要工具。1985 年人民银行专门行使中央银行职能后，便开始实行这一管理办法。它在增强中央银行的资金实力，控制商业银行的信贷规模方面起了一定作用。但在具体操作时存在一些问题，表现为实际上各项存款均按同一比率缴存，没有区分存款的不同期限，也没有考虑银行规模的大小和地区间经济条件的差别的简单化政策。这种规定不利于商业银行的经营，也不利于中央银行的宏观调控。为了进一步加强与完善存款准备金制度，需要根据经济状况的变化，确定合理的存款准备金比率，视各项存款流动性不同，确定合理的存款准备金结构，包括实施一定条件下的差别化的准备金政策。但是由于这一货币政策工具威力猛，易给经济带来震荡性影响，不宜作为中央银行进行日常调控的工具。

2. 再贷款与再贴现政策

中央银行对金融机构的再贷款或再贴现，体现了中央银行作为银行的银行，对金融体系给予的必要的资金支持，实际上已成为中央银行向商业银行或其他金融机构提供基础货币的重要渠道。调整再贷款或再贴现量是扩大与紧缩社会货币供应量的有效方法之一。但中央银行发放贷款时要改变以往单纯采用信用放款的状况，加大抵押贷款的比重，加强贷款期限的管理，对于已发放的贷款要及时收回，并且要逐步缩小再贷款规模，增加再贴现数量。20 世纪 80 年代末公布的《中国人民银行再贴现试行办法》标志着我国的再贴现政策开始运行，随着市场经济发展，今后中央银行对金融机构的资金支持将以再贴现为主要方式。中央银行通过调整再贴现率来影响金融机构借入资金的成本，间接影响市场利率，影响社会总供求；另一方面通过审查再贴现票据的资格引导产业结构调整。但现存问题是我国目前商业信用不发达，票据化程度不高，银行与企业的自我约束力低，严重依赖"资金供给制"，阻碍了再贴现政策的发挥。为此，需要进一步创造条件，大力推广商业票据结算，完善贴现市场，强化预算约束，有效发挥再贴现政策控制信用总量的作用。

3. 公开市场业务

相对于其他货币政策工具，公开市场业务操作灵活弹性较大，中央银行可根据经济环境的变化，随时在金融市场上买进或卖出证券，具有完全的主动性，被视为调整货币供应量的较理想的货币政策工具，可用来作为进行日常宏观调控的一种手段。目前我国已初步具备了公开市场业务的条件：首先是我国国债发行量逐年增加，国债市场发展迅速；其次，中央银行资产结构中国债的比重不断上升；最后，经过 30 多年的改革，我国的金融市场体系初步形成，金融机构体系也逐步完善，证券票据的市场交易已达到较大规模。

从目前市场经济的实际看，为了扩大和强化央行的公开市场业务，须加紧采取以下措施：①在国债发行时增加短期国债的比重；②促使金融机构保持一定量国债，以利于中央银行的国债吞吐；③建立起统一的公开市场业务操作体系及资金清算系统，使公开市场业务吞吐方便，确保货币政策的调控效果。

4. 利率政策

我国金融市场开放以来，利息已逐渐成为资金的价格，利率也在走向市场化，这为利率发挥其应有的宏观调控作用创造了前提条件。今后中央银行应进一步运用利率政策，扩大各金融机构的利率浮动权，根据社会资金供求状况，适时调整基准利率，带动金融机构的利率调整，影响市场利率使资金供求趋于平衡，以利于经济的稳步发展。

5. 其他货币政策工具

除了上述几种主要的货币政策工具外，我国中央银行还采用一些选择性的货币政策工具，如对国家急需发展的部门和行业，以及一些老少边穷地区，实行优惠利率政策；对国家的重点项目发放专项贷款等。同时，还不定期召开行长联席会议，将中央银行的货币政策意图传达给各类金融机构，要求其采取配合措施。

四、货币政策和宏观审慎政策双支柱调控框架

"双支柱"调控框架指货币政策和宏观审慎政策两个支柱，其中货币政策主要是"总量"政策，主要用于调节总需求，侧重于维护物价稳定，平抑经济周期波动；宏观审慎政策主要是"结构性"政策，更多针对加杠杆行为，侧重于防范化解系统性风险、维护金融体系稳定，逆周期调节。

中国人民银行从2016年起将差别准备金动态调整和合意贷款管理机制"升级"为"宏观审慎评估体系"（MPA），达到更有效地防范系统性风险，发挥逆周期调节作用的效果。2017年，党的十九大报告中明确指出健全货币政策和宏观审慎政策双支柱调控框架，深化利率和汇率市场化改革，健全金融监管体系，守住不发生系统性金融风险的底线。

我国经济目前正处于新发展格局下，受经济环境的制约，货币政策对宏观经济的调控存在一定的局限性与滞后性。为了改善中央银行的宏观金融调控，增强货币政策的有效性，根据我国的实际情况，现在迫切需要做好以下工作：

1. 增强央行的相对独立性

转变政府职能，增强中央银行相对独立性。中央银行承担着调节宏观经济和金融运行的重任，要使调节有效，就必须及时作出果断的决策。而要做到这一点就必须具有相应的独立性与自主权。换句话说，中央银行采取怎样的货币政策，调整幅度有多大，应由它自主决定。当前就是要理顺中央银行与政府，银行与财政的关系。特别是地方政府不能干预中央银行货币政策的执行，不直接参与微观主体经济活动尤其是银行贷款的选择和企业的投资决策，这样做显然有助于货币政策的顺利实施。

2. 促进金融市场的开放与平等竞争

进一步推进国有银行的商业化经营发展，促进金融市场的开放与平等竞争。中央银行

的货币政策要通过商业银行来实现，为此要尽快促使国有银行向真正的商业银行转变，使其成为具有独立自主经营地位，承担责任与风险的经济主体，为中央银行的间接调控手段的实施创造条件。

3. 完善市场经济体制

加快现代企业制度的建设，完善市场经济体制。中央银行货币政策实施后，通过金融机构最终传导给微观主体，借助微观主体的行为影响社会总需求。我国专业银行贷款的对象主要是国有企业，国有企业的行为直接关系到货币政策的最终效果。只有当企业转换经营机制，真正成为自主经营、自负盈亏、产权明晰的独立经济实体时，中央银行间接调控模式的货币政策才能有效发挥其作用。

4. 政策协调

中央银行运用货币政策时要注意同其他经济政策的协调配合，尤其是与财政政策的配合。财政政策与货币政策既有相同点又有不同点，为了有效进行宏观经济调控，包括总量调控与结构调整，就必须根据各自的性能协调配合，防止政策作用的相互抵消。

总之，为适应社会主义市场经济的发展，需要根据我国国情，确定合适的货币政策目标，选择恰当的货币政策中间指标及货币政策工具，协调好各方面经济关系，有效地发挥宏观金融调控的作用，促进国民经济持续、稳定、协调发展。

本章小结

1. 货币政策是一国宏观经济政策的重要组成部分，是关于一国一定时期货币供应量的政策。这个政策的运行体系包括了货币政策最终目标、中间性目标与操作工具三个方面。货币政策的最终目标体系包括了物价稳定、充分就业、经济增长与国际收支平衡四个方面，但这些目标之间存在着矛盾与冲突，在一定时间里它们往往不能同时发挥作用。

2. 货币政策的调控须通过中间性目标来实施，中间性目标必须具有可控性、可测性以及与最终目标相关性的特点。其中利率、货币供应量、信贷总量等称为远期指标，而基础货币、银行准备金等则称为近期指标。

3. 货币政策工具的选择涉及调控模式，在直接调控模式其主要由信贷配额与直接管制构成，而在间接调控模式下，货币政策工具通常由法定存款准备率、再贴现率与公开市场业务构成。不同的体制形成了货币政策工具的不同选择，一些金融市场发达的国家，如美国，通常把公开市场业务作为其主要的政策工具。而我国则仍需采用利率、准备金率、再贴现率等工具。除了以上工具外，还有一些选择性政策工具，如证券保证金比率、不动产保证金比率等。

4. 货币政策作用的效果存在着有效性与收效迟滞两方面的问题。货币政策效果大小取决于市场机制的完善程度，企业与商业银行的独立经营地位、中央银行的相对独立性，以及相关法规的完善性等。而货币政策的时间性主要表现为时滞性。时滞可分为内部时滞与外部时滞两种,内部时滞是认识到行动的时滞,而外部时滞是行动到收效的时滞。

5. 我国货币政策是宏观调控的重要手段之一。货币政策目标已从过去的双重目标、多重目标转化为以稳定物价为唯一目标,而货币政策工具则从传统的行政管制、信贷配额转向了间接调控下的三大政策工具,即法定准备率、自贴现率与公开市场业务,但货币政策及工具的完善还有待今后进一步地改革与调整完善。

复习思考题

1. 什么是现代宏观金融调控的两种基本模式?
2. 试解释货币政策目标体系及其内在关系?
3. 如何确定货币政策的中介目标?其主要依据是什么?
4. 为什么稳定物价成为各国货币政策的首选目标?
5. 货币政策工具有哪些?各有什么特点?
6. 选择性货币政策工具有哪些?作用特点如何?
7. 公开市场业务是如何影响货币供应量的?
8. 如何认识货币政策的效果?
9. 为什么利率与货币供应量不能同时作为货币政策的中间性指标?
10. 请简要分析我国货币政策工具及调控方式转变的必要性。

第十三章

货币供求与国民收入决定：IS–LM 模型

本 章 要 点

货币是宏观经济的重要变量之一，货币供给、需求与利率为影响一国经济的三大基本变量，对国民收入水平的决定有着重要作用。正因如此，货币问题历来为宏观经济学重视。凯恩斯主义与货币主义曾就此问题展开过长期而激烈的争论，至今日争论仍在继续。

在本章中，我们将围绕货币供应量变动对国民收入水平的影响展开分析，主要涉及以下几个方面的问题：IS–LM 模型的基本结构及其含义，货币供给与经济均衡的关系，财政政策与货币政策的有效性问题，货币供给量政策中的调节手段问题。这个方面的分析是宏观经济理论及其政策的重要组成部分，围绕货币问题的分析可为货币政策奠定基础。

第一节 IS–LM 模型：基本结构

IS–LM 模型是凯恩斯主义经济学理论的完全综合，是精致的理论分析模型，在凯恩斯主义宏观经济学中占据中心主导地位。IS–LM 模型又称"希克斯 – 汉森"模型，最早由英国经济学家希克斯所构造，其目的是为在一般均衡理论框架中揭示凯恩斯经济理论与古典经济学理论的区别与联系。后来，美国经济学家汉森对其进行重新表述与综合，从而形成 IS–LM 模型，称投资储蓄与灵活偏好曲线。这一模型是现代凯恩斯主义（新古典综合）经济学的基石。它建立了利率、货币供求投资储蓄与国民收入之间的函数关系，以此揭示产品市场均衡与货币市场均衡的关系及对均衡国民收入的影响。

一、产品市场均衡与 IS 曲线

产品市场是指没有货币因素的总供求关系。分析产品市场的均衡，价格总水平是外生决定的，在此条件下，产品市场的均衡关系可由一条 IS 曲线来反映。

IS 曲线是产品市场均衡曲线。它代表的是使产品市场上的供给等于需求的利率与收入水平的组合。

根据宏观经济学理论，在不考虑国际贸易的情况下，产品市场上的均衡条件可以表示为：

$$Y = C + I + G$$

式中，Y 代表收入，由于各经济主体的收入之和构成了产品的总价值，所以它实际上代表着产品市场上的总供给。C、I 和 G 则分别代表消费、私人投资和政府购买，它们构成了产品市场上的总需求。政府购买可以被认为是由政府决策所决定的，所以可以看作是一个外生变量（也就是不能由模型本身加以解释的变量）；消费主要由收入与消费者的边际消费倾向决定，收入越高，消费意愿就越强；消费者的边际消费倾向 $\left(\frac{\Delta C}{\Delta Y}\right)$ 越高，消费增长越快。投资则主要受利率与资本的边际效率（即资本的预期收益率）影响，利率越高，投资意愿就越低，资本的边际效率越高，投资意愿越强；反之就越低。其函数关系如下：

$$C = C(Y)$$

根据边际消费倾向，消费函数可写为：

$$C = a + bY$$

而投资函数则可写为：

$$I = I_a + I(i)$$

此外，政府支出是由外生因素决定的变量，即 $G = \overline{G}$ 这样，产品市场的均衡由总供给（Y）与总需求（$C+I+G$）的均衡所决定（图 13-1）。

然后，再把利率引入国民收入水平的决定过程，我们就可看到，利率变动通过影响投资支出水平进而影响国民收入水平。利率的变化与投资支出呈反向运动，即利率水平的下降，会引起投资支出的上升，而投资支出水平的上升，与投资乘数一起，决定了国民收入水平的上升。这一过程的推导，可用 IS 曲线来体现（图 13-2）。

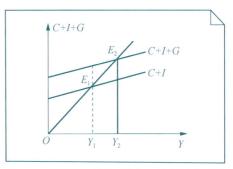

图 13-1　总供求均衡决定国民收入水平

IS 曲线是一个投资等于储蓄的曲线，它反映了在产品市场均衡条件下利率变动对投资需求的影响，从而对均衡国民收入的影响。

（1）IS 曲线的斜率为负，它反映的是利率与投资需求的反向变化关系，而投资支出则与均衡国民收入水平呈正向变化关系，因此，IS 曲线是向右下方倾斜的。

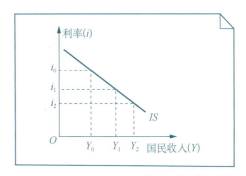

图 13-2　IS 曲线与产品市场均衡

（2）IS 曲线倾斜度（斜率的绝对值）的大小，亦即 IS 曲线的陡峭程度，是由下列两个相关因素决定的。①投资支出的利率敏感度，即投资的利率弹性。②投资乘数，即投资支出增加引起的国民收入的增长倍数。投资的利率敏感程度越高，意味着利率的小幅变动将引起投资与国民收入较大幅度的变动，使 IS 曲线变得较为平坦；相反，则 IS 曲线较为陡峭。而投资乘数较大，则意味着投资量的变动会引起国民收入较大幅度的变化，从而使 IS 曲线较为平坦。

（3）IS 曲线在坐标中的位置，是由自主性支出决定的。自主性支出由自主性消费（a）、自主性投资（I_a）和政府支出（G）决定，自主性支出不受利率变动的影响，它更多地受人们预期的影响。自主性支出越小，IS 曲线离原点越近；自主性支出越大，IS 曲线离原点就越远。

IS 曲线上的所有点都是产品市场上的均衡点，而离开 IS 曲线的任何一点都是非均衡的点，当其处于 IS 曲线右上方时，则意味着产品市场上存在着超额供给，而处在 IS 曲线左下方的点，则意味着存在着超额需求。而只有处于 IS 曲线上的点，才是产品市场的均衡点。

二、货币市场均衡与 LM 曲线

货币市场均衡是指一定条件下货币供给等于货币需求的状态。而在此条件下，考察利率与国民收入的关系，更形成了 LM 曲线。

LM 曲线是货币市场均衡曲线，也就是在既定的货币供给下使货币需求和货币供给相等的利率和收入组合。

根据凯恩斯主义的货币需求理论,可知货币需求主要取决于收入和利率,并且与收入成正向关系,与利率成反向关系,即 $\frac{M_d}{P} = L(Y, i)$,$\frac{\partial L}{\partial Y} > 0$,$\frac{\partial L}{\partial i} < 0$。

为简单起见,我们不考虑利率对银行超额准备金率的影响,而把货币供给 $\frac{M_d}{P}$ 看成是一个完全由中央银行决定的,不受利率影响的外生变量。因此,货币市场均衡条件由下式给出:

$$\frac{M_d}{P} = L(Y, i)$$

从上式中可以推导出 Y 和 i 之间的关系,$M_d = M_s$,$\frac{M_d}{P} = kY - hi$,描述这一关系的曲线就是所谓的 LM 曲线。下面我们用图来说明货币市场的均衡与 LM 曲线的导出。

图 13-3(a)给出了货币供求曲线及均衡点(由于假定货币供给不受利率影响,所以它是一条垂线,横轴表示的是实际货币存量,而不是名义货币存量)。当收入为 Y_1 时,货币需求曲线为 $L(Y_1, i)$,均衡利率为 i_1;当收入上升至 Y_2 时,由于收入与货币需求呈正向关系,因而货币需求曲线将上移至 $L(Y_2, i)$,均衡利率也提高到 i_2。将收入与利率之间的这种正向关系描绘在图 13-3(b)中,便是 LM 曲线。

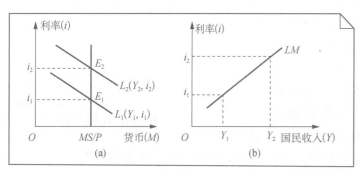

图 13-3 货币市场均衡与 LM 曲线的导出

LM 曲线的斜率为正,这一点有着直观的经济含义:当货币供给不变时,因收入上升引起的货币需求增加必须通过由利率上升引起的货币需求下降来加以抵消,才能使货币市场继续保持均衡。

LM 曲线斜率的大小由货币需求对利率和收入的敏感性决定。如果货币需求对利率很敏感,对收入不敏感,那么当收入增加时,它所引起的货币需求增加只需有小量的利率上升便可加以抵消,因而 LM 曲线就将比较平坦。反之,如果货币需求对利率不敏感,对收入很敏感,那么因收入增加而引起的货币需求增加就要有较大的利率上升才能加以抵消,因而 LM 曲线就较陡峭。因此,LM 曲线的斜率与货币需求对利率的敏感性呈反向关系,而与货币需求对收入的敏感性呈正向关系。LM 曲线斜率的大小会影响到货币政策的有效性,因而较为人们所重视。

LM 曲线的位置是由货币供给量决定的,在既定条件下,如 M_s 上升,则 LM 曲线向右移动;如果 M_s 下降,则 LM 曲线向左移动。

LM 曲线是货币市场供求均衡点的轨迹,即其任一点均 $M_s = M_d$ 符合的要求,而离开了

LM 曲线，则任一点均是不均衡的。在 LM 曲线左上方的点意味着存在超额货币供给，而位于 LM 曲线右下方的点则存在着超额的货币需求。

三、产品市场与货币市场的双重均衡：IS–LM 模型

IS 与 LM 曲线图上的坐标轴变量是相同的，当我们把 IS 与 LM 曲线图合在同一张图上时，我们便得到了一张 IS–LM 的曲线图，它反映了产品市场与货币市场的双重均衡状态，即在两条曲线的交点上，货币市场与产品市场同时走向均衡，从而整个经济处于均衡状态。

从图 13–4 中看出，IS 与 LM 曲线仅相交于 E 点，此时的 i^* 为均衡利息率，Y^* 为均衡国民收入。任何离开 E 点的点，都是不符合双重均衡条件的，它们所处的状态，或者是产品市场不均衡，或者是货币市场的不均衡，或者是双重市场不均衡。

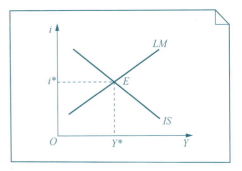

图 13–4　产品市场和货币市场的一般均衡

IS–LM 曲线的移动将引起均衡点 E 的移动。任何支出水平发生变动的因素都会使 IS 曲线发生移动。如厂商增加投资，消费者增加支出，政府增加支出，都会使 IS 曲线向外移动；反之则 IS 曲线向内移动。

同样，任何使货币供给量发生变化的因素则会使 LM 曲线发生移动。当社会公众因为预期与信心问题改变货币持有量时，LM 曲线会移动，货币持有量减少，LM 曲线内移；反之则外移。而当货币当局增加货币供给时，则利率会降低，LM 曲线则会向右移动。正因为 IS 曲线与 LM 曲线的变动影响到国民收入的均衡水平，所以，它涉及了财政政策与货币政策的有效性问题。

第二节　IS–LM 曲线与财政政策、货币政策

通过 IS–LM 理论框架可以用来描述财政政策与货币政策是如何影响国民收入的，其作用的效率如何？

一、财政政策

由于 IS 与 LM 决定的均衡国民收入小于充分就业时的国民收入，则这个均衡为非充分就业均衡。为了消除失业，推动经济向充分就业均衡移动，政府可通过改变支出（G）规模来扩大总需求，推动 IS 曲线的移动。这就涉及了政府的财政政策。

当政府实行积极的财政政策扩大支出时，IS 曲线将向外移动，那么，政府财政支出的增加引起 IS 曲线移动与国民收入水平的上升，具有多大的效率呢？这主要取决于利率水平的变化，因为收入水平的上升，会导致利率水平的上升，因为货币供给量不变条件下，利率的上升将一部分国民收入挤出，这就是"挤出效应"。LM 曲线的斜率越大，挤出效应也就越大，而 LM 曲线斜率越小，挤出效应也就越小，当 LM 为水平线时，则挤出效应为 0。

从图 13-5 中看出，当支出增加时，IS 曲线上移，Y 水平上升，但同时也导致了利率水平的上升，导致（Y_1-Y_2）收入被挤出。有两种极端的情况会改变挤出效应，一种情况是利率对支出的增加没有反映，这样，LM 曲线呈水平状态变化（LM_1），财政支出变动以乘数发生作用（Y_0-Y_2），没有产生挤出效应；另一种极端的情况是政府财政支出的增加导致利率的垂直上升，私人投资因利率的上升而减少，它冲销了政府支出增加带来的收入上升。这样，LM 曲线呈现为一条垂直的曲线，财政政策的促进作用完全被挤出。

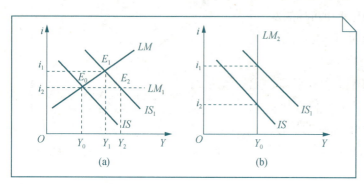

图 13-5 财政政策的挤出效应

同样，减税也可能使 IS 曲线移动，因为减少个人所得税，个人可支配收入上升，消费会增加，IS 曲线会向右移动，使收入水平上升。与上述分析相反的两种可能性是，过度挤出与挤进效应。

过度挤出的状态是这样的，当政府增加支出使 IS 曲线向右移动时，人们随之也增加对货币的需求，或更多地持有政府发行的证券，并导致 LM 曲线向左移动至 LM_1，利息率从 Y_0 上升至 Y_2，收入水平因过度挤出反而比增加支出前减少了（图 13-6）。

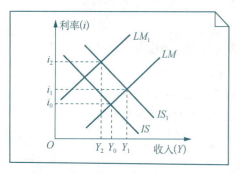

图 13-6 财政政策的过度挤出效应

挤进效应是另一种可能性，即政府增加支出时，人们愿意更多地持有政府证券导致货币需求减少，LM 曲线向右大幅度移动，使利息率下降。这样，政府支出非但没有挤出私人支出，反而形成了"挤进效应"（图 13-7）。

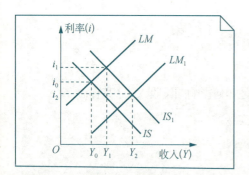

图 13-7 财政政策产生挤进效应

当然，经济学家都认为在一般情况下以上两种情况是不会出现的，而更普遍的是部分的挤出效应。这主要涉及货币需求对收入变动的敏感性问题。货币需求的敏感性越大，则图中的 LM 曲线越陡，财政政策的挤出效应也就越明显，其本身对收入的拉动作用也就越小,甚至出现负效应。相反,当货币需求对收入变动的敏感性较小时,财政政策的挤出效应也就越小,甚至有可能因货币需求减少使财政政策产生挤进效应。

以上分析表明,货币需求的收入敏感度较大时,因较大的财政挤出效应而使财政政策失效。在具体的经济活动过程中,当政府大规模增加支出时,民间私人投资支出因货币需求的增加而大规模减少,财政政策效果被抵消了。如果这样的环境存在,如我国近年的通货紧缩时期,那么,财政政策的效果将受到较大削弱。

二、货币政策

根据以上模型,如果货币当局增加货币供给,那么,LM 曲线将有可能发生移动,这有可能使利率与国民收入水平发生相应的改变。货币政策有可能与财政政策一样,扩张经济规模,增加就业水平,那么,货币政策与财政政策对利率与收入的影响有何差异,哪一种政策更为有效呢?

从 LM 曲线的移动看,货币政策对利率与国民收入的影响机制是这样的:

$$M\uparrow \rightarrow i\downarrow \rightarrow I\uparrow \rightarrow Y\uparrow$$

根据凯恩斯主义理论的假定,货币供给量的增加,会使利率下降,从而使私人投资支出上升,最终使国民收入水平上升,并使社会就业水平上升。

货币政策对投资与国民收入的影响程度由以下几个因素决定:

(1) 货币需求对利率的敏感程度,即货币供给变动在多大程度上影响利率水平;

(2) 私人投资对利率的敏感程度,即利率的变化可在多大程度上影响投资量变化;

(3) 投资乘数,即私人投资变化在多大程度上影响国民收入的变化。根据以上的参数,我们来看 IS–LM 曲线的变化。

图 13–8 展示了货币政策对国民收入变动的效应。当货币政策改变,货币供应量增加时,LM 曲线移至 LM_1,由于利率从 i_0 下降至 i_1,引致私人投资的增加,国民收入也由 Y_0 上升至 Y_1。这种作用机制被凯恩斯主义经济学称为"货币效应"。

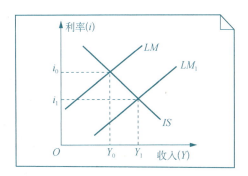

图 13–8 货币政策的效应

但由于利率弹性的大小,会使 IS 曲线的斜率不同,从而影响货币政策的收入效应。

从图 13–9 看出,有两种极端的情况。一种情况是 IS 曲线呈水平状况,它对利息的变化有充分的弹性,即支出对利率变化的弹性无穷大,因此,利率的微小变化(降低)就足以使支出增加到吸收全部增加的货币供给。这样,就使增加的货币供给全部转化为国民收入水平的增量,即 LM 移至 LM_1,国民收入从 Y_0 上升到 Y_1。这种情况下的货币政策是充分有效的。

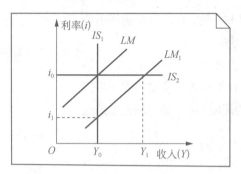

图 13-9 两种不同利率弹性的 IS 曲线

另一种极端的情况是 IS 曲线呈垂直状态，支出对利息率变化毫无弹性。在此情况下，增加货币供给量，使利率水平降低，但支出水平没有丝毫的增加，国民收入水平也就没有任何改变。因此，在这样的条件下，货币供给增加对国民收入没有影响，货币政策在这样的条件下完全无效。当然，以上分析的两种情况都是极端的假定，即支出对利率变化充分有弹性和完全没有弹性，使货币政策完全有效或完全无效。从国民经济的实际过程看，上述理论分析与结论往往不可能出现，而更多的是介于两者之间的状况，即货币政策的有效程度不同。我们可以看到某些情况下货币政策效果被严重削弱的状况。当私人投资与消费支出受独立变量因素支配时，它对利率变化没有什么弹性，货币政策的作用将十分有限。如 1998—1999 年的货币政策调控，曾有连续 7 次降息的过程，降息幅度达到 75% 以上，但实际支出变量却很少受到拉动，国民收入也没有受到影响，使"通货紧缩"的状况没有实质性的改变。在此条件下，货币政策则显得软弱无力。其根本因素是支出缺乏弹性，公众对降息的支出反应十分冷淡。

第三节 财政政策与货币政策的有效性问题

国民收入及其稳定性问题是经济学注目的焦点问题，而在此基础上延伸的问题在于是否要采取积极的稳定性政策去介入与影响宏观经济过程，以改变经济均衡的状态与方式。在早期的古典经济理论中，以货币数量论为代表的思想认为货币是中性的，货币供给增减引起的总需求增减只会引起价格的同比例增减，而不会导致国民收入的任何变化，货币只会对价格水平发生影响，而对实际国民收入水平不会产生任何影响。因此，货币是中性的，货币政策也是无效的。而凯恩斯经济学则引入了价格黏性假定，即在资源未充分就业之前，支出的增加会引起总供给的上升而价格水平则是固定不变的，因而货币增减引起的总需求变化会完全作用于国民收入变量，却不会对价格水平产生影响。因此，货币政策是充分有效的。当然，货币也是非中性的。

但货币的非中性论又受到了货币主义与理性预期学派的批评。货币主义与理性学派都把预期错误作为收入偏离于均衡国民收入的原因。预期可分为适应性预期与理论预期两类，货币主义学派主要用适应性预期或简单预期来解释货币变动与收入变动之间的关系。适应性预期把上期价格水平当作本期价格水平，以此做出一个错误的预期，而当其发现错误调整预期时，产量或收入与价格水平也随之发生变化。

根据图 13-10 所示，初期的总供求均衡点在 E_0，而当货币供给增加，AD_0 移至 AD_1 时，人们是以前期价格水平（P^*）来预期新的价格水平的，结果供给上升，Y^* 移至 Y_1，新的均衡点为 E_1，但价格水平的上升会改变人们的预期，从而使供给曲线上移至 SAS_2，均衡点也移至 E_2，时期继续下去，最终均衡点达到 E_3，收入与就业水平回到 Y^*，但价格水平则上升至 P_3 了。因此，在适应性预期下，货币供给的增减在短期内会引起收入就业水平的增减和价格水平的相应变化，但在长期内它却只会引起价格水平的变化而不会对实际国民收入水平发生作用。

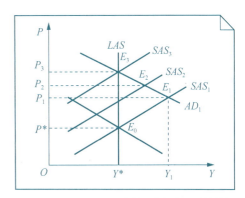

图 13-10　适应性预期与货币政策效果

而理性预期学说则更前进一步，指出了任何被预计到的政策都不会对实际经济变量产生任何影响。其认为任何追求自身利益极大化的经济主体都会从经验中吸取教训，利用一切可获得的信息，对未来形成尽可能准确的预期，即理性预期，而不可能像简单预期那样一次次地重复过去的错误。经济主体在遇到货币供给扩张时，其价格预期就是 P_3，使短期供给曲线一次性地上移至 SAS_3。货币政策一旦被预期到，其对实际经济变量（Y）将完全无效。

而新凯恩斯主义者则认为，由于理性预期的作用，总供给曲线将会上移，因此，货币供给的增减从长期看将不会对收入与就业产生实质性影响，而只会引起价格水平的变化，但他们又强调，工资与价格具有黏性，即使人们已做出了理性预期，工资与价格的调整也不会一步到位。因此，短期中的供给曲线会发生部分的上移，收入在短期内仍会有所增加。因此，货币政策即使在被充分预见到后，也不是完全无效的。但从长期看，新凯恩斯主义者也承认货币政策不可能对国民收入水平与就业量发生实质性的影响。

货币主义、理性预期学派，以及新凯恩主义者虽然在货币政策有无作用上尚存差异，但它们却得出了一致的结论，货币政策在长期内不会发挥实质性的作用，从长期过程看，货币应当是中性的。除了积极的货币政策介入的必要性争论与分歧外，还有一个争论就是财政政策与货币政策的相对有效性问题。这也是凯恩斯主义与货币主义长期以来分歧的焦点。我们先来看凯恩斯主义的观点。

早期凯恩斯主义者的一个普遍倾向是强调财政政策在稳定经济中的重要作用，而不重视货币政策的作用。他们普遍认为，货币是无关紧要的。他们持有这一观点的主要根据是货币需求对利率很敏感，而私人投资却对利率不敏感。前者意味着货币供给的增加并不能有效地使利率下降，后者则意味着利率的下降不能有效地刺激投资，因此货币的扩张作用是非常有限的。凯恩斯是第一个明确地将利率引入到货币需求函数中来的经济学家，通过对货币投机性需求的论证，凯恩斯富有说服力地证明了货币需求和利率之间的反向关系，从而为他探讨货币市场和实物市场之间的联系奠定了基础。凯恩斯相信，货币需求对利率是敏感的，有时甚至是绝对的（即后人所谓的"流动性陷阱"）。凯恩斯的这一思想被他的后继者所发展。其中，鲍莫尔、托宾等人从理论模型和计量分析两方面入手，论证了货币需求对利率的敏感性。

从私人投资对利率的反应看，凯恩斯主义者也认为利率是不敏感的，私人企业的投资往往更多地受预期收益率的影响，呈自主性质，企业主的"一时冲动"会起很大的作用，利率的影响力极小。在市场不景气、私人企业普遍对前景感到悲观时，即使利率极低，也无法有效地刺激投资。他们认为，大危机期间的美国经济就是一个极好的例证。当时，美国的市场利率降到了极低的水平。以三个月期的美国国债为例，其利率降到了1%以下，但是投资却依然萎缩。这表明私人投资对利率是极不敏感的。此外，他们还通过对企业投资决策的实际调查来证明私人投资的低利率敏感性。

正因如此，凯恩斯主义者对经济衰退时期采用货币扩张政策来刺激经济的作用效果表示怀疑。因为扩张货币供给固然容易，但要使其转化为实际支出却实为不易。因此，凯恩斯主义者主张把财政政策作为稳定经济、调节总需求的主要工具。因此，早期的凯恩斯主义者都是"财政主义者"，它们往往都忽视货币政策的作用，而强调财政政策在刺激总需求与调节国民收入水平方面的作用。也正因如此，他们与货币主义者之间构成了一道明显的政策倾向性界限。我们再来看货币主义者的观点与分析。

以弗里德曼为首的货币主义者是凯恩斯主义学说的对立面。从20世纪50年代开始，货币主义者就对凯恩斯主义的财政主义及忽视货币政策作用的倾向进行了有力的批评。它们从两方面对凯恩斯主义的政策性倾向提出了批评：一是对利率的敏感性问题做出了自己的解释；二是认为货币对经济的作用过程是十分复杂的，简单化则会引起对货币政策作用的低估。

（1）货币主义者把货币需求看作是一个公众在广泛范围内的资产选择过程，因而货币主义者的货币需求函数不同于凯恩斯主义者。弗里德曼的货币需求函数指出了货币、债券、股票和实物资产的预期报酬率的同向波动，利率对货币需求的影响并不显著。弗里德曼还通过计量模型证明，利率对货币需求没有明显的影响。虽然这一结果受到了后来的经济学家的质疑，但对于当时普遍存在的对货币需求利率敏感性的过高估计，是一个校正。

此外，货币主义者还指出，从20世纪30年代大危机过程中得出的私人投资对利率不敏感的结论，同样是确切的，是混淆了名义利率的实际利率。在大危机期间，虽然名义利率很低，但是由于物价下降得很厉害（负通货膨胀），所以实际利率却很高，因此投资的萎缩不仅不能说明它对利率不敏感，反而有力地说明了利率对私人投资有着重要的影响。此外，弗里德曼还指出，单凭国债利率的高低来判断整个利率水平的高低是片面的，因为在大危机期间，债券的违约风险增加，因而公司债券和无违约风险的国债之间的利差（即风险补偿）会扩大。当时的实际情况是，虽然国债的利率很低，但是一般的公司债券利率却极高。

（2）货币主义者还指出，凯恩斯主义者所考察的货币对经济的作用过程（即货币传导机制）过于简单。在弗里德曼看来，货币对经济的作用过程是非常复杂的，其传导途径之多，甚至可能使任何试图穷尽这些途径的努力都归于徒劳。而凯恩斯主义者仅仅考察了货币的一种传导机制，即货币供给增加→利率下降→私人投资增加→国民收入增加，就断言"货币无关紧要"，这是十分片面的，大大低估了货币的重要性。在凯恩斯主义者所遗漏的各种传导机制中，货币主义者尤其强调实际余额效应的作用，即在价格不变的情况下，名义货币供给的增加同时导致实际货币余额的增加，从而使人们感到自己更加富有，并增加消费。货币主义者强调在考察货币作用的传导机制时，不应忽略这个实际余额效应。正是因为存在着这种复杂的传导作用过程，货币变量对经济活动的实际过程的影响是多重的，它在短期内对经济活动变量的影响是较为直接的。忽略这种作用会导致宏观经济政策的偏向。

对以上分析提供重要支持的有两个最主要的成果，一项是由弗里德曼与安娜·施瓦茨合作出版的著作：《美国货币史：1867—1960 年》，对美国 20 世纪 30 年代的大危机做出了货币主义的解释，对当时处于主流地位的凯恩斯主义者提出的自主性投资枯竭的危机理论提出了批评。认为把大危机原因仅仅归结为私人投资缩减，IS 曲线下移，而财政政策未能做出积极的反应是极端片面的，他们认为，货币政策的失误才是最根本的原因。

货币主义者的研究表明，大危机期间实际上是美国历史上空前的货币紧缩期：一方面是大量的银行倒闭，使得巨额的存款化为乌有；另一方面，公众的提现行为使得流通中现金同活期存款的比率达到很高的水平，同时银行为避免因支付危机引起的倒闭而持有大量的超额准备金，这两者均使基础货币的扩张能力（即货币乘数）大大减小。银行普遍出现类似"惜贷"的情况。而当时的联邦储备银行却未能对此做出积极的反应，在阻止银行倒闭和扩大货币供应量方面起到应有的作用，这是一个致命的错误。弗里德曼和施瓦茨反驳了那种仅仅观察到当时的国债利率很低，就断言货币政策是扩张性的观点，并指出这种观点的错误在于混淆了名义利率和实际利率，并且忽视了大危机期间国债和一般公司债券利差扩大的事实。因此，他们指出，大危机的经验不仅不能证明货币政策的无效，而恰恰是"货币因素重要性的一个悲剧性的证明"。今天，对大危机的这种货币主义的解释已经为越来越多的人所接受。另一项重要的支持成果来自圣路易斯联邦储备银行两位经济学家安德森（L. Andersen）和乔丹（J. Jordan）的研究，他们用来比较财政政策与货币政策相对重要性的成果被称为"圣路易斯方程"。

圣路易斯方程的表述如下：

$$\Delta PY_t = \alpha + \beta_i \Delta M_{t-i} + \gamma_i F_{t-i}, \ i \geqslant 0$$

其中：ΔPY_t 表示第七期名义收入变动，ΔM_{t-i} 代表货币政策变量在 $t-i$ 期的变动，ΔF_{t-i} 代表财政政策变量在 $t-i$ 期的变动，这些都是名义值，且为季度数据。

安德森与乔丹的结论十分引人注目。名义货币存量或基础货币的变动对名义收入有很大的影响。而财政政策变量对名义收入却没有持续的影响。在财政政策发挥作用的季度里，名义收入会增加，这个作用可能还会延续到下一季度。但从全年看，财政政策的收入效应几乎接近于零。这近乎一个令人震惊的结论。它表明财政政策并不是一种有用的稳定的工具。相反，货币政策，即改变货币的供应量，都是一种更为有力的工具。此外，货币政策影响国民收入的速度也要比财政政策来得更快且易于预测，正因如此，货币政策是比财政政策更优越的宏观政策工具。后来的研究也表明，在其他一些国家，也存在着类似的情况。

当然，圣路易斯方程揭示的货币政策工具迅速有力及财政政策的软弱无力也引起了广泛的争议，在变量的解释、数据的引用方面还存有不同看法。但有一点是肯定的，货币政策的重要性是不应该被忽视的。就因如此，连凯恩斯主义者也不得不承认，"货币也重要"。这说明，货币主义理论及政策倾向得到了更广泛的认同。当然，货币主义者论证了货币对经济的重要作用，但他们却反对使用积极的货币政策与财政政策来调节经济。因为在他们看来，不管是财政政策还是货币政策，其调节的速度与力度都没有市场机制中的价格－工资杠杆有效，只要市场机制健全，价格－工资机制的调节将使经济有效地恢复均衡。因此，与其采用财政政策与货币政策来干预经济，还不如恢复与完全市场机制的功能，让其发挥充分的调节作用，这样也可避免政府通过财政、货币政策对经济的干扰所带来的不稳定。货币主义者据此提出了著名的"单一规则"货币政策，即不管经济状况如何，货币当局按照经济增长率的水平，实施既定的货币供给，这样，可避免政策干预所造成的经济波动。

近年来，新凯恩斯主义经济学派是以不完全竞争、不完善市场、不对称信息和相对价格的黏性为基本理论，坚持"非市场出清"这个最重要的假设，认为在货币非中性的情况下，政府的经济政策能够影响就业和产量，市场的失效需要政府干预来发挥积极作用。新凯恩斯主义以需求冲击为假定，着重论证了企业为什么总是拒绝及时随总需求的变动而调整价格和工资，这种微观行为反映到宏观经济层面又如何导致总产出和就业的变动。因此，政府需要通过市场干预来解决这种市场机制的失效问题。由于货币的非中性，政府的经济政策可以是有效的。新凯恩斯学派在财政政策上基本遵循原凯恩斯学派的政策主张，在货币政策方面则提出了一些独到的见解。新凯恩斯主义者认为，为了实现稳定产出的目标，政府应当合理制定并实施货币政策，使货币量市场的调整与影响价格的实际扰动相适应，与引起价格变动的名义扰动相抵消。

本章小结

1. *IS–LM* 模型是凯恩斯主义宏观经济分析最综合性的工具，它集中了供给与需求理论，产品市场均衡，货币市场均衡，利率、支出、货币需求与国民收入等一系列基本理论。它可以用来分析宏观经济的均衡状态，充分就业与非充分就业均衡、财政政策与货币政策的有效性等一系列核心的问题。

2. IS 曲线代表的是使产品市场上供给等于需求时的利率与收入水平的各种组合，是产品市场均衡的移动轨迹；而 LM 曲线则代表着使货币市场上供给等于需求时利率与收入的不同组合。而 IS-LM 曲线是两个市场的不同组合状况，IS 曲线与 LM 曲线的相交点是产品市场与货币市场同时均衡的状态，即双重均衡。

3. 宏观经济的均衡与不均衡是经常变动的，当出现不均衡时，市场机制通过工资与价格机制进行自发调整。古典经济学认为市场有足够的能力调节经济恢复均衡，但凯恩斯主义认为在工资价格不能灵活调整，存在流动性陷阱与私人投资对利率缺乏弹性的条件下，需要有政府的干预与调节，来恢复均衡。

4. 财政政策与货币政策是两个调节宏观经济活动的主要工具，财政政策通过扩大或减少政府支出，来改变总需求，从而影响国民收入，货币政策则通过改变货币供给量来影响利率及投资，从而影响国民收入水平。财政政策作用存在着明显的挤出效应，而货币政策发挥作用则具有间接的特点。

5. 财政政策与货币政策何者更为有效，一直是经济学争论的焦点，凯恩斯主义者坚持认为财政政策作用效果直接、明显，而货币政策较为间接。但货币主义者坚决反对这种观点，他们从理论与经验两方面强调了货币政策的重要性及有效性，而财政政策效果反而不如货币政策明显。

复习思考题

1. 什么是充分就业均衡与非充分就业均衡？两者的根本差异是什么？
2. 为什么 IS 曲线是向下倾斜的，而 LM 曲线是向上倾斜的？
3. 影响 IS 曲线斜率的主要因素是什么？
4. 如果货币对利率的敏感性下降，IS 曲线与 LM 曲线将作何变化？
5. 投资对利率的敏感度对货币政策效果有何影响？
6. 财政政策作用的挤出效应是如何发生的？
7. 为什么说凯恩斯主义是财政主义者？
8. 货币主义是如何解释 20 世纪 30 年代大危机的？
9. 为什么货币主义者重视货币作用但又反对使用积极的货币政策？
10. 试述凯恩斯主义者与货币主义者在财政政策与货币政策上的主要分歧。

第十四章
国际金融和货币政策调控

本章要点

货币政策在不同的经济环境影响下产生不同的效果,开放经济下货币政策作用机理与封闭经济有所差异。本章将从国际金融视野出发,通过汇率机制和财政政策、汇率机制与货币政策的相互影响机制,分析开放经济条件下分析货币政策的效果问题。

第一节 | 开放经济下的 IS–LM 模型

对封闭经济的研究不考虑外部均衡的影响，没有引入国际金融因素，我们得出了分析经济短期均衡的 IS–LM 模型，并借此研究了封闭经济中货币政策效率问题。我们知道，在开放经济中，影响一国经济的因素增加，宏观经济的均衡有赖于内部均衡和外部均衡的同时实现。在这种情况下，仅考虑内部均衡是不够的，必须在 IS–LM 模型框架中加入外部均衡因素。本节将研究反映外部均衡的 BP 曲线，将该曲线加入传统的 IS–LM 模型，分析开放经济条件下宏观经济均衡问题。

一、汇率

在开放经济中，各国都采用自己的货币，本国货币一般无法在国际交易中使用，这样，国际经济交易中必然涉及不同货币之间的兑换，国际金融中把货币之间的兑换比率称为汇率。在国际经济交易中，既可以用本币来衡量一定单位外币的价值，也可以用外币来衡量一定单位本币的价值。这样，汇率就有两种标价方法，前者成为直接标价法，后者成为间接标价法。目前，除美元、英镑和欧元外，其他货币一般都采用直接标价法。如果没有特殊说明，本章在涉及汇率时都采用直接标价法。在直接标价法下，本币贬值时，汇率数值增加；本币升值时，汇率数值减少。

汇率是不同经济体之间经济关系的反映，汇率的变动又能影响国际经济交易。首先，汇率变动能影响国际贸易。当本币贬值时，如果本国商品的本币价格不变，则本国商品在国际市场的以外币表示的价格下降，对本国商品的需求增加，出口增加。同时，由于本币贬值，进口商品的本币价格提高，进口下降。因此，本币贬值有助于促进出口、抑制进口。同理，本币升值会抑制出口、促进进口。其次，汇率变动，特别是预期汇率的变动能够影响国际投资。当预期本币升值时，国际资金会在升值之前流入本国，以获取本币升值的收益。当预期本币贬值时，资金也会在贬值之前流出本国，以减少本币贬值造成的损失。因此，预期本币升值会促使国际资金流入，预期本币贬值则会引起资金流出。

二、外部均衡曲线的推导

假定一国经济的外部均衡目标为实现国际收支，那么外部均衡的实现有赖于经常账户和资本与金融账户的情况。当经常账户和资本与金融在账户同时达到均衡状态时，外部均衡自然可以实现。但是，这种情况非常少见，大多数情况下，这两个账户都处于不均衡状态。不过如果这两个账户收支之和为零，那么外部均衡还是可以实现。为了考察外部均衡实现的条件，有必要推导外部均衡曲线。

假定利率是影响资本与金融账户的主要因素，则资本与金融账户均衡情况可以表示为：

$$K = K(r, r^*, E_q)$$

其中：K 表示资本与金融账户收支状况，r 与 r^* 分别表示本国与外国利率，E_q 表示预期汇率。

本国利率上升时，资本与金融账户会有持续的资金流入，外国利率上升时情况则相反。预期汇率提高，即预期本币贬值时，本国资金将大量流出，金融与资本账户出现逆差。为了便于分析，假定外国利率为常数，预期汇率 E_q 稳定，这样资本与金融账户收支仅仅是本国利率的增函数，即：

$$K = K(r), \text{且} \frac{\partial K}{\partial r} > 0$$

经常账户实际包括商品和劳务的进出口以及要素报酬，由于其中商品进出口所占比重最大，因此我们作一简单的假设，以贸易账户代替经常账户进行分析。开放经济中，对一国商品的需求不再局限于国内需求，外国还可能存在对该国商品的需求，构成了该国的出口 X。在不考虑关税、交易成本和贸易壁垒的情况下，影响该国出口的因素主要包括外国的收入水平、外国的边际进口倾向和本币对外币的汇率等。在其他条件不变的情况下，如果外国的收入水平提高，外国居民的消费水平也会提高，假定外国居民对该商品的偏好没有发生改变，那么在外国居民消费的商品篮子里，本国商品的数量也将随之增加，意味着本国对外国出口的增加。当外国的边际进口倾向增加时，即使外国的收入水平不变，对本国商品的消费也会增加，本国的出口提高。

当汇率发生变化时，本国商品与外国商品的相对价格将会改变。例如，当本币贬值时，一单位外币可以兑换更多的本币，因而本国商品的外币价格将下降，从而出现本国商品对外国商品的替代效应，外国居民将增加对本国商品的消费，本国对外国的出口增加。相反，当本币升值时，一单位外币所能购买的本国商品的数量将减少，因而外国居民将减少对本国商品的消费，本国对外国的出口下降。由此可见，在汇率的直接标价法（direct quotation）下，本国对外国的出口与本币汇率值成正比，本币越是贬值，汇率越高，本国出口就越多。

但是，在开放经济中，本国居民的需求将不再局限于本国商品，他们还可以选择外国商品，因此必须考虑本国从外国的进口 M。影响进口的因素也很多，主要包括本国的收入水平，本国的边际进口倾向和本币对外币的汇率。本国的收入水平越高，本国的边际进口倾向越大，进口也越多。当本币贬值时，本币购买力下降，将产生本国商品对外国商品的替代效应，本国从外国的进口减少。

根据以上分析，在不考虑外国收入、外国边际进口倾向以及本国的边际进口倾向的情况下，我们可以得出本国的经常账户函数：

$$CA = EX = X - M = X(q) - M(q, Y)$$

其中：CA、EX 和 Y 分别表示本国的经常账户收支、净出口和本国收入。因为本币贬值会刺激出口并抑制进口，所以 $X'(q) > 0$，$M'(q) < 0$，且 $CA'(q) > 0$，即本币贬值，本国净出口将上升。此外，边际进口倾向的区间为：$1 > M'(Y) > 0$，所以 $0 > CA'(Y) > -1$，即本国收入越高，本国净出口就会下降，但是净出口下降的幅度小于国内收入增加的幅度。

将资本与金融账户以及经常账户收支函数相加，就可以得到国际收支函数。当外部均衡得以实现时，BP 曲线可以表示为：

$$BP = CA + K = CA(q, Y) + K(r) = 0$$

根据上述分析，国际收支是本国利率的非减函数，即：$\dfrac{\partial BP}{\partial r} > 0$；由以上公式不难发现，$\dfrac{\partial Y}{\partial r} < 0$，即 BP 曲线的斜率小于 0，该曲线向右下方倾斜。受资金跨国流动性不同的影响，BP 曲线有三种形状，见图 14–1 所示。

（1）资金完全流动时，BP 曲线为水平线。所谓资金完全流动，是指各国金融市场完全一体化，资金流动极为迅速，而且不存在任何成本和障碍。资金完全流动时，本国利率必须与世界利率相等，否则，微小的利率差异都会带来巨额资金的迅速流动，从而导致国际收支不平衡。资金的完全流动性意味着一国可以随时以世界利率借入或贷出任何数量的资金，这样对于任何水平的经常账户收支都可以通过资金流动使整个国际收支保持平衡。BP 曲线上方区域表明国际收支处于盈余状态，因为此时国内利率高于世界利率而带来大量资金流入。相反，在 BP 曲线下方区域则表明国际收支处于赤字状态。

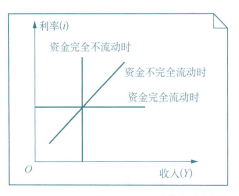

图 14–1 BP 曲线的三种情况

（2）资金不完全流动时，BP 曲线为斜率为正的曲线。所谓资金不完全流动，是指各国金融市场的一体化程度较低时，资金流动会受到信息、交易成本等因素的制约，这时本国利率与世界利率的差异只会带来一定数量的资金的持续流动。此时 BP 曲线的斜率为正。其原因是随着收入的增加，进口也增加了，从而导致经常账户出现赤字，为了维持国际收支均衡，一国必须相应提高利率以吸引资金流入，这一持续的资金流入为各个时期的经常账户提供融资，从而使国际收支保持平衡。可以看出，资金流动性越大，为吸引一定数量的资金流入而需要提高的本国利率水平也就越小，BP 曲线也就越平坦。在 BP 曲线右边的各点，经济处于国际收支赤字状态，这对于既定的利率水平来说，国民收入水平较均衡水平提高时会带来进口的上升，这导致经常账户逆差超过资金流入所能弥补的水平；在 BP 曲线左边的各点则反映经济处于国际收入盈余状态。实际汇率的贬值会使 BP 曲线右移。

（3）资金完全不流动时，BP 曲线表现为一条垂直线。此时，由于不考虑资本与金融账户的影响，利率变动不会影响经常账户收支，进出口维持不变。这种情况相当于仅仅存在经常账户收支的情况，因此利率的变动不影响 BP 曲线。

三、汇率变动对 IS、BP 曲线的影响

在封闭经济中，无须区分本国居民对国内商品内的需求和对国外商品的需求。但是，在开放经济中，必须区分对这两种商品的需求，我们把对商品的需求分为本国居民对外国商品的需求、本国居民对本国商品的需求以及外国居民对本国商品的需求。在封闭经济模型中，我们知道 IS 曲线反映了商品市场均衡。在开放经济中，影响商品市场总需求的因素发生改变，必须考虑进出口对商品市场的影响，因此需要对 IS 曲线进行调整。

根据上述分析，我们知道，在开放经济中净出口是对一国商品需求的重要组成部分。因此，在开放经济中一国商品市场均衡条件（即 IS 曲线）必须包含净出口部分，即：

$$Y = C + I + G + EX$$

其中：C、I、G 分别表示国内居民的消费、私人投资和政府净支出。

由于利率是投资成本，利率越高，私人投资的动机就越弱，投资量就越少。假设私人投资和利率之间存在线性关系，可以得到私人投资函数：

$$I = I(r) = I_0 - br$$

其中：I_0 表示与利率无关的投资需求，b 代表投资的利率弹性，即随着利率的增加而导致的投资需求下降的数量，且 $b>0$。

由以上公式，可得：

$$Y = C + I_0 - br + G + EX(q, Y)$$

根据上述分析，可知 $\frac{\partial Y}{\partial r} < 0$。由于 $0 > EX'(Y) > -1$ 即 $\frac{\partial Y}{\partial q} > 0$，实际汇率的上升（本币贬值）将提高国内收入水平，在一定利率水平上提高国内收入，使 IS 曲线右移。

根据 BP 曲线表达式可知 $\frac{\partial Y}{\partial q} > 0$。随着实际汇率上升（本币贬值），出口增加，要维持经常账户的均衡，必须增加国内收入，提高进口水平。在一定的利率水平上，实际汇率的上升将导致收入的提高，BP 曲线将右移。

图 14-2 反映了汇率变动对 IS 曲线和 BP 曲线的影响。由图 14-2 可见，当本币贬值、汇率上升时，本国商品在国际市场上的相对价格下降，对本国商品的需求上升，对外国商品的需求下降。本国出口增加，进口减少，经常账户顺差，收入水平提高，IS_0 曲线向右平移到 IS_1 的位置，在同一利率水平上，收入上升。同样，当本币贬值时，本国的净出口增加引起经常账户顺差，BP_0 曲线也向右平移到 BP_1 的水平上。

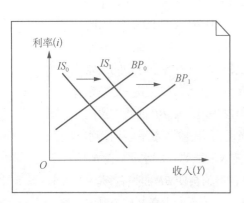

图 14-2 汇率变动对 IS、BP 曲线的影响

四、开放的宏观经济模型的建立：IS–LM–BP 模型

经济的短期均衡实现的条件是商品市场、货币市场和外汇市场同时达到均衡，因此必须研究开放经济条件下的 IS、LM 和 BP 曲线。

LM 曲线是反映货币市场均衡时国民收入与利率组合情况的曲线，这一均衡条件为货币总供给等于货币总需求。但是，开放经济中，必须考虑汇率制度对货币市场的影响。在固定汇率制度下，国际收支不平衡会通过外汇储备渠道引起货币供给的变动。中央银行的资产主要由国内信贷和外汇储备构成。如果国际收支逆差，外汇市场上外汇供不应求，则存在本币贬值的压力。为了维护固定汇率制度，中央银行必须卖出外汇，这使得外汇储备降低，在国内信贷不变的情况下，基础货币也减少了，这又通过货币乘数降低货币供给。也就是说，在固定汇率制度下，国际收支可以直接作用于货币供给，从而影响 LM 曲线的移动。理论上说，在完全浮动汇率制度下，由于中央银行可以任由汇率波动，不干预外汇市场，因此外汇储备不会发生变动。货币供给不受国际收支的影响，LM 曲线就不会移动。

这样，我们可以将代表商品市场、货币市场和外汇市场均衡的 IS、LM 和 BP 曲线放入同一个坐标图中，将封闭经济短期均衡的 IS–LM 模型扩展为开放经济条件下的 IS–LM–BP 模型，这就是著名的蒙代尔–弗莱明模型，简称 M–F 模型。蒙代尔–弗莱明模型的分析对象是一个小型开放经济[1]，国内利率水平受到国际资金流动的影响。该模型还有一系列分析前提。首先，总供给能力无限大，这意味着产出完全由总需求水平决定，物价水平不发生变动，因此名义汇率与实际汇率的变动幅度相同。其次，浮动汇率制度下，汇率完全根据国际收支情况调整，而不是由购买力水平决定。再次，不存在对汇率变动的预期，投资者风险中性，完全根据国内外市场的收益情况决定自己对本币与外币的选择。

IS–LM–BP 模型，即蒙代尔–弗莱明模型如图 14–3 所示。图 14–3 中的 BP 曲线上的点是国际收支均衡点，也就是外部均衡点。BP 曲线的左方是国际收支顺差区域，右方是国际收支逆差区域。IS–LM 和 BP 曲线将经济划分为六个区域。区域 A 表示国际收支顺差、商品市场供大于求、货币市场上货币供给超过货币需求时的状况，即顺差、失业和货币供大于求的组合。区域 B 表示国际收支逆差、失业和货币供大于求；区域 C 表示逆差、失业和货币供不应求的组合；区域 D 表示逆差、通货膨胀和货币供不应求的组合；区域 E 表示顺差、通货膨胀或货币供不应求的组合；区域 F 表示顺差、通货膨胀和货币供大于求的组合。

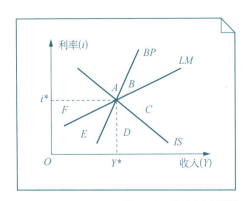

图 14–3　IS–LM–BP 模型

与封闭经济相同，开放经济中也存在使经济趋向均衡的力量，即存在经济自动均衡机

---

[1] 扩展的蒙代尔–弗莱明可以用来分析大型开放型经济。

制。当经济处于区域 A 时，外汇市场上对本币的需求大于供给，本币升值，经常账户逆差，抵消本国高利率造成的资本与金融账户顺差，经济移动到 BP 曲线上，实现外部均衡。但是此时外部均衡是不能持久的，因为在国内货币市场上，货币供大于求，将引起国内利率的下降，提高货币需求，使货币市场实现均衡，经济又从 BP 曲线上移动至 LM 曲线。此时，利率相对于外部均衡时进一步降低，从而引起外部失衡，不仅经常账户出现逆差，资本与金融账户也出现逆差。逆差引起本币贬值，一般情况下，本币贬值又会刺激出口、抑制进口。出口的增加、进口的减少不仅引起经常账户顺差，还会提高对本国商品的需求。这又将提高对本币的需求和商品市场需求，从而使外汇市场和商品市场恢复均衡，最终经济将沿着 LM 曲线缓慢调整到 IS、LM 和 BP 曲线的交点处，同时实现经济的内部均衡和外部均衡。同理，如果经济处于其他非均衡区域，商品市场、货币市场和外汇市场上的供求关系将使经济产生恢复均衡的内在动力。一般来说，货币市场的调整比其他两个市场快，因此经济的调整是沿着 LM 曲线进行的（国际资金完全流动时除外，此时外汇市场的调整更快）。

经济的自动均衡机制发挥作用是需要一定前提条件的，其中最重要的前提是市场机制能够不受干扰。但是，在现实生活中，由于政府干预经济以及信息的不完全性、交易成本的存在，自动均衡机制往往不能充分发挥作用。即使自动均衡机制能够生效，也要经过很长一段时间。因此，当经济失衡时，宏观经济管理当局有必要适时适度介入，合理运用各种经济政策调节经济，使经济恢复内外均衡，而不是坐等自动均衡机制的调整。

第二节 | 开放经济下的财政、货币政策有效性分析

作为实现内外均衡目标的最主要政策工具之一，货币政策在开放经济下对经济的作用机制、政策效果等与封闭条件下的情况相比均发生了很大的变化，因此有必要从国际金融视角下分析开放经济下货币政策的效果，对比财政政策与货币政策的有效性。我们知道，不同汇率制度下内外均衡状况存在差异，因此必须区分汇率制度的影响。本节将分析不同汇率制度下货币政策的效果及其与财政政策的关系。

一、固定汇率制度下的财政、货币政策及其实施效果

在固定汇率制度下，政府有义务在固定的汇率水平上按照市场要求被动地买进卖出外汇，因此外汇储备量完全受国际收支状况的影响，这使得政府不能控制货币供应量。由国际收支因素导致的货币供应量的波动，是固定汇率制度下经济调整的一般机制，也是我们理解这一制度下财政、货币政策效率的关键。以下将在蒙代尔－弗莱明模型的分析框架下

讨论固定汇率制度下的财政、货币政策及其实施效果。

1. 资金完全不流动情况下的政策分析

当资金完全不流动时，BP 曲线完全反映了经常账户的平衡。对于某一实际汇率水平 q_0，存在与之相对应的能使经常账户平衡的收入水平 Y_0，BP 曲线在坐标空间内就表现为经过这一收入水平、与横轴垂直的直线，本币贬值将使 BP 曲线左移。资金完全不流动时，开放经济的均衡状态如图 14–4 所示。

（1）货币政策分析。资金完全不流动情况下，货币政策可以影响本国货币供给的结构，对实际变量不产生影响。

以中央银行扩张性货币政策的效应为例，假定中央银行在货币市场上购买证券，会造成基础货币的增加，通过货币乘数效应使货币供应量增加。货币供应量的增加意味着更多的资金可用于提供信贷，这将导致利率降低。利率降低又会刺激投资需求，引起总需求上升进而提高国民收入。由于边际进口倾向的作用，国民收入增加会带来进口增加，在出口不变时，经常账户收支处于赤字状态。也就是说，在短期内，扩张性货币政策引起利率下降、国民收入提高和经常账户的恶化。整个过程可以用图 14–5 说明。

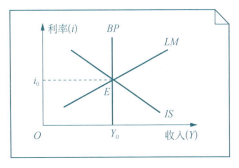

图 14–4 固定汇率制度下，资金完全不流动时的经济均衡

图 14–5 中，货币扩张使 LM 曲线右移至 LM'，它与 IS 曲线的交点移动到 E'，这是经济的短期均衡点。E' 点位于 BP 曲线右方，这意味着经常账户处于赤字状态。

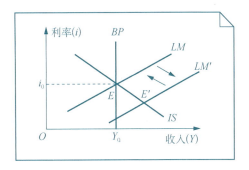

图 14–5 固定汇率制度下，资金完全不流动时货币政策分析

以上是对货币政策短期效应的分析。在长期内，国际收支赤字会通过外汇储备带来货币供应量的减少。这会导致利率的上升以及投资与国民收入的下降。这一调整过程将会持续下去，直到国际收支恢复平衡。由于汇率不发生波动，只有在国民收入恢复原状时经济才会结束调整过程。此时货币供应量恢复期初水平，经济中其他变量均与货币扩张前状况相同，但中央银行基础货币的构成发生变化，即外汇储备减少。从图 14–5 看，则意味着 LM' 曲线左移到原来的位置。

根据以上分析，可以得出以下结论：在固定汇率制度下，当资金完全不流动时，货币供给的一次性增长会引起短期内的利率下降，收入上升，经常账户恶化。但是在长期内，收入、利率、国际收支均恢复到货币政策调整前的水平，而基础货币的构成则发生变化（外汇储备下降）。

以上结论说明，在资金完全不流动时，固定汇率制度下的货币政策对国民收入等实际变量不会产生长期影响，货币政策是无效的。

（2）财政政策分析。在资金完全不流动情况下，财政政策也不对实际经济变量产生长期影响，但短期内的影响与货币政策不同，我们以政府扩张性财政政策为例对此加以说明。

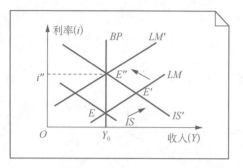

图 14-6 固定汇率制度下，资金完全不流动时财政政策分析

政府增加对商品与劳务的支出，导致对本国商品总需求的上升。如图 14-6 所示，图中 IS 曲线右移至 IS'。IS' 曲线与 LM 曲线的交点 E' 就是新的经济短期均衡点，在这一点上，国民收入提高了，利率也相应地上升，而国际收支则因为进口的增加而出现赤字。

在长期内，国际收支赤字将会导致货币供应量的减少，这会造成 LM 曲线左移，直至它与 IS 曲线的焦点位于 BP 曲线之上，即国民收入恢复之原有水平。此时，利率水平进一步提高。值得注意的是，在政府支出增加的情况下，社会总支出（等于国民收入）并没有增加，这是因为政府支出增加的同时，利率提高造成了私人投资支出的下降。

由此可以得出结论：在固定汇率制度下，当资金完全不流动时，财政支出的增加会引起短期内利率上升，收入上升，经常账户恶化。在长期内，利率进一步上升，收入与国际收支恢复到期初水平，但基础货币及总支出的内部结构都发生了变化。

由此可见，此时财政政策对国民收入等实际变量并没有产生长期影响。

2. 资金不完全流动时的财政、货币政策分析

资金不完全流动时，经济的均衡状态如图 14-7 所示。与前一种情况不同，此时反映外部均衡的 BP 曲线变成一条倾斜的曲线。由于 BP 曲线的斜率受一国的边际进口倾向的影响以及国际资金流动对本国利率的弹性影响，BP 曲线的斜率将对财政政策效果产生很大的影响。

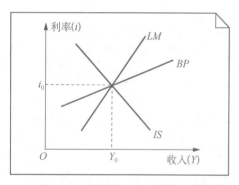

图 14-7 固定汇率制度下，资金不完全流动时的经济均衡

（1）货币政策分析。资金不完全流动时，货币政策首先会影响国内利率水平，并通过利率影响外汇市场供求情况，引起经济的一系列调整。当中央银行实施扩张性货币政策时，LM 曲线将右移至 LM' 位置（图 14-8）。LM' 曲线与 IS 曲线的交点 E' 就是经济的短期均衡点，在这一点上，收入增加了，利率则较原有水平有所下降。E' 点位于 BP 曲线的右下方，意味着此时国际收支处于赤字状态。造成赤字的原因：一方面是收入增加引起进口增加，恶化了经常账户收支；另一方面是因为利率下降导致资本与金融账户收支恶化。

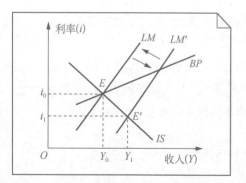

图 14-8 固定汇率制度下，资金不完全流动时的货币政策分析

在长期中，国际收支的赤字会通过减少外汇储备使 LM' 曲线左移。与前面分析相同，这一过程将持续到 LM' 曲线恢复原状为止。此时除基础货币的构成发生变化外，货币供应量、利率、收入、国际收支等变量均恢复到期初的水平。

由此可见，在固定汇率制度下，当资金不完全流动时，货币供给的一次性扩张会带来短期内利率下降，收入上升，国际收支恶化。在长期内，利率、收入、国际收支均恢复到期初水平，但基础货币的构成发生变化。

与资金完全不流动时的情况一样，此时的货币政策在长期内是无效的，对实际经济变量没有影响，只能改变基础货币的构成。

（2）财政政策分析。政府财政支出的上升，会使 IS 曲线右移，与 LM 曲线形成新的交点 E'，这就是新的短期均衡点。在这一点上，利率上升了，国民收入增加了。这一短期均衡点的国际收支是需要分不同情况讨论的，因为在利率上升导致资本与金融账户改善的同时，收入的增加却使进口上升，经常账户恶化。此时国际收支状况取决于这两种效应的相对大小。在边际进口倾向不变的情况下，资金的流动性越高，利率上升就能吸引越多的资金流入，就能更多地抵消经常账户的赤字。资金流动性状况体现在 BP 曲线的斜率上，流动性越高则 BP 曲线越平缓，因此，必须根据 BP 曲线斜率的不同分别进行分析。

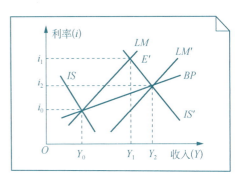

图 14-9 固定汇率制度下，资金不完全流动时财政政策分析（LM 曲线斜率比 BP 大）

BP 曲线斜率小于 LM 曲线的斜率时，如图 14-9 所示，E' 点位于 BP 曲线的上方，这意味着较高的资金流动性使利率上升带来的资本与金融账户改善的效应超过收入上升带来的经常账户恶化的效应，国际收支处于顺差。显然，在长期内，国际收支顺差会使 LM 曲线右移，直至三条曲线重新交于一点。经济处于长期均衡时，国民收入进一步增加，利率较短期均衡水平下降，但高于期初水平，国际收支平衡。

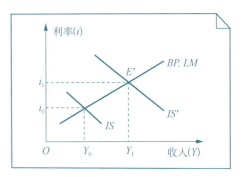

图 14-10 固定汇率制度下，资金不完全流动时财政政策分析（BP、LM 曲线斜率相等）

BP 曲线斜率等于 LM 曲线斜率时，如图 14-10 所示，此时 BP 曲线与 LM 曲线重合，E' 点自然也位于 BP 曲线之上。这意味着利率上升与收入增加对国际收支的影响正好相互抵消，国际收支处于平衡状态。显然，这一短期均衡点也是经济的长期均衡点，经济不会进一步调整。

BP 曲线斜率大于 LM 曲线斜率时，如图 14-11 所示，此时 E' 点位于 BP 曲线的右下方。这意味着利率上升带来的资金流入不足以弥补收入增加带来的经常账户赤字，国际收支处于赤字状态。显然，LM 曲线会左移直至三条曲线交于一点。经济处于长期均衡时，国民收入较短期均衡时下降，但高于期初水平，利率进一步上升，国际收支恢复平衡。

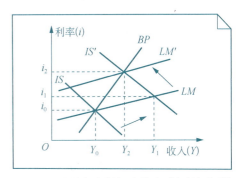

图 14-11 固定汇率制度下，资金不完全流动时的财政政策分析（BP 曲线斜率比 LM 大）

以上可以小结为：在固定汇率制度下，当政府财政支出增加时，短期内利率上升，收入增加，国际收支状况依资金流动性高低的差异而存在多种可能。在长期内，利率和国民收入依资金流动性的差异而存在多种可能，但同期初相比，利率和收入都有所提高。

由此可以发现，与资金完全不流动时的情况不同，当资金不完全流动时，财政政策是有效的。财政支出的变动可以改变实际收入等变量，但改变的程度受财政政策带来的利率和收入的变化对国际收支的不同影响决定。

3. 资金完全流动时的财政、货币政策分析

当资金完全流动时，国际资金流动对利率的弹性无限大，国内利率完全受国际资金流动影响，本国不能决定国内利率水平。此时，反映外部均衡的 BP 曲线为一条水平线。在资金完全流动的情况下，开放经济的内外均衡状态如图 14-12 所示。

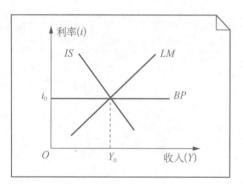

图 14-12 固定汇率制度下，资金完全流动时的经济均衡

（1）货币政策分析。货币政策是通过改变国内货币供给等变量来影响实际经济，但是在资金完全流动的情况下，货币当局无法控制国内货币供给，因此货币政策的效率极其有限。如图 14-13 所示，扩张性的货币政策将引起利率的下降，但是在资金完全流动的情况下，本国利率的微小的、不引人注意的下降都会导致资金的迅速流出。这将立即降低了外汇储备，抵消了扩张性货币政策的影响。也就是说，此时的货币政策甚至在短期也难以发挥效应，经济管理当局完全无法控制货币供应量。由此可见，在固定汇率制度下，当资金完全流动时，即使在短期内，货币扩张也无法对经济产生影响。也就是说，此时的货币政策是无效的。

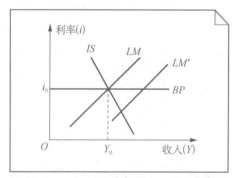

图 14-13 固定汇率制度下，资金完全流动时的货币政策分析

当资金完全流动时，货币收缩将引起 LM 曲线左移，提高国内利率，使国内外利率存在利差，从而产生套利机会。这将引起国际资金迅速涌入国内，使外汇市场上外汇供大于求，本币供不应求，使本币产生升值压力。为了维持固定汇率制度，货币当局只能在外汇市场上抛出本币，买入外汇，使国内货币供给迅速恢复到收缩前的水平，LM 曲线又恢复到期初水平。因此，当资金完全流动时，货币收缩也是无效的。

根据以上分析可以得出结论：在资金完全流动的情况下，实行固定汇率制度国家的货币政策即使在短期内也是无效的。

（2）财政政策分析。财政政策的实施将影响国内利率水平，这同样将使国内外利率之间形成利差，从而引起巨额国际资金的流动，改变固定汇率制度国家的货币供给量，从而影响财政政策的效果。如图 14-14 所示，政府实施扩张性财政政策将会引起利率的上升，而利率的微小的上升都会引起国际资金流入，增加货币供应量，从而使 LM 曲线右移

以维持利率水平不变。在财政扩张结束后，货币供给也相应地扩张了，经济同时处于长期均衡状态。此时，利率不变，收入不仅高于期初水平，而且较封闭条件下的财政扩张后的收入水平（Y'）也增加了。当货币当局实施紧缩性货币政策时，IS 曲线左移，国内利率水平会降低。这将引起国内资金的大量外流，外汇市场上对外币的需求上升，本币供大于求，产生本币贬值的压力。为了维持固定汇率制度，货币当局不得不抛出外币，买入本币。本币供给的减少将引起 LM 曲线左移，收入水平进一步降低，但利率回升到期初的水平上。

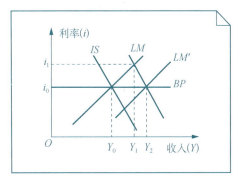

图 14-14　固定汇率制度下，资金完全流动时的财政政策分析

由此可见，在固定汇率制度下，当资金可完全流动时，财政扩张不能影响利率，但会带来比封闭经济条件下国民收入更大幅度的提高。也就是说，此时的财政政策是非常有效的。

根据以上分析，可以得出结论：在固定汇率制度下，长期内货币政策都是无效的，而财政政策则一般相对有效（资金完全不流动时除外）。

二、浮动汇率制度下的财政、货币政策及其实施效果

在浮动汇率制度下，财政、货币政策对经济内外均衡的作用机制与固定汇率制度下有很大不同。这是由两个原因导致的。第一，经济的主要调整机制不是以国际收支不平衡引起的货币供应量的调整，而是取决于国际收支不平衡引起的汇率调整。第二，假定本币贬值能够增加出口、抑制进口，改善经常账户收支，提高国民收入。这就是说，本币贬值能够使 BP 曲线与 IS 曲线右移。此外，在浮动汇率制度下，由于边际进口倾向小于 1，因此收入变化对国际收支的影响比汇率变动小得多。

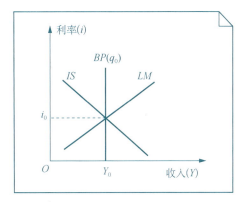

图 14-15　浮动汇率制度下，资金完全不流动时的经济均衡

1. 资金完全不流动时的财政、货币政策分析

当资金完全不流动时，资本与金融账户对外部均衡几乎没有影响，国际收支平衡体现为经常账户收支平衡。此时的经济均衡状态如图 14-15 所示。

（1）货币政策分析。在浮动汇率制度下，货币政策将改变国内利率水平，从而影响汇率。汇率的变动将通过经常账户收支改变外部均衡和商品市场均衡状况。如图 14-16 所示，扩张性货币政策会使 LM 曲线右移至 LM'，和原来的 IS 曲线

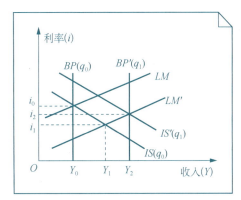

图 14-16　浮动汇率制度下，资金完全不流动时的货币政策分析

相交,形成短期均衡,收入提高至 Y_1,利率下降到 i_1,同时使国际收支出现赤字。与固定汇率制度下的情况不同,这一赤字不会造成货币供应量的下降,而是造成本币汇率的贬值。这一贬值会使 BP 曲线及 IS 曲线右移至 $IS''(q_1)$ 位置,三条曲线重新交于一点为止。在新的经济均衡点上,本币贬值,收入高于期初水平,货币扩张对收入的提升作用也高于封闭条件下的提升作用。在这一均衡点上,由于经常账户平衡($X-M=0$),私人消费与政府支出不变,所以收入提高必然意味着私人投资的提高,这就要求利率水平较期初有一定的下降。当货币当局实施紧缩性货币政策时,LM 曲线左移,收入水平下降,国内利率提高,引起本币升值。本币的升值将减少对本国商品的需求,使经常账户出现贸易逆差,BP 曲线和 IS 曲线都向左移动,引起收入水平的进一步下降。

因此,在浮动汇率制度下,当资金完全不流动时,扩张性货币政策会引起本国货币贬值、收入上升、利率下降。而紧缩性货币政策将引起本国货币升值、收入下降和利率水平的上升。

由此可见,在浮动汇率制度下,如果资金完全不流动,货币政策还是比较有效的。

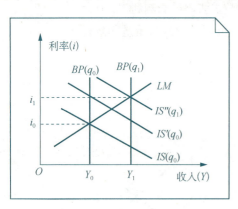

图 14-17 浮动汇率制度下,资金完全不流动时的财政政策分析

(2)财政政策分析。当资金完全不流动时,财政政策将通过收入水平的变动影响汇率,进而改变外部均衡条件和商品市场均衡状况,使经济达到新的均衡状态。如图 14-17 所示,扩张性财政政策会使 IS 曲线右移至 IS',从而提高收入,提高利率,同时使国际收支出现赤字。国际收支赤字将使外汇市场上产生对外币的超额需求,引起本币贬值。本币贬值将刺激出口,使 BP 曲线及 IS' 曲线右移,直至三条曲线交于一点。在新的经济均衡点上,本币贬值,利率上升,收入不仅高于期初水平,而且其提高水平高于封闭条件下的收入提高水平。如果政府实施紧缩性财政政策,将会引起收入水平和国内利率的下降,IS 曲线左移。收入水平的降低使国际收支出现顺差,导致本币升值,并改变国际贸易条件,BP 曲线和 IS 曲线进一步左移,收入水平进一步下降,利率降低。

在浮动汇率制度下,当资金完全不流动时,扩张性财政政策会引起本国货币贬值,收入上升,利率上升,紧缩性财政政策将引起完全相反的结果。由此可见,此时的财政政策是有效的。

2. 资金不完全流动时的财政、货币政策分析

当资金不完全流动时,经常账户收支和资本与金融账户收支都对国际收支的平衡产生重大影响。此时的经济均衡状态如图 14-18 所示。

(1)货币政策分析。当资金不完全流动时,货币政策的调整将引起利率和收入水平的变化,这将通过商品市场和外汇市场改变经济状况。如图 14-19 所示,货币当局实施扩张性货币政策后,LM 曲线右移至 LM',这会造成收入上升,利率下降。对于国际收支状况而

言,一方面是收入上升导致了经常账户恶化,另一方面利率下降导致了资本与金融账户恶化,因此国际收支总的来说恶化了,这要求本币贬值。本币贬值使 IS 曲线、BP 曲线均向右移动,直至三条曲线相交于一点。在这一新的均衡点上,收入上升、本币贬值,但利率水平同期初相比难以确定,这取决于各条曲线的相对弹性。如果利率较期初上升了,这意味着经常账户恶化了,因为需要更多的资金流动以弥补经常账户赤字。从经常账户本身来说,则意味着贬值对其的正效应小于收入增加对其产生的负效应。如果利率较期初下降,则情况与之相反。如果货币当局实施紧缩性货币政策,将引起收入水平的下降和利率的提高,经常账户和资本与金融账户同时改善,导致本币升值,IS 曲线和 BP 曲线左移,形成新的均衡。此时收入水平降低,利率的变动仍然受各条曲线的相对弹性决定。

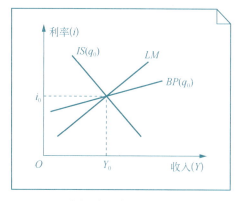

图 14-18 浮动汇率制度下,资金完全不流动时的财政政策分析

因此,在浮动汇率制度下,当资金不完全流动时,扩张性货币政策可以引起本国货币贬值、收入上升,对利率的影响则难以确定;而紧缩性货币政策将引起本国货币升值、收入下降。由此可见,资金不完全流动时的货币政策是比较有效的。

(2)财政政策分析。扩张性财政政策会同时提高收入与利率,将给国际收支带来双重影响。一方面,收入提高会恶化经常账户收支;另一方面,利率提高会改善资本与金融账户收支。国际收支状况如何,则取决于这两种效应的比较,在其他条件不变时,取决于利率提高能吸收多少资金流入,也就是说,取决于资金流动性的大小。从图 14-20 上看,我们可以按照 LM 曲线与 BP 曲线斜率的差异进行讨论。

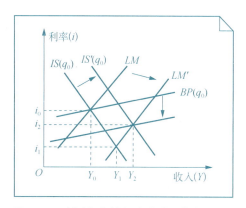

图 14-19 浮动汇率制度下,资金不完全流动时的货币政策分析

当 BP 曲线斜率小于 LM 曲线的斜率时,BP 曲线越平缓,则反映出资金的流动性越大,利率提高就能吸引越多的资金流入。如果政府实施扩张性财政政策,将引起利率和收入的上升,IS 曲线右移到 IS' 位置上,IS' 曲线与 LM 曲线的交点位于 BP 曲线上方,说明国际收支出现顺差,利率上升对国际收支的正效应超过了收入增加对国际收支的负效应。在浮动汇率制度下,国际收支的顺差会导致本币升值,使得 IS' 曲线和 BP 曲线都向右移动,直至三条曲线重新相交于一点(图 14-20)。在新的经济均衡点上,收入、利率水平都高于期初

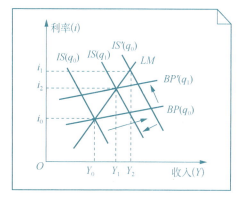

图 14-20 浮动汇率制度下,资金不完全流动时的财政政策分析

水平,但低于封闭条件下的财政扩张后的情况,本币升值。如果政府实施紧缩性财政政策,利率和收入将同时降低。利率的下降将引起资金外流,资本与金融账户出现逆差。收入减少会降低进口,导致经常账户出现顺差。但是,由于资本与金融账户逆差比经常账户的顺差更大,外汇市场上本币供大于求,本币贬值,从而引起对本国商品需求的上升,国际收支表现为逆差改善,收入有所回升,形成新的均衡。结果,收入和利率都低于期初水平,但高于封闭条件下财政紧缩时的水平。

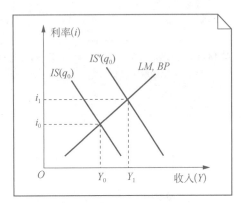

图 14-21　浮动汇率制度下,资金不完全流动时的财政政策分析(BP、LM曲线斜率相等)

图 14-21 显示了 BP 曲线斜率等于 LM 曲线斜率时的状况。政府实施扩张性财政政策后,利率和收入水平上升,IS 曲线右移至 IS' 的位置。IS' 曲线与 LM 曲线的交点位于 BP 曲线之上,此时,利率上升引起资金流入,资本与金融账户顺差;但是,另一方面,收入上升导致进口增加,经常账户逆差,抵消了资本与金融账户顺差,国际收支恰好处于平衡状态。在货币市场上,利率上升引起的货币需求下降正好抵消收入上升导致的货币需求的增加,货币市场也维持均衡。这样,货币市场、商品市场和外汇市场仍然处于均衡状态,经济重新实现均衡,此时的情况与封闭条件下相同,利率、收入均高于期初水平,汇率不发生变化。同理,如果实施紧缩性财政政策,收入和利率将会下降,外汇市场和货币市场始终处于均衡状态。

当 BP 曲线斜率大于 LM 曲线的斜率时,扩张性财政政策的效果如图 14-22 所示。扩张性财政政策引起商品市场需求增加,收入和利率上升,IS 曲线移动到 IS' 的位置。IS' 曲线与 LM 曲线的交点位于 BP 曲线的下方,说明收入的增加引起进口上升,经常账户出现逆差。尽管利率的上升引起了资本流入,资本与金融账户出现顺差,但是资本与金融账户顺差不能弥补经常账户的逆差,因而国际收支处于赤字状态。国际收支的赤字又会造成本币贬值,促进出口、抑制进口,引起经常账户的顺差,使 IS' 曲线和 BP 曲线右移,直至三条曲线重新相交于一点。在新的均衡点上,利率与收入不仅高于期初水平,还高于封闭条件下的情况,本币贬值。如果政府实

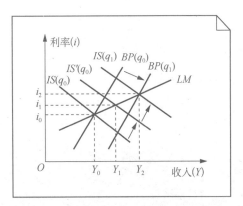

图 14-22　浮动汇率制度下,资金不完全流动时的财政政策分析(BP曲线斜率比LM大)

施紧缩性财政政策,利率和收入将会下降。利率下降造成资本与金融账户的逆差,收入下降引起进口减少,带来经常账户的顺差。由于 BP 曲线斜率大于 LM 曲线的斜率,经常账户顺差比资本与金融账户的逆差更大,因而国际收支处于顺差状态。这将引起外汇市场上本币供不应求,本币升值,对本国商品的需求下降,BP 曲线左移,IS 曲线进一步左移,经济恢复均衡。收入和利率低于期初水平,也低于封闭条件中实施紧缩性财政政策时的水平。

由此可见，在浮动汇率制度下，当资金不完全流动时，政府扩张性财政政策一般会提高收入与利率，但对汇率的影响则必须依资金流动性的不同而具体分析；而紧缩性财政政策会降低收入和利率。也就是说，资金不完全流动时，财政政策还是比较有效的。

3. 资金完全流动时的财政、货币政策分析

资金完全流动时，开放经济的均衡状态如图14—23所示。此时，利率的微小变化都会引起资金的迅速流动，巨额的资金流动使国际收支在顷刻间就能恢复均衡。由于资本与金融账户情况决定了国际收支的平衡，因此，在假定汇率变动对资金流动没有影响的前提下，汇率变动对 BP 曲线没有影响。

（1）货币政策分析。在资金完全流动的情况下，如果货币当局实施扩张性的货币政策，如图14—24所示，LM 曲线右移至 LM' 的位置，本国利率下降，收入上升至 Y'。由于本国利率下降，使本外币资产之间出现利差，将引起资金流出，导致本币贬值，经常账户出现顺差，IS 曲线右移，直至与 LM' 曲线相交于新的均衡点。在该点上，利率水平与世界利率水平相等。由于资金完全流动，因此调整的过程在瞬间完成。此时，收入不仅高于期初水平，也高于封闭经济条件下的货币扩张后的情况，本币贬值。相反，如果货币当局实施紧缩性货币政策，国内利率首先上升，引起资金的大量流入，本币升值，经常账户逆差，IS、LM 曲线都向左侧移动，利率恢复到期初水平，收入下降。

因此，在浮动汇率制度下，当资金完全流动时，货币扩张会使收入上升，本币贬值，对利率没有影响。而货币紧缩会导致收入减少，本币贬值，利率不变。由此可见，在浮动汇率制度下，资金完全流动时的货币政策是非常有效的。

（2）财政政策分析。如果政府实施扩张性财政政策，如图14—25所示，IS 曲线就会右移至 IS' 位置，本国利率上升，收入增加。利率上升会立即导致资金流入，造成本币升值，出口下降，商品市场上对本国商品的需求减少，而外部均衡则因资金流入得以维持，IS' 曲线会左移，直至返回原来位置，利率水平重新与世界利率水平相等。此时与期初相比，利率不变，本币升值，收入不变。需要指出的是，此时收入结构发生变化，财政政策通过本币升值对出口产生了完全的挤出效应，即财政支出增加造成了等量的出口下降。如果

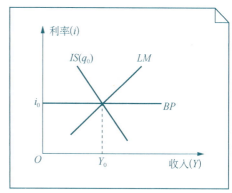

图14—23 浮动汇率制度下，资金完全流动时的经济均衡

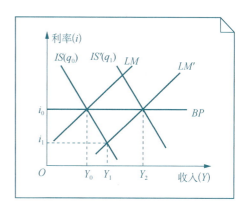

图14—24 浮动汇率制度下，资金完全流动时的货币政策分析

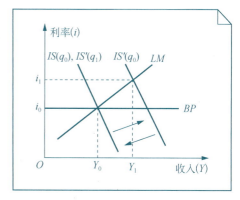

图14—25 浮动汇率制度下，资金完全流动时的财政政策分析

政府实施紧缩性财政政策，IS 曲线将向左侧移动，利率降低，资金大量外流，引起本币贬值。这又会导致出口增加，IS 曲线向右移动，直至恢复到原来位置，国内利率等于国外利率，资金流动停止，货币市场、外汇市场和商品市场重新实现均衡。此时，收入和利率都不发生改变，本币贬值。

因此，在浮动汇率制度下，当资金完全流动时，扩张性扩张政策会造成本币升值，对收入、利率均不产生影响；紧缩性财政政策将造成本币贬值，收入和利率都不受影响。可见，此时的财政政策是完全无效的。

根据以上对不同汇率制度、不同资金流动性情况下的财政货币政策效率的具体分析，我们可以将不同情况下收入受到的影响进行归纳，其中 Y_0 表示期初收入水平，Y_C 表示在封闭条件下这些政策相应造成的收入变动（$Y_C > Y_0$），如表 14–1 所示。

表 14–1　蒙代尔–弗莱明模型中的货币、财政政策的效应比较

	固定汇率制度			浮动汇率制度		
资金流动性	0	+	∞	0	+	∞
扩张性货币政策	0	0	0	$>Y_C$	$>Y_C$	$>Y_C$
扩张性财政政策	0	$>Y_C$	$>Y_C$	$>Y_C$	$>Y_C$	0

蒙代尔–弗莱明模型是开放经济条件下分析财政货币政策效率的重要工具。它说明了与封闭条件相比，财政货币政策的作用机制发生了改变，政策的有效性受到商品市场、货币市场和外汇市场的共同影响。因此，该模型为开放经济条件下进行政策调控提供了指导，为不同汇率制度下宏观政策的选择提供了理论依据。蒙代尔–弗莱明模型具有典型的凯恩斯主义性质，在开放经济的分析中占据了主导地位，被称为开放经济下进行宏观分析的"工作母机"。该模型不考虑价格变动可能产生的影响，适合于分析短期财政货币政策的效果，实际上是封闭条件下 IS–LM 模型在开放经济中的衍生。但是，该模型也存在许多缺陷，例如，没有考虑资产组合因素对国际资金流动的影响，仅把利率当作影响资金流动的唯一因素，没有考虑价格因素和预期因素，而且局限于研究小型开放性经济等。近年来，针对这些不足，蒙代尔-弗莱明模型得到了许多改进，大大提高了模型的运用范围。

第三节　开放经济下的货币政策效果

开放经济下，货币政策实施环境与封闭经济差别很大，货币政策的实施效果也有明显的差异。

一、米德冲突

第二次世界大战后首先对固定汇率制提出异议的是米尔顿·弗里德曼（Milton Friedman）。他在1950年发表的《浮动汇率论》一文中指出，固定汇率制会传递通货膨胀，引发金融危机，只有实行浮动汇率制才有助于国际收支平衡的调节。英国经济学家詹姆斯·米德（James Meade）在1951年写成的《国际经济政策理论》第一卷《国际收支》一书中也提出，固定汇率制度与资本自由流动是矛盾的。他认为，实行固定汇率制就必须实施资本管制，控制资本尤其是短期资本的自由流动。该理论被称为米德"二元冲突"或"米德难题"。

根据米德冲突（Meada Conflict），在开放的经济环境中，宏观经济政策不仅要实现内部均衡，即稳定通货，充分就业和实现经济增长，还须实现外部均衡，即保持国际收支平衡。

一般地，是以财政政策和货币政策实现内部均衡，以汇率政策实现外部均衡。固定汇率制度下，汇率工具无法使用。要运用财政政策和货币政策来达到内外部同时均衡，在政策取向上，常常存在冲突。但国际收支逆差与国内经济疲软并存，或是国际收支顺差与国内通货膨胀并存时，财政、货币政策都会左右为难，经济学上称之为"米德冲突"。

"米德冲突"指在汇率固定不变时，政府只能主要运用影响社会总需求的政策来调节内外均衡，在开放经济运行的特定区间便会出现内外均衡难以兼顾的情形。在米德的分析中，内外均衡的冲突一般是指在固定汇率下，失业增加、经常账户或通货膨胀、经常账户盈余这两种特定的内外经济状况组合。米德分析中的与开放经济特定运行区间相联系的内外均衡之间的冲突称为"狭义的内外均衡冲突"。

一国宏观经济政策目标包括内外均衡中的四大目标：外部均衡为国际收支均衡；内部均衡为经济增长、充分就业、物价稳定。米德认为，根据凯恩斯主义的需求理论，实现国际收支调节使之均衡的政策，由于固定汇率制度下，贬值和升值都受到极大限制，因而主要采用开支变更政策，开支变更对上述四大目标产生不同的政策效应。在国际收支逆差与通货膨胀并存时，减少总需求可以使两者均衡；在国际收支逆差与就业不足并存时，扩大总需求可以使两者相衡。但是，对于既有国际收支顺差又存在通货膨胀，或既有国际收支逆差又存在严重失业问题，就会发生内部均衡与外部均衡之间的冲突，使开支变更政策陷入左右为难的困境。

米德冲突最有可能发生在经常项目顺差与国内通货膨胀并存，或经常项目逆差与国内失业并存的情况下。运用货币政策与财政政策的配合可解决"米德冲突"。财政政策通常对国内经济的作用较大，而货币政策则对国际收支的作用较大，因此，应该分配给财政政策以稳定国内经济的任务，分配给货币政策以稳定国际收支的任务，或者根据国内经济与国际收支的不同情况，将两者适当地搭配，以同时实现国内经济与国际收支的均衡。

二、丁伯根法则

丁伯根法则（Tinbergen's Rule）是由丁伯根（荷兰经济学家、首届诺贝尔经济学奖得主）提出的关于国家经济调节政策和经济调节目标之间关系的法则。其基本内容是：政策工具的数量或控制变量数至少要等于目标变量的数量；而且这些政策工具必须是相互独立（线性无关）的。

荷兰经济学家丁伯根最早提出了将政策目标和工具联系在一起的正式模型，指出要实现几种独立的政策目标，至少需要相互独立的几种有效的政策工具。

假定只存在两个目标 T_1、T_2 与两种工具 I_1、I_2，政策调控追求的 T_1 和 T_2 的最佳水平为 T_1 和 T_2。令目标是工具的线性函数，即：

$$T_1 = a_1 \times I_1 + a_2 \times I_2$$
$$T_2 = b_1 \times I_1 + b_2 \times I_2$$

在这一情况下，只要决策者能够控制两种工具，每种工具对目标的影响是独立的，决策者就能通过政策工具的配合达到理想的目标水平。

从数学上看，只要 $a_1/b_1 \neq a_2/b_2$（即两个政策工具线性无关），就可以求解出达到最佳的目标水平 T_1 和 T_2 时所需要的 I_1 和 I_2 的水平，即：

$$I_1 = (b_2 \times T_1 - a_2 \times T_2)/(a_1 \times b_2 - b_1 \times a_2)$$
$$I_2 = (a_1 \times T_2 - b_1 \times T_1)/(a_1 \times b_2 - b_1 \times a_2)$$

当 $a_1/b_1 = a_2/b_2$ 时，这意味着两种工具对这两个政策目标有着相同的影响，也就是说，决策者只有一个独立的工具而试图实现两个目标，这是不可能成功的。

这一结论可以进行推广。如果一个经济具有线性结构，决策者有 N 个目标，只要有至少 N 个线性无关的政策工具，就可以实现这 N 个目标。对于开放经济而言，这一结论具有鲜明的政策含义：只运用支出增减政策（我们假定财政政策、货币政策影响产出的效果一致）通过调节支出总量的途径同时实现内外均衡目标是不够的，必须寻找新的政策工具并进行合理配合。

丁伯根原则指出了应运用 N 种独立的工具进行配合来实现 N 个独立的政策目标，这一结论对于经济政策理论具有深远意义。丁伯根原则对目标的实现过程具有如下特点：一是假定各种政策工具可以供决策当局集中控制，从而通过各种工具的紧密配合实现政策目标；二是没有明确指出每种工具有无必要在调控中侧重于某一目标的实现。这两个特点是不尽与实际情况符合的或者不能满足实际调控的需要。

鉴于丁伯根提出的经济目标和有效政策工具的框架结构对各国经济的宏观调控具有鲜明的政策意义，他荣获了 1969 年的诺贝尔经济学奖。

三、蒙代尔－克鲁格曼不可能三角

罗伯特・蒙代尔在研究了 20 世纪 50 年代国际经济情况以后，提出了支持固定汇率制度的观点。20 世纪 60 年代，蒙代尔和弗莱明提出的蒙代尔－弗莱明模型对开放经济下的

IS–LM 模型进行了分析，堪称固定汇率制下使用货币政策的经典分析。该模型指出，在没有资本流动的情况下，货币政策在固定汇率下在影响与改变一国的收入方面是有效的，在浮动汇率下则更为有效；在资本有限流动情况下，整个调整结构与政策效应与没有资本流动时基本一样；而在资本完全可流动情况下，货币政策在固定汇率时在影响与改变一国的收入方面是完全无能为力的，但在浮动汇率下，则是有效的。由此得出了著名的"蒙代尔三角"理论，即货币政策独立性、资本自由流动与汇率稳定这三个政策目标不可能同时达到。1999 年，美国经济学家保罗·克鲁格曼（Paul Krugman）根据上述原理画出了一个三角形，他称其为"永恒的三角形"，清晰地展示了"蒙代尔三角"的内在原理。在这个三角形中，a 顶点表示选择货币政策自主权，b 顶点表示选择固定汇率，c 顶点表示资本自由流动。这三个目标之间不可调和，最多只能实现其中的两个，也就是实现三角形一边的两个目标就必然远离另外一个顶点。

根据"不可能三角"原则，资本自由流动、固定汇率制和货币政策非独立性三者的组合是一个可行的选择，但是这一组合在现实中有效的前提是在假设一国外汇储备无上限的条件下才能成立。实际上，现实中一国的外汇储备不可能无上限，一国的外汇储备总量再巨大，与规模庞大的国际游资相比也是力量薄弱的，一旦中央银行耗尽外汇储备仍无力扭转国际投资者的贬值预期，则其在外汇市场上将无法继续托市，固定汇率制也将彻底崩溃。因此，一国即使放弃货币政策的独立性，在巨大的国际游资压力下，往往也很难保证固定汇率制度能够得以继续。

（1）一国要保持本国货币政策的独立性和资本的完全流动性，必须牺牲汇率的稳定性，实行浮动汇率制度。实行浮动汇率制度，发挥汇率对经济的调节作用，实际上是以牺牲稳定的汇率为代价来达到货币政策的独立性与资本的完全流动性。由于浮动汇率给国际贸易和投资带来很大的不确定性，大多数新兴的发展中国家实行相对稳定的钉住汇率制度，来维持对外经济的稳定。但这种做法有可能导致本币的高估。利用汇率调节将汇率贬值到真正反映经济的水平，可以改善进出口收支，改善国际收支，影响国际资本流动。虽然汇率调节自身具有缺陷，但实行浮动汇率制度的国家确实较好地解决了"三难选择"。但是，对于发生金融危机的国家来说，特别是发展中国家，信心危机的存在会大大削弱汇率调节的作用，甚至起到恶化危机的作用。当汇率调节不能奏效时，为了稳定局势，政府的最后选择是实行资本管制。

（2）一国要保持本国货币政策的独立性和汇率稳定，必须牺牲资本的完全流动性，实行资本管制。遭受金融危机的严重冲击，在汇率贬值无效的情况下，唯一的选择是实行资本管制，实际上是政府以牺牲资本的完全流动性来维护汇率的稳定性和货币政策的独立性。

实行短期资本管制可以在市场平静下来之前为资本外逃设置一道障碍，有利于延缓危机的恶化。由此可见，短期资本管制可以作为抑制金融危机蔓延的手段，尤其是在汇率调节不起作用的时候。但是，长期资本管制又不利于金融体系优化结构和健康发展。

（3）如果要维持资本完全流动性和汇率的稳定性，就必须放弃本国货币政策的独立性。根据蒙代尔-弗莱明模型，资本完全流动时，在固定汇率制度下，本国货币政策的变动会改变国内外利差，引起套利资金的跨国流动，货币政策效果也被抵消，本国货币政策丧失独立性。在这种情况下，本国要么参加货币联盟，要么实行更为严格的货币局制。无论是在货币联盟还是货币局制下，该国都很难根据本国经济状况来实施独立的货币政策，最多在发生投资冲击时被动地调整本国利率以维持固定汇率。可见，为实现资本的完全流动与汇率的稳定，本国经济将付出放弃货币政策的巨大代价。

费希尔（Fisher，2001）提出高资本流动性使中间汇率制度变得不可行，开放经济体要么实行固定汇率，要么实行浮动汇率，最终不可能三角被简化为货币政策与汇率稳定性之间的权衡。

在1944—1973年的布雷顿森林体系下，各国货币政策的独立性和汇率的稳定性得到实现，但资本流动受到严格限制。而1973年以后，货币政策独立性和资本自由流动得以实现，但"汇率稳定"不复存在。日本1985年之前是独立的货币政策和稳定的汇率，限制资本的充分流动。1985年广场协议之后，则是实行独立的货币政策和资本的充分流动，放弃汇率稳定。新加坡及我国香港地区则是放弃货币政策的独立性来获取资本的自由流动和汇率的稳定。如果三者都想实现，就会像1998年亚洲金融危机时的泰国，最终陷入混乱。

本章小结

1. 分析开放条件下内外均衡的主要工具是20世纪60年代提出的蒙代尔-弗莱明模型。这一模型是以货币金融角度为主，对开放经济进行宏观分析的基本分析框架，它依然是以标准的 *IS–LM* 模型为基础，加入了反映外部均衡的 *BP* 曲线。在开放经济中，*BP* 曲线和 *IS* 曲线都受汇率变动的影响，不同的 *IS*、*LM* 和 *BP* 曲线的组合反映了不同的经济状况和货币政策的实施环境。

2. 在西方金融文献中，蒙代尔-弗莱明模型被称为开放经济下进行宏观经济分析的"工作母机"。蒙代尔-弗莱明模型的分析对象是一个开放的小型经济，它假定总需求不足，对国际资金流动采取了流量分析。根据蒙代尔-弗莱明模型，在固定汇率制度下，货币政策在长期内是无效的，而财政政策一般是比较有效的。在浮动汇率制度下，货币政策一般都是比较有效的，而财政政策一般是相对低效的。

3. 开放经济下，货币政策的效果受到更多因素的制约。米德冲突、丁伯根法则和"不可能三角"都反映了开放经济下货币政策低效的情况。

复习思考题

1. 试说明 BP 曲线不同斜率的含义。
2. 试根据蒙代尔-弗莱明模型分析固定汇率制度下货币政策的效果。
3. 试根据蒙代尔-弗莱明模型分析浮动汇率制度下货币政策的效果。
4. 米德冲突的主要内容是什么?
5. 什么是丁伯根的政策指派原则?
6. 结合实际情况说明"不可能三角"的政策意义。
7. 一国货币政策独立性与金融市场开放的关系是什么?
8. 一国经济的开放度对于其货币政策的有效性有何影响?

… 第十五章

金融风险和金融危机

本章要点

近三十年来,国际金融危机频繁爆发,已经成为影响世界经济稳定的重要因素,如何维持金融安全已经成为一项重要的课题。金融危机的形成和爆发与金融体系的结构运行有着重要的关系,金融风险的形成与累积机制是引发金融危机的主要因素。

第一节 金融风险

一、风险的界定

在现实生活中，风险是一个使用非常普遍的名词。从不同的角度对风险可以有不同的理解，归纳起来主要有以下几种。

1. 损害可能说与损害不确定说

这种学说的渊源可以追溯到 1895 年美国学者海尼斯所著《经济要素的风险》(Risk as an Economic Factor)。该书对风险的定义是"经济学领域中的风险意味着损害的可能性，某种行为能否产生有害的后果应以其不确定性界定。如果某种行为具有不确定性时，其行为具有风险"。法国学者在 1928 年出版的《普通经营经济学》中，认为风险是"损害发生的可能性"。德国学者斯塔德勒和普赖恩分别把风险定义为"影响给付或意外事故发生的可能性"和"企业的目的所不能实现的可能性"。损害可能说与损害不确定说的不同在于出发角度不同，前者从企业经营角度出发，探讨风险与损害之间的内在联系，强调损害发生的可能性；而后者则从风险规律与保险的角度出发，从概率上对风险加以定义，典型的定义如"客观的不确定性""风险是费用、损失或与损害相关的不确定性"。

2. 风险主观说

风险主观说的代表人物是麦尔和柯梅克。该学说认为"风险是与损失相关的不确定性"，强调的是"损失"与"不确定"的关系，不确定是主观的、个人的和心理上的一种观点。该学说认为对风险的定义纯属个人对客观事物的主观估计，而不能以客观的尺度予以衡量。至于不确定性的范围包括发生与否不确定、发生时间不确定、发生过程不确定和发生的结果不确定。

3. 客观风险说

这种学说以风险的客观存在为基础，以对风险事故观察为基础，以数学和数理统计的观点加以定义，从而使风险可以用客观的尺度来测定大小。其中以佩费尔为代表，认为"风险是可测度的客观概率的大小"。

4. 预期与实际结果变动说

这一学说的代表人物是威廉姆斯和海因斯，认为风险是指在一定条件下、一定时期内可能产生结果的变动。如果结果只有一种可能，不存在发生变动的可能，风险为零；如果产生的结果有几种，则存在风险。可能产生的结果越多，变动越大，风险就越大。

5. 风险因素结合说

风险因素结合说以美国学者佩费尔为代表，认为风险是每个人和风险因素的结合体。这种学说表明了风险和人们的利益是相联系的，认为风险是损失或收益的可能性，从而与过去将风险仅与损失相联系的观点区分开。

一般来说，金融界把风险界定为可能引起损失的不确定性。该定义包含了两大要素：损失和不确定性。同时，该定义也排除了损失不可能存在和损失必然发生这两种情况。

二、金融风险的含义及特征

1. 金融风险的含义

金融风险作为风险的范畴之一，是指经济主体在从事资金融通过程中遭受损失的可能性。在现代市场经济制度下，随着经济的不断增长，货币化程度不断深入，金融风险不仅客观存在，而且在相当大的程度上反映和显示了微观经济主体的金融风险和宏观经济的运行风险。金融风险是一个比较宽泛的概念，从广义上讲，它既包括居民家庭、非金融机构从事金融活动所产生的风险，也包括以国家部门为主体从事的金融活动所产生的风险。从狭义上讲，金融风险一般指金融机构从事金融活动产生的风险。

2. 金融风险的特征

金融风险具有客观性、可控性、扩散性、潜在性、加速性、收益与风险的双重性等特征。

（1）客观性。金融风险的第一个特征是客观性。在金融活动中，金融风险总是不以人的意志为转移而必然存在，百分之百的无风险的金融业务在现实金融活动中并不存在。其客观性主要有以下几个原因。一是市场经济主体的有限理性。由于市场信息非对称性和主体对客观认识的有限性，市场经济主体做出决策很可能是不及时、不全面和不可靠的，有时甚至是错误的，客观上导致经济运行中的风险产生。二是市场经济主体的机会主义倾向。人类的天性是一种道德上的冒险精神和趋利避害动机，可能运用不正当的手段，比如撒谎、欺骗、违背承诺等，为自身谋取收益，他们的行为在客观上成为金融风险的潜在因素。三是信用的中介性和对象的复杂性。信用经济一方面是金融经济发展的产物，是经济发展水平的标志；另一方面把各种储蓄和实际投资分离为两个社会职能部门。这就导致信用关系从原始的期限结构、数量供求关系的一一对应，演变为互相交织、互相联动的关系，金融领域和实际经济领域分离加上信用对象的复杂性，是现代金融风险产生的主要原因，并使得金融风险成为金融经济活动中无法完全扑灭的客观存在。

（2）可控性。所谓金融风险可控性，指市场经济主体可以运用一定方法、制度实现对风险的识别、预测、防范和化解。首先，金融风险是可以识别、分析和预测的。人们可以根据金融风险的性质、产生条件来辨别金融业务经营和管理过程中导致损失的因素，为可控性提供前提。其次，人们凭借概率统计以及现代化技术手段，为金融风险防范创造技术手段。最后，现代金融制度是金融风险防范的有效手段。金融制度是金融活动的一组约束和调节金融关系的规则（包括正式制度如法规、条例、管理办法等，非正式制度如道德、习惯等）。现代金融制度的建立、健全与创新发展，使金融行为主体受到有效约束，进而把金融风险纳入可控的组织保证之中。

（3）扩散性。金融风险的另一特征是扩散性。金融风险不同于经济其他风险的一个显著特征是金融机构的风险损失或失败，不仅影响自身的生存和发展，还能导致众多的储蓄者和投资者的损失或失败。首先，金融机构作为储蓄与投资的中介机构，连接着成千上万的储蓄者和众多的投资者。金融经营管理的失败，必然使得众多储蓄者和投资者蒙受损失。其次，金融业不仅向社会提供信用中介服务，还在很大程度上进行信用创造，即在保证存款支出兑付的同时，通过贷款可以创造派生存款。因而，金融风险不仅影响原生存款和初始投资，而且还具有信用扩张的效应，因而具有强烈的扩散性。

（4）潜在性。潜在性是指导致金融危机爆发的因素存在于金融活动之中。首先，信用连接着债务方和债权方，存款此存彼取，贷款此还彼借，导致许多损失或不利因素为这种信用循环所掩盖。其次，银行具有信用货币发行和创造信用的功能，使得本属即期金融风险的后果，可能由通货膨胀、借新还旧、贷款还息来掩盖事实上的金融损失。再次，因为银行垄断和政府干预或政府特权，使一些本已显现的金融风险，被人为的行政压抑所掩盖。第四，从业者主观因素或以经营行为，人为地掩盖金融风险，但是它终究不是金融风险控制和防范的有效机制，可能引起金融风险的积累并最终以更大的强度爆发。

（5）加速性。金融以信用为基础，金融机构作为融资中介，实质上是由一个包含多边信用的信用网络。信用关系的原始借贷资金进入这一网络后，不再具有一一对应的关系，而是相互交织、相互联动，任何一个环节出现风险损失都有可能通过这个网络对其他环节产生影响。任何一个链条断裂，都有可能酿成较大的风险，甚至引起金融危机。金融风险一旦爆发，就会加速恶化，形成恶性循环。一旦某些情况导致某笔或某几笔存款不能兑付时，就没有客户去存款，客户越是挤兑，存款越进一步下降，兑付更为困难。同时，贷款越是难以收回，其周转就更加困难，形成信用萎缩。一旦金融风险爆发，就会具有突发性、加速性，直至演变为金融危机。

（6）收益与风险的双重性。金融市场上，收益与风险往往是并存的，两者呈正相关关系。在风险存在的条件下，获取额外收益的机会是客观存在的。投资者为了追求这种高收益，就会承担风险。金融风险的双重性特征，势必给经济主体产生激励和约束作用，在客观上实现资源的优化配置。

三、金融风险的类型

金融风险表现形式多样，具体包括信用风险、市场风险、流动性风险、结算风险、操作风险和法律风险等。

1. 信用风险

信用风险指借款人不能按期还本付息的风险，是商业银行面临的最主要风险之一。在金融市场上，信用风险主要表现为由于种种原因导致交易对手不能实际完成已达成交易的风险。信用风险通常被定义为交易对手不能正常履行合约而造成损失的风险，因而又被称为履约风险。根据这一定义，只有当违约实际发生时，风险才转化为损失。银行只有在借款人违约实际发生后才在资产负债表上将贷款资产注销，计为损失。随着信用风险管理技术的发展，尤其是随着以纯粹信用为标的的产品的出现，信用风险的概念被扩展为交易对手履约能力的变化造成的资产价值损失的风险，可被称为履约能力风险或违约可能性风险。

2. 市场风险

市场风险是指市场变量变动带来的风险，反映了金融工具及其组合的价值对市场变量变化的敏感度。根据市场变量的不同，市场风险又可以分为利率风险、汇率风险、股权价格风险、商品价格风险和变量波动性风险。利率风险指由于利率上下波动所带来的风险，在情况严重时，利率波动可能产生流动性危机，由利率变化引起的金融资产价格波动足以产生对金融机构有威胁的支付危机。在20世纪70—80年代，美国的许多金融机构对其贷款定价没有评估利率风险。这种不完善的评估使随之产生的资产错误定价加上会计体系自身存在的缺陷，致使许多金融机构由于利率风险而倒闭。汇率风险是指由于汇率变动引发的风险，它包含了诸多不同货币的资产负债表中隐藏着大量潜在的货币风险。

3. 流动性风险

流动性可以表现为产品、市场和机构等三个层次。金融产品的流动性指该产品在正常市场上的变现能力。市场的流动性是指通过该市场来出售和购买相关金融产品的便利程度。机构的流动性是指通过将资产变现或对外融资来清偿到期债务的能力。对于金融机构而言，流动性风险往往是指其持有的资产流动性差以及对外融资能力枯竭而造成的损失或破产的可能性。如果金融机构没有足够的现金支付到期的债务，就会被迫出售资产，如果其资产的流动性差，该资产就很难以正常的价格出售，金融机构就会因此遭受损失。如果金融机构根本无法出售资产，就必须依赖对外融资来支付到期债务。如果金融机构无法从外部获得资金，就会因为无法履行到期债务而被宣布倒闭。

4. 结算风险

结算风险是指不能按期收到交易对手支付的现金或其他金融工具而造成损失的可能。在银行之间，每天都有多达上万亿美元的交易，它们的结算必须由全世界范围内货币体系的货币转移、支票偿付、以及各个银行之间的转移来完成。但是，当一家或几家金融机构不能正常履行结算时，便会产生多米诺骨牌效应，造成其他金融机构出现流动性问题，甚至破产。

5. 操作风险

操作风险是指金融机构因信息系统或内控机制失灵而造成意外损失的风险，一般由人为的错误、系统的失灵、操作程序发生错误或控制失效引起的。20世纪90年代以来，一些银行由于没能有效地管理操作风险而蒙受了很大的损失甚至破产倒闭，操作风险开始受到越来越多的重视。例如，1995年交易员尼克·里森利用巴林银行内控机制的漏洞，违规进行期货交易，造成了巨额损失，直接引起了这家英国著名银行的破产。

6. 法律风险

法律风险是指金融机构签署的交易合同因不符合法律或金融监管部门的规定而不能得到实际履行，或因法制环境不健全给金融机构造成损失的风险。它不仅包括合同文件的签署是否具有可执行性方面的问题，而且还包括是否将自己的法律和监管责任以恰当的方式转移给对方或客户的问题。

四、金融风险的成因

引发金融风险的外部因素主要包括宏观经济因素，即经济周期、经济运行机制、经济结构等。同时，从内部因素来看，金融体系的不稳定性和脆弱性也是导致金融风险的主要因素。

1. 经济结构与金融风险

金融风险与部门或产业的风险密切相关。根据经济周期理论，产业的技术创新是经济增长的重要推动力，也是保持经济稳定增长的重要环节。可以说，没有技术创新，产业的衰落是一个必然的过程。如果一个国家的主导产业走向衰落，则经济与金融危机就极有可能爆发。技术创新是生产力的重要组成部分，而且是影响生产发展的富有活力的因素。一般来说，创新可以区分为以下几种类型：① 新行业的重要产品创新；② 现有行业中重要的产品创新；③ 新有行业汇总加工工艺上的创新；④ 基础工业部门加工工艺上的创新。重大的或基本的技术创新可以导致某一时期主导工业部门的产生和新产品的出现，从而促进整个经济进入新的较长期的增长时期。当先前的重大技术创新在经济中的运用已发展了相当长的一段时期，并且开始处于成熟和下降的阶段时，经济增长的速度就会逐渐变慢。如果此时没有新的技术创新，就不会出现新的产业部门，传统产业也得不到改造，就会因为供给结构不能满足需求结构的变化使实体经济陷入低谷，并使金融资本的正常运转与流动出现障碍，最终导致金融风险的爆发。

2. 金融不稳定假说

金融不稳定假说（financial instability hypothesis）最早由美国经济学家凡勃伦（Veblan）提出。他在著作《商业周期理论》中指出两点：①证券交易的周期性崩溃在于市场对企业的估价依赖度极高，但是，其估价方法却逐渐越来越脱离企业盈利能力；②经济发展导致了社会资本的缺位，其结果存在周期性震荡力量，这些力量主要集中在金融体系中。系统地提出金融体系不稳定假说的是美国经济学家海曼·明斯基（Hyman Minsky）。他在 1963 年发表的论文中提到了"金融不稳定假说"，1991 年他在《金融不稳定假说：一种澄清》一文中对该假说作了系统性阐述。他认为，以商业银行为代表的私人信用创造机构和借款人的相关特性使金融体系具有天然的内在不稳定性。他把借款人分为三类：第一类是只根据未来现金流做抵补性融资的避险性借款人；第二类是根据所预测的未来资金余缺程度和时间来确定借款的投机性借款人；第三类是需要滚动融资用于支付借款本息的庞齐借款人（Ponzi）。当经济逐步繁荣时，在借款人中后两类的比重将越来越大，而较安全的第一类借款人所占比重越来越小。生产部门、个人家庭的债务相对于其收入的比率都越来越高，股票和不动产的价格持续上升，似乎没有上限。然而在这种长波上升之后必然迎来滑坡，任何打断信贷资金流入生产部门的事件都将引起违约和破产的浪潮，这将进一步影响金融体系的稳定。结果金融机构的破产就像传染病一样迅速传播,金融资产价格的泡沫也迅速破灭,金融危机就爆发了。明斯基还解释了这种现象往复发生的两个原因:一是代际遗忘,即今天的贷款人忘记了上代人的痛苦经历,一些利好事件促成金融业的繁荣,而此时距离上次的金融灾难已经过去了很长时期。人们的贪欲已经战胜了恐惧,价格的上涨提升了公众购买力,人们预期当前资产价格的趋势将继续进行下去。二是竞争压力,即贷款人是出于竞争的压力而做出许多不审慎的贷款决策,因为如果不这样做他们将失去顾客和市场。

金融不稳定假说阐明了由市场经济不断发展而产生的一种金融风险生成机制,这种机制与经济周期密切相关。经济周期引起了金融的波动,而金融的波动又加剧了经济的波动。但是,由于明斯基的解释缺乏微观基础,在很大程度上不得不依赖于心理学的判断来解释经济主体的非理性行为。但是,近年来由于博弈论和信息经济学等微观经济学的发展,金融风险理论获得重大进展,形成了金融机构内在脆弱性理论和金融资产价格内在波动性理论。

3. 金融机构脆弱性理论

金融机构是金融体系的核心,它所具有的风险是金融体系面临的主要风险。部分西方学者运用信息不对称理论和博弈论等信息经济学理论对金融机构的风险进行了阐述,形成了"金融机构内在脆弱性"理论。

不完全信息是风险形成的重要原因。如果信息增加,不确定性就会减少,风险将会降低。不完全信息分为对称信息和不对称信息。前者指交易双方拥有等量或等质的信息,后者则是双方拥有差别信息。在对称信息条件下,风险对双方来说对等,但在不对称信息条件下,处于信息劣势的一方由于掌握的信息不完全或信息有误,据此指导的交易活动将导致参与者行为的扭曲,最突出的就是逆向选择(adverse selection)和道德风险(moral hazard)。

逆向选择的发生缘于交易前的信息不对称。该理论的经典论述是以阿克罗夫在《柠檬市场》一文以旧车市场作为典型例子提出的。根据他的分析,在旧车市场上,卖者知道车的真实质量,买者不知道,只知道车的平均质量,因而只愿意根据平均质量支付价格,但这样一来,质量高于平均市场水平的卖者就会退出市场,只有质量低的卖者进入市场,产生了劣质车驱逐优质车的逆向选择。交易发生后的信息不对称产生道德风险。道德风险产生的原因是私人信息的存在。在信息经济学中,常常将博弈中拥有私人信息的参与人称为"代理人",不拥有私人信息的参与人称为"委托人"。双方签约时信息是对称的,但在合同实施过程中,委托人缺乏代理人的行动信息,拥有较多信息的代理人就可以利用这种信息优势从事使自己利益最大化但损害委托人利益的行为,这就是道德风险。在现实经济交易活动中,由于社会分工的专业化,某些人对与自身有关的信息占有量总是多于他人,亦即信息不对称总是客观存在于现实经济交易中,表现在金融交易中更为明显。

相对于贷款人,借款人对其贷款所投资的项目的风险拥有更多的信息,而最终的债权人(即储蓄者)对信贷用途则缺乏了解,从而产生了信贷市场的逆向选择和道德风险。如果不存在金融中介，由储蓄者和借款人进行直接的交易，逆向选择和道德风险就会变得相当严重，信贷市场就会萎缩乃至完全消失，而金融机构的产生可以在一定程度上降低信息不对称的程度。当最终贷款人（储蓄者）将资金集中到以商业银行为代表的金融中介机构手中时，他们事实上委托金融机构作为代理人对不同的借款人实行区别对待，即根据相对风险对贷款进行定价，这样可以降低借款人的逆向选择风险。相对于零散的储蓄者，金融机构处于更为有利的地位来监督和影响借款人在贷款后的行为，这样就可以在一定程度上限制道德风险。

金融中介机构在减轻信息不对称危害的同时自身也受到这一问题的困扰，主要表现为以下两个方面：

（1）信贷市场上的信息不对称与金融机构资产质量的下降。以银行为例，银行在信贷市场上处于信息劣势，很难对风险不同的借款人和借款投资项目进行筛选和监督。因此，它们只能根据贷款风险发生的历史概率进行估计，并据此制定与预期风险水平相适应的利率。结果，那些低风险的投资贷款人不愿意支付高利息而退出借款市场，而那些高风险的投资借款人却成了银行的借款客户。这就产生了逆向选择问题，选择的结果使银行信贷风险增加。同时，银行在监督信贷资金使用过程中，由于监督困难或监督需要付出较高的成本，因而对借款人的监督有限。这又产生了道德风险问题，表现为借款人在获得银行借款后，违反借款合同规定另行进行高风险投资，甚至出现纯粹的诈骗。总之，信贷市场上的信息不对称所产生的逆向选择和道德风险将使银行信贷资产质量恶化，甚至产生损失。

（2）存款市场上的信息不对称与存款挤兑。在存款市场上，信息不对称主要表现为银行储户处于信息劣势，很难区分"好"银行与"坏"银行。美国学者卡罗米利斯和蒂诺维格论证了存款市场上的信息不对称导致银行存款挤提的必然性。他们认为，银行创造了不能在市场上流通的银行存款，众多存款者之所以愿意把资金存入银行，是因为相信该存款能实现增值。如果银行因经营失败而资不抵债，被迫破产关闭，存户将遭受损失，因此存款户自然关注银行的经营情况。由于银行存款不能流通，因而很难对银行存款进行市场定价，而收集相关信息的高成本和他人"搭便车"的可能性减弱了个别存户收集信息和监督银行的积极性，因此存款人难以区分"好"银行和"坏"银行。一旦存款人怀疑银行经营的稳健性，整个存款市场将出现"囚徒博弈"，无论其他储户是否挤提，对某一储户而言最佳选择是参与挤提，从而引起挤兑，个人理性行为就导致了集体的非理性行为。于是，最终出现的均衡状态是：银行遭到挤提，即使"好"的银行也不例外。

正是因为信息不对称引起了信贷市场上的逆向选择和道德风险，通过储户"囚徒博弈"导致的银行挤提，金融风险就有可能爆发。由此可见，金融机构具有内在的脆弱性。

4. 金融资产价格波动性理论

几乎所有的金融风险都与金融资产价格的过度波动有关。从一般意义上来讲，造成金融资产价格较强波动的原因与信息不完全有关。信息的不完全决定了经济主体的有限预期，即经济主体不可能完全了解决定金融资产未来收入流量变化的各种因素，从而使金融市场的有效性和完善性大大降低，造成了金融资产价格具有不稳定的倾向性，具体表现为汇率的波动性、股票价格的波动性以及金融资产价格的互动性。金融资产价格之间存在千丝万缕的联系，一种金融资产价格的波动会或多或少地影响其他金融资产价格。因此，各类金融风险之间也存在着联动关系。

第二节 金融危机

一、金融危机的概念和特征

金融危机是金融风险积累到一定程度并大范围爆发后的结果。金融危机概念的界定很多，根据《新帕尔格雷夫经济学大辞典》，金融危机是全部或大部分金融指标——短期利率、资产（证券、房地产、土地）价格、商业破产数和金融机构倒闭数——的急剧、短暂和超周期的恶化。

总的来说，金融危机具有以下基本特征。

（1）马太性。金融危机一旦爆发，将引起信用基础的丧失而加速扩散。以银行危机为例，当银行出现流动性问题时，存款人失去信心，发生挤兑，导致银行陷入更严重的流动性危机，流动性问题越是严重，存款人就越倾向于参与挤兑，从而形成恶性循环的马太效应。

（2）连锁性。互联网的高速发展使得金融交易趋于无形化，并且资本能够更为迅速地在各国之间流动。这也使得各国的金融系统更易于受到国际金融环境变化的冲击，并且一国的危机很容易发生扩散，产生连锁反应。

（3）破坏性。金融系统一旦出现动荡，将严重影响资源的配置效率，并且对整个经济体系产生冲击，甚至引发社会动荡和政治危机。

国际货币基金组织把金融危机分为三类。第一，货币危机，即某种货币出现持续性贬值。第二，银行业危机，即银行不能如期偿付债务，并且一家银行的危机可能会引起银行系统的危机。第三，外债危机，即一国不能按期偿还所欠外债。

二、金融危机的形成机制

关于金融危机的形成机制，可以从金融交易行为、金融系统运行和政府政策影响三个方面展开分析。

1. 金融交易行为

金融交易主体的行为有可能会导致金融危机的产生。

（1）过度交易。以金德尔伯格为代表的经济学家认为，过度交易是引发金融危机的主要原因。随着经济的增长，人们会产生投机性需求，把货币转换为实物资产和金融资产，从而形成过度交易。过度交易会导致人民的恐慌和金融秩序的崩溃，形成金融危机。

（2）理性预期。奥布斯特菲尔德等人认为，理性预期也可能导致金融危机的爆发。他们从金融危机的预期自致性特征出发，指出公众对于金融体系的不同预期会产生不同的均衡结果。即使政府不采取与某种体制相抵触的宏观经济政策，如果人们预期这种体制将会崩溃，那么他们会采取相应的措施来避免自己的损失，这种行为恰恰可能会导致真正的崩溃。例如，在实施固定汇率制度的国家，政府根据成本 - 收益原则来决定是否继续坚持固定汇率。当人们普遍预期汇率会贬值时，政府会发现坚持固定汇率制度的成本大于收益，从而放弃维持固定汇率制的努力，货币大幅度贬值，金融危机爆发。

2. 金融系统运行

大部分经济学家认为，应当从金融系统内部的运行中来寻找金融危机的来源，认为金融的内在脆弱性的逐渐积累会由于某些因素的刺激而爆发，形成金融危机。

（1）债务—通货紧缩。托宾认为，债务—通货紧缩在金融危机形成过程中发挥了重要作用。在经济繁荣时期，企业对未来充满信心，从而会过度借债进行投资。但是，当经济陷入衰退时期，企业归还债务的难度加大，很可能导致债权人遭受损失。因此，债权人为了自身的安全，不愿提供贷款，并且向债务人要求清偿债务。这将使得经济体陷入"经营困难—低价抛售—经营更加困难—更低价抛售……"的债务—通货紧缩的恶性循环，引起大量企业亏损甚至破产，并导致连锁反应，最终引起金融体系的崩溃。

（2）银行风险。经济学家戴蒙德和戴维格认为，银行经营中的风险是金融危机的直接源头之一。银行的基本功能是将流动性较差的资产转化为流动性较强的资产，为金融市场提供流动性。银行吸收的存款主要是人们的短期存款，而发放的贷款中大部分是面对企业的中长期贷款。因此，当某些借款人的经营陷入困境，从而对贷款的偿还发生困难时，将使银行的经营风险增大。这时存款人对银行的信心可能会发生动摇，一旦存款人对银行丧失了信心，就会向银行要求提款。其他存款人为了避免损失，也会争相涌向银行提款，从而形成挤兑。挤兑将使银行陷入流动性危机，甚至破产，并产生连锁反应，最终导致银行体系乃至整个金融体系陷入危机。

（3）信息不对称导致的金融体系的脆弱性。麦金农较早地提出了道德风险对金融危机的推进作用。经济学家米什金认为，信息不对称在金融危机的形成过程中起了关键作用，同时金融危机的爆发又会加剧信息不对称问题，从而造成了金融危机自我强化的特点。克鲁格曼则认为道德风险正是 20 世纪 90 年代末期亚洲金融危机爆发的原因之一。政府为了维护金融体系的稳定，会对银行提供显性或隐性的保险，因而银行更倾向于发放收益较高但风险也较高的贷款，存款人则放心地向银行提供存款。在封闭经济中，国内投资对资金的需求会使得利率升高，客观上抑制投资，避免过度投资。但是，当经济开放度提高后，国内的金融机构可以在世界市场上很方便地融资。由于世界市场容量巨大，国内金融机构的融资不会提高世界市场利率水平，因而无法抑制投资需求，很容易产生过度投资。这种情况将加大金融体系的风险,一旦条件满足,金融危机就会爆发。

3. 政府政策影响

政府宏观经济政策对金融危机的作用也不可小视,有时甚至仅仅是政府的政策就可能使金融系统陷入危机。

(1) 财政政策。政府的财政政策可能会引发金融危机,特别是在实行固定汇率制度的国家,财政赤字更加容易引发货币危机。克鲁格曼认为,如果一个固定汇率制国家存在着大量的财政赤字,那么为了弥补赤字,国内的货币供给必然会过度扩张,这会使得利率下降。过低的利率将诱使资本外流,产生本币贬值的预期,公众会在外汇市场上抛售本币,买入外币。中央政府为了维持固定汇率,会利用外汇储备在外汇市场进行干预,买入本币,卖出外币,以缓解本币贬值的压力。当政府的外汇储备降低到一定程度时,投机者预期政府将无法继续维持固定汇率,于是对该国货币进行更加猛烈的攻击。此时,政府无力干预,不得不放任本币贬值,从而形成货币危机。

(2) 货币政策。中央银行货币政策的失误极有可能引起金融危机特别是银行业危机。弗里德曼认为,货币政策失误是导致金融动荡的重要原因。由于决定货币需求的主要因素是持久性收入,而持久性收入是较为稳定的,因此货币需求也相对稳定。于是,货币供给就决定了物价和产出水平。货币供给由中央银行通过货币政策进行调节,所以金融动荡的根源在于不当的货币政策。货币政策的失误可能会导致金融系统中的较小问题演化为金融危机,例如1929年美国的大危机就是因为美联储错误地实施了紧缩性的货币政策所导致的。事实上,弗里德曼一向强调实施"单一规则"的货币政策的根源就在于此。

布鲁纳尔(Brunner)和梅尔泽尔(Meltzer)同样从货币政策的角度对金融危机的生成机制进行了阐述,他们认为货币存量增加的速度可能会导致金融危机。突发性的货币大幅度紧缩会迫使银行为了维持流动性所需储备而大量出售资产,造成资产价格下降、利率上升。利率的上升又增加了银行的融资成本,使银行的偿付能力进一步减弱,存款人对银行丧失信心,甚至产生挤兑。由此导致的大批银行倒闭会降低银行体系的信用创造能力,使货币供给进一步紧缩,引发全面的金融危机。

4. 其他因素

以上三方面的观点只是从理论层面为金融危机的形成机制提供了解释,随着经济的快速发展,产生了许多新的因素,它们都能够引发局部或全面的金融危机。

金融创新过度也会引发金融危机。现代金融创新以衍生金融工具为主,这些工具的诞生一方面便利了风险管理,另一方面也为投机者提供了操纵市场的手段。过度的金融创新使金融机构表外业务的份额增大,这些表外业务在给金融机构带来高收益的同时,也无形中增大了经营的风险。另一方面,衍生工具创造出了大量的金融杠杆,使得市场更容易被操纵,资产价格波动更为剧烈,从而严重影响了金融市场的稳定。

另一个导致金融危机的重要因素是虚拟经济。金融的结构是一个"倒三角"的形式:最下层是实际物质产品,第二层是商品和服务,第三层是名义金融资产如债务、股票等,最上层则是金融衍生品和虚拟资本。在这个倒三角中，上一层的财富依靠下一层所提供的收入才能发展。因此，金融体系的稳定性最终就完全建立在对货币资产转变为实物是否具有信心的基础上。一旦下层的实物经济无力支持上层的虚拟经济，信心的丧失将使整个金融体系发生崩溃。

第三节 金融安全

一、金融安全的概念

金融安全（financial security）指货币资金融通的安全和整个金融体系的稳定。金融安全是金融经济学研究的基本问题，随着经济全球化的加速发展，金融安全在国家经济安全中的地位和作用日益加强。金融安全和金融风险、金融危机之间具有紧密的联系，既可用风险和危机状况来解释和衡量安全程度，同样也可以用安全来解释和衡量风险与危机状况。安全程度越高，风险就越小；反之，风险越大，安全程度就越低；危机是风险大规模积聚爆发的结果，危机就是严重不安全，是金融安全的一种极端。

按金融业务性质来划分，金融安全可划分为银行安全、货币安全、股市安全等，其极端就是银行危机、货币危机、股市危机等。

二、金融安全的内涵

为了准确理解金融安全的概念，还需要进一步探讨金融安全与金融风险、金融危机之间的相关性及重要区别。

1. 金融安全与金融风险的关系

金融风险与金融安全密切相关，金融风险的产生构成对金融安全的威胁，金融风险的积累和爆发造成对金融安全的损害，对金融风险的防范就是对金融安全的维护。但是，金融风险与金融安全又相互区别。金融风险主要从金融结果的不确定性的角度来探讨风险产生和防范问题，金融安全则主要从保持金融体系正常运行与发展的角度来探讨威胁与侵袭来自何方及如何消除。金融风险不一定会导致金融的不安全，如果对金融风险控制得当，那么在金融风险中也能实现金融安全。金融风险是与金融活动相伴生的，只要从事金融活动，就存在着金融风险。因此，金融风险并不意味着金融不安全。

一般来说，在国际经济活动中，金融风险的大小与该国对外依存度的高低是呈正比例变化的，即对外依存度越低，则该国面临的风险就越小；反之，对外依存度越高，则该国面临的风险就越大，这是经济国际化发展过程中的客观规律，是不以人们的意志为转移的。然而，由于金融安全的概念是相对的，只能将一国抗拒风险、抵御侵害的能力作为衡量金融安全程度的标准,也就是说,金融风险的大小、金融安全程度的高低取决于该国防范和控制风险的能力。如果防范和控制风险的能力越强,则该国面临的风险就越小、金融安全程度就高。反之,如果防范和控制风险的能力越弱,则该国面临的风险就越大、金融安全程度就低。显然,如果一国的对外依存度提高,该国从国际经济交往中获得众多利益的同时,其防范金融风险、抵御外部冲击、维护金融安全的责任和压力也相应增加。

2. 金融安全与金融危机的关系

金融安全的对立面是金融不安全,但绝不是金融危机的爆发。这说明金融危机是金融不安全状况积累的爆发结果,它是金融风险的结果。

马克思认为金融危机大多都是经济危机的征兆,金融恐慌是经济危机的初始阶段。金融危机的根源在于制度,即生产的社会性与资本主私人占有制之间的矛盾。当资本主义的这一基本矛盾达到难以调和的地步时,就会以危机爆发的形式来暂时强制性解决,使社会生产力受到巨大的破坏。信用、货币和金融不过是其中的一个环节而已。

马克思在《资本论》中指出:"乍看起来,好像整个危机只表现为信用危机和货币危机。而且,事实上问题只是在于汇票能否兑换为货币。但是这种汇票多数是代表现实买卖的,而这种现实买卖的扩大远远超过社会需要的限度这一事实,归根到底是整个危机的基础。""如果说信用制度表现为生产过剩和商业过度投机的主要杠杆,那只是因为按性质来说可以伸缩的再生产过程,在这里被强化到了极限。""信用加速了这种矛盾的暴力的爆发,即危机。"

当然,马克思也并不否认独立金融危机的存在,这是因为货币信用金融活动对于生产活动有一定程度的独立性。信用的过度扩张、银行的迅速发展和投机活动的高涨,都可以导致危机的发生。因此货币危机可以单独发生,金融领域也有自己的危机。

3. 金融安全是动态发展的安全

世界上并没有绝对的安全,安全与危险是相对而言的,金融安全也不例外。例如,对于市场基础良好、金融体系制度化、法律环境规范化且监管有效的一些国际金融中心来说,没有人担心金融工具创新会使银行处于不安全状态;而对于不良资产比例过高、十分脆弱的国内商业银行来说,新的金融工具带来金融风险的可能性就比较高。因此,金融安全应当反映一国对不断变化的国际、国内金融环境的应对能力。

金融安全应当是动态发展的安全状态。经济运行的态势是一种连续不断的变化过程,而在这一过程中,金融运行往往处在一种连续的压迫力和惯性之中。在经济快速增长时期,银行会不断扩张信贷,有可能导致不良资产增加。在经济衰退时期,银行经营环境的恶化迫使其收缩信贷,从而使经济进一步衰退。因此,金融安全是在不断调整中实现的。

金融安全是特定意义上的金融稳定。由于金融安全是一种动态均衡状态,这种状态往往表现为金融稳定发展,但金融稳定与金融安全在内容上仍有不同。金融稳定侧重于金融的稳定发展,不发生较大的金融动荡,强调的是静态概念;而金融安全侧重于强调一种动态的金融发展态势,包括对宏观经济体制、经济结构调整变化的动态适应。

4. 金融安全是金融全球化的产物。

金融安全问题的提出是特定历史发展阶段的产物，是金融全球化的产物。尽管金融全球化具有促进世界经济发展的积极效应，但不可否认，金融全球化也带来了众多负面影响，金融全球化蕴藏着金融危机的风险。在金融全球化的发展过程中，与其相伴的蔓延效应使金融危机迅速扩散，产生巨大的波及效应和放大效应，国际金融动荡已成为一种常态。因此，金融安全问题被作为应对金融全球化的一个重要战略而提出，它已成为国家安全战略的一个重要组成部分。

金融安全状态赖以存在的基础是经济主权独立。如果一国的经济发展已经受制于他国或其他经济主体，那么无论其如何快速发展，应当说金融安全隐患始终存在，也就无从谈起金融安全的维护。金融全球化加大了发达国家和发展中国家之间的差距。金融全球化的发展使国际社会日益重视统一标准的制定与实施，由于发达国家掌握了金融全球化的主导权，按发达国家水平制定的规则必然不利于发展中国家，使其难以获得所需的发展资金，从而进一步扩大发展中国家与发达国家的差距。国际经济金融中存在着不平等的客观现实，促使一些国家开始关注金融安全。

三、金融安全的影响因素

金融安全的影响因素较多，既有内在因素，也有外部因素。

1. 内在因素

内在因素是指经济体系本身的原因引起的金融形势恶化，包括实质经济和金融体系本身。首先，国家的经济实力。国际经验表明，如果一国发生金融危机，当局通常都是通过动用各种资源来控制局势、摆脱危机。可动用的资源包括行政资源和经济资源。行政资源如动员社会力量、争取国际社会的支持等，但更重要的是用于救助的经济资源。显然，救助能否顺利实施、信心缺失的弥补，都将取决于国家的经济实力。其次，金融体系的完善程度。这又包括两个方面。一是该国的宏观经济环境是否与金融体系相协调，即金融体系的正常运行是否有良好的宏观经济环境。二是金融体系自身制度环境的完善程度，如金融机构的产权制度状况、治理结构状况、内部控制制度状况等。显然，金融体系越完善，金融安全就越有保障。

2. 外部因素

外在因素主要包括一国金融安全的外部环境。首先，一国在国际金融体系中的地位。一国在国际金融体系中的地位极大地影响着其维护金融安全的能力。如该国的货币是否是主要国际储备货币，该国是否拥有制定国际金融规则的主导权。从西方主要发达国家的情况来看，它们不仅拥有相当健全的金融体系，而且在国际金融体系中占据主导地位，从而对国内金融市场和国际金融市场都具有极强的控制操纵能力，维护金融安全的资源极为丰富。在这些发达国家，即使金融安全发生了问题，通常也不会扩展为全局性的金融危机，金融仍可以维持稳定发展。相反，发展中国家在国际金融领域处于劣势，无力改变甚至难以影响国际金融市场，而且其发育程度低的内部金融市场和脆弱的金融体系往往受到来自发达国家的金融资本的控制。因此，对大多数发展中国家来说，如果金融安全发生了问题，往往会危及金融体系和金融制度的稳定，甚至还会危及经济社会安全。

其次，国际游资的冲击。来自一国经济外部的冲击，特别是国际游资的冲击将有可能成为危及金融安全的直接原因。从近年来爆发的金融危机来看，国际游资通常都是将已经出现明显内部缺陷的国家或地区作为冲击的首选目标，特别是那些短期外债过多、本币汇率严重偏离实际汇率的国家或地区往往是首当其冲。国际游资通常采用的手法是同时冲击外汇市场和资本市场，造成市场短期内的剧烈波动，实现其投机盈利。在国际游资的冲击下，市场的剧烈波动必然影响投资者的市场预期和投资信心，这样就有可能出现市场恐慌，出现资本大量外逃，其结果导致汇率和股票价格的全面大幅度下跌。为了挽救局势、捍卫本币汇率，中央银行往往采用提高利率的方式吸引外资，从而进一步打击国内投资、恶化经济形势，使本国经济陷入恶性循环。1997年东南亚一些国家在亚洲金融危机中的情况基本上符合这一过程。目前因美元利率上升及货币紧缩导致的部分发展中国家资金外流、金融市场动荡也属于这一情况。

四、金融安全的监测与预警

要防范金融风险，就必须严密监测金融安全，并建立有效的预警机制。

1. 金融运行基本态势判断

金融安全既包括金融体系的安全（如金融机构的安全、金融资产的安全等），也包括金融发展的安全。金融安全的对立面就是金融不安全，临界于金融安全与金融不安全之间的就是金融基本安全，而金融危机则是金融不安全状况积累的爆发结果。因此，金融运行包括四种基本态势，这四种基本态势在1997年爆发的亚洲金融危机中表现得淋漓尽致。一是金融危机，在此期间印度尼西亚爆发金融危机，金融动荡波及政治领域，导致政局动荡、经济倒退和社会动荡。二是金融不安全，亚洲金融危机爆发之前的泰国、韩国和日本等国的金融运行状况就是典型的金融不安全。三是金融基本安全，在此期间我国虽然面临人民币贬值的压力，但经济金融状况基本良好。四是金融安全，在此期间美国经济运行保持良好态势，失业率、消费者物价指数处在低水平，金融体系稳定。2008年的金融市场危机也具有这一特征。

2. 监测预警系统基本方法

维护金融安全的关键是通过对金融和经济指标的监控，建立合理的预警模型。现有研究提出了信号分析法和概率分析法这两种金融安全监测预警方法。

（1）信号分析法。该方法主要是以金融安全状态转化的机理为切入点，研究影响金融安全的各种因素，考察其变化规律，分析导致一国金融不安全或金融危机的因素，据此制定应对策略和措施。

信号分析法首创于2000年，其后经逐步完善，已成为当今世界最受重视的金融安全预警理论。该理论的核心思想是选择一系列指标并根据其历史数据确定其临界值,当某个指标的临界值在某个时点或某段时间被突破,就意味着该指标发出了一个危机信号。危机信号发出越多,表示某一个国家在未来一段时期内爆发危机的可能性就越大。

典型的信号分析法是建立计量经济模型,用模型将金融安全状态的转化解释为一组变量变化的结果,并找到不同的安全状态和这些变量之间的量化关系。典型的模型有弗兰克尔(Frankel)等人的 Probit 模型或 Logit 模型,以及萨克斯(Sachs)、托内尔(Tornell)和韦拉斯科(Velasco)等人的横截面回归模型。由于金融系统本身的复杂影响关系以及经济结构的不断变化,使得传统计量经济学模型在预测方面的作用变得十分有限。就实际效果来看,这两套模型对 1997 年爆发的亚洲金融危机和 2008 年的国际金融危机都没有做出任何预警。信号分析法能够在事后判断对一国金融安全构成威胁的主要因素,从而有利于管理者制定相应的对策。但是,由于信号分析法中没有具体的量化标准,就难以预测危机何时发生。而且,市场信心在决定金融安全状态转化过程中扮演着重要作用,同样的金融事件,由于人们的市场预期的差异,在不同国家很可能形成截然不同的结果。因此,信号分析法用于预测的作用是十分有限的。

(2)概率分析法。概率分析法通常是根据一国的历史观察值或国际公认标准,拟定一系列安全状态临界值。对处于某个临界范围内的指标赋予相应的警戒值,并根据各个指标对一国经济安全的影响程度来确定权重。将所有这些指标的警戒值加权平均,即可以构造反映整体安全态势的综合指标。同样,由此可以得出综合指标的临界值表。根据计算出的综合指标,即可判断出一国金融体系的安全状态,并可借助一定方法计算出发生危机的概率。该方法有两种类型:一是并不考虑促成金融安全状态转化的具体因素和机理,只是根据历史上各种安全状态下某些经济指标的表现,制定一套指标,并通过一定的方法构造出度量总体风险程度的综合指标;二是利用模糊类比的方法,通过与历史数据相比较,对现实经济及金融运行情况进行监测和预警。

传统的概率分析只借助可以量化的指标,所以在具体应用时,一般是与情况比较接近,并且发生过金融安全问题的国家进行比较。例如,刘遵义就是在比较了亚洲国家和墨西哥发生危机时的 10 项指标[1]之后,成功地预测了亚洲金融危机。概率分析法可以明确指出在何种情况下发生危机的概率有多大,可以及时发出预警信号。但是它也存在着缺陷,不能直接给出引致某些指标恶化的原因,难以据此提出应对策略。同时,由于概率分析法采用的标准是历史数据,无法预测新因素引起的金融不安全或金融危机。尽管如此,由于概率分析法在量化研究方面具有一定的优势,因此其成为目前应用最为广泛的方法。

为了维护金融安全,需要先进的监测预警系统。因为随着金融全球化的发展,金融市场日趋复杂,要从错综复杂的金融环境中理出对金融运行整体局势有决定性影响的因素及

---

[1] 这 10 项指标包括实际汇率、实际 GDP 增长率、相对通货膨胀率、国际国内利率差、国际国内利率差变化、实际利率、国内储蓄率、国际贸易差额、经常项目差额及外国组合投资与外商直接投资比例。

其脉络决非轻而易举。但是，目前的概率分析技术过多地依赖量化指标，不能包含充分的市场信息，而且对金融安全影响重大的诸多因素中，还有许多因素是无法直接量化的，例如文化、心理承受能力等因素。在研究对象比较特殊的情况下，难以找到在各方面都很相似的参照国。例如，我国的经济体制与经济结构都处于转型阶段，如果单纯用量化指标就不可能对金融安全状态做出有效的预警。因此，在金融安全监测预警指标体系中引入更多的定性描述信息就显得十分必要。

第四节 | 我国的金融安全问题

金融是现代经济的核心，金融安全是国家安全的重要组成部分。必须充分认识金融在经济发展和社会生活中的重要地位和作用，切实把维护金融安全作为治国理政的一件大事，扎扎实实把金融工作做好。[1] 改革开放以来，特别是加入WTO以来，我国金融业融入国际金融体系的程度越来越深，在国际金融危机频繁爆发的背景下，金融安全问题已经成为关系到我国经济稳定的重要因素。

一、我国金融安全的现状

当前，我国金融安全方面主要存在以下几方面问题。

1. 经济开放带来的风险

在经济全球化的趋势下，我国经济已经全面融入世界经济体系，但是，这在一定程度上也给我国金融安全带来了一定的隐患。

（1）资本的非法流出入影响。非法的资本跨境流动对我国金融安全产生了一定的负面影响。对外开放促进了我国经济、金融国际化的发展，对外依存度的上升反映了我国利用国际资源和国际市场的水平有了很大的提高，我国参与国际分工和国际竞争的能力进一步增强，从而为提高我国国民经济的总体水平发挥了极其重要的作用。但是，作为发展中国家，我国在对外开放过程中面临许多不利因素，对我国的金融安全造成了严重的负面影响，其重要表现就是资本的非法流出入。对我国正常的金融秩序造成了不利的影响，增加宏观金融调控的难度、降低货币政策的有效性，容易造成金融泡沫、增加金融风险。

（2）经济全球化对我国金融安全造成的风险。在经济全球化趋势下，我国传统金融企业在同国外先进的金融营运模式的竞争中明显要处于劣势，而且现有的宏观调控手段也很难达到一体化经济发展的要求。我国的经济、金融对外开放是一项复杂的系统工程，应大

---

[1]《习近平总书记在中共中央政治局第四十次集体学习时的讲话》，2017年4月25日。

力提高国内宏观经济、金融调控能力。我国商业银行的经营机制有了明显的改善，但是与发达国家银行相比还存在许多不足。未来一旦失去政策保护，我国商业银行在跨国银行的竞争下必然面临众多挑战。在金融开放条件下，利率市场化改革必将加速，现行的汇率决定机制改革的压力必然增大。此外，随着货币市场、资本市场和外汇市场的不断开放，资本的自由流动将给我国经济、金融宏观调控和金融监管带来许多难题，大量短期资本的流入和流出就会对我国的金融安全构成极大威胁。

（3）资本账户开放对我国金融安全的冲击。随着我国经济实力的不断增强，我国对资本转移限额的要求必将放宽、对外商企业属于资本项目的外汇收支管制将放松、对居民在国外持有的外汇资产额度管制也将放松，这些无疑都会增加资本账户管理上的难度。一旦长期资本大量流入，迅速增加的资源不能得到有效配置和利用，再加上银行体系流动性的增加，会刺激金融资产价格的过度上涨，进而促使经济泡沫化，最终导致整个金融体系的脆弱化，甚至崩溃。

（4）国际游资对我国金融安全的影响。据国际货币基金组织估计，每天国际金融资产交易量约为贸易交易量的 80 倍。目前带有游资性质的短期资本已经超过 15 万亿美元，每天有相当 1 万亿美元的游资在全球资本市场上寻找归宿。在我国，由于金融法规还尚未健全、安全监管能力还不足以应对外界风险，因此，一旦大量的国际游资冲击我国金融市场，势必造成金融秩序的混乱，引发金融恐慌。

2. 网络金融对我国金融安全提出的新挑战

随着全球计算机科技的迅猛发展，网上银行、网上金融已经成为现实。在国际互联网上，银行与客户可以不用见面便能完成日常业务往来，它消除了时间和地域的差异，改变了传统的金融业务运作模式，提高了服务质量和效率。但同时也应看到，作为开放性质的因特网，其安全程度正日益受到来自各方面的威胁。近些年，世界上很多国家的网上银行系统都受到了不同程度的侵袭，这些事实都清楚地告诉我们，高新技术可能存在更大的隐忧。

我国的网上银行业务处于初期发展阶段，各项风险防范措施尚不完善。网上银行支付系统、信用卡系统、结算系统等多个重要的银行业务系统随时都面临着被不速之客袭击破坏的危险。我们引进了先进的网上金融技术，但配套的风险防范制度和安全预警系统还需要和中国国情逐渐结合，在这期间，金融安全问题尤为重要。

3. 金融装备落后的重大隐患

金融装备落后、国产化程度低是我国金融安全的重大隐患。首先，我国银行金融电子化的平台大部分从国外引进，必然给我国金融安全带来一定的隐忧。电子化会给我国金融机构的业务带来新的利润增长点，给客户带来便利，但是，由于金融机构的电子化平台大部分是从国外引进过来的，并未公开源代码，其风险防范能力强弱便无从得知。其次，我国金融电子设备的核心技术大都是从国外进口的，使金融安全的基础极为脆弱。在我国发展金融电子化的过程中，无论是整个金融体系内的操作平台，还是电子在金融设备引进的过程中各大银行和金融机构对技术和设备的研制开发和设备技术并不关心，对国外技术的依赖性都很大，导致了我国金融安全的基础极其脆弱。

4. 金融监管还不适应安全的需要

金融监管还不能完全适应我国金融安全的需要。从我国经济、金融国际化进程的实际情况来看，我国金融监管的能力还不能完全适应对外开放的需要。金融监管的组织机构、人才队伍、技术手段等都与现代金融监管的要求还有差距。金融监管制度、监管水平还不完全适应我国金融安全的需要。

5. 金融法治建设与要求不完全相适应

金融法律、法规是我国实施金融监管、保障金融安全的法律依据，也是金融监管规范化、法治化的根本保证。近年来，我国颁布了《中国人民银行法》《商业银行法》《保险法》《证券法》等一系列金融法律，在实践中起到了积极作用。但我国金融立法任务仍然很重，在某些立法方面明显滞后，同我国的金融改革和保障金融安全的要求还不相适应。从各国金融实践看，随着全球以金融自由化、国际化、一体化为特征的金融变革不断发展，各国在金融立法上尤其重视监管力度和尺度的把握。目前我国急需在利率市场化和开放国内金融市场的基础上强化有效监管，从而建设完善整个国家经济必要的"防火墙"，大力加强金融立法，实现金融领域的有效监管，保障金融体系的安全。

二、我国金融安全的对策

鉴于我国目前在金融安全领域存在的问题及国际上的经验教训，我们对金融安全问题必须超前研究对策，做到趋利避害。

（1）成立专门金融安全研究和决策机构，制定金融安全政策和标准。由于金融安全关系到我国的经济安全甚至国家安全，因此保障金融安全的工作应得到国家的高度重视。要在对国内外、本外币市场的充分研究分析之后，制定出切合实际的金融风险防范措施和金融安全政策，用国际化的标准来衡量执行的情况。只有这样，我国的金融安全工作才能得以顺利开展。

（2）加大投入，研究开发金融电子化的软件平台和金融电子设备的核心技术，提高金融装备的国产化水平，夯实金融安全的基础。针对我国在金融电子化的软件平台和金融电子设备的核心技术（如银行的APP）仍依赖国外进口的现状，我国在注重金融安全的过程中，应大力加大这方面的投入，通过扶植自己的技术力量和生产能力，提高金融装备，尤其是核心设备的国产化水平，真正夯实我国金融安全的基础。

（3）加强金融安全法治建设，提高金融监管机构监管水平，及时消除金融安全隐患。在经济全球化的背景下，我国应加强金融法治建设，健全、完善金融法律体系，逐步形成有法必依、违法必究、执法必严的金融规范化、法治化环境，尽快改变金融市场重要法律、法规不全，以至于某些金融活动无法可依的现象，同时还应加强研究法律、法规的可操作性问题。必须理顺政府与企业和银行的法律关系，加快行政体制改革和银行管理体制改革。

要赋予国家金融监管机构以应有的权力,并使之在运作上保持独立性。必须充实金融执法队伍,提高金融执法人员的素质。

我国要加快建立和完善市场经济条件下的金融监管制度,借鉴《巴塞尔协议》,强化金融监管。在监管对象上,由侧重于对银行机构的监管转变为对所有金融机构的监管。在监管范围上,由针对性监管转变为全方位监管。在监管方式上,由阶段性监管转变为持续性监管,从一般行政性监管为主转为依法监管为主。

(4)不断深化金融改革,建立适应我国国情的有序金融对外开放格局,既适应经济全球化、金融自由化的世界潮流,又确保金融安全和国家利益不受损害。经济全球化是一股世界潮流,对于我国来说,不能放弃参与全球化进程的机会和权利,要积极参与建立国际金融体制和世界经济新秩序,促进自身的发展。同时,也要高度重视经济全球化的负面影响,增强防范和抵御风险的能力。为此,我们要进一步深化金融体制改革,加大改革力度,逐渐建立适应国情的对外开放格局,建立适应社会主义市场经济体制的新型金融体制。要完善宏观调控手段和协调机制,建立和健全多层次的金融风险防范体系,加强对金融风险的控制。通过金融改革的不断深化,使我国在金融开放过程中能尽快适应国际新规则,同时又可以有效地降低因金融风险而造成的经济损失。

本章小结

1. 金融风险作为风险的范畴之一,是指经济主体在从事资金融通过程中遭受损失的可能性。从广义上讲,它既包括居民家庭、非金融机构从事金融活动所产生的风险,也包括以国家部门为主体从事的金融活动所产生的风险。从狭义上讲,金融风险一般指金融机构从事金融活动产生的风险。

2. 金融风险具有客观性、可控性、扩散性、潜在性、加速性、收益与风险的双重性等特征。金融风险表现形式多样,具体包括信用风险、市场风险、流动性风险、结算风险、操作风险和法律风险等。

3. 引发金融风险的外部因素主要包括宏观经济因素,即经济周期、经济运行机制、经济结构等。同时,从内部因素来看,金融体系的不稳定性和脆弱性也是导致金融风险的主要因素

4. 金融危机是金融风险积累到一定程度并大范围爆发后的结果,是全部或大部分金融指标——短期利率、资产(证券、房地产、土地)价格、商业破产数和金融机构倒闭数——的急剧、短暂和超周期地恶化。

5. 金融危机具有马太性、连锁性、破坏性等特征。国际货币基金组织把金融危机分为货币危机、银行业危机和外债危机等类型。金融危机的爆发与金融交易行为、金融系统运行和政府政策等因素有关。

6. 金融安全指货币资金融通的安全和整个金融体系的稳定。随着经济全球化的加速发展，金融安全在国家经济安全中的地位和作用日益加强。金融安全和金融风险、金融危机之间具有紧密的联系，既可用风险和危机状况来解释和衡量安全程度，同样也可以用安全来解释和衡量风险与危机状况。安全程度越高，风险就越小。

7. 影响金融安全的因素包括金融经济体系自身存在的内部因素和经济体以外的外部因素，针对金融安全的分析方法主要包括信号分析法和概率分析法。

8. 在经济开放、互联网发展的情况下，我国金融安全问题也比较严峻，需要加快部署、提高金融装备的国有化水平、加快金融法治建设、深化金融体制改革，保障我国金融安全。

复习思考题

1. 什么是风险？风险的特征有哪些？
2. 什么是金融风险？金融风险有哪些特征？
3. 金融风险包括哪些类型？
4. 金融风险有哪些成因？
5. 什么是金融不稳定假说？
6. 什么是金融危机？它有哪些类型？
7. 什么是金融安全？
8. 试解释金融安全与金融风险和金融危机的关系。
9. 影响金融安全的主要因素有哪些？
10. 如何维持我国的金融安全？

第十六章 金融深化与经济发展

本章要点

　　从经济发展的角度看，金融制度、金融结构对一国经济的发展具有直接的影响，但这一点并没有被传统的经济学所认识，直至 20 世纪 90 年代，才有一系列的经济学问世，对金融体制的改革与深化的作用及意义作出了全面的阐述，其揭示的规律证明了金融深化与经济发展之间的相关关系。金融深化与金融改革是现代经济体制改革与发展的重要组成部分。这一点对于发展中国家来说，尤为重要。因为存在着严重的金融抑制与金融结构的二元化，使金融资源难以得到动员与有效的配置。因此，金融深化与金融自由化成了推进金融结构改革的基本旋律，它使发展中国家经历了制度与结构的变革，但自由化本身也带来了潜在的不稳定，引发了令人瞩目的金融危机。

第一节 经济发展中的金融制度

从传统的经济学角度看，货币金融制度与经济发展之间并不存在直接的联系。货币金融理论并不涉及一国的资本、技术、劳动力的投入与自然资源的有效利用问题。但从经济增长与发展的角度观察，金融制度及其发展与一国经济发展之间存在着有机的联系。现代发展经济学提出的金融发展理论对两者的关系作出了全面的揭示，对发展中国家金融结构的调整与金融制度的改革产生了重要的影响。爱德华·肖（Edward Shaw）的《经济发展中的金融深化》与罗纳德·麦金农（Ronald McKinnon）的《经济发展中的货币与资本》用有力的证据证明了一个落后的金融体制与金融结构会严重束缚资源的动员与经济的发展，而这又会反过来抑制金融业的发展。这种恶性循环会成为经济发展的障碍。而要打破这种恶性循环，必须采取金融深化的政策，以扩大金融部门的规模与提高效率。

一、经济发展与金融发展的关系

20世纪70年代以后，发展经济学开始注意到金融发展与经济发展之间的关系，提出了现代金融发展理论，对发展中国家金融结构的特征与金融体制的改革深化进行了全面深入的解剖。

从金融发展的角度出发，可把一国现存的金融工具与金融机构之和看成是一国的金融结构。这是指各种现存的金融工具与金融机构的相对规模、经营特征和经营方式、金融机构及其分支机构的组织方式、集中程度等。当然，金融工具的总量规模以及金融机构的资金是最主要的，而且它与经济发展水平之间的关系也最为密切。

那么，金融发展与经济发展之间究竟存在着何种关系呢？已有的分析与发展过程表明，金融结构的演进，即金融发展，对一国经济增长有巨大的刺激与推动作用，这是因为金融结构的进步可改善社会融资的条件，增大资本流量与投资规模，并大大地改进融资的效率，降低资金成本，为资本的流动转移与合理配置创造有利的条件。与此相应，一国经济的增长与发展也会对金融结构的演进与金融的发展产生积极的促进作用。经济的增长，工业化的发展，使国民收入水平较快地增加，社会资金的流量也相应增加，社会对资金的需求量也会上升，金融结构的发展与增长也就具有相应的基础与条件。显然，从市场发展的过程看，如果不加以人为的压制与错误导向，经济的增长必然会引起金融结构的发展与进步。

现代发展经济学不仅分析了金融发展与经济发展之间的关系，而且从数量上揭示与论证了金融发展与经济增长之间的联系，提出了金融相关率指标。

金融相关率（FIR）是指某一时期内金融资产总量与国民经济总量的比例。其中国民经济总量大致可用当期国内生产总值（GDP）来表示；而金融资产总量的决定因素极为复杂，它由五个主要的因素决定，其中三个为流量指标，即非金融部门发行的金融工具、金融部门发行的金融工具和国外部门发行的金融工具,还有两个为存量指标。

一国在经济发展过程中,金融相关率变动的基本趋势是上升的,有时甚至会发生迅速上升的"爆发运动"。但达到一定程度时,这一比例会逐步稳定。随着经济的发展与金融的发展,金融结构也会发生相应的变化,金融机构发行的间接金融工具比重会逐步下降,而非金融机构发生的直接金融工具比重会逐步提高,甚至超过前者。从一定时期的横截面看,经济发达的国家,金融相关率也就高,而经济欠发达的国家,金融工具缺乏,金融相关率也就相应低。以我国为例,在改革开放初期的20世纪90年代初,金融相关率尚不足100%,而至90年代末期,金融相关率已达221%,接近了发达国家的比重。金融结构的变革与进步显而易见。

二、经济发展中金融制度的特征

在经济发展过程中,发展中国家往往面临着储蓄不足,资本短缺,金融市场发展受到抑制等问题,形成经济发展的瓶颈。

发展中国家金融制度的基本特征可归结为以下方面:

1. 货币化程度低,金融业发展受到抑制

"货币化"在这里是指货币交易总量占国内生产总值(GDP)的比例,由于发展中国家分工落后,市场狭窄,存在大量的"物物交换"为基础的自然经济,大量的交易不用货币,不通过市场进行,使发展中国家的经济货币化程度比工业化国家要低得多。与此相应,货币化程度的低下也产生了对金融业与金融市场发展的抑制,储蓄不足,资金缺乏,金融工具单调落后,严重妨害了人们把收入转化为储蓄,并通过金融业将储蓄转化为投资。

2. 金融业存在双重性质,资本市场发展严重滞后

在大多数发展中国家,都存在着双重性质的金融业,即现代金融业与传统金融业的并存。现代部门是指由西方工业化国家输入的用现代方式经营管理的银行和其他金融机构,而传统部门是指本国原有的非现代化的小规模钱庄、票号、当铺、行会等金融机构;现代金融部门大部分集中在大城市与沿海地区,传统部门则存在于小城镇与农村地区。

就现代金融业而言,其发展也很不平衡,主要是商业银行的发展占主导地位,而其他非银行金融机构发育迟缓,直接融资工具严重缺乏,致使资本市场得不到有效发展。有些国家根本就没有真正的资本市场,因而也就无法起到大规模动员储蓄资金以促进经济发展的作用。

3. 储蓄不足,积累投资率低下

发展中国家的一个重要难题是国内储蓄不足,导致积累与投资率低下,经济增长乏力。

发展中国家往往存在着一个不易摆脱的恶性循环,即由于低收入造成低储蓄率,而低储蓄率又带来了低投资率,低投资率则造成了经济的低增长率,这又反过来造成了低收入水平的循环。在低收入水平上产生低储蓄率,这是显然的。但发展中国家储蓄率的低下还有一个重要的制约因素就是因为国内金融市场发育迟缓,可供选择的金融资产单调,使社

会公众的货币收入很难转化为储蓄与投资,资本市场的动员能力被弱化,妨碍了经济的有效增长,这是金融结构落后对经济发展的障碍。

4. 行政过度干预,影响市场机制的作用发挥

政府对利率与汇率的过度干预,会妨碍市场机制的积极作用的发挥。对于大多数发展中国家而言,金融体系不健全,金融市场不发达,市场的竞争与调节机制不健全,政府往往以此为由而对金融活动采用管制与干预的办法。一是实行对利率与汇率的管制,使其不能准确反映资金市场与外汇市场的供求关系;二是实行金融业的国有化经营,限制或取消民营化金融业的发展。在金融业完全由国家垄断控制的条件下,因其缺乏竞争压力和经营动力,往往经营效率低下,难以发挥金融机构调节资源分配,合理分配资金的作用,甚至使金融机构沦为政府实施赤字财政的工具。

当然,以上分析是就一般而言,而并不是所有国家都必然具有这些特征。

第二节 | 金融抑制与金融深化

从经济发展的角度看,金融结构不是中性的变量,它既能起到促进经济发展的作用,也可以产生阻碍经济发展的作用。一个健全的金融制度可将储蓄资金有效地动员起来并引导到生产领域,而经济的发展与国民收入的提高也会刺激金融业的发展。而从发展中国家的情况看,恰恰存在着一种金融制度与经济发展之间恶性循环的现象,即金融制度的落后和政府当局不恰当的金融管制政策,对经济发展产生阻滞作用,发展经济学称之为"金融抑制"[1]。

一、金融抑制

根据金融抑制理论的分析,发展中国家的经济结构是被割裂的,自然经济占据很大比重,金融市场,尤其是资本市场欠发达,经济的货币化程度低,信用工具单调,金融领域也呈现明显的"二元化"。由于金融市场落后与信用工具缺乏,人们多数把储蓄作为保值手段,投资者只有在积累了很大数量的现金之后,才能从事投资,而大规模的投资需要大规模的现金积累,使货币与实际资本的形成呈相互补充状态,这是正统货币银行理论所不能说明的。

而发展中国家在金融制度上存在着缺陷,在政策上存在错误导向,表现为不重视发挥市场机制的作用,在金融领域里实施过多的行政干预与管理。

---

[1] R·麦金农:《经济发展中的货币与资本》,上海三联书店1990年版,第96页。

1. 利率管制

金融当局硬性规定最高存款利率和放款利率（利率管制），使利率不能正确反映发展中国家资金短缺的现象，是金融压制的一个重要方面。由于多数发展中国家存在着较高的通货膨胀率，而政府当局又硬性规定存放款利率，往往使名义利率不及通货膨胀率，导致实际利率为负数。负利率一方面不能吸引社会资金进入金融体系；但另一方面，负利率却刺激了社会更多的资金需求，甚至刺激过多的投机活动。为了解决资金供求的不平衡，金融当局不得不以"信用配额"的方式来分配资金。在此情况下，能够获得优惠利率信贷的多数是享有特权的国营企业与事业机构，或者与官方金融机构有特殊关系的私营企业事业机构。而大多数民营企事业因得不到信贷配额而不得不转向传统的金融机构和高利贷者、当铺等组织求贷，使其发展受到影响。而且由于现代金融机构大都集中于大城市，主要为特权阶层服务，最多只能向城市的大工商企业提供资金便利，广大农民与中小工商业者要想获得资金极为困难。

2. 外汇市场管制

金融抑制的另一现象是对外汇市场的管制，使汇率无法真正反映外汇市场的供求状况。通常的情况是官方汇率高估本国币值而低估外国币值，造成外汇市场的供给不足与需求过高。在高估本币币值的条件下，外汇供给只能依靠配给来维持，而真正能以官方汇率获得外汇的只能是享受特权的机构与阶层。如国营的公司企业，有背景的事业机构，由于外汇价格人为压低，其必然助长外汇的黑市交易。那些官方机构与特权阶层可以通过低价官方外汇的转手交易，获取巨额利润。由于高估本币币值，国内出口业受到损害，尤其是农副产品及其他初级产品的出口所受打击更大。与此相反，低估外汇价格使那些持有官方执照的进口商利用特权获取超额利润。显然，低估汇率只有利于进口与消费，而不利于出口与储蓄，这使本国经济的发展进一步增强了对外援与进口的依赖。在人为压低利率与汇率的同时，多数发展中国家为了摆脱对进口的过度依赖，往往采取"进口替代"政策，集中资金发展本国的加工工业，尤其是重工业，而导致轻视农业与轻工业的发展。在汇率与利率被人为压低的条件下，资金与外汇的成本不能真实地反映出来。为了摆脱对进口的依赖与外汇需求压力，发展本国加工工业以替代进口成为首选政策，而在发展进口替代工业时，资源往往大量流向大而无效的重工业，与人民生活有直接联系的农业与轻工业则得不到应有的重视与投入。直接后果就是经济结构严重失调，产业技术进步停滞不前，国内就业问题得不到解决，整个国家的工业化与经济发展都受到抑制。

3. 金融体系发展限制

此外，金融抑制还表现为政府对金融体系发展的限制。在发展中国家，普遍的情况是现代金融机构数量不足，同业竞争无法展开。而政府出于控制金融体系及资源分配的目的，往往对金融机构的发展实施严格的限制，鼓励那些直接为政府服务，其活动易为政府控制的部门与机构的发展，而限制民间私营金融机构的发展，不允许自由进入金融行业，并通过诸如交易税、印花税、专项资本所得税以及其他法律、法规和行政机构限制私营部门的竞争，形成金融行业的高度垄断和低效率。在高度垄断与低利率状态下，国有的垄断性金融部门即使由于低效率而出现大量赤字，也可以轻而易举地予以解决。这些都无疑会严重影响一国的资源配置效率和经济的发展。

金融抑制对经济发展产生的负效应主要有以下几点。

（1）负储蓄效应。在落后国家本身经济货币化程度低，收入水平低的条件下，金融工具单调，资产选择的余地很小，当局的低利率甚至负利率政策无法弥补物价上涨造成的损失，人们被迫采用购买实物，增加消费支出以及向国外转移资金的方式来回避风险，使国内储蓄率受到影响。

（2）负收入效应。在金融压制条件下，当通货膨胀在削减公众持有货币的实际价值时，人们的储蓄倾向降低，相应可用于投资的资金也就减少，国民收入的增长也势必受到影响，这又反过来制约了储蓄与投资的增长，形成一个恶性循环。

（3）负投资效应。在实施金融压制政策的条件下，其投资的重点往往是耗费巨量资金的重工业，由于技术条件的限制，资金密集型的产业并不能带来较高的效率，使投资的边际生产力大大降低，与此同时，传统部门的投资受到限制，阻碍了农业与轻工业的发展，增加了对粮食和原材料的进口需求，而传统行业发展的限制又进一步影响了这些国家出口的增长，导致经济发展缺乏必要投资动力，并更多地依赖外援。

（4）负就业效应。在金融压制战略下，传统部门与小规模生产受到限制，其发展缺乏必要的资金技术投入，劳动较为密集的产业得不到发展，大量乡村劳动力不得不迁徙城市寻找工作。而在大城市，由于进口替代政策注重的是资本密集型产业的发展，如重化工业，其对劳动力的吸收是十分有限的，而大量的未受过专业训练的简单劳动力只能寻找更低工资的职业，甚至处于失业状态，形成了大中城市特有贫民阶层与贫民区。

其实，金融抑制不仅存在于经济落后的发展中国家，而且在传统的计划经济体制国家中也广泛存在着，其对经济发展产生的消极影响也是十分明显的。

从计划经济体制国家看，金融压抑的主要原因不在于经济发展水平与市场发育的程度，而是在于传统计划经济体制的束缚与政策的导向。

从现代经济发展的过程看，市场机制充分发挥作用，以及市场在资源分配中发挥基础性的作用，是离不开一个充分发育成熟的生产要素市场的。那么，金融体系的发展，金融市场的发育是这种市场机制得以发挥积极作用的重要条件。离开了金融市场的发展，也就不可能有市场经济的发展。但从传统的计划经济体制看，由于实行生产资料的国有制与资源的集中计划分配，市场机制在资源配置过程中根本不起任何作用，生产要素根本不进入市场，也无须通过市场进行分配，显然，金融市场也就没有存在的必要，甚至货币与银行体系是否有必要存在一度都成了问题。

从我国传统计划体制的现实看，在高度集权的计划控制体制下，资源集中于国家手中，生产要素的分配是按照计划体系，通过行政力量进行的，市场机制在生产要素的分配中不起作用，需求与供给没有直接的联系，要素分配主要依靠行政力量用实物数量关系来解决，货币金融关系在资源配置中不起作用,货币被保留,只是作为交易的媒介和记账单位,资金市场已无存在必要,也不发生任何实质性影响。

从资金积累、分配与投资过程看,实行的是国家高度集中的统一积累、分配与投资决策体制,社会经济主体没有独立的经营决策的主权,也没有自身独立的经济利益,整个社会经济活动纳入一个核算体系之中,即统一核算,统负盈亏,企业的收入上缴财政,所需开支由财政拨付,甚至连企业的固定资产折旧基金也全额上缴财政,所需投资与其他更新改造资金也由财政拨付。在资金分配与投资过程中,计划体系起决策作用,财政系统是资金分配的主渠道,金融体系在资金分配中没有积极主动的功能。银行体系之所以保留,也只是作为财政体系的出纳机构发挥作用。中国人民银行长时期内一直是作为财政部的一个附属机构发挥作用,而没有独立的资金分配功能。

从微观经济活动看,企业不是独立自主经营的经济实体,其生产经营活动完全被限定在完成与超额完成计划任务的范围内,根本没有生产经营的自主选择权。它对生产要素的选择,生产规模的调整均无主动权,也无须金融系统的资金调节。从居民家庭的角度看,由于收入水平很低,且个人收入水平被限制为个人消费支出范围,因而个人收入用于储蓄的比例极低,且金融工具单调,个人与家庭在资产选择上除了储蓄外没有其他途径。地方政府也没有独立的经济利益与决策权力,其经济职能主要局限于实施计划与督促企业完成计划。从市场本身看,它已没有分配资源调节生产要素的功能,生产要素市场完全消亡,金融业与金融市场已无发挥作用的余地。

计划经济体制条件下的严重的金融压抑,也同样导致了经济关系的实物化,经济结构的严重扭曲,生产要素分配与使用效率低下,经济发展严重受阻。

二、金融深化战略

针对金融抑制战略的后果,发展经济学提出了改变这种状况的金融深化[1]战略,通过金融体制的改革来促进经济的增长。

金融深化是指政府放弃对金融体系与金融市场的过分干预,放松对利率与汇率的管制,使之能充分反映资金市场与外汇市场的供求状况;并实施有效的通货膨胀控制政策,使金融体系能以适当的利率吸引储蓄资金,也能以适当的贷款利率为各经济部门提供资金,以此促进经济的增长。由于通过金融深化可积极推动国内储蓄增长和经济增长,而收入的上升又会导致更多的储蓄,从而产生积极的良性循环,即积极的储蓄效应、投资效应、就业效应与收入效应。

根据理论分析与发展中国家的现实,要打破金融抑制状态,实施金融深化战略,其基本的政策含义包括以下几个方面。

(1)为了促进发展中国家的货币深化,政府当局必须放弃对存放款利率的人为限制,

---

[1] 爱德华·肖:《经济发展中的金融深化》,上海三联书店1990年版,第52页。

使利率能真正反映资金市场的供求状况，更多地吸引储蓄资金转入投资，金融深化理论指出发展中国家的市场均衡利率应该是正利率，而不应该是负利率，只有正利率才能真正吸引社会储蓄资金的形成并促进资本的形成。因为从发展中国家看，由于储蓄率低，资金极度缺乏，经济中的投资机会极多，资本的预期收益率也较高，因而，较高的名义利率，成正的市场利率并不会严重影响投资，但其对储蓄资金的形成有十分积极的刺激作用。而且较高的名义利率或正的市场利率也可以限制资金的过分集约化投入和消费性使用，有利于劳动密集型产业的发展，扩大社会就业机会，提高资金的边际效率。

而要转变负利率为正的市场利率，可采取两种方法。一是提高名义利率，使之高出实际的通货膨胀率；二是通过有效抑制通货膨胀，降低通货膨胀率而使实际利率为正。但抑制通货膨胀不仅有提高实际利率的作用，还有稳定货币促进经济稳定增长的作用。

（2）金融深化的一个重要步骤就是政府当局放弃采用通货膨胀的方式来刺激经济增长。而须通过稳定物价与稳定货币的政策来抑制通货膨胀，通过稳定市场物价与经济环境来促进经济增长。因为高通货膨胀极不利于社会储蓄，也不利于实际投资的增加。而通过稳定性的政策金融体系可通过市场均衡利率吸收社会储蓄，一方面社会储蓄率上升，可增加储蓄资金；而另一方面，在市场利率均衡条件下，储蓄资金的增长可极大地促进实际投资的增长，刺激经济在非通货膨胀情况下稳定地增长。

发展中国家的储蓄不足，使很多国家采用增发货币，刺激投资与经济增长的办法，但实际上形成了发展中国家长期的通货膨胀，甚至是恶性的通货膨胀，而储蓄与投资也受到损害，最终也难以实现经济增长的目标。而要抑制通货膨胀，就必须放弃这种基本的方法。在具体的措施上，可采用紧缩通货控制货币供应量的政策，也可通过逐步提高存款利率，以增强对货币的需求的政策。

（3）与改变经济增长方式相适应，政府当局必须放松对金融体系与金融的管制，促进金融业的发展与竞争。发展中国家的金融管制导致金融业的高度垄断与国营机构的控制，并引起了金融业的低效率与服务质量低劣。要改变这种状况，一是要求改变国营机构高度垄断金融业的状态，放松金融业的进入限制，放宽金融机构开业的条件，发展金融业的市场竞争；二是鼓励与促进民营金融事业的发展，特别是在农村地区及非发达地区，政府应大力支持有关金融机构的发展，如农业银行、农村信用合作社、农业贷款协会等，促进农村地区与落后地区金融机构的发展。

与金融业的垄断相适应，发展中国家的金融市场往往也受到严重压制，有些国家根本就没有金融市场。对金融市场的深化要求政府当局在放松对利率与金融机构的管制的同时，放宽对金融工具发行流通的控制，发展规范化的金融市场体系，培育有组织的金融市场主体，允许资本工具的市场流通，使金融市场成为分配资金，调节资源配置的重要渠道。

（4）金融深化除了要求放松对利率的管制以外，同样也要求政府当局放松对汇率的管制，使汇率能真正反映外汇市场的供求状况。汇率的自由浮动，是外汇市场发挥积极作用的基本条件。发展中国家因顾虑国际收支的平衡与本国经济的国际竞争力，往往管制汇率，不让其反映外汇市场的供求状况，结果导致了官方汇率与市场供求的严重脱节与越来越严厉的封闭，对国内经济的发展带来严重的抑制作用。因此，金融深化同样要求政府当局放松对外汇的管制与汇率的控制，逐步形成汇率的市场形成机制与自由浮动。因为汇率及外汇市场的控制放松以后，可使高估的本币价值自然回落，极有利于鼓励本国产品的出口竞争与外资的流入，同时汇率自由浮动以后，更接近于市场汇率，可抑制过度的进口需求，促进国际收支的均衡。当然，发展中国家的经济基础薄弱，承受力较差，汇率与外汇的管制的放松须逐步进行，以免引起本币的过度贬值和对国内经济的打击。

（5）金融深化还要求实行财税体制的改革与外贸体制的改革。因为财税政策的扭曲，可导致收入分配的不公，减少社会的金融资产，降低金融资产质量。因此，金融深化要求改革财税体制，一是要求消除财政的赤字改革，抑制通货膨胀；二是财政放弃对金融活动的干预，减少财政性投资、直接拨款和行政性的资金调拨分配，以发挥金融系统的资金调节分配功能；三是实行税制改革，简化税种和降低税收管理成本，并放弃对金融资产收入的歧视性税收政策。在外贸体制改革方面，在汇率自由浮动与外汇市场放松管制的条件下，应逐步取消进出口的歧视性关税，逐步降低本币币值，推进对外贸易的自由化。

金融深化理论对发展中国家金融压抑及其体制改革提出了重要的思路与政策见解，使金融业的改革与市场化得到了理论与实践的支持。当然，金融深化理论基本上只重视经济发展中金融业的改革，即一种内源性因素，而忽视了重要的外部因素，即对外开放与外部资金流入的重要促进作用。

第三节 | 金融改革与金融自由化

一、金融自由化的推进

20世纪70年代以后，许多发展中国家和地区开始接受金融深化理论，在本国或本地区推进金融改革，致力于消除金融压制，并取得了很大的成功。如巴西、新加坡、新西兰、韩国以及中国香港与台湾地区，其改革的主要核心是推进金融自由化。

所谓金融自由化，大致上包含了三项主要内容。一是逐步放松政府对利率的管制，实行较为灵活的管理方式，推进利率决定的自由化。以此来平衡资金市场严重的供求缺口，并消除营私舞弊等腐败现象。二是减少政府对信贷资金的计划控制。大多数发展中国家在信贷资金分配上都实行"指导性信贷计划"，实际上是由政府当局用行政命令来分配资金，人为地干预资金的市场调节，导致资源配置上的浪费与无效。因此，金融自由化的改革措施都削减或取消了信贷的指导性计划。三是对金融机构的发展放松控制，主要是取消各种不合理的行政障碍，放松金融业的进入限制，允许本国与外国金融机构的自由进入，以此来消除金融业的垄断与促进同业竞争。

进入 20 世纪 80 年代以后,伴随着国际货币制度的变革,很多国家,甚至包括一些发达国家,如美国、日本等,都开始实施金融体制的改革。其基本的趋势也是推进金融的自由化,放松对利率和银行业务范围,金融机构设置等方面的管制,如日本在 20 世纪 80 年代中期的利率自由化政策,美国在 1986 年取消限制利率上升的 Q 条例,以及修改对商业银行分支机构设置限制的《格拉斯-斯蒂格尔法》等。这些自由化的措施都促进了金融业的发展与更多的市场竞争。当然,这也带来了市场化以后的一些相应问题,如银行经营规模过分扩张,风险承受范围扩大,短期资本流动不稳导致金融市场出现波动等。但从总体上讲,这些改革措施以及市场化进程都使金融体系更适合 20 世纪 90 年代的经济环境,使其经济发展获得了更广阔的空间。20 世纪 80 年代以来,一些发展中国家通过金融改革与金融体系的调整,使金融业的作用更加广泛,金融服务更加全面,金融市场体系发挥着越来越大的作用。这种不同形式的金融活动既能大大地改善金融服务,也有力地促进了竞争的形成。例如,新西兰政府从 1984 年开始,推行金融自由化政策,取消了所有的利率管制与信贷指令,允许利率与汇率自由浮动,同时放松金融机构的控制,鼓励金融业之间进行竞争,从而大大增加了资金的供应,稳定了货币,促进了经济的稳定增长。同样较为成功的改革还有韩国的金融自由化政策,从 20 世纪 80 年代初开始,政府逐步放开利率管制,取消对金融机构的信贷控制,放宽银行与非银行金融机构的开业条件,推行国有商业银行的私有化等,使金融体系产生了较大的活力,并以此促进了经济的稳定增长。

但也有一些国家的改革没有取得预期的效果,如印度。其原因来自多方面,如国内宏观经济不稳定,利率自由化进程过快,新的管理体制没有建立起来等。

从发展中国家的金融改革与自由化进程看,有很多成功的经验,也有失败的教训。其基本的教训有四个方面。

(1)金融自由化的改革需要有一个较为稳定的宏观经济环境。如果在一个经济动荡不定的环境下实行金融改革,势必将加剧经济的不稳定。在高通货膨胀条件下,利率与汇率的放开,将使市场出现波动,资金流动不规范,银行与企业将承受更多的风险。

(2)金融自由化的改革必须与价格改革相配套。如果价格受管制而使价格体系扭曲,则金融自由化并不能改善资金分配的结构,反而在扭曲信号引导下产生新的资金不合理配置。

(3)金融自由化在放松对金融业的管制与直接行政干预条件下,要求以合理的规章与法律来代替人为的干预,而不是完全放弃对金融业的管理。如果没有一个合理的控制体系,那么,金融业的失控与经营混乱将危及国家的金融体系与经济稳定。

(4)金融改革与价格改革的推行,必须事先估计到这些改革对不同集团利益产生的影响,以考虑采取一些必要的补偿措施,来稳定这种利益关系,以防过分激烈的改革产生过分的社会震荡。

二、金融风险与金融危机冲击

然而，在经历了金融自由化的改革以后，发展中国家却遭遇了一系列的金融危机冲击，使人们对金融自由化进程进行反思。究竟金融自由化与金融危机之间有没有直接的联系呢？

发展中国家的金融自由化过程可能蕴含着金融风险，但这种风险主要来自哪一方面，人们并不清楚。金融自由化具有多重的含义与多重的效应，它在国内金融结构改革、利率改革、信贷改革方面都可有力地促进金融业的发展与效率提高；而在资本市场开放与取消管制方面，可以起到吸引外资进入，促进本国贸易与经济发展的作用。而20世纪80年代以来金融危机的进程表明，三次大的金融危机具有惊人的相似之处，它们都是在政府积极推行金融改革，开放资本市场及资本自由流动的条件下爆发的。

1. 发展中国家的金融危机

1982年的拉美国家债务危机是金融危机的一次初次表演，它起因于拉美国家大量对外举债，引进国外短期资金用于国内的出口创汇，并由政府担保，而因举债过度且出口创汇增长收效不明显，这些国家背上了沉重的债务包袱，在国际金融市场利率大幅上涨时，这些国家先后产生了严重的债务危机。

1994年的墨西哥金融危机则是一场全面的金融危机。它起因于北美自由贸易协定签字后的全面金融自由化，外资在市场繁荣的吸引下大举进入，股市与房地产市场也向外资开放并吸引了大量短期资金。但短期资本进入的领域主要是证券市场或转化为现期消费。这样，当国内经常性账户出现赤字，经济出现不稳定时，外资流入减少，并有大量外资迅速出逃，终于导致了货币的贬值与证券市场的狂跌，并使经济陷入严重的衰退。

2. 1997年的东南亚金融危机

1997年爆发的东南亚金融危机则是一场更为严重的、影响更巨大的全面危机。它波及几乎所有的东南亚与东亚国家、地区，造成了更为严重的后果。20世纪80年代以后，东南亚各国经济迅速增长，出口强劲，投资增速迅猛。进入20世纪90年代以后，东南亚各国的金融自由化进程大大加快，先后开放了国内资本市场，货币自由兑换，并允许外资自由流出入，从而吸引了大量外资，尤其是短期资本的进入。但这些国家的金融监管措施并未跟上，国内汇率制度实行联系汇率，因而缺乏弹性，从而为金融危机的爆发埋下了伏笔。

从以后的实际进程看，金融自由化过程中的不稳定因素会随着外部因素而爆发出来。金融危机最早爆发的泰国，进入20世纪90年代中期以后，因出口结构单一而引起贸易赤字，而实行联系汇率制度使其汇率不能体现这种变化，本币被严重高估。与此同时，泰国实行资本账户的全面开放，外国资本可自由流出入，外国居民可在国内开设本币账户并进行融资。这一切，导致1997年夏国际投机资本通过借入大量本币去打击泰铢，而其中央银行为守住联系汇率不得不动用外汇储备去买入本币，而当储备告罄联系汇率无法维系时，金融危机便立刻爆发，货币贬值，外汇市场严重震荡，股市大幅下挫，境外投资者与国内居民信心受挫，纷纷撤离资本，加剧了市场的崩溃与经济的危机。这场金融危机最终演变成为全面的经济危机，并波及东南亚与东亚的其他国家与地区。

3. 2008 年的美国次贷危机

但是，2008 年美国爆发次贷危机则与上述机理不同。美国作为全球经济总量第一的发达国家，其在有序推进金融自由化的过程中，积累了丰富的经验，并且经历了经济繁荣发展的黄金十年。但是在进入 21 世纪之后，美国经济基本面出了问题。为了应对 2000 年美国网络泡沫破灭，经济出现衰退，布什总统推行令富人受益的减税政策，但是成效并不明显。美联储为了促进经济增长和就业，只有采取降低利率的政策。2001 年 1 月至 2003 年 6 月，美联储连续 13 次下调联邦基金利率，使该利率从 6.5% 降至 1% 的历史最低水平，而且在 1% 的水平停留了一年之久，但是，降低利率并没有极大地刺激投资，而是促使美国人更多地贷款买房和负债消费。低利率政策促进了美国房地产业的持续繁荣，美国人对自己不断增长的债务负担并不以为然。

美国的经济增长模式逐渐演变成为"资产膨胀依赖型"，美国的储蓄和投资之间严重失衡，这种失衡造成美国巨大的债务问题。美国的储蓄率 1984 年为 10.08%，此后不断下降，1995 年为 4.6%，2004 年为 1.8%，2005 年为 -0.4%，2006 年为 -1%，2007 年为 -1.7%，创下 1933 年大萧条时代以来的历史最低纪录。而且美联储的货币政策还"诱使"市场形成一种预期：只要市场低迷，政府一定会救市，因而整个华尔街弥漫着投机气息。

此后，联邦基金利率开始逐步上调，随着利率的逐级攀升，次贷违约率也在加速上升，并逐渐达到历史最高点。从 2004 年 6 月到 2006 年 6 月间美联储 17 次调高利率，对利率敏感的房屋市场开始有反应，房屋价格、开工率和销售均下滑并屡创新低，很多贷款者无力支付这些贷款，导致该市场违约率不断上升。原先在房地产价格不断攀升的时候，贷款者可以通过卖房还贷。如今房价不断下跌，而利息反倒有增无减，越来越多的次级抵押贷款者已经不堪重负。如在 2005 年办理的次级贷款利率普遍升至 12% 左右，一些人的利率甚至高达 20%，借贷人每月的还贷数额也因此上升了 30%—50%。2007 年 4 月 2 日，饱受信贷记录差的贷款人违约率上升打击的美国新世纪金融公司向法院申请破产保护，这是美国房市降温以来最大的一起次级抵押贷款机构倒闭案。4 月 27 日，纽约证券交易所对新世纪金融公司股票实行摘牌处理。新世纪金融公司的轰然倒闭，揭开了 2007 年美国次级房屋信贷风暴的序幕。2019 年后，纽约证券市场又一次遭受了新冠疫情冲击而陷入大危机影响之中。

次贷危机的本质是华尔街的金融机构违反了国际金融领域的审慎性原则，在发放大量次级抵押贷款的情况下，通过金融工具，把贷款层层打包出售，并且由专业机构提供次级贷款后，投资银行发行金融衍生产品，评级机构提供信用评级保障，保险公司进行风险担保，投资银行、保险资金、企业年金等机构投资者争相买卖，形成一个相互关联、相互依存的金融链条。在全球经济持续繁荣、美国经济保持快速发展的巨大金融幻觉下，每个市场主体都追求高收益，而不愿意也不希望承担风险。但是，一旦这种幻觉破灭，系统性风险就不期而至，全球经济陷入难以抵御的巨大风险。

金融危机的接连爆发促使人们对金融自由化进行反思。金融深化与金融自由化是一个真正的制度变革与市场化进程，这是发展中国家推进结构改革的必由之路。但金融自由化带来的影响是复杂而广泛的，尤其是国内资本市场的开放与管制的放松，放松汇率管制的不适应，都有可能遭到资本流动的冲击，引发金融市场与经济体系的不稳定。因此，金融自由化需要有一个渐进的过程，尤其是国内资本市场的开放与资本的自由流动，更需要具备一系列的条件，这些条件包括：

（1）国内宏观经济较为均衡，没有严重的通货膨胀与对外贸易赤字，财政收支平衡，对外负债适度，产业结构升级较快且具备可持续发展能力。

（2）具备对金融市场有效的监管体系、有效的监管并不等于封闭国内金融市场，金融当局对资本的流动缺乏必要的监督控制，对金融机构累积的大量风险无所作为，对金融市场的投机也视而不见，会形成风险的爆发，酿成危机。因此，金融市场必须依靠一个有效的金融监管体系，来维系市场的稳定。

（3）推进金融自由化，尤其资本市场的开放，须有一个循序渐进的过程，这一点对发展中国家来说，至关重要。国内金融深化，利率改革与资本市场开放是首先必要的，只有这一进程的顺利完成，国内宏观均衡与金融市场监控能力达到一定水平时，进一步开放，即资本市场的开放与外汇体制的改革才能提上日程。这种审慎的选择既可逐步开放国内金融市场与资本流动，而又不至于失去必要的监管与调控能力。因此，金融市场的开放须有一个渐进性过程，这是对金融自由化与金融危机反思后得出的初步结论。这对于我国的金融深化与对外开放也具有重要的参考意义。

当然，从金融改革的角度看，震动是不可避免的。当发展中国家通过改革促进金融自由化时，它们在金融业的结构与管理措施上可以吸取工业化国家的成功经验，推行金融市场的逐步开放与防止金融过度自由化，推进强化金融监管，以寻求一个更为稳定的过渡与有效的金融市场变革。

第四节 | 金融与绿色发展

近年来，随着可持续发展理念日益深入人心，金融越来越多地重视绿色发展，在此基础上衍生了"绿色金融"概念。"绿色金融"是指金融部门把环境保护作为一项基本政策，在投融资决策中要考虑潜在的环境影响，把与环境条件相关的潜在的回报、风险和成本都要融合进日常金融业务中，在金融经营活动中注重对生态环境的保护以及环境污染的治理，通过对社会经济资源的引导，促进社会的可持续发展。

绿色金融就是金融机构将环境评估纳入流程，在投融资行为中注重对生态环境的保护，注重绿色产业的发展。随着人口增长、经济快速发展以及能源消耗量的大幅增加，全球生态环境受到了严重挑战,实现绿色增长已成为当前世界经济的发展趋势。在各国低碳经济不断发展的背景下,绿色金融遂成为全球多个国家发展重点之一。

与传统金融相比,绿色金融最突出的特点就是,它更强调人类社会的生存环境利益,它将对环境保护和对资源的有效利用程度作为计量其活动成效的标准之一,通过自身活动引导各经济主体注重自然生态平衡。它注重金融活动与环境保护、生态平衡的协调发展,最终实现经济社会的可持续发展。

绿色金融与传统金融中的政策性金融有共同点,在很大程度上需要由政府政策来推动。传统金融业在现行政策和"经济人"思想引导下,或者以经济效益为目标,或者以完成政策任务为职责,后者就是政策推动型金融。环境资源是公共品,除非有政策规定,金融机构不可能主动考虑贷款方的生产或服务是否具有生态效率。

近几年来,"绿色金融"概念越来越受到国内监管层和金融机构的重视,成为社会各界普遍关注的焦点。以绿色信贷为例,2007 年 7 月,环保总局、人民银行、银监会联合发布了《关于落实环保政策法规防范信贷风险的意见》,标志着绿色信贷开始成为我国污染减排的重要手段。2012 年,中国银监会发布《银监会关于印发绿色信贷指引的通知》,推动银行业金融机构以绿色信贷为抓手,积极调整信贷结构,有效防范环境与社会风险,更好地服务实体经济,促进经济发展方式转变和经济结构调整。2016 年 8 月 31 日,人民银行等七部委发布《关于构建绿色金融体系的指导意见》,明确界定了绿色金融的概念。我国绿色金融发展成效显著,以绿色信贷为例,2021 年,我国绿色信贷规模位居世界第一,资产质量整体良好,不良率远低于同期各项贷款整体不良水平,绿色信贷环境效益逐步显现。

第五节 | 市场经济与我国金融业的改革发展

以发展中国家体制为分析背景的金融压制论与金融深化论对我国金融业的改革与发展也有着重要的指导意义。我国经济长期以来一直是集中计划控制,存在着严重的金融压抑现象。在推进社会主义市场经济改革的条件下,我们同样也面临着在市场经济条件下推进金融体制改革与金融自由化的问题,并建立起适应市场经济体制的金融制度。

一、我国金融改革的历程

1978 年以来的经济体制改革与对外开放,使我国的经济管理体制发生了一系列的重大变化,我国经济的增长也明显加快。这无疑也推进了我国金融体制的变革。我国经济体制改革首先是从下放企业经营管理权限的放权让利开始的,它使地方政府与企业的经营自主权不断扩大,投资经营决策的自主性增强,资源分配的市场调节作用加强;另一方面,我国多种经济成分的发展也十分迅速，它有力地壮大了市场经济的成分，加上20世纪80年代以后的对外开放，外资大量进入中国，使我国的经济成分与经济运行过程发生了重大变化。这些变革对传统的金融体制带来了极大的挑战，使其在新的条件下出现了初步的改革。这个改革如前文所述包括了两个阶段，即建立两级银行体制的第一阶段与推进国有银行商业化及发展金融市场的第二阶段。这两个阶段的改革主要涉及了以下方面。

1. 金融机构体系的改革

最早的改革是成立了存款货币银行性质的国家专业银行，在此基础上，实现了中国人民银行与专业银行的分离，形成了真正独立的中央银行，与此同时，还陆续发展了一些全国性的和地方性的商业银行。除此之外，其他金融机构也得到了广泛的发展，首先是城市信用合作社在大中城市得到了发展，农村信用合作社按自主经营原则得到了恢复与改造；其次是信托、投资、保险、财务、租赁等金融机构有了广泛的发展，促进了金融业的多元化发展；此外，在沿海城市与经济特区还实现了金融业的对外开放，引进了外资金融机构。

目前我国金融机构体系是以中国人民银行为中心，商业银行为主体，多种金融机构并存，分业经营、分业监管。具体构成包括中央银行、政策性银行、大型商业银行、其他商业银行、合作金融机构、保险机构、证券机构、金融资产管理公司、财务公司、小额贷款公司等各类金融机构。

截至2021年底，我国银行业金融机构共有法人机构4 602家。包括2家政策性银行及国家开发银行、5家大型商业银行、12家股份制商业银行、128家城市商业银行、1 596家农村商业银行、23家农村合作银行、577家农村信用社、1家邮政储蓄银行、5家金融资产管理公司、41家外资法人金融机构、68家信托公司、255家企业集团财务公司、71家金融租赁公司、6家货币经纪公司、25家汽车金融公司、30家消费金融公司、1 651家村镇银行、13家贷款公司以及39家农村资金互助社。

截至2021年底，全国共有证券公司140家，其中，26家证券公司在沪深证券交易所上市。证券公司总资产为12.3万亿元。

截至2021年底，全国保险机构达到174家。其中，保险集团和控股公司10家，财产险公司63家，人身险公司71家，再保险公司8家，资产管理公司18家，出口信用保险公司1家，其他机构3家。

我国的商业银行体系包括大型商业银行、股份制商业银行、城市商业银行、农村商业银行和外资银行。商业银行体系资产规模继续增长。截至2021年末，总资产达344.8万亿元。自2013年1月1日起，我国银行业正式实施《商业银行资本管理办法（试行）》。根据新办法，商业银行（不含外国银行分行）2013年末加权平均一级资本充足率为9.95%，加权平均资本充足率为12.19%。2013年末，商业银行不良贷款率为1%。[1]在政策性金融领域，在明确职能定位前提下，实行政策性业务、市场化运作、标准化监管。继续稳步推进国

---

[1]《中国银行业运行报告（2013）》，中国银监会。

家开发银行商业化改革,加快中国进出口银行内部改革,同时也在积极进行中国出口信用保险公司和中国农业发展银行的改革。同时,继续推动中国邮政储蓄银行深化改革,稳步推进资产管理公司商业化转型,加强内部管理,提高核心竞争力。在农村金融领域,截至2012年9月末,全国已组建村镇银行、贷款公司和农村资金互助社等三类新型农村金融机构1 703家,其中村镇银行1 651家。拓宽民间资本进入银行业的渠道和方式:一方面引导民间资本参与现有银行业金融机构的重组改制;另一方面试办由纯民资发起设立自担风险的银行业金融机构。2014年7月25日,三家民营银行获银监会批准筹建。分别是腾讯等为主发起人设立的深圳前海微众银行、正泰、华峰为主发起人设立的温州民商银行,以及华北、麦购为主发起人设立的天津金城银行。扩大银行业对内对外开放。探索逐步放宽外资银行进入门槛、经营人民币资格条件以及分行营运资金要求,进一步支持上海自贸区和金融改革试验区的银行业改革。

2. 金融管理体制的改革

金融业的管理体制也在改革开放后有了较大的改变。计划体制下资金统一调拨,统一核算,统负盈亏的模式被打破,中央银行体制建立以后,金融业的资金管理开始改革,银行与非银行金融机构开始自主地组织资金,并根据计划与业务需要应用资金,统一调度资金与统负盈亏的做法被自主经营代替了。在中央银行有效的宏观调控机制建立之前,货币与信贷的管理要依靠行政控制手段,为了防止货币信贷的扩张与失控,中央银行沿用信贷规模计划控制的行政手段。

从2006年1月1日起,对商业银行贷款增加量进行管理,取消指令性计划,在逐步推行资产负债比例管理和风险管理的基础上实行"计划指导、自求平衡、比例管理、间接调控"的信贷资金管理体制,标志着中央银行在货币政策实施上由直接调控向间接调控的重大转变。促使各银行根据其负债规模来确定资产运用规模,并可自主决定信贷资金的结构与流向,并对资产负债规模实施自主调节。中央银行只是在总量控制下对各银行的资产负债比例实施控制。调节货币供应量的间接工具主要是存款准备制度和公开市场操作。特别是2006年以来开始频繁运用存款准备金制度来冻结商业银行体系过多的流动性,抑制它们的信贷扩张能力。公开市场操作自21世纪初以来成为货币政策日常操作中最重要的工具,并逐渐得到更加广泛灵活地运用。中央银行更加积极、主动地运用各种货币政策工具,调控货币供应量,以实现货币政策的最终目标。

资产负债比例管理在一定程度上扩大了商业银行选择资产负债规模与结构的自主权,增加了信贷资金应用的自主决策权力。银行能根据市场环境与自身的经营状况来积极地调整资产负债结构,进入市场从事独立自主经营。

3. 推动利率和汇率制度改革

在改革初期,中央银行仍然统一规定银行的存贷款利率,但在利率的确定上,有了相应的改变:一是中央银行开始允许利率在一定幅度内的浮动,商业银行在浮动范围内可利用利率杠杆;二是中央银行根据经济情况和市场供求状况相应地调整利率,以适应市场的变化。但其作用仍然较为有限。

　　1996 年，中国人民银行启动利率市场化改革，建立以市场资金供求为基础，以中央银行基准利率为调控核心，由市场资金供求决定各种利率水平的市场利率体系的市场利率管理体系。2004 年 1 月 1 日，人民银行在此前已两次扩大金融机构贷款利率浮动区间的基础上，再次扩大贷款利率浮动区间。2004 年 10 月 29 日，人民银行决定不再设定金融机构（不含城乡信用社）人民币贷款利率上限。随着 2004 年 10 月贷款利率上限放开，贴现利率与贷款利率同步实现下限管理。2009 年以后，金融机构办理贴现业务的资金来源逐步转向自有资金或货币市场融入资金，与再贴现资金无关，贴现利率与再贴现利率逐渐脱钩。

　　2004 年 10 月 29 日，人民银行决定允许金融机构人民币存款利率下浮，即所有存款类金融机构对其吸收的人民币存款利率，可在不超过各档次存款基准利率的范围内浮动，但存款利率不能上浮。

　　在同业拆借市场、国债市场构建了按资金供求决定利率的机制，并积极推动境内外币利率市场化。存贷款利率也已经实行"存款利率管上限，贷款利率管下限"。中央银行允许利率在一定幅度内的浮动，商业银行在浮动范围内可利用利率杠杆；中央银行根据经济情况和市场供求状况相应地调整利率，以适应市场的变化。特别是 2007 年 1 月，随着上海银行间同业拆放利率（SHIBOR）的正式运行，标志着中国货币市场基准利率培育工作全面启动。在中央银行和市场成员的共同努力下，SHIBOR 已初步确立了在货币市场中基准利率的地位。它的建设有利于促进金融机构提高自主定价能力，指导货币市场产品定价，完善货币政策传导机制，推进利率市场化。

　　2012 年 6 月，人民银行进一步扩大利率浮动区间。存款利率浮动区间的上限调整为基准利率的 1.1 倍；贷款利率浮动区间的下限调整为基准利率的 0.8 倍。7 月，再次将贷款利率浮动区间的下限调整为基准利率的 0.7 倍。2013 年 7 月，进一步推进利率市场化改革，自 2013 年 7 月 20 日起全面放开金融机构贷款利率管制。取消金融机构贷款利率 0.7 倍的下限，由金融机构根据商业原则自主确定贷款利率水平，并取消票据贴现利率管制，改变贴现利率在再贴现利率基础上加点确定的方式，由金融机构自主确定。

　　随后，我国利率市场化进程又取得了一系列进展。自 2013 年 7 月 20 日起，中国人民银行决定全面放开金融机构贷款利率管制；自 2015 年 5 月 11 日起，中国人民银行决定金融机构存款利率浮动区间的上限由存款基准利率的 1.3 倍调整为 1.5 倍；自 2015 年 8 月 26 日起，中国人民银行决定放开一年期以上（不含一年期）定期存款的利率浮动上限，标志着中国利率市场化改革又向前迈出了重要一步；自 2015 年 10 月 24 日起，中国人民银行决定对商业银行和农村合作金融机构等不再设置存款利率浮动上限。2022 年 10 月起，银行业利率进一步向市场化决定发展，中央银行进一步放开利率上限和浮动管制，并进一步实施货币市场基准利率调控的制度。

　　与利率变化相应，汇率的控制也有了改变，传统的官方汇率已被放弃，汇率在市场条件下可相对自由地浮动，并更多地反映外汇市场的供求状况。

1993 年 11 月，中共中央十四届三中全会在《关于建立社会主义市场经济体制若干问题的决定》中提出"建立以市场为基础的有管理的浮动汇率制度"的改革方向。十几年来，中国始终坚持这个方向，不断完善有管理的浮动汇率制度。1994 年 1 月 1 日，中国开始实行以市场供求为基础的、单一的、有管理的浮动汇率制度。企业和个人按规定向银行买卖外汇，银行进入银行间外汇市场进行交易，形成市场汇率。中央银行设定一定的汇率浮动范围，并通过调控市场保持人民币汇率稳定。1997 年底以前，人民币对美元汇率保持稳中有升，海内外对人民币的信心不断增强。1998 年初起，为防止亚洲金融危机期间周边国家和地区货币轮番贬值的进一步扩散，中国政府承诺人民币不贬值，主动将人民币对美元汇率基本稳定在 8.28 元左右的水平。随着亚洲金融危机影响逐步减弱以及中国经济金融体制改革不断深化，2005 年 7 月 21 日中国再次完善人民币汇率形成机制，人民币对美元一次性升值 2% 以后，开始实行以市场供求为基础、参考一篮子货币进行调节、有管理的浮动汇率制度。与此同时，深化外汇体制改革，理顺外汇供求关系、加快外汇市场培育，市场决定汇率形成的技术平台基本形成，人民币汇率弹性不断增加。2008 年国际金融危机恶化，许多国家货币对美元大幅贬值，而人民币汇率再度收窄了浮动区间，稳定了市场预期，为抵御危机发挥了重要作用，为亚洲乃至全球经济的复苏做出了巨大贡献，也展示了中国促进全球经济平衡的努力。随着全球经济企稳复苏，中国经济回升向好的基础进一步巩固，2010 年 6 月 19 日，中国进一步推进人民币汇率形成机制改革，增强人民币汇率弹性，重在坚持以市场供求为基础，参考一篮子货币进行调节。2012 年 4 月 16 日起，银行间即期外汇人民币兑美元交易价浮动幅度，由 0.5% 扩大至 1%，为 5 年来首次。2015 年 8 月 11 日，中国人民银行宣布调整以人民币对美元汇率中间价报价机制，做市商参考前一交易日银行间外汇市场收盘汇率，向中国外汇交易中心提供中间价报价。这一调整使得人民币兑美元汇率中间价机制进一步市场化，更加真实地反映了当期外汇市场的供求关系。

4. 我国金融市场的进一步完善发展

我国的金融市场在 20 世纪 80 年代中期以后有了初步的发展。我国金融市场的发展包括了货币市场与资本市场两个部分。货币市场主要有短期的资金同业拆借市场，以及票据承兑、贴现市场，但其规模较为有限。1998 年之后，各类金融机构陆续被允许进入银行间同业拆借市场，交易量不断扩大，拆借期限不断缩短。2007 年 1 月 4 日，上海银行间同业拆放利率正式运行。而包括中央银行、商业银行等金融机构、非金融企业等广泛的回购协议市场参与者使回购协议市场的交易量迅速扩大，越来越多的交易主体参与银行间债券回购市场的交易。我国的国库券市场并不发达，2007 年，财政部共发行国库券 2 261.5 亿元，占当年记账式国债发行总额的 10.35%，较往年有较快的增长，但规模依然较小。为了减少商业银行可以贷放的资金量，进而调控市场中的货币量，我国中央银行从 2002 年开始向商业银行发行中央银行票据，至 2007 年底，中央银行票据余额已达到 3.49 万亿元。

而资本市场的发展则较为迅速：

（1）国债市场的形成与发展。国债市场的推进是先建立一级发行市场，利用行政机制实行配售，20世纪80年代末以后，国债二级市场有了发展，发行国债由行政配售转为市场销售，并允许国债进入二级市场流通，从而促进证券市场的发育与扩展。2021年，债券市场共发行各类债券61.9万亿元。债券市场的发展特点主要集中在以下几个方面：第一，公司信用类债券市场实现跨越式发展。2004年以来，我国公司信用类债券市场快速发展，2021年公司信用类债券的发行余额达14.8万亿元，占国内生产总值（GDP）比重上升到12.98%。

（2）在直接融资中，债券融资的比重从2005年开始超过股票融资，2021年债券融资规模为股票的42.56倍，债券融资占直接融资的比重已经达到97.7%。债券融资已成为我国直接融资的主渠道之一，债券市场的快速发展便利了企业债券融资，在国际金融危机期间对于国民经济稳定增长发挥了重要作用。

（3）债券市场交易量和流动性明显提高。2021年我国银行间债券市场交易量突破214.5万亿元，比2004年增长17倍多，债券换手率大幅提高，公司信用类债券流动性在亚洲国家位于前列。

（4）债券市场主体不断丰富，机构投资者类型更加多元化。我国债券市场发行主体从政府、大型国企、金融机构拓展到民营企业、中外合资企业、外资企业。债券市场投资主体已涵盖银行、证券公司、基金公司、保险公司、信用社、企业等各类机构。我国债券市场参与主体范围不断扩大，机构投资者已成为债券市场的主要力量。

（5）债券市场为货币政策的实施提供了重要平台，改善了货币政策传导效率。债券市场的发展为增加国债发行规模、发行地方政府债券提供了条件，支持了积极财政政策的实施。

我国债券市场初步形成分层有序的市场体系，基础设施建设日趋完备。我国已形成面向机构投资者、场外大宗交易的银行间市场为主体的市场架构。实行场外询价、大宗交易的银行间市场是债券市场的主体，主要满足机构投资者需求，实行场内撮合、零售交易的交易所市场是补充，主要满足中小投资者和个人需求。银行间债券市场建立了规范的电子交易平台，以及相应的债券托管、清算、结算制度。银行间市场与交易所市场间互联互通初见成效，跨市场发行、交易、转托管均已实现，上市商业银行进入交易所进行债券交易试点工作也在逐步推进。

20世纪90年代初股票市场的发展使证券市场有了全面的开拓。20世纪80年代末，主要是国有企业的股份制改制试点与股票的发行。为适应企业制度的转变与资本市场发展的要求，部分城市实行股份制的试点，一部分企业开始向社会公开发行股票筹集资本，在此基础上，公司的股票开始进入市场流通。1990年成立了上海证券交易所，1991年又成立了深圳证券交易所，使证券的发行与上市流通得到了进一步的发展，资本市场有了迅速的扩展。股权分置改革的顺利完成、股指期货和融资融券业务的推进，为我国股票市场引入了做空机制和信用交易机制，改变了长期的单边市格局。截至2021年底，境内上市公司（A、B股）达到4 697家，上市公司总市值为92万亿元。同时，新三板市场发展迅速，截至

2021 年底挂牌公司数量达 6 932 家。

2019 年 6 月和 2021 年 11 月，科创板的推出和北京证券交易所的开市，以及 2023 年实施的公司上市全面注册制的推行，标志着我国多层次资本市场进入一个新的发展阶段。

5. 对外开放

在对外开放方面，从银行业来看，截至 2019 年末，中资银行在海外分支机构的总数达到 1 200 家左右，经营区域覆盖了 60 多个国家和地区。截至 2021 年末，外资银行在华共设立了 41 家外资法人银行、116 家外国银行分行和 144 家代表处，营业性机构总数 946 家，外资银行总资产 3.78 万亿元。

从证券业来看，对外开放水平稳步提高。外国证券机构可以直接从事 B 股交易；外国证券机构驻华办事处可成为所有中国证券交易所的特别会员；允许外国服务提供者设立合资公司，从事国内证券投资基金管理业务，外资比例可增加至 49%；允许外国证券公司设立合资公司，外资比例不超过 1/3，合资公司可以从事 A 股的承销、外资股以及政府债和公司债券的承销和交易，以及发起设立基金。在支持跨境业务发展方面，以下证券公司创新政策已经得到落实：支持内资或合资证券公司为国内企业跨境上市等提供服务；境外公司境内发行股票债券，须由境内证券公司保荐承销；我国允许合格的境外机构投资者（QFII）在一定的规定和限制下汇入一定额度的外汇资金，并转换为当地货币，通过严格监管的专门账户投资当地证券市场，其资本利得、股息等经批准后可转为外汇汇出。同时，国家外汇管理局批准境内机构投资者 QDII 可以参与全球金融市场的交易。2011 年底人民币合格境外机构投资者（RQFII）试点推出，在人民币国际化、扩大资本市场进一步对外开放、促进香港离岸人民币市场的发展方面发挥了重要作用。增加 QFII、RQFII、QDII 额度，允许多种方式使用该额度，加快推出跨境双向挂牌 ETF 产品；允许证券公司开展专项 QDII 经纪业务、以自有资金、专项理财资金或直投基金进行跨境投资。自 2003 年引入 QFII 制度以来，截至 2013 年底，中国证监会累计批复 251 家境外合格机构投资者，累计批准投资额度 497.01 亿美元。RQFII 投资额度合计审批 1 575 亿元人民币。

从保险业来看，对外开放水平也大幅提升。截至 2021 年末，境外保险机构在华共设立了 66 家外资保险机构、117 家代表处和 17 家保险专业中介机构，外资保险公司总资产 1.71 万亿元中资保险公司积极引入外资战略投资者，外资参股保险机构业务发展情况较好。2018 年，银保监会取消中资银行和金融资产管理公司外资持股比例限制，实施内外资一致的股权投资比例规则，持续推进外资投资便利化。

同时，外资对黄金、外汇、货币和债券市场参与程度也在不断加深。

二、市场经济条件下金融的深化与改革

应当说，我国经济发展中计划压制金融的问题是一直存在的，在已有的金融改革中，金融压抑问题得到了很大的转变，这些改革措施也收到了明显的成效，但从发展市场经济的角度看，我国金融体系存在的矛盾与不适应自然很多，进一步的改革与深化将是促进我国经济稳定增长的重要部分。

我国金融体系的进一步深化与改革涉及了以下几个重要的方面。

1. 实行利率改革，促进利率调控的市场化

过去，我国的利率一直是受中央银行严格控制，即使在 20 世纪 80 年代改革开放以后，金融业有了相当大的改革以后，利率仍然直接由中央银行控制。这对于金融业的经营及资金市场供求关系的调节都产生了很大的影响。

利率作为资金的价格与市场供求关系有着直接的联系。在金融业的行政控制条件下，利率的控制是必不可少的部分。但在金融体系控制放松，垄断逐步打破，金融业的竞争日益展开的条件下，利率事实上已变成了一个重要的竞争工具。银行及非银行金融机构在竞争中往往竞相利用利率武器，如提高利率争取储户、降低利率争取贷款客户等。由于资金市场供求关系的变化，实际市场利率与金融当局的官方利率会发生严重偏离，这会导致种种金融秩序的混乱，如抬高利率吸收储蓄，高利率集资，用平价利率获得贷款抬价转手，以获取利差。这些现象似乎是因为利率管制松动以后出现的。然而，从经济学基本原理看，对任何短缺资源的价格管制，必然导致黑市现象，这是无法改变的规律。利率的严厉管制必然引起黑市利率与资金分配的混乱。在存在较高通货膨胀率的条件下，实际利率往往为负利率，这更加扩张了对资金的无限制要求，使供求更趋不平衡，黑市利率与资金转手倒卖现象将更加难以控制。

从市场经济体系看，金融业本身的多元化发展已造就了市场竞争的基础，国有银行的企业化经营也要求具备基本的自主经营决策权，在此条件下保持利率的严格管制将损害这种竞争，且使这种管制越来越失去效力。在这样的条件下，客观上要求逐步放松对利率的管制，并最终使利率走向市场化。利率的自由化使资金市场的供求更为均衡，竞争更为规范；利率的自由化也将真正抑制对资金的无限制需求，引致资金市场的供求均衡，也有利于消除长期以来一直存在的"投资饥渴症"；利率的市场化也最终能体现资源合理配置的要求，调节资金的分配结构，提高资金的使用效率。

显然，利率的市场化是金融深化与改革的重要内容，也是不可回避的措施，当然其改革过程是有条件限制的，因此，逐步推进利率的市场化则可以避免过于激烈的振动，使金融业真正在市场条件下展开竞争性经营。

我国利率改革的长远目标是建立以市场资金供求为基础，以中央银行基准利率为调控核心，由市场资金供求决定各种利率水平的市场利率体系。

当前，我国进一步推进利率市场化改革的时机已日趋成熟。一是从利率间接调控的可行性看，近年来中央银行公开市场操作体系逐步完善，对市场利率的引导能力逐步提高。二是经过这一轮大规模的金融机构改革，商业银行公司治理得到明显改善，资本充足率提高，资本约束增强，为实现市场竞争奠定了良好基础。三是金融市场发展迅速，以拆借和回购交易为主的货币市场、以各类债券为主的资本市场以及衍生产品市场都得到较大的发展，并且已经实现市场化运行。四是金融机构的定价能力逐步提高，企业和居民对利率市

场化了解程度以及对利率的敏感度有所提高。因此,最为根本的是要建立完善中央银行利率调控框架,理顺利率传导机制,实现公开市场操作利率—短期市场利率—企业存贷款利率的顺畅传导。

近年来,随着利率市场化改革不断向前推进,货币市场利率、债券市场利率、外币存贷款利率和人民币贷款利率已先后实现市场化,由市场供求决定的利率形成机制也在不断健全。中国人民银行仅对金融机构人民币存款利率进行上限管理。未来将继续坚持以建立健全由市场化供求决定的利率形成机制为总体方向,在风险可控的前提下,根据金融机构自主定价能力、金融市场建设情况等基础条件的成熟程度,以及存款保险制度、金融机构市场退出机制等配套改革措施的推进进程,加快推进利率市场化改革,使市场在资源配置中真正发挥决定性作用。[1]

2. 促进金融体系的改革与发展

金融体系改革与发展的重要内容是金融机构的发展,它是金融资产增长与市场扩展的重要基础。金融机构发展的限制造成了金融业的垄断与低效率。自从我国实行改革开放以来,我国金融业的高度集中垄断局面有了改变,金融机构有了较长足的发展,表现为中央银行体系的确立,国有银行与中央银行分设并开始向商业银行转化,商业银行的发展,政策性银行的建立和非银行金融机构的多样化发展等方面。

虽然我国金融机构数量已有了很大增长,但从金融发展的角度看,对金融业的进入限制仍然十分严格,金融机构的发展与多样化仍有着一系列严重的障碍,金融业的垄断局面并未完全消除,同业竞争因利率受限制和进入障碍仍然未能全面展开。但另一方面,金融机构发展中的无序现象也妨碍了改革的深入。各类金融机构普遍分设分支机构,非金融企事业单位纷纷涉足金融活动。这些现象客观上妨碍了金融当局放宽限制,发展多元金融体系的改革进程,反而使金融体系受阻。

在市场经济日益发展完善的条件下,必然要求金融改革的深化,而金融机构的发展是十分重要的部分。这一改革并非要完全取消政府对金融业的监督与管理,而是要改变传统管制方式,建立促进金融业发展的宽松环境。我国金融机构的改革与发展,涉及以下五个重要的方面。

(1) 放松对金融机构发展的严厉管制,放宽对金融机构成立与拓展的限制,降低金融业的进入门槛,允许金融机构在条件具备情况下的发展与竞争,以使金融机构数量与金融资产规模在经济不断增长条件下的相应扩张,促使金融业的发展与有效的同业竞争。

(2) 改变国有商业银行单独发展,垄断分割市场的局面,放宽金融业的进入限制,尤其是允许与鼓励民间金融机构的发展,造成金融业的多元化发展,打破国有金融机构的行业垄断,使金融业逐步发展到足够的数量规模与有效的同业竞争,并以此来促进我国金融业的经营管理。拓宽民间资本进入银行业的渠道和方式,一方面引导民间资本参与现有银

---

[1] 《中国人民银行年报(2013)》,中国人民银行。

行业金融机构的重组改制，另一方面由纯民资发起设立自担风险的银行业金融机构。

（3）完善现代金融企业制度，深化大型金融机构改革，完善公司治理，形成有效的决策、执行、制衡机制，把公司治理真正落实于日常经营管理和风险控制之中，探索建立规范有效的激励约束机制。

（4）推动政策性银行改革，在明确职能定位的前提下，实行政策性业务、市场化运作、标准化监管。加快推进中国进出口银行和中国农业发展银行改革，强化政策性职能定位，坚持以政策性业务为主体，审慎发展自营业务；对政策性业务和自营性业务实施分账管理、分类核算。继续深化国家开发银行改革，妥善解决债券信用、资金来源等问题。

（5）在金融市场不断发展的条件下，对非银行金融机构的发展也应采取更为宽松的限制政策，促使各类非银行金融机构的有序发展，并使其在金融体系中的相对地位逐步上升。金融当局的监督与管理更应趋于间接化与指导性，更多地发挥市场机制的调节功能。

3. 促进金融市场的继续改革和发展

为把我国资本市场建设成为成熟的资本市场，需要在以下方面继续进行改革。第一，全面优化社会融资结构。构建以直接融资为主的金融体系，保证金融结构基本平衡。第二，提高发行审核效率，优化流程，增强发行审核透明度，进一步完善上市公司退市制度，做好高风险上市公司风险处置预案。强化全国中小企业股份转让系统公司自律监管。第三，大力拓展市场深度和广度。保证股票、债券、期货、金融衍生品以及其他资本市场工具全面发展，市场结构更加合理和平衡，金融产品更加丰富，交易机制更加高效和完善，逐步形成多层次、高效率、全覆盖的市场体系，满足多元化的投融资需求。继续壮大主板市场，改革创业板市场制度，支持中小微企业在全国中小企业股份转让系统挂牌，推动多层次资本市场发展。推动原油等大宗商品期货和金融期货上市，加大期权、商品指数、碳排放权等新交易工具的创新力度，推动其他成熟品种开展连续交易和保税交割。第四，争取培育一批拥有国际竞争力的证券公司、财富管理机构和中介服务机构，全面提高金融服务水平。让机构投资者成为市场上具有影响力的投资主体。保证上市公司治理健全、运作规范，整体质量能够大幅提升。

4. 促进金融业的对外开放与国际化

与计划经济体制相适应的金融体系是一种封闭的体系，从本质上说，它是排斥对外开放与参与国际金融活动的。在我国实行改革开放以后，整个国民经济体系已逐渐对外开放，介入国际分工与世界市场，这也从根本上为金融体系的对外开放提供了可能性，也为金融业的开放与国际化提供了动力与条件。

金融业的对外开放与国际化需要具备一定的条件，并要求有一个循序渐进的过程。我国金融业的对外开放已经历了初期的阶段，自改革开放以后，我国首先开始了汇率制度的改革，不断调整官方汇率，开办外汇调剂市场，并开始有选择地对外资金融机构开放，允许其进入中国沿海经济特区与开放城市开办金融机构。进入20世纪90年代以后，金融体系的对外开放进一步加快，一方面是汇率制度的进一步改革，实现了官方汇率与市场汇率的合一，开办了外汇交易市场，放宽了外资金融机构的进入限制，外资金融机构的数量进一步增加，业务范围也得到了扩展；另一方面，金融业的开放使我国的金融业开始向海外发展，进入国际金融领域，这包括了银行与其他金融机构开始在海外发展分支机构，拓展海外业务。

但从我国市场经济的发展与对外开放格局看，我国经济的国际化程度不断提高，经济的国际循环也不断增强，金融业的进一步对外开放与国际化也是必然的。从发展的角度看，金融业对外开放与国际化的主要方向有以下方面。

（1）进一步扩大我国金融业的对外开放的范围，允许有更多的外资金融机构进入我国开展金融业务与竞争，在实施必要的监督管理条件下，应放宽其进入限制，并在条件逐步成熟后，放宽其业务经营活动的限制，允许其从事人民币业务经营，展开正常的业务竞争。

（2）逐步对外开放我国的金融市场，允许外资直接进入中国从事直接的金融投资，以增加外资的输入规模。发展中国家对金融市场的开放往往有顾虑，害怕资本流动造成金融危机。但从经济发展与国际化角度看，随着货币自由兑换与汇率的放开，资本的自由流动是一个重要的投资条件，金融市场的开放可促进资本的流入和从事直接投资，并极大地增加外资输入规模，而本国金融市场的稳定和有序运行以及建设一个有效的监管体系是市场开放的一个基本保证。我国金融市场应该更加开放和包容。进一步提高国际金融机构和国际资本参与中国资本市场的程度，保证金融服务基础设施达到国际先进水平，有效推动人民币资本项目基本可兑换，进一步提升我国经济在全球配置资源的能力。探索建立"国际板"市场，研究允许符合条件的企业和机构来内地发行股票和债券。积极稳妥推进境外机构投资银行间债券市场，丰富债券市场投资者类型。适时推动外汇市场、黄金市场和衍生品市场对外开放。同时，不断完善金融基础设施，为各类主体参与境内金融市场提供良好的环境，提升境内金融市场的国际竞争力。加强投资者教育，进一步优化投资者结构，倡导理性投资理念，充分发挥外资会员在连接国内外市场方面的积极作用，进一步提升我国金融市场对外开放水平。

（3）扩展本国金融业的国际化经营。金融业的对外开放包含了两重含义，既有外资的进入，也有本国金融业的国际化经营。扩展金融业的海外经营可获得更多的资金与利益，是金融业发展的一个不可缺少的条件。我国金融业在对外开放条件下，为适应经济的国际化与资本的流动，也必须走出国门，扩大国际化经营范围，以求得更大的发展空间。逐步发展我国大型跨国金融机构，提高国际化经营水平。按照市场导向和机构自主决策原则，逐步引导金融机构有序参与国际金融市场竞争，创建国际化服务网络和优势服务项目。

本章小结

1. 经济发展与金融制度、金融结构之间存在着直接的联系。发展中国家经济发展中普遍存在着金融机构数量偏少，金融体系二元化，金融资产数量少且形式单一，市场封闭落后，利率受严格管制等偏向,经济学将其称之为一种"金融压制",这种金融抑制反过来又严重阻碍了发展中国家的经济发展。

2. 金融压制的一般表现形式有:人为地压低利率,甚至实行负利率政策,实行严格的信贷配给制度,缺乏市场选择,金融机构数量少且呈二元化格局,本币汇率高估,金融市场实行封闭等。

3. 消除金融压制的基本出路是实施金融深化与金融自由化。这包括逐步放松政府对金融机构的管制,促进金融机构自由发展与竞争;实施利率市场化改革,取消政府对利率的管制;取消信贷配额制度与贷款的行政性分配,提高资金分配的效率;推进金融市场的发展与对外开放。

4. 金融自由化改革被认为能够带来一系列积极的效应,尤其是对经济效率的提高具有积极的意义。但实际进程表明,金融自由化的结果是十分复杂的。它既具有刺激积累,增加投资,提高资源使用效率,从而推进经济发展的积极效应。但其本身也存在着市场波动、道德风险增加等负面影响。尤其是发展中国家推行的金融自由化与资本市场开放措施,使本国的资本市场与金融体系有可能遭受冲击,引发金融危机。因此,金融自由化与资本市场开放须要具备一定的条件,尤其是须按一定的顺序实施开放。

5. 中国作为一个发展中国家,金融体制也存在着很强烈的抑制特征,利率的管制,金融机构的单一化,市场的封闭,都使中国的金融业呈现出低效率的特征。而实行金融改革与金融深化将逐步地打破这种束缚,从而提高金融体系的效率,当然这种金融深化与金融改革也同样必须按循序渐进的过程进行,以防止过度的冲击与不稳定。

复习思考题

1. 经济发展与金融发展之间的关系是什么?
2. 如何理解金融相关率,结合我国谈谈你的看法。
3. 发展中国家的金融制度的基本特征是怎样的?
4. 金融压制的社会经济效应是怎样的?
5. 从麦金农和肖的观点看,金融自由化可能带来什么效应?
6. 如何看待负利率的影响与作用?
7. 请说明金融深化的基本政策含义。
8. 发展中国家的金融自由化改革有何经验与教训?
9. 金融危机与金融自由化的关系如何?
10. 请阐述我国金融深化改革的基本内容。

图书在版编目(CIP)数据

货币银行学通论/万解秋主编. —4版. —上海:复旦大学出版社,2023.8
(复旦博学. 大学管理类教材丛书)
ISBN 978-7-309-16536-4

Ⅰ.①货… Ⅱ.①万… Ⅲ.①货币银行学-高等学校-教材 Ⅳ.①F820

中国版本图书馆 CIP 数据核字(2022)第 201004 号

货币银行学通论(第四版)
HUOBI YINHANGXUE TONGLUN(DI SI BAN)
万解秋 主编
责任编辑/方毅超

复旦大学出版社有限公司出版发行
上海市国权路 579 号 邮编:200433
网址:fupnet@fudanpress.com http://www.fudanpress.com
门市零售:86-21-65102580 团体订购:86-21-65104505
出版部电话:86-21-65642845
上海华业装璜印刷厂有限公司

开本 787×1092 1/16 印张 23.5 字数 513 千
2023 年 8 月第 4 版第 1 次印刷

ISBN 978-7-309-16536-4/F・2932
定价:69.00 元

如有印装质量问题,请向复旦大学出版社有限公司出版部调换。
版权所有 侵权必究